Klaus Hanisch

—

Prager Zeitung

Klaus Hanisch

Prager Zeitung

350 Jahre Medien- und Kulturgeschichte

Königshausen & Neumann

Bibliografische Information der Deutschen Nationalbibliothek

Die Deutsche Nationalbibliothek verzeichnet diese Publikation in der Deutschen Nationalbibliografie; detaillierte bibliografische Daten sind im Internet über http://dnb.d-nb.de abrufbar.

Gedruckt auf säurefreiem, alterungsbeständigem Papier

Umschlag: hanisch & friends

Printed in Germany

ISBN 978-3-8260-8510-9
eISBN 978-3-8260-8511-6

www.koenigshausen-neumann.de
www.ebook.de
www.buchhandel.de
www.buchkatalog.de

Inhalt

Intro: Eine alt-neue Zeitung

Die „Prager Zeitung“ (PZ) ist ein außergewöhnliches Medienprodukt. Über mehr als drei Jahrhunderte wurde sie immer wieder neu erfunden - und je nach Zeitpunkt ihres Erscheinens angepasst und weiterentwickelt. Ihre moderne Form feierte im Dezember 2021 ihr 30-Jähriges Bestehen. Durchaus keine alltägliche Leistung im schnelllebigen Mediengeschäft. Manch ambitioniertes Zeitungsprojekt, das von renommierten Verlagen mit großem wirtschaftlichen Rückhalt in den Wettbewerb geschickt wurde, hat solch einen langen Zeitraum nicht erlebt. Erinnert sei an „Die Woche“, die sich in Hamburg durch einen anderen Stil und veränderte Optik als moderner Konkurrent zu „Die Zeit“ etablieren wollte. Das Blatt begann 1993, zwei Jahre nach der PZ - und verschwand nach nicht einmal zehn Jahren wieder vom Markt, weil es sich nicht rechnete. So war es auch bei zahlreichen Magazinen und Zeitschriften: Große Ambitionen, hohe Investitionen, rote Zahlen, kurze Lebensdauer.

Trotzdem wäre eine Zeitung, die seit 30 Jahren existiert, nicht schon ein Buch Wert. Doch die „Prager Zeitung“ hat eine viel längere Tradition. Am 24. November 1672, also vor rund 350 Jahren, wurde erstmals eine regelmäßig erscheinende deutschsprachige Zeitung in Prag angeboten. Sie gilt als Vorläufer der neuen „Prager Zeitung" - und damit zählt die PZ zu den ältesten Zeitungen der Welt. Auch der konkrete Titel „Prager Zeitung" kursiert viel länger als 30 Jahre. Ihn gab es ebenfalls schon vor Jahrhunderten.

Als die „Prager Zeitung" im 17. Jahrhundert erstmals erschien, wurde im Umfeld ihrer Druckpressen Deutsch gesprochen. Nach der für die böhmischen Stände vernichtenden Schlacht am Weißen Berg (1620) erließ König Ferdinand II. im Jahr 1627 eine „Vernewerte Landesordnung." Durch sie wurde das Deutsche mit dem Tschechischen zu einer gleichberechtigten Landessprache. Aufgrund der Regentschaft der Habsburger blieb der deutsche Einfluss in den tschechischen Gebieten über mehrere Jahrhunderte groß. Lange war Deutsch Amts- und Unterrichtssprache. Und damit begann auch die große Tradition von deutschsprachigen Zeitungen in Prag.

Anders war dies Ende des 20. Jahrhundert. Als die neue „Prager Zeitung" am 5. Dezember 1991 erstmals auf den Markt kam, hatten im östlichen Teil Europas gerade Revolutionen stattgefunden. Das Land, in dem sie nun herausgegeben wurde, war noch im Umbruch - und wurde ein Jahr nach ihrer Gründung sogar aufgelöst. An die Stelle der Tschechischen und Slowakischen Föderativen Republik (ČSFR), die nach der „Samtenen Revolution" für knapp drei Jahre die Tschechoslowakei ablöste und in der die PZ „geboren" wurde, traten ab Januar 1993 zwei eigenständige neue Staaten: Die Tschechische Republik und die Slowakische Republik. Somit gibt es die „Prager Zeitung" schon länger als das Land Tschechien, in dem sie ihren Sitz hat.

Und damit wurde sie selbst zu einem Teil der tschechischen Landesgeschichte. Denn von Anfang an begleitete die PZ alle wesentlichen Daten, Entwicklungen und Etappen in der Geschichte des jungen Staates publizistisch. Die Spaltung des Landes ebenso wie die Beitritte Tschechiens in NATO und EU oder das verheerende Hochwasser von 2002. Mit der Neugründung 1991 war die „Prager Zeitung" nun jedoch eine deutschsprachige Zeitung im Ausland - und damit für viele Leser und Journalisten ein Exot in der Medienlandschaft.

Bereits im Oktober 1991 hatte die PZ eine Nullnummer als „Versuchsballon" gestartet. Die Resonanz war groß genug, um das ehrgeizige Ziel mit einer deutschsprachigen Zeitung in Prag neu zu verwirklichen. Anschließend entwickelte sich die „Prager Zeitung" zu DEM medialen Sprachrohr für die deutsch-tschechischen und manchmal auch für die deutsch-slowakischen Beziehungen. Mit Lesern in allen deutschsprachigen Ländern und in Tschechien.

Feedback erhielt die PZ zudem immer wieder auch aus Frankreich und den Benelux-Staaten.

Einige Jahre nach Schließung der „Woche" erklärte deren Gründer und Chefredakteur Manfred Bissinger in einem Interview mit dem „Hamburger Abendblatt", er erwarte nicht, dass jemals wieder eine Zeitschrift oder Zeitung mit einem umfassenden Themenanspruch neu gegründet werde - außer in engen Marktnischen. Genau solch eine Nische wollte und hat die „Prager Zeitung" immer und von Beginn an besetzt.

So ist nicht verwunderlich, dass andere Medien oft über die PZ berichteten oder aus ihr zitierten. Seit ihrer Startausgabe 1991 fragten Kollegen aus Deutschland, der Schweiz, Österreich oder den Niederlanden regelmäßig nach, wie die „Prager Zeitung" arbeitet. Zudem wurden ihre Redakteure regelmäßig als Experten gehört, wenn in Tschechien entscheidende Momente und Einschnitte bevorstanden. Ihre Meinung war aber auch erwünscht, wenn sich in Deutschland Entscheidendes tat. Da wollte man gerne Einschätzungen aus Tschechien zum großen Nachbarn erfahren. Schließlich ist er politisch und wirtschaftlich so wichtig, dass tschechische Regierungschefs oft behaupten, einen Teil ihrer Wochenarbeit mit einem Blick über den Gartenzaun in Richtung Berlin verbringen zu müssen.

Das Projekt ist aus publizistischer Sicht eine Erfolgsgeschichte, vor allem wegen der großen Resonanz bei vielen Lesern, aber auch bei anderen Medien. Zudem gab es Preise für die neue „Prager Zeitung" wie für Autoren. Wegen ihrer Vergangenheit und all den Jubiläen ist es sinnvoll, ihre große Tradition zu reflektieren. Für die alte PZ lohnt ein Rückblick auf ihre Entstehung und ebenso auf namhafte Autoren, die in der Zeitung veröffentlichten.

Die Geschichte der neuen PZ nachzuvollziehen, ist nicht ganz einfach. Ihr Gründer, Uwe Müller, starb bereits im Sommer 2010. Während ihrer 30-Jährigen Existenz wechselten festangestellte und freie Mitarbeiter in der Redaktion laufend, kaum einer blieb ein Jahrzehnt beim Blatt. Aus diesem Grund schildert jeder die Historie der PZ anders, subjektiv, aus seinem Blickwinkel. Und vor allem nur für den beschränkten Zeitraum seiner Jahre bei der Zeitung, mit mehr oder weniger detaillierten Erfahrungen und ohne den gesamten Überblick.

Deshalb soll diese Geschichte aus der Perspektive medialer Berichterstattung erzählt werden. Also von außen, als eine große Presseschau. Diese Sichtweise ist sachlich, ohne Emotionen, objektiv. Und dafür liegen erstaunlich viele Zeugnisse vor. Immer wieder nahmen Journalisten aus verschiedenen

Ländern Kontakt mit der PZ-Leitung auf, um dieses ungewöhnliche Medium im Herzen Europas zu porträtieren.

Oft erzählte mir Uwe Müller davon. Und nicht selten fügte er an, dass ihn diese Gespräche wertvolle Arbeitszeit kosteten, die er lieber für die „Prager Zeitung" verwendet hätte. Trotzdem vermute ich, dass ihn das fortwährende Interesse so vieler Kollegen an „seinem" Produkt erfreute. Über die „Prager Zeitung" wurde vom ersten Tag an berichtet, und kontinuierlich bis in ihre Internet-Jahre. Meist sind diese Beiträge positiv, manchmal auch kritisch. Die internationalen Medien spiegeln die Entwicklung der neuen „Prager Zeitung" in den wesentlichen Punkten wider.

Die PZ nutzte selbst runde Jubiläen, um ihre aktuelle Geschichte und Gegenwart zu erläutern. Mit Stolz und zuweilen mit einer gewissen Selbstironie. Auch diese Selbstzeugnisse werden im Rückblick berücksichtigt. Ergänzt wird die Außen- wie Innendarstellung durch meine subjektiven Erfahrungen und journalistischen Erlebnisse bei und für das Blatt. Schon seit Dezember 1992, also beinahe von Beginn an, schreibe und recherchiere ich für die „neue Prager Zeitung." So lange wie kein anderer Journalist in der Neuzeit. Als dauerhafter Mitarbeiter bin ich der Redaktion von Büro zu Büro gefolgt, von Stadtteil zu Stadtteil. Quer durch Prag.

Die Fotos, die in diesem Buch verwendet werden, stammen aus meinem Archiv. Keine Aufnahme wurde arrangiert. Dass die Ausgaben der „Prager Zeitung" in Prag regelmäßig in einer Reihe mit renommierten Blättern wie „Frankfurter Allgemeine Zeitung" oder „Le Monde" ausgelegt oder ausgestellt wurden, lag ausschließlich in der Verantwortung von heimischen Kiosk-Betreibern oder Café-Besitzern. Beispielsweise durch Pächter von Läden am Prager Hauptbahnhof, in Anděl oder in der Jungmannova-Straße. Einmal platzierte ein Pfarrer die PZ sogar in seiner Kirche.

Trotz einiger Nachrufe im Jahr 2016, als der Verlag der PZ aufgelöst wurde, leben Tradition und Titel weiter. Die „Prager Zeitung" wurde als Online-Magazin ins moderne Medienzeitalter geführt. Für immer mehr Medien, auch für die ganz großen, gilt mittlerweile das Prinzip „Online first." Selbst Funk und Fernsehen bedienen oft zunächst die eigenen Internet-Plattformen mit ihrer Berichterstattung. Online praktizierte die „Prager Zeitung" schon vor dem Ende der Print-Ausgaben und ab 2017 ausschließlich. Vor allem während der Corona-Pandemie ab dem Frühjahr 2020 gewann sie damit eine Reihe von neuen und auch jüngeren Leser dazu. Das Feedback auf ihre Artikel wuchs nicht zuletzt, weil viele Berichte über soziale Kanäle transportiert werden.

Als im Februar 2022 der Krieg in der Ukraine begann, stellten Medien und Politiker in westlichen Staaten plötzlich fest, dass bei ihnen eine tiefe Unkenntnis über die Nachbarländer in Ost- und Ostmitteleuropa herrsche. Unter dem Eindruck des Einmarsches russischer Truppen wurde beispielhaft erwähnt, dass die Sicherheitsbedürfnisse und die tief verankerte Furcht vor Russland in den Staaten dort von den Nachbarn im Westen kaum noch wahrgenommen wurden. Eine Gefahr, die gerade auch die Tschechische Republik seit der kommunistischen Herrschaft nach dem Krieg und durch ihre Erfahrungen mit dem Ende ihres „Prager Frühling" 1968 sah und sieht.

Prinzipiell sei deren Denken und Leben nicht (mehr) in ihrem Bewusstsein vorhanden, wurde nun in westeuropäischen Ländern konstatiert. Dieses Nichtwissen wurde mit Arroganz und Ignoranz gegenüber den Staaten im Osten begründet - genau jene Aspekte, denen die PZ mit ihrer Arbeit immer entgegenwirken wollte. Zeit und Notwendigkeit für die „Prager Zeitung" sind daher noch längst nicht vorbei. Ganz im Gegenteil.

Prager Zeitung

UNABHÄNGIGE DEUTSCHE WOCHENZEITUNG

seite 3	seite 5	seite 7
Phänomen Mitteleuropa Gespräch mit Rektor Radim Palouš	J. Jiroušek Deutsche und Tschechen Feindbilder?	P. Kruntorad Wieder-eröffnung des Ständetheaters

OKTOBER 1991 – NULLNUMMER KOSTENLOS

Gemeinsame Verantwortung für die Mitte des Kontinents

PRAG (PZ) – Diese Grundidee klang immer wieder während des ČSFR-Besuchs des Bundespräsidenten Richard von Weizsäcker vom 7. bis 11. Oktober an. Symbolisch auch der Auftakt des Staatsbesuchs: die Paraphierung des deutsch-tschechoslowakischen Vertrags durch die Außenminister beider Staaten am 7. Oktober. In dem in »ehrlichem, aufgeschlossenem Geist« ausgehandelten Vertrag habe man einander nichts zugemutet, was für die andere Seite nicht annehmbar gewesen wäre, so R. v. Weizsäcker. Präsident Václav Havel wiederum unterstrich den Willen der tschechoslowakischen Seite, mit dem Vertragsabschluß die Beziehungen der demokratischen Tschechoslowakei zu dem vereinten, demokratischen Deutschland auf eine neue Basis zu stellen.

Zu den Vertragsverhandlungen meinte R. v. Weizsäcker, daß zwar die Ausarbeitung schwieriger als bei anderen bilateralen Verträgen gewesen sei, doch hätte dafür wiederum eine bessere Atmosphäre geherrscht. V. Havel bezeichnete die Beanstandungen zu den Vertragsverhandlungen, wie sie von einigen tschechoslowakischen Zeitungen wiederholt geäußert wurden, als nicht angemessen.

Für die Deutschen in der Tschechoslowakei ist besonders Artikel 20 des Vertragswerkes wichtig, denn dort werden ihnen die vollen Minderheitenrechte in Übereinstimmung mit den KSZE-Dokumenten zugesichert.

Man hat sich sehr gut verstanden – Richard von Weizsäcker und Václav Havel in freundschaftlicher Unterhaltung nach Paraphierung des deutsch-tschechoslowakischen Vertrages Foto: ČSTK – M. Krumphanzl

Der Schein Bolzanos

Der erste Schritt ist getan

Kapitel 1: 1991

5. DEZEMBER 1991 / NUMMER 1

Prager Zeitung

PREIS 5 Kčs, 2,50 DM, 17,00 öS UNABHÄNGIGE WOCHENSCHRIFT FÜR POLITIK, WIRTSCHAFT UND KULTUR

EINIGUNG ZWISCHEN SIEMENS UND ŠKODA

Am 25. November schlossen Vertreter der Pilsener und Prager Škoda-Werke und der deutschen Firma Siemens einen Vertrag mit einem Finanzvolumen von 170 Mio US-Dollar über die Gründung eines Gemeinschaftsunternehmens ab.

Falls die tschechische Regierung dem Vertrag zustimmt, soll zum 1. April 1992 eine Gesellschaft mit dem Namen »Škoda Energo« gegründet werden, an der Siemens mit 67 % und die Škoda-Werke mit 33 % beteiligt sein werden. Vorgesehen ist, daß das auf dem Energiesektor tätige Unternehmen 5000 Mitarbeiter beschäftigen wird, was ca. einem Siebtel aller derzeitigen Škoda-Mitarbeiter entspricht. Die Beschäftigungsquote soll gehalten werden.

Neben der Zusammenarbeit auf dem Energiesektor wird auch über eine entsprechende Kooperation im Transportbereich verhandelt. Hier besteht Škoda Pilsen jedoch auf einer Mehrheitsbeteiligung. Auch ist der schwedisch-schweizerische Elektrokonzern Asea Brown Boveri auf diesem Gebiet noch im Gespräch. hh

Zweihundert Jahre nach der umjubelten DON-GIOVANNI Uraufführung fand im Ständetheater am 1. 12 die Galapremiere einer Neuinszenierung von David Radok statt. Am Dirigentenpult stand vor 200 Jahren Mozart, am 1. Dez. 1991 war es Charles Mackerras aus Großbritannien ▸

SEITE 3

»In mir ist ein Stück dieser Nostalgie« Gespräch mit dem tschechischen Vizepremier A. Baudyš

MEHRHEIT DER ČSFR–BÜRGER SIEHT IN DEUTSCHLAND NEUE EUROPÄISCHE GROSSMACHT

Prag (ČSTK) – Die Mehrheit der ČSFR–Bürger sieht in Deutschland eine neue Groß- … gunsten der europäischen Vereinigung auf die staatliche Souveränität zu verzichten. Die …

Kurzmeldung

Nach dem Bluthad in Leopoldov werden Rufe nach der Wiedereinführung der Todesstrafe in der ČSFR wieder laut

Prag (ČSTK) – Nach dem Blutbad im Gefängnis von Leopoldov … ten Häftlinge haben fünf Wärter getötet und vier weitere schwer verletzt.

Das ČSFR–Parlament hatte drei Monate nach der außerordentlich großzügigen Amnestie nach Amtsantritt von Staatspräsident Havel Anfang Januar 1990 durch eine knappe Mehrheit der Abschaffung der Todesstrafe zugestimmt. Eine vor der Abschaffung dieser Strafe …

Der Neubeginn

Die „Prager Zeitung" startete im Oktober 1991 mit einer Nullnummer. Ein Probelauf, um abschätzen zu können, welche Resonanz ein deutschsprachiges Blatt aus Prag findet. Nach den Revolutionen im gesamten Ostblock im Herbst 1989 und den folgenden politischen und gesellschaftlichen Umwälzungen war vieles noch im Wandel, speziell auch in Prag und der ehemaligen Tschechoslowakei. Nur schwer ließ sich daher ausrechnen, ob sich genügend Leser für solch ein Medium begeistern können, ob Interesse dafür bei Organisationen, Verbänden und Behörden besteht. Ganz entscheidend auch, ob sich diese neue Zeitung überhaupt wirtschaftlich trägt, durch Abonnenten und Verkäufe an Kiosken. Und wo - in Prag, in Tschechien, in Deutschland, in Österreich, vielleicht auch in der Schweiz...?

Die Nullnummer umfasste 16 Seiten. „Der erste Schritt ist getan", rief PZ-Gründer und Chefredakteur Uwe Müller seinen Lesern zum Auftakt zu. In einem dreispaltigen Kasten erläuterte er auf der Titelseite die Ziele der Zeitung. Wörtlich schrieb Müller: „Liebe Leser, heute halten Sie das erste Exemplar der neuen deutschsprachigen Zeitung, der PRAGER ZEITUNG, in Händen, einer Zeitung, die sich um unverfälschte und möglichst vollständige Informationen über alle Ereignisse von öffentlichem Interesse bemühen wird.

Ab Dezember wird die Zeitung regelmäßig als Wochenblatt erscheinen. Sachlich und offen möchten wir über das Geschehen in Politik, Wirtschaft und Kultur der Tschechoslowakei sowie über das Leben der deutschen Volksgruppe berichten. Mit Kommentaren, Betrachtungen, Interviews, Reportagen und Hintergrundinformationen wollen wir unsere Leser in deutscher Sprache über das Geschehen in der ČSFR auf dem Laufenden halten. Zugleich wird sich die Zeitung auch grenzübergreifenden Themen zuwenden, wie etwa den vielfältigen Kontakten zwischen der ČSFR und den deutschsprachigen Ländern. Dazu gehört u.a. auch die Entstehung von Euroregionen. Unsere Grundvorstellung ist es, zu einer Stimme des neuen Europas zu werden, des Europas der Regionen, des friedlichen Nebeneinanders der Völker und Volksgruppen. Gerade Böhmen als Herzland Europas soll mit der Zeitung eine Stimme erhalten, die über die Grenzen des Landes hinaus anerkannt sein soll.

Es ist auch symbolisch, daß die Zeitung eine Woche nach dem ČSFR-Besuch des Bundespräsidenten Richard von Weizsäcker erscheint. Ist sie doch einer der - wenngleich kleinen - Bausteine des künftigen Europas, von denen Richard von Weizsäcker und Václav Havel sprachen. Zustandegekommen mit der Unterstützung der deutschen, österreichischen und tschechoslowakischen

Regierungen sieht die Zeitung eine ihrer wichtigsten Aufgaben darin, beizutragen zu einem besseren gegenseitigen Verständnis, zu einem Vertrauen füreinander. Und daß in diesen Prozeß des Zusammenwachsens Europas auch die Volksgruppen einbezogen werden müssen, versteht sich von selbst.

Die PRAGER ZEITUNG möchte der deutschen Volksgruppe in der ČSFR dabei behilflich sein, indem sie deren Eigenarten, Traditionen und kulturhistorisches Erbe wahren hilft und zugleich auch offen über deren Probleme schreibt. Die PRAGER ZEITUNG wird sich auch den Lasten der Vergangenheit zuwenden, doch wird man damit behutsam umgehen müssen. Die guten Kapitel überwiegen jedoch in der Geschichte der Beziehungen der mitteleuropäischen Völker. Und diesen fühlt sich unsere Zeitung besonders verpflichtet."

Uwe Müllers Erklärungen standen unter einem Foto, das Václav Havel, den Präsidenten der ČSFR, gemeinsam mit Bundespräsident Richard von Weizsäcker zeigte. Beide Staatsoberhäupter mit Sektgläsern in der Hand und einem freundschaftlichen Lächeln auf den Lippen. Der Besuch des Bundespräsidenten in Prag vom 7. bis 11. Oktober war Aufmacher der Nullnummer. Von Weizsäckers Reise stand unter dem Motto: Gemeinsame Verantwortung für die Mitte des Kontinents. „Diese Grundidee klang während des Besuchs immer wieder an", schrieb die PZ.

Ein wichtiges Zeichen wurde dafür gleich zum Auftakt des Staatsbesuchs gesetzt: Die Paraphierung eines deutsch-tschechoslowakischen Abkommens durch die Außenminister beider Staaten am 7. Oktober. Diese Vereinbarung sei in einem „ehrlichen, aufgeschlossenen Geist" ausgehandelt worden, man habe „einander nichts zugemutet, was für die andere Seite nicht annehmbar gewesen" wäre, verkündete der Bundespräsident laut PZ bei diesem Anlass. Havel unterstrich im Gegenzug den Willen, die „Beziehungen der demokratischen Tschechoslowakei zu dem vereinten, demokratischen Deutschland auf eine neue Basis" zu stellen.

Gleichwohl verhehlte Richard von Weizsäcker nicht, dass die Ausarbeitung dieses Vertrages schwieriger war als bei anderen bilateralen Vereinbarungen. Trotzdem hätte eine gute Atmosphäre zwischen den Vertragspartnern geherrscht. Václav Havel bezeichnete die wiederholte Kritik von einigen tschechoslowakischen Zeitungen am Vertragswerk als „nicht angemessen." Abschließend erwähnte die PZ, dass für die Deutschen in der Tschechoslowakei „besonders Artikel 20 des Vertragswerkes" wichtig sei. Darin wurden ihnen „die vollen Minderheitenrechte" zuerkannt, „in Übereinstimmung mit den KSZE-Dokumenten."

Gleich neben Müllers Text gab Petr Prouza auf Seite 1 weitere Hinweise zum neuen Medium. Er war Geschäftsführer der Bernard-Bolzano-Stiftung, die als Herausgeber für die „Prager Zeitung“ fungierte. Prouza betonte die Umwälzungen nach der Revolution: „Bewußt bauen wir an einer neuen Gesellschaft anerkannter individueller Geschicke.“ Der mitteleuropäische Raum „mit seiner Vielfalt von Kulturen Völkerschaften und Rassen“ habe die „Berührung mit großen historischen Ereignissen besonders intensiv“ zu spüren bekommen. Nun suche man nach „neuen Anleitungen, Rezepten und Möglichkeiten einer Lösung.“

In fettgedruckter, wenn auch kleinerer Schrift als bei Müller hob Petr Prouza die Bedeutung des Namensgebers hervor. Bolzano habe sich für eine „Art offener Völkerbund aller Völkerschaften und ethnischen Gruppen“ ausgesprochen und „das individuelle, bürgerliche über das nationale Prinzip“ gestellt. Sein geistiges Vermächtnis sei nun gefragt, wenn man sich „aktuelle Gedanken über die Verständigung der Völker und die Aussöhnung der Menschen untereinander“ mache, ohne auf Herkunft, Sprache oder Religion zu achten.

Bernard Bolzano, geboren am 5. Oktober 1781 in Prag, bezeichnete sich selbst als „deutscher Tscheche“ beziehungsweise „tschechischer Deutscher.“ Bis zu seinem Tod am 18. Dezember 1845 schlug der Mathematiker, Philosoph und Religionswissenschaftler nach Prouzas Worten Brücken „zwischen dem tschechischen und dem deutschen Element in seiner geliebten Heimat.“ Für Bolzano „gab es nicht nur Schwarz und Weiß, er begrüßte Vereinbarungen und Gespräche, hatte tiefstes Verständnis für Vergebung.“ Und er lehrte tolerante Großzügigkeit und „einen wahren demokratischen Humanismus.“ Daher habe die nach ihm benannte Stiftung das Ziel, „vor allem die positiven Momente in der gemeinsamen Geschichte der Tschechoslowakei, Deutschlands, Österreichs und anderer Länder Mitteleuropas“ heraus zu stellen. Prouza wünschte, dass Stiftung und Zeitung Hand in Hand arbeiten: „Wir hoffen, daß viele Leser der neuen PRAGER ZEITUNG aktiven Anteil an den Vorhaben unserer Stiftung nehmen werden.“

Neben den einführenden deutschen Texten umfasste die erste Seite direkt neben dem Titel eine Inhaltsangabe. Seite 3: Phänomen Mitteleuropa, Gespräch mit Rektor Radim Palouš; Seite 5: J. Jiroušek, Deutsche und Tschechen Feindbilder?; Seite 7: P. Kruntorad, Wiedereröffnung des Ständetheaters. Sich selbst bezeichnete die „Prager Zeitung“ in der Unterzeile als „unabhängige deutsche Wochenzeitung.“ Farbig war auf der Titelseite nur der Namenszug „Prager“ sowie - ebenfalls in blauer Schrift - unten rechts eine weitere Inhaltsübersicht: In tschechischer Sprache. Strana 2: J. Šabata - Euroregiony, O. Neff - Praha, pupek světa; Strana 4: K. Kühnl - Investovat v ČSFR; Strana 7: P. Kruntorad - Premiéra ve Stavovském divadle.

Die Nullnummer zeigte auf, was Leser in Zukunft von der „Prager Zeitung" erwarten durften. Auf Seite 2 (Politik) schrieb Jaroslav Šabata über „Alte Grenzen im neuen Europa." Šabata war in den 1960er Jahren ein kommunistischer Funktionär und setzte sich für die Reformbewegung des „Prager Frühlings" ein, wurde nach dem Einmarsch der Warschauer-Pakt-Truppen 1968 in die Tschechoslowakei aber aus der Partei ausgeschlossen und blieb mehr als fünf Jahre lang in Haft. Nach seiner Freilassung engagierte er sich in der Dissidentenbewegung, Šabata war von 1978 bis 1981 Sprecher der „Charta 77" um Václav Havel und Autor wesentlicher Dokumente der Bürgerrechtsbewegung. Der Politikwissenschaftler spielte eine wichtige Rolle bei der „Samtenen Revolution" in Brünn, wo er im November zum Vorsitzenden des Bürgerforums (Občanské fórum) gewählt wurde.

Nach der demokratischen Wende war er von 1990 bis 1992 Minister ohne Geschäftsbereich in der tschechischen Teilregierung unter dem christdemokratischen Ministerpräsidenten Petr Pithart, dann Berater des Präsidenten der Föderalversammlung von Tschechen und Slowaken und späteren slowakischen Präsidenten Michal Kováč. Šabata engagierte sich für eine stärkere Zivilgesellschaft und war ein Initiator des deutsch-tschechischen und des tschechisch-slowakischen Dialogs. Dementsprechend forderte er in seinem Artikel eine „Politik der allseitigen grenzüberschreitenden Zusammenarbeit", die zwar von den Regierungen gefördert, doch „von der ungemein spontanen Aktivität von unten - vor allem von den Grenzgemeinden und Städten - umgesetzt wird." Seit dem Fall der Berliner Mauer wurde für ihn „unerwartet schnell ein ungewöhnlicher Fortschritt" erzielt. Vorbild war für Šabata das Projekt „Regio Egrensis" rund um Eger, das bereits im Dezember 1990 gegründet wurde und Nachfolger „in allen Teilen der Tschechischen Republik" gefunden habe.

Unter Šabatas Ausführungen machte sich Ondřej Neff in einem Kommentar Gedanken darüber, wie lange noch „Prag der Nabel der Welt" sei. Neff war von 1990 bis 1994 Redakteur bei „Mladá fronta Dnes" (auf Deutsch „Junge Front heute"). Für ihn war die Tschechoslowakei vor allem Böhmen und Böhmen vor allem Prag und Prag vor allem das Gebiet zwischen dem Nationalmuseum auf dem Wenzelsplatz und Burg: „Dort spielt sich all das ab, was in der Tschechoslowakei wichtig ist, oder anders ausgedrückt, alles, was sich anderswo abspielt, ist nicht wichtig."

Nach Neffs Meinung lief die politische Wende im November 1989 nur deshalb so glatt ab, weil „das Zentrum nicht mehr in der Lage war, Entscheidungen zu treffen." Ob sie dauerhaft ein Erfolg sei, hing für ihn davon ab, ob der Pragozentrismus verschwinde. Ein erster grundlegender Schritt gegen ihn sei die Kupon-Privatisierung. Mit ihr werde „ein bedeutender Teil des nationalen Eigentums Gott weiß in wessen Hände" gelangen, in jedem Fall aber „weg aus der Entscheidungsgewalt des Zentrums." Ein weiterer Schlag, und „hoffen wir tödlicher Schlag", könne dann das neue Steuersystem werden, das endlich den „gültigen Standards in der ganzen zivilisierten Welt" entspreche. Sobald es eingeführt sei, bekomme die Politik im gesamten Land einen neuen Inhalt. „Es wird ein ständiges Ringen um die finanziellen Mittel und deren Nutzung geben", prophezeite Neff, „doch für die Bürgergemeinschaft über alle Maßen bedeutend und nützlich" sein. Bis dahin richte der „verendende Gaul des Pragozentrismus" allerdings noch „einen größeren Schaden an, als der berühmte Elefant im Porzellanladen."

In einem PZ-Gespräch auf Seite 3 befragten Uwe Müller und Petr Prouza den Rektor der Karls-Universität, Radim Palouš, über seine Vorstellungen zu einem künftigen Europa. Er zeigte sich sehr skeptisch. „Ich glaube nicht, daß das kommende Jahrhundert zu einem Paradies wird", so Palouš, vielmehr fürchte er weitere Krisen und Konflikte. Und „noch gespanntere, weil im globalen Maßstab." Hoffnung machte dem Philosophen und Pädagogen jedoch, dass die Welt mittlerweile schicksalhaft verbunden sei. „Eine positive Bewegung, ob nun Rettung oder neue Wege, ergeben sich aus Leidenserfahrungen, aus Niederlagen und Krisen", so Palouš.

Zum Ziel der „Prager Zeitung", das „Positive der gemeinsamen Vergangenheit" zwischen Tschechen, Deutschen und Österreichern zu betonen und daraus „Impulse für die gemeinsame Zukunft" abzuleiten, merkte Palouš an: „Ich bin für Respekt und Offenheit in der Gegenseitigkeit." Er riet dazu, die Einmaligkeit des anderen zu achten und offen zu sein für „das Recht auf ein Anderssein." Das Interview wurde von einem großformatigen Foto begleitet, auf dem Radim Palouš und der Rektor der Universität Konstanz im Jahr 1991 eine Vereinbarung über eine künftige wissenschaftliche Zusammenarbeit unterzeichneten.

Vor allem seine Karls-Universität, an der er von 1990 bis 1994 als Rektor amtierte, hielt Palouš für geeignet, das neue Europa mitzugestalten, weil sie „über große historische Erfahrungen verfügt." 70 Partnerschaften seien „ein Beleg für die Rückkehr der Karls-Universität in die Gemeinschaft der europäischen, ja der internationalen Universitäten überhaupt." Trotzdem fand der Rektor nicht alles, was sich an Unis im Ausland tat, für nachahmenswert.

Radim Palouš, 1924 geboren, hatte noch die Erste Tschechoslowakische Republik erlebt. Die Symbiose von tschechischen, deutschen und jüdischen Elementen nannte er die für seine Zeit „bestimmende Kulturatmosphäre", mit „großen Geistern, Künstlern und Wissenschaftlern." Sein Vater arbeitete einst für die „Prager Presse", eine Tageszeitung, die von 1921 bis 1939 in der Tschechoslowakei auf Deutsch erschien und ein staatlich gefördertes Organ des Außenministeriums war. „Heute noch spüre ich den Duft des Prager Mitteleuropas, unwiederholbar, spezifisch und doch international", schwärmte der Professor - den Satz verwendete die PZ als Überschrift für das Interview.

In einem Buch hatte Palouš die Versammlung auf der Letná-Ebene im November 1989 beschrieben, die für die Revolution mitentscheidend war. Darin schilderte er, dass dort „während eines Moments eine globale Gemeinschaft entstanden" sei. Diesen Optimismus, der „auf dem Träumen von einer sorglosen Zukunft" beruht habe, relativierte der Professor, der auch zeitweilig Sprecher der tschechoslowakischen Bürgerrechtsbewegung „Charta 77" war, in dem PZ-Gespräch.

„Ich sehe die Zukunft - womit ich die kommenden Jahre, Jahrzehnte und Jahrhunderte meine - keineswegs rosig." Ganz im Gegenteil: „Wir befinden uns in einer Krise. Nicht nur bei uns, sondern in der ganzen Welt. Es geht um vieles, wohl um alles." Zuversichtlich stimme ihn allein, dass Probleme „nicht nur ausweglose Tragödien" darstellen, sondern auch „hoffnungsvolle Schimmer" aufzeigen könnten.

Karel Kühnl, der 1980 emigrierte und danach in Wien und München lebte, informierte auf Seite 4 (Wirtschaft) über „Investieren in der ČSFR." Kühnl identifizierte drei große Aufgaben für das Land nach der politischen Wende: Einen neuen Staat gestalten, die gesamte Rechtsordnung auf eine neue Grundlage stellen und das Wirtschaftssystem von der Plan- auf die Marktwirtschaft transformieren. Die PZ fasste eine umfangreiche Studie Kühnls zusammen, der nach seiner Rückkehr nach Prag Berater des tschechischen Premiers Petr Pithart war, bevor er in den 1990er Jahren selbst als Minister und Botschafter sowie Parteivorsitzender politisch Karriere machte.

Den größten Vorteil für ausländische Investoren in der ČSFR sah Kühnl darin, dass das Land über besonders qualifizierte und kostengünstige Arbeitskräfte verfügte. Die Lohnkosten beliefen sich in der ČSFR im Schnitt auf 300 D-Mark im Monat. Dafür könne der ausländische Anleger mit einem hohen Qualifizierungsgrad der Arbeitskräfte rechnen, schrieb Kühnl. Schließlich zählte die Tschechoslowakei bis zu Beginn des Zweiten Weltkrieges zu den am weitesten entwickelten Industrieländern der Welt. Dies sei in kommunistischer Zeit zwar verlangsamt, aber nicht unterbrochen worden. „Gerade die lange und tief verwurzelte Industriegeschichte des Landes bietet eine der verläßlichsten Grundlagen für ausländische Investitionen", merkte Kühnl an.

Weiteres Plus: Auch wenn die Infrastruktur nicht dem westlichen Standard entspreche, sei sie „im Unterschied zu einigen anderen postkommunistischen Staaten auf dem gesamten Territorium zumindest in Grundzügen vorhanden." Beispielhaft nannte er die Transportwege sowie das Strom- und Telefonnetz. Zudem gehöre die ČSFR „zu den am niedrigsten verschuldeten Ländern Ost- und Mitteleuropas", die pro-Kopf-Verschuldung belaufe sich nur auf ein Drittel bzw. Viertel im Vergleich zu Polen und Ungarn.

Das Land besitze außerdem eine günstige geografische Lage an der Grenze zu Westeuropa, die nach 1948 unterbrochenen Verbindungen vor allem mit Deutschland und Österreich könnten leicht wiederhergestellt werden - wichtig für Klein- und Mittelbetriebe, aber auch für große Joint Ventures, wie das Beispiel VW/Škoda bereits lehre. Tatsächlich zierte auch ein Foto auf der Seite den Beitrag, das Bundespräsident von Weizsäcker bei einem Besuch des Werkes am 8. Oktober 1991 und seinen Eintrag ins Ehrenbuch des Gemeinschaftsunternehmens zeigte.

Durch die breite und diversifizierte Wirtschaftsstruktur könne das Land Investitionen in allen Bereichen aufnehmen. „Jeder potentielle Investor findet in der ČSFR einen Partner", so Kühnl, wobei er die besten Chancen im Dienstleistungsbereich sah. Auch wichtig: Die jahrzehntelange Verbindung des tschechoslowakischen Außenhandels zu den Märkten im Osten und ein „know-how" im Ostgeschäft.

Als Nachteile zählte Kühnl die politischen Unsicherheiten auf, die ČSFR sei noch „ein politisches Entwicklungsland" mit nationalen Streitigkeiten zwischen Tschechen und Slowaken. Investitionen erschwere zudem das unübersichtliche Rechtssystem, das in den nächsten Jahren stetig weiterentwickelt werden müsse. Ebenso die unklaren Eigentumsverhältnisse durch die laufenden Restitutionen nach der kommunistischen Verstaatlichung. „Ein Unsicherheitsfaktor für jede Kalkulation", so lange diese Prozesse nicht abgeschlossen seien.

Als ein Problem sah Kühnl auch, dass die Krone eine innerstaatliche Währung und nicht frei konvertierbar war. Dies sicherte zwar einen Zugang zu Devisen, aber nur für konkrete Zahlungszwecke und nicht für wichtige Transaktionen wie etwa Gewinntransfers. Als Folge der Planwirtschaft fehlten

Finanz- und Kapitalmärkte komplett, das Bankensystem war noch mangelhaft und werde laut Kühnl in den nächsten Jahren nur schrittweise aufgebaut, weil Kapital, Personal und Erfahrungen fehlten. Trotzdem riet Kühnl zu Investitionen. „Die Vorteile, die die ČSFR zu bieten hat, sind insgesamt gewichtiger als in den Nachbarstaaten." Für ihn der „einzige wirkliche Unsicherheitsfaktor": Die immer noch nicht geklärte Frage der zukünftigen Staatsform. Allerdings würden die meisten Vorteile auch für eine eigenständige Tschechische Republik gelten...

Im „Forum" auf Seite 5 machte sich Jan Jiroušek Gedanken über „Feindbilder." Genauer über „Feindbilder oder feindbildernahe Vorstellungen, die das Verhältnis zwischen Tschechen und Deutschen betreffen und die - heute meistens in vermittelter Form - in Bewußtseins- und Verhaltensäußerungen mancher Angehörigen beider Völker" zu finden seien. In Deutschland laut Jiroušek nur ein begrenztes Problem, und zwar „in der Regel im Umfeld der politischen Rechten." Selbst die meisten Sudetendeutschen würden derartige Äußerungen und Haltungen ablehnen. Beweis dafür sei, dass die Deutschen nach 1968 Tausenden tschechischen Flüchtlingen halfen.

Anders dagegen die Lage in der Tschechoslowakei. Hier seien „feindbilderähnliche Assoziationen und Symbole" gegenüber Deutschen, insbesondere Sudetendeutschen, während der kommunistischen Ära „nicht abgebaut, sondern systematisch gepflegt und fortentwickelt" worden. Fehlende Information, einseitige Interpretation, verzerrte Schilderungen, eingeschränkte Kontakte ins Ausland - all dies bedinge bei vielen geradezu reflexartige Reaktionen und habe in der Gesellschaft Feindbilder geschaffen, die als Hilfe für politische Manipulation dienen könnten, vor allem in Zeiten der sozialen Unsicherheit.

Jan Jiroušek leitete daraus Fragen für die Zukunft ab: Wie weit seien Tschechen bereit, durch den wieder möglichen Gedankenaustausch und neue Erfahrungen die eigenen Feindbilder zu korrigieren oder gar durch Deutsche empfundene Bedrohung abzubauen? Wie weit würden sie einen vorurteilsfreien Dialog mit den Deutschen aufnehmen und sie als Partner akzeptieren? Was könne die deutsche Minderheit im Land gegen sinnlose Feindbilder tun?

Der Autor fürchtete, dass manche Feindbilder bei manchen Zeitgenossen tief verwurzelt seien und noch Jahre vorhanden blieben. Doch er fand bereits Anzeichen für gegenseitiges Verständnis, nicht nur in der Hohen Politik, sondern „auch auf der Ebene der einfachen Bürger." Unter ihnen nahm er explizit Valuta-Touristen aus, die „die Tschechoslowakei zwecks gewisser Lustbarkeiten besuchen", und auch gewiefte Einheimische, die „die devisenschweren Besucher ihres Landes devot umschwänzeln, in Wirklichkeit aber auf die harte West-Währung spitzen."

Auf der gleichen Seite beschäftigte sich Alex Koenigsmark mit „Minderheiten unter Minderheiten." Nationalitätenkonflikte bezeichnete er als die „langwierigsten, grausamsten, irrationalsten", weil sich Schuldaufrechnungen über Jahrhunderte erstreckten. Für ihn war „erniedrigend, unterdrückte Minderheit zu sein" und „idiotisch, sich als unterdrückende Mehrheit aufzuspielen." Der Autor hoffte darauf, dass eines Tages „in dem sich einigenden Europa jedes Volk eine Minderheit sein" werde.

„Alle werden wir zur Minderheit, einige zu einer Minderheit unter Minderheiten und alle zu Teilen der Mehrheit", philosophierte der tschechische Schriftsteller, Dramatiker und Drehbuchautor, der an der Film- und Fernsehfakultät der Akademie der Musischen Künste studiert hatte. Dies gelte auch für „das große Deutschland." Doch könne seine Sprache wieder zu dem werden, was sie einst war, „bevor nationalistischer und politischer Ungeist ihr diese Rolle raubten" - nämlich „zum Esperanto für ganz Mitteleuropa." Voraussetzungen dafür: Toleranz, ständiger Kontakt und das Wissen um Kultur und Geschichte des anderen.

„Dazu sollte auch die PRAGER ZEITUNG beitragen", forderte Alex Koenigsmark, der als Vorsitzender des Redaktionsrates vorgestellt wurde. „Wie dies einst das PRAGER TAGBLATT und weitere böhmische Zeitungen und Zeitschriften in deutscher Sprache taten." Bewusst betone er „böhmisch", so der Autor, „waren doch damit gleichermaßen Tschechen, Deutsche und Juden gemeint." Damit werde auch ein Begriff vorweggenommen, der „wohl von uns allen angestrebt wird - Tscheche, Deutscher, Österreicher oder Ungar und zugleich Europäer zu sein."

Auf Seite 6 wurde in mehreren Artikeln aus und über „Regionen" berichtet. Ganz oben über die ersten deutsch-tschechischen Tage in Nordböhmen. Der Autor bemerkte eine „Finsternis, die uns umgibt", er machte „gegenseitiges Mißtrauen" aus, ebenso „soziale Ungewißheit" und „das Bangen, das sich nichts verändern oder vieles noch schlimmer werden könnte." Bei seiner Suche nach Lichtblicken stieß er auf „ernstlich an der Zukunft für ihre Kinder interessierte Nachkommen der früheren und jetzigen Reichenberger." Außerdem erwähnte er einen Festabend im Theater, der „junge moderne Menschen und aus der Jeschkenstadt vertriebene und hier alt und müde gewordene Schulfreunde vereinte."

Auch die Stiftung Bernard Bolzano meldete sich in einem separaten Artikel zu Wort, weil sie im Rahmen der Tage erstmals in Reichenberg einen Literaturabend mit tschechischen und deutschen Schriftstellern mittrug. Ein Foto zeigte Vertreter des Heimatkreises Reichenberg aus Augsburg und der Deutschen in Reichenberg mit dem Paneuropa-Präsidenten Otto von Habsburg bei der Ankunft am Flugplatz, der bald für den Flugverkehr in der Euroregion wichtig werden sollte.

Ein weiteres Foto dokumentierte, dass an den Grenzübergängen Pomezí/Mühlbach und Vojtanov/Voitersreuth seit Wochen „die Hölle los" war. Wartende Lastwagen verstopften die Grenzen, die Staus reichten bis ins Zentrum von Cheb/Eger und bis zum Heizwerk in Františkovy Lázně/Frazensbad zurück. Wegen der laufenden Motoren könnten Anwohner nachts nicht mehr schlafen, zudem steige „bei jedem Anfahren der Brummer eine dunkle Abgaswolke auf."

Erwähnt wurde zudem, dass Šternberk/Sternberg, „obwohl von der deutschen Grenze relativ weit entfernt", engere Kontakte nach Deutschland geknüpft hatte, konkret nach Günzburg, wo frühere Bewohner lebten. In Český Krumlov/Krumau protestierten Denkmalschützer wegen der zu geringen Wertschätzung von mehr als 2.000 Kulturdenkmälern rundum. Und aus dem Grenzkreis Prachatice/Prachatitz mit etwa 50.000 Einwohner fanden bereits 2.000 Bürger eine Arbeit bei und in Passau im nahen Bayern. Schließlich gab die Seite noch eine Übersicht über Theaterpremieren, so am 18.10.: Erzgebirgisches Theater Teplice/Teplitz - R. Piskáček: „Perlen der Jungfrau Serafinka."

Das Theater bildete auch den Schwerpunkt für die Seite 7, Kultur. Ausführlich wurde eine tschechoslowakische Premiere im neueröffneten Ständetheater rezensiert. „Wie in alten Zeiten heißt das Tyl-Theater jetzt wieder Ständetheater, und auch die Eröffnungspremiere, der auch Václav Havel beiwohnte, ist rückwärtsgewandt", kommentierte Paul Kruntorad. Josef Topol habe „Sbohem, Sokrate" (Lebwohl, Sokrates) im Jahr 1976 geschrieben, mitten in der vom Staat verordneten „Normalisierung" in der ČSSR. „Man merkt die Entstehungszeit dem Text an", notierte der Kritiker. Nicht, weil darin Repression, innere Opposition oder Versorgungsprobleme eine Rolle spielten, sondern wegen der Haltung, die „charakteristisch für die Periode" sei: Introspektiv, depressiv, defensiv.

Unter Kruntorads Text wurden die wichtigsten historischen Stationen des „Stavovské Divadlo" aufgelistet. Beginnend mit einer fünfstündigen Opern-Aufführung im Jahr 1723 in einem (bereits 1753 abgebrannten) Amphitheater auf dem Hradschin für 4.000 Zuschauer, die beim böhmischen Adel den Wunsch nach einem „würdigen Haus" reifen ließ, das sich mit den besten

Opernhäusern Europas messen sollte. Bis hin zum 12.10.1991, der Wiedereröffnung nach acht Jahren Renovierung, mit altem Namen, einer simultanen Übersetzungsanlage und damit „auch interessant für Besucher anderer Nationen."

Neben den Berichten über das Ständetheater erörterte ein Kommentar auf der Seite noch „Sprachprobleme." Zwar sei der Anteil von Slawistik-Studenden an deutschen Universitäten nach den Veränderungen in Osteuropa deutlich gestiegen, wurde darin festgestellt, gleichwohl müssten die westeuropäischen Länder ihr Reservoir an Dolmetschern mit slawischen Sprachkenntnissen drastisch vergrößern. Wie sich umgekehrt Tschechen westliche Sprachen aneignen sollten, für berufliche und touristische Reisen. „Der Sprachenaustausch sollte schleunigst auf beiden Seiten des ehemaligen Eisernen Vorhangs, der auch eine Trennung des Sprachraums war, gefördert werden", lautete das Fazit des Berichts.

Auf der folgenden Kultur-Seite 8 wurde das Buch „Die Verteidigung der Kindheit" von Martin Walser rezensiert. Anlass dafür war dessen Besuch vom 15. bis 17. Oktober 1991 in Prag. Zudem sprach die PZ mit Christoph Albrecht, dem neuen Intendanten der Semper-Oper Dresden - der zweite seit deren Wiedereröffnung 1985. Sie heiße jetzt Sächsische Staatsoper Dresden, da es nun „auch ein Bundesland Sachsen wieder gibt", wie Albrecht in dem Interview erklärte. In einem „Prager Guckkasten" machte sich ein Feuilletonist Gedanken darüber, wie wohl Franz Kafka über die ständige Ausstellung zu seinen Ehren urteilen würde. Sie wurde gerade in seinem Geburtshaus in der Straße U Radnice 5 nahe des Altstädter Rings „eingeengt und eingepreßt" eröffnet.

Noch im 14. Jahrhundert hatte Böhmen eine der härtesten Währungen Europas, geprägt aus Silber. Und gefördert in der Stadt Kuttenberg/Kutná Hora, die auf der Tourismus-Seite 9 vorgestellt wurde. Außerdem besuchte die PZ ein Spiel-Casino, das als tschechisch-österreichisches Joint-Venture betrieben wurde und sprach mit dem Direktor. Er verteidigte seine Einrichtung gegen öffentliche Kritik mit dem Hinweis, dass sein Haus nicht nur ordentlich Steuern an den Staat abführe, sondern auch 15 Prozent des Gewinns an die Stadtverwaltung für gemeinnützige Zwecke spende.

Ihre Seiten 10 und 11 reservierte die PZ für Berichte aus Verbänden und Vereinigungen der Deutschen in der Tschechoslowakei. Zur Mitarbeit forderte sie alle auf, Grundorganisationen ebenso wie Regionalverbände oder den Karpatendeutschen Verein in der Slowakei. „Schicken Sie Berichte von Veranstaltungen, Stellungnahmen, Vorankündigungen", so die Redaktion.

Überschriften und Themen diesmal: Graslitz - die Brücke zwischen Egerland und Erzgebirge, Mährisch-Schlesien erlebt die Wiederbelebung der deutschen Volksgruppe, Regionalverbände der Deutschen in der Tschechoslowakei gehen den Weg der Einheit in Vielfalt, Was bewegt die Karpatendeutschen heute? Eine Chronik mit Geburtstagen, Todesfällen und Veranstaltungshinweisen wurde von der PZ kostenlos veröffentlicht.

Wahrlich bunt ging es in einem „Kaleidoskop" auf Seite 12 zu: Was ist alternative Medizin? Ein Rechtsfall („Vorsicht vor falschen Polizisten") und Rechtsberatung („Mein Mann hat sich scheiden lassen und mir einen Teil meines persönlichen Eigentums einfach weggenommen"). Ein Kreuzworträtsel. Zwei Seiten weiter wurden TV-Programme für die Woche zwischen dem 21. und 27. Oktober abgedruckt, ein paar Sendungen für jeden Tag. Berücksichtigt wurden dabei die Programme von ČST, ARD, ZDF, ORF, OK3 und DFF, damals noch das Programm der DDR.

Die vorletzte Seite war komplett gefüllt mit Anzeigen. Wobei die PZ selbst ein Drittel bestückte, mit ihrer Preisliste für Inserate und einem Bestellschein für eine Einzelausgabe, ein Vierteljahres- oder Jahresabonnement. Unterschieden in Kronen-Preise für das Land und in D-Mark und Schilling für das Ausland. Eine Firma warb für die Herausgabe eines Prager Telefonverzeichnisses für Handel und Unternehmen, das Anfang 1992 unter dem Titel „Zlaté stránky" („Goldene Seiten") erscheinen sollte. Und eine Landesbank „with a global outlook" machte auf sich aufmerksam. Ebenso ein Unternehmen, das Baby- und Kinderbekleidung herstellte. Es war laut eigener Angaben in 45 Ländern vertreten, produzierte in Österreich, Deutschland und Portugal und baute gerade ein Werk in der ČSFR auf. Bei den Kleinanzeigen wurde ein Fachmann für das Schätzen von alten Möbeln gesucht. Ein Doktor bot „engagierten ehrgeizigen Menschen" die „leistungsorientierte risikolose Möglichkeit" an, ein „eigenes Geschäft aufzubauen."

Auf der letzten Seite 16 wurden „Zeitgeist und Geschichte" beleuchtet. Anhand einer Rede von Peter Becher, der über eine „böhmische Erfahrung" referierte. „Die Erfahrung nämlich, daß es kaum einen Menschen gibt, der wirklich zuhören und lesen kann", so der Autor, „die meisten interpretieren schon, bevor sie überhaupt wahrgenommen haben." In ihnen arbeite gleichsam „ein Zurechtlegungsmechanismus, der ausblendet, was nicht in ihr Verständnis paßt und aufwertet, wodurch es bestätigt wird."

Schon zuvor, auf Seite 13, fragte die PZ bei Prominenten nach, was sie gerne in der „Prager Zeitung" lesen würden: „Heute und im Jahr 2000." Helmut Zilk, der Bürgermeister von Wien, wünschte sich Berichte darüber, wie tief verwurzelt die kulturellen Beziehungen zwischen Prag und seiner Stadt seien. Und später „einen Bericht über die Vorbereitungen zum 10-Jahres-Jubiläum der Neugründung Ihrer traditionsreichen Zeitung." Rudolf Kirchschlager, Alt-Bundespräsident von Österreich, hoffte auf Beiträge darüber, dass aktuell die Spannungen zwischen Prag und Bratislava friedlich und auf Dauer gelöst seien und sich im Jahr 2000 „der Zusammenschluß aller europäischer Staaten zu einer Konföderation trotz aller negativen Vohersagen bewährt" habe.

Der Prager Bischof František Lobkowicz wollte lesen, dass ein Vertrag zwischen seinem Land und Deutschland „endlich unterzeichnet und von allen akzeptiert" werde. Und dass im Jahr 2000 auf der Autobahn Pilsen-Nürnberg nur noch „der geplatzte Reifen eines LKW einen Stau von 10 Minuten" verursache. Dirigent Rafael Kubelik sprach sich für Artikel darüber aus, „wie hervorragend und schön einst die Zusammenarbeit des tschechischen und deutschen Theaters angefangen von Angelo Neumann bis zu Demetz war." Für das Jahr 2000 hoffte er darauf, dass die PZ „eine bedeutende und erfolgreiche Zeitung ist und auch von vielen Tschechen gelesen wird." Uwe Lehmann-Brauns, Mitglied im Berliner Abgeordnetenhaus, wünschte sich, dass die PZ seine Stadt und Prag auf „einer Kulturschiene" verbinden sollte. Und dass Václav Havel im Jahr 2000 „für eine weitere Amtszeit als Präsident der Europäischen Gemeinschaft wiedergewählt" wird.

Ein kleines Impressum auf Seite 2 unten rechts wies für die Redaktion lediglich einen Namen aus. Chefredakteur: Uwe Müller. Er arbeitete nicht nur das Konzept für die PZ aus, sondern besorgte selbst auch die Inserate für die Nullnummer. Sie wurde in Umschläge gesteckt und „an alle möglichen Adressen in Deutschland und Österreich verschickt", wie Petr Hlaváč später erzählte, der von Beginn an und bis zum Ende der Print-Ausgaben 25 Jahre lang die Anzeigen-Abteilung der „Prager Zeitung" leitete.

Diese allererste Ausgabe war noch kostenlos, aber mehr als nur eine „Kostprobe." Sie lieferte bereits die Grundlage dafür, wie der Inhalt künftig aussehen sollte. Die Texte boten eine umfassende Übersicht, was die PZ publizieren wollte. Und welche Philosophie und Ideologie die Redaktion und ihr Chef damit pflegten. Gestalter, Autoren und Gesprächspartner entsprachen dem Zeitgeist: Sie vermittelten Aufbruchsstimmung.

Im Dezember 1991 legte die Zeitung los. Die erste reguläre Nummer kostete 2,50 D-Mark bzw. 5 Kronen der ČSFR bzw. 17 (österreichische) Schilling.

Drei Blätter wollen Tradition fortsetzen

An das legendäre „Prager Tagblatt" soll jetzt eine neue deutschsprachige „Wochenzeitung für Mitteleuropa" anknüpfen: Journalisten aus dem ganzen deutschsprachigen Raum haben in Prag die „Prager Zeitung" als Wochenblatt mit inzwischen 7.000 Exemplaren gestartet. Sie wollen eine Tradition wiederbeleben, für die vor allem in den 20er Jahren Literaten wie Franz Werfel, Egon Erwin Kisch und Max Brod standen.

Kapitel 2: 1992/93

Die "Prager Zeitung" behauptet sich

F.A.Z. Frankfurter Allgemeine Zeitung vom 23.12.1993

In großer Tradition

Bereits mit ihrer Nullnummer entfacht die „Prager Zeitung“ eine erste lebhafte Diskussion. In seinem Artikel auf Seite 5 sinnierte Jan Jiroušek im Oktober 1991 darüber, wie „Feindbilder oder feindbildernahe Vorstellungen“ das Verhältnis zwischen Tschechen und Deutschen belasten. Nur wenige Tage später, am 4. November 1991, wirft ihm Werner Paul in der *Süddeutschen Zeitung* vor, dass seine Ausführungen „an den Tatsachen vorbeigehen.“

Konkret kritisiert er Jiroušeks Aussage, dass es auf der deutschen Seite weniger feindbilderähnliche Vorstellungen über die Tschechen gebe als umgekehrt, weil das alte Regime in der Tschechoslowakei solche Assoziationen schürte. Vor allem jüngere Tschechen und Slowaken würden auf diese Propaganda längst nicht mehr hereinfallen, meint Paul. Vielmehr würden sie durch die Anziehungskraft westlichen Konsums und der Zivilisation - vor allem durch die Bundesrepublik - geprägt. Er stellt auch in Frage, dass Deutsche heute frei von Ressentiments gegenüber anderen Völkern und speziell den Tschechen seien. Dies könne nur jemand behaupten, der die Deutschen und die „objektiven Probleme Deutschlands gar nicht kennt“, moniert der SZ-Autor scharf.

Daraufhin meldet sich Jiroušek in der zweiten regulären Ausgabe der „Prager Zeitung“ am 12. Dezember 1991 auf Seite 13 erneut zu Wort. Ihn stört erheblich, dass seine Behauptung, das alte tschechische Regime habe feindbilderähnliche Vorstellungen über die Deutschen systematisch gepflegt, von Paul durch ein „angeblich“ relativiert wurde.

Zudem widerspricht er vehement dessen Aussage, westliche Konsumgedanken hätten bei jüngeren Landesbürgern das Bild von Deutschland und den Deutschen mehr beeinflusst als die Propaganda des Regimes. Eine sehr pauschale Aussage, kontert der Tscheche, schließlich habe sich die jüngere Generation in der Tschechoslowakei bestenfalls eine Vorstellung von der Konsumwelt machen können, da sie den Westen nicht durch Reisen kennenlernen durfte. Außerdem begeisterten sich junge Tscheche, mit denen er gesprochen habe, mehr für Konsum und Kultur in Amerika oder England statt in Deutschland. Und dass Konsumdenken Feindbilder abbaue, müsse erst noch bewiesen werden.

Schließlich wundert sich Jan Jiroušek über Pauls Textpassage, wonach er in seinem Artikel behauptet habe, dass die Deutschen heute frei von Ressentiments gegenüber anderen Völkern und speziell den Tschechen seien. Solch eine Behauptung habe er mit keinem Wort aufgestellt, empört sich Jiroušek. Außerdem müsse man prinzipiell darüber diskutieren, wie viele Deutsche überhaupt eine Vorstellung von Tschechen hätten und wie viele von ihnen Feindbilder pflegten.

Werner Paul nimmt für das SZ-Feuilleton im November 91 nicht nur den Artikel von Jan Jiroušek unter die Lupe, sondern die gesamte Nullnummer. „Zum Start bereit", bescheinigt er der „Prager Zeitung" anschließend. Bereits die erste Ausgabe habe verdeutlicht, dass die PZ „keinem Thema aus dem Weg" gehe. Was er auf aktuelle Spannungen zwischen Tschechen und Slowaken bezieht. Für ihre politische Berichterstattung empfiehlt er der „Prager Zeitung" generell, dass sie zunächst vor allem Fragen des Nationalismus in der Tschechoslowakei in den Fokus rücken „soll und muss."

„Sehr erfreulich" nennt Paul, dass für die PZ sowohl Tschechen als auch Deutsche schreiben. Wie Ondřej Neff, einer „der besten tschechischen Zeitungspublizisten der neuen Tschechoslowakei." Zugleich kritisiert er, dass ein Pressespiegel nur tschechische Medien zu Wort kommen lässt, nicht aber auch slowakische. „Geburtsfehler, Absicht oder genau jener Pragozentrismus, der in einem Artikel angeprangert wird?", fragt Werner Paul.

Er begrüßt, dass die PZ „von einer auch soeben gegründeten Stiftung herausgegeben" wird, obwohl sie nach seinen Informationen „ebenso bettelarm wie einst Bolzano" sei. Und er hofft darauf, dass diese Stiftung Mäzene findet, die „klug genug sind, nicht zu versuchen, den programmatischen Untertitel - unabhängige deutsche Wochenzeitung - einzuengen." Obwohl der Autor erkundet hat, dass die „Prager Zeitung" nur bis März 1992 finanziell abgesichert sei. Weshalb er es mutig nennt, dass die Redaktion trotzdem schon jetzt Prominente befragte, was sie im Jahr 2000 in der PZ lesen wollen.

Begeistert ist Paul über einen Beitrag von Peter Becher, in dem er seine Erfahrungen mit dem deutsch-tschechischen Dialog in jüngster Zeit beschrieb. „Um den Essay Bechers kann jedes Feuilleton der in Deutschland erscheinenden Blätter die ‚Prager Zeitung' beneiden", lobt der Münchner Autor. Nach seiner Meinung sollten Kulturberichte „das Rückgrat der Zeitung bilden." Paul rät zu „weniger Gemeinplätzen" in Berichten und zu möglichst vielen Reportagen und kleinen Feuilletons, wie es tschechischer Tradition entspreche.

Zugleich rügt er, dass Petr Prouza seinem Leitartikel die Überschrift „Der Schein Bolzanos" gab, obwohl er Bolzanos Ausstrahlung betonen wollte. Für Paul aber ein verzeihlicher Irrtum, denn er resultiere daraus, dass die PZ in einer „gemeinsamen deutsch-tschechischen Werkstatt" entstehe. Und es gebe „nichts Erfreulicheres und Wichtigeres als diese Tatsache" - auch wenn er seine Zeitungskritik doch lieber unter die Headline „Im Licht des Böhmen Bolzano" stellt.

Insgesamt zeigt sich Paul erfreut darüber, dass mit der „Prager Zeitung" 46 Jahre nach Kriegsende wieder ein unabhängiges Wochenblatt in deutscher Sprache in der Tschechoslowakei existiert. An das „Prager Tagblatt" oder die „Prager Presse" vor dem Krieg könne sie jedoch nicht anknüpfen, resümiert er. Schon allein deshalb nicht, weil es „eine deutsche Leserschaft in Prag nicht mehr gibt."

Genau dies nennt hingegen der *journalist* kurz darauf als Absicht des neuen Blattes, nämlich „eine Tradition wiederzubeleben." Geradezu feierlich verkündet das Fachmagazin: „Journalisten aus dem ganzen deutschsprachigen Raum haben in Prag die ‚Prager Zeitung' als Wochenblatt mit inzwischen 7.000 Exemplaren gestartet." In seiner zweiten Ausgabe des Jahres 1992 hebt das Organ des Deutschen Journalisten-Verbandes ausdrücklich hervor, dass die deutschsprachige Wochenzeitung „an das legendäre ‚Prager Tagblatt' anknüpfen" will, für das „in den 1920er Jahren Literaten wie Franz Werfel, Egon Erwin Kisch und Max Brod standen."

Weil sie „das deutsche Kultur-Erbe bewahren und die Versöhnung fördern" wolle, erhalte die neue Zeitung Finanzhilfen aus Deutschland, der ČSFR und Österreich. Trotzdem stünden dem aus Zwickau stammenden Chefredakteur Uwe Müller nur „Mini-Mittel" zur Verfügung. Dies hindere ihn aber nicht daran, ein „mitteleuropäisches Blatt" und damit die „alte europaweite Bedeutung" anzustreben, wie der Magazin-Autor ausführt.

Dafür hoffe Müller auf weitere Unterstützung. Etwa auf eine „Einstiegshilfe" von der „Süddeutschen Zeitung", die Anfang der 1990er Jahre Marktanalysen betreibe und auf lange Sicht einen Verbund mit internationalen Qualitätsmedien anstrebe. Allerdings stehe die „Prager Zeitung" in Konkurrenz zu zwei weiteren deutschsprachigen Blättern im Land. Auch die „Prager Volkszeitung" und das „Prager Wochenblatt" berufen sich „seit Jahresbeginn" auf die Tradition des alten „Prager Tagblatt", so das Magazin. Und alle drei hätten die kleine deutschsprachige Minderheit in der ČSFR als Zielgruppe im Auge.

Schon wenige Monate später, im Mai 1992, erwähnt der *journalist* die „Prager Zeitung" erneut. Er gibt ihr nur geringe Zukunftschancen, als er generell über deutschsprachige Zeitungen im Ausland berichtet. Manche von denen seien rechtslastig und andere vor allem nostalgisch, vermerkt Autor Thomas Gesterkamp gleich im Vorspann.

Etwa 160 derartige Publikationen erscheinen über die ganze Welt verstreut, wie ein Sprecher der Internationalen Assoziation Deutschsprachiger Medien (IADM) in dem vierseitigen Artikel erläutert. Dieser Verband in Köln versteht sich seit Anfang der 1970er Jahre als Interessenvertretung für deutschsprachige Blätter im Ausland und ist sehr unzufrieden. Denn diese Zeitungen würden viel „verbale Zustimmung von politischer Stelle" erhalten, aber kaum finanzielle Unterstützung aus Deutschland. Deshalb plagen alle deutschen Auslandsmedien die gleichen Probleme: Auflagenschwund, zu wenige Anzeigen, zu alte Leser.

Gesterkamp erinnert an das erste deutschsprachige Blatt, die „Philadelphische Zeitung" in den USA von 1732, von dem späteren Präsidenten Benjamin Franklin herausgegeben und speziell für deutsche Einwanderer in der Provinz Pennsylvania gemacht. Mittlerweile ist die Geschichte deutschsprachiger Titel im Ausland für ihn eine „Geschichte des Niedergangs seit Jahrzehnten."

Anders beurteilt er Mitte 1992 die Situation in Osteuropa nach Ende des Kommunismus. Vor allem in der Tschechoslowakei. Dort befinde sich die deutschsprachige Presselandschaft „in einer Umbruchsituation", neue Publikationen wie die „Prager Zeitung" seien mit „nostalgischen Reminiszenzen an die gute alte Zeit" entstanden. Und zwar, als „Deutsch das Esperanto für ganz Mitteleuropa war", wie der Publizist Alex Koenigsmark in der PZ-Nullnummer anmerkte. Nach Gesterkamps Recherchen könne die PZ jede Woche aber nur wenige Tausend Exemplare in der ČSFR absetzen, weil Prag „eben kein Zentrum der deutsch-jüdischen Intelligenz mehr" sei. Und weil die zahlreichen deutschen Touristen in der Moldaumetropole „offenbar auch keine verlässliche Klientel" bilden würden, im Gegensatz etwa zu Spanien.

Einen PZ-Artikel von 3. Dezember 1992 über eine Konferenz in Terezin (einst Theresienstadt) greift der Verein *Österreichischer Auslandsdienst* auf. Er bietet Freiwilligen- bzw. Zivilersatzdienst im Ausland an, nach eigenen Angaben aus Verantwortung Österreichs für die Verbrechen des Nationalsozialismus. Bei der Zusammenkunft, die von der Gedenkstätte Terezin, der Theresienstädter Initiative und der Prager Vertretung der Friedrich-Ebert-Stiftung organsiert wurde, diskutierten Historiker aus mehreren Ländern laut „Prager Zeitung" darüber, wie das „Mittel Arbeit" während der Nazi-Herrschaft zur Vernichtung von Inhaftierten eingesetzt wurde.

Während viele Tschechen protestierten, sei Umweltschutz für deren Regierung zweitrangig, berichtet die *taz* im Februar 1993. Angeblich könne sie Kohle aus Nordböhmen noch bis 2030 nutzen, was jedoch von der „Prager Zeitung" angezweifelt werde. Sie gibt die Meinung von Experten wieder, für die das Kohlevorkommen dort bestenfalls noch bis 2005 reiche.

Trotz seiner eigenen pessimistischen Prognose hält es der *journalist* für geboten, schon ein Jahr später, im August 1993, wieder auf deutschsprachige Medien im Ausland einzugehen - diesmal sogar nur in Prag. Das Fachmagazin vergleicht zwei Zeitungen, die sich dort „für die Deutschen etabliert" hätten. Den feinen Unterschied zwischen „Prager Zeitung" und „Prager Wochenblatt" sieht Autor Klaus Gerber zwischen deutschsprachig und deutsch.

Mehrfach zitiert er den Chefredakteur der „Prager Zeitung." Uwe Müller betont gegenüber ihm nachdrücklich, dass er „eine deutschsprachige und keine deutsche Zeitung" mache. Wobei er sich an einem Leitgedanken von Bernard Bolzano orientiert. Der Gelehrte an der Prager Karls-Universität prophezeite im 19. Jahrhundert, dass eine Katastrophe eintreten könne, wenn sich Tschechen und Deutsche trennen würden.

Eine weitere Differenz macht Klaus Gerber bei der Auflage aus. Während sie beim „Wochenblatt" mit knapp 8.000 „recht bescheiden" ausfalle, erreiche die PZ mit einer verkauften Auflage von bis zu 14.000 Exemplaren fast die doppelte Zahl. Trotzdem koste die „Prager Zeitung" deutlich weniger als das Konkurrenzblatt. Und sie sei „auf den ersten Blick erheblich professioneller und zeitnäher" gemacht, urteilt der Autor. Die PZ deckt für ihn „auf einem größeren Format weitaus mehr Themen ab." PZ-Gründer Müller sieht seine Zeitung „keineswegs als Gegenzeitung" zum „Prager Wochenblatt." Sogar eine Zusammenarbeit sei anfangs erwogen worden, aber an persönlichen Differenzen mit dem österreichischen Herausgeber gescheitert.

Müller erzählt dem Autor von einer „schwierigen Aufbauzeit" nach der Nullnummer im Oktober 1991. Trotz der finanziellen Unterstützungen des Auswärtigen Amtes in Bonn, des Außenministeriums in Wien und des Kulturministeriums in Prag. Nach seinen Angaben bleibt die Hälfte der Auflage im Land. Der Rest geht nach Deutschland, Österreich und in die Schweiz, 500 Zeitungen auch in die Slowakei. Als Leser hofft der 37-Jährige „vor allem auf Touristen sowie potentielle Investoren aus deutschsprachigen Ländern."

Auch diesmal verzichtet das Magazin nicht auf einen Vergleich mit dem renommierten „Prager Tagblatt", dessen Namen die Lokalseite trägt. Dieser Vorgänger hatte „ein Niveau, an das wir nicht heranreichen", räumt Uwe

Müller ein. Zumindest anstreben dürfe man es aber wohl, fügt der Redaktionsleiter aus Sachsen an.

Unverkennbar ist für Klaus Gerber bei der PZ „der Wille zur Verständigung und Versöhnung zwischen Tschechen und Deutschen." Und deren Skepsis gegenüber dem eigenen Weg der Slowakei. 16 Seiten pro Woche umfasst die Zeitung. Müller äußert den Wunsch, Ausgaben mit 24 oder gar 32 Seiten zu produzieren, was jedoch personelle und vor allem finanzielle Engpässe verhindern. Trotzdem erstellte die „Prager Zeitung" gerade eine 40-seitige Beilage mit dem Titel „Die Europäische Gemeinschaft. Ihr Nachbar." Für Uwe Müller „ein Stück Programm", auch wenn der Text nur in Tschechisch vorgelegt wurde.

In seinem Bericht im Februar 1992 mahnte der *journalist* noch bezüglich der PZ: „Eile tut not." Die Finanzierung des Prager Blattes sei „zunächst nur für das erste Quartal 1992 gesichert." Kurz vor Weihnachten 1993 veröffentlicht die *Frankfurter Allgemeine Zeitung (FAZ)* einen Beitrag mit der Überschrift: „Die Prager Zeitung behauptet sich." Das deutschsprachige Wochenblatt habe sich „in der tschechischen Publizistik wirtschaftlich" etabliert. Dabei bezieht sich die Zeitung aus Frankfurt auf eine Meldung der *Deutschen Presse-Agentur (dpa)*. Demnach liege die Auflage der „Prager Zeitung" bei 20.000 Exemplaren und werde zu 60 Prozent in der Tschechischen Republik und zu 40 Prozent in Deutschland sowie Österreich verkauft. Nach Angaben von Chefredakteur Müller werde bereits „die Hälfte der Herstellungskosten" durch Anzeigen gedeckt, wie die „Frankfurter" meldet.

Prager Zeitung • 53/1992 Forum 13

»Früher haben wir hier noch die Sau rausgelassen«

Ein Touristen-Veteran erinnert sich an goldene Zeiten in Prag

Königreiche stürzen. »Prag ist längst nicht mehr, was es früher einmal war«, sagt Gerhard J. Und er muß es schließlich wissen. Nicht weniger als 49mal besuchte der stämmige Bayer bisher die Goldene Stadt an der Moldau. Rechtzeitig aus der Deckung gekommen, als die politische Wende im Jahre 1968 noch glücklich abgewendet worden war, ist der Veteran des Prager Reisewesens seither mindestens an zwei langen Wochenden pro Jahr vor Ort.

Bleikristall-Lüster, Alkohol und Zigaretten für die Freunde

Gerade hat Gerhard J. im Französischen Restaurant des Hotels »Paříž«, eines nationalen Kulturdenkmales, zu Mittag gespeist. Livrierte Diener, türkise und goldene Mosaikplättchen an den Pfeilern, Jugendstilinterieur. Gerhard J. hat zunächst eine tschechische »Veverka« - Suppe genommen, eine kräftespendende Fleischbrühe also, und hernach ein Rindsgulasch mit den obligatorischen Semmelknödeln verzehrt. Dafür muß er nun 145 Kronen auf den Tisch des Hauses legen. »Seit Juni sind die Preise schon wieder gestiegen«, kommentiert Gerhard J. nicht ohne einen Ausdruck deutlicher Verbitterung; nun ist es Dezember.

Gottseidank ist ihm der Kofferträger Lubomir in seinem Stammhotel, einem der komfortablen Vier-Sterne-Häuser am Rande der Stadt, über all die Jahre erhalten geblieben, mit dem er erst an diesem Morgen wieder ein privates Tauschgeschäft abgewickelt hat. 20 Kronen für eine deutsche Mark haben Gerhard J. ein ruhiges Gewissen verschafft. Er sieht sich in der Pflicht, nicht an Rezeptionen und in Wechselstuben zum Kurs von höchstens 1:16 zu tauschen. »Ich bin's dem Jungen einfach schuldig, er will sich doch auch mal' was mit westlicher Währung gönnen«, schluchzt Gerhard J., und seine Augen füllen sich mit einem kleinen Tränenstrom.

Doch der treuen Freundschaft steht eine harte Probezeit bevor. Gerhard J. will nicht mehr. Er ist zwischenzeitlich zu einem Cappuccino ins altehrwürdige Café im Repräsentationshaus nahe des Pulverturmes übergewechselt, wo er beteuert, die 50 noch zu komplettieren, und dann soll Schluß sein mit den Zeiten in der tschechischen Metropole. »Hier ist doch nichts mehr zu holen«, resümiert Gerhard J. mit hörbarer Resignation. Nur allmählich wird sein zitternder Stimmton durch die heitere Laune der Erinnerung ersetzt. Erst mit der tatkräftigen Unterstützung dreier enger Freunde war es ihm dereinst gelungen, die zentnerschwere Last nicht weniger böhmischer Bleikristall-Lüster bis vor sein Haus zu transportieren, wo sie nun die Decken aller Räume zieren; er selbst war dabei mehrfach einem Leistenbruch und an der Zollgrenze zuweilen auch einem Herzinfarkt nahe.

Wenn er sich's recht bedenkt, meint Gerhard J., während er einen weiteren heißen Apfelstrudel mit Sahne bestellt, habe er zuletzt eigentlich nur noch den Deppen für andere gespielt. Natürlich, der Hradschin ist ihm stets ein böhmisches Dorf gewesen, und Karl IV. sieht er immer noch eher im Tor eines Fußballvereins denn auf dem deutschen Kaiserthron beheimatet. Dennoch fühlte sich Gerhard J. in den letzten Jahren zunehmend in die Rolle eines Geschäftsreisenden im Auftrag gedrängt. Alkohol und Zigaretten in rauhen Mengen und vor allem Werk- der ihn das Angebot der Minibar in seinem Zimmer zur Gänze nutzen ließ –, während der letzte Konkurrent, sein heimischer Freund Jiři, einen Becher zuvor vom Stuhle fiel. »Sitzzeug nix gut«, resignierte Jiři am nächsten Morgen, und ein letztes Mal bricht Gerhard J. ob dieser heiteren Begebenheit in lautstarkes Gebrüll aus, unterbrochen nur von kurzatmigen

Ich vergöttere dieses Land, my dear: die Leute hier haben einen unglaublichen Sinn für Humor

Zeichnung: Vladimir Jiranek

Bei der „Prager Zeitung“

Bei meiner ersten Begegnung mit der „Prager Zeitung“ stieß ich auf Revolver und Schlagstöcke. Als ich im Dezember 1992 den ockerfarbenen prächtigen Barockbau in der Straße Na Poříčí betrat, in dem die Redaktion residierte, versperrten mir uniformierte Wachleute den Weg. Mit ihrer martialischen Ausrüstung wirkten sie sehr „amerikanisch.“ Ich musste vor einer Schleuse warten, ein Posten telefonierte nach oben und suchte einen Verantwortlichen der Zeitung. Da sei jemand an der Pforte, gab er weiter, wobei seine Stimme eine gewisse Überraschung verriet. Anscheinend wollten (noch) nicht allzu viele Gäste die „Prager Zeitung“ besuchen.

Schwerbewaffnete Security war Anfang der 1990er Jahre nicht selten in Prag. Auf solche „Sheriffs“ traf man an verschiedenen Orten der Stadt, zuweilen vor Bars und Lokalen, vor allem jedoch vor Banken in der Innenstadt. Dort waren sie besonders gut bewaffnet. Die Wachmänner verstärkten den Eindruck, dass die Stadt damals tatsächlich „wilder Osten“ war.

Nach einer Weile kam eine Mitarbeiterin und führte mich hinauf in die Zeitung. Die Redaktion belegte nur drei Räume, ausgestattet mit alten Schreibtischen aus Holz und dunkelbraunen Schränken, auf den Tischen Kaffeetassen, Wasserflaschen und Zigarettenschachteln. Und natürlich ein paar mechanische Schreibmaschinen, Kugelschreiber und anderes Handwerkszeug von Journalisten. Dazu lediglich ein Computer. In den Regalen etliche Bücher, am Rande ein Kleiderständer. Alles in allem eine Redaktionsstube, wie ich sie aus den späten 1970er und frühen 80er Jahren in Deutschland kannte, in denen ich selbst gearbeitet hatte.

Sie strahlte eine wohlige Atmosphäre aus, es roch nach Papier, an manchen Ecken auch nach Schweiß. Die Räume waren schon damals überhitzt, wie in all den folgenden Jahren und in so vielen Büros in Prag. Ungewöhnlich war nur der braune Tresor zwischen einem Schrank und einem Fenster an der Wand. Die Abteilung für Anzeigen und Marketing war über eine Direktwahl-Nummer zu erreichen, die Redakteure über die Durchwahl-Nummern 705 bis 707 und die Abonnement-Verwalter über die Apparate 702 und 703. Die PZ beschäftigte zu diesem Zeitpunkt sechs Mitarbeiter, wie mir Chefredakteur Uwe Müller erklärte. Er begrüßte mich freundlich und zugleich zurückhaltend, für einen Zeitungsmann beinahe schüchtern. Der Mittdreißiger war tatsächlich überrascht, dass ihn jemand besuchte, dazu noch ein Fremder. Er trug schon damals einen dunkelblauen Pullunder und Krawatte, in den folgenden Jahren geradezu ein Markenzeichen von ihm.

Ich zeigte mich verwundert über die strengen Sicherheitsvorkehrungen an seinem Eingang. Müller klärte mich auf, dass die „Prager Zeitung" im gleichen Gebäude untergekommen war wie „Rudé právo", früher das Zentralorgan der Kommunistischen Partei KPČ in der Tschechos-lowakei. Diese Zeitung, auf Deutsch „Rotes Recht", hatte unter den Kommunisten ein Meinungsmonopol. Sie gab weiter, was die Partei dachte und wollte und was die Bürger zu glauben und zu machen hatten. Das rächte sich nun. Zwar nannte sich der Nachfolger unmittelbar nach der Wende nur noch schlicht „Zeitung der KP" (und einige Jahre später „Právo", also „Recht"), doch der Ruf von beiden war zerstört.

Als das Blatt im Jahr 1990 den 18. Parteitag der Kommunisten ankündigte, verzichtete es sogar darauf, den genauen Ort der Veranstaltung preiszugeben. Deshalb gab es immer wieder Bombenalarm für das Gebäude. „Und dann müssen auch wir aus dem Haus und auf die Straße rennen, um uns vorsorglich in Sicherheit zu bringen", erzählte mir Müller. Safety first. „Ein Sprengkörper ist allerdings noch nie gefunden worden", fügte der PZ-Chef an. Er zeigte sich darüber ebenso amüsiert wie genervt. Etwas besorgt allerdings auch. Schließlich war Müller auch Chef von knapp einem Dutzend Mitarbeitern.

Ich wurde auf die PZ aufmerksam, als ich Anfang Dezember 1992 für ein paar Wochen nach Prag fuhr. Schon ein Jahr zuvor war ich den Veränderungen in der Stadt nach der Revolution auf der Spur, saß noch im altehrwürdigen „Café Slavia" neben staubigen Fenstern und auf bräunlichen Stühlen an engen verschrammten Tischen aus der kommunistischen Zeit. Kurz danach wurde es von einem neuen Eigentümer für mehrere Jahre geschlossen. Auch das Café auf dem Malostranské náměstí, dem Kleinseitner Ring, unterhalb der Nikolauskirche verharrte noch in seiner jahrzehntealten Tradition und strahlte trotzdem oder wahrscheinlich deshalb eine kuschelige Wärme und stressfreie Gemütlichkeit aus. Beides ging völlig verloren, als der kleine Saal etliche Jahre später von einer amerikanischen Kaffeehaus-Kette übernommen wurde.

Nicht weit davon entfernt stand am Fuße der Prager Burg noch eine alte Telefonzelle aus Holz, für Gespräche innerhalb Prags und möglicherweise auch schon des Landes. Das Geld tauschte man in Hinterzimmern von Hotels schwarz bei den Portiers, weil sie immer zwischen 18 und 20 Kronen für eine D-Mark gaben, während an der Rezeption ein offizieller Tauschkurs von kaum mehr als sechs Kronen angegeben war. An vielen Plätzen der Stadt offerierte eine „Trafika" nach wie vor Tabak, Zeitungen und Spirituosen. Nicht selten in der Nähe von Bus-Haltestellen und Metro- oder Tram-Stationen, weshalb an den Holzbuden auch Tickets gekauft werden konnten. Mancherorts hatten sich diese Relikte aus der Habsburger-Herrschaft zu einem Treff für Ältere und Jüngere entwickelt, die sich hier das Land und ihre persönlichen Verhältnisse schön trinken wollten.

Damals, im November 1991, war eine „Prager Zeitung" noch nirgends im Stadtbild zu entdecken. Als ich jedoch im Dezember 92 im Interhotel „Panorama" in Prag 4 wohnte, im Süden der Hauptstadt, lag sie schon an der Rezeption aus. Ich arbeitete bereits seit mehr als einem Jahrzehnt als Journalist für Zeitungen und Magazine. Trotz vieler Dienstreisen war mir eine deutschsprachige Zeitung im Ausland bis dahin nirgendwo aufgefallen. Weder in Europa noch in den USA, Brasilien oder Südkorea. Das fand ich spannend genug, um die PZ in den nächsten Tagen aufzusuchen.

Und ich brachte gleich einen Artikel mit. Auf einer Schreibmaschine, die mir der Geschäftsführer des Hotels geliehen hatte, fasste ich Erlebnisse mit einer Reisegruppe zusammen, die mit mir im Bus nach Prag gefahren war. Unter ihnen waren „Routiniers", die Prag schon seit Jahrzehnten besuchten - und viel zu erzählen hatten. Was sie während der mehrstündigen Fahrt auch ausgiebig taten. Einen Passagier griff ich heraus. Ein Durchschnittsbürger, der mit seiner harten D-Mark in der kommunistischen Tschechoslowakei mehrere Wochen im Jahr lebte wie Gott in Frankreich. In nahezu jeder Beziehung. „Früher haben wir hier noch die Sau rausgelassen", lautete sein Fazit. Der Satz wurde zur Überschrift für meinen allerersten Beitrag in der „Prager Zeitung."

Uwe Müller war von meinem Angebot angetan. „Das sind genau die Themen, die wir für die PZ suchen und brauchen“, teilte er mir mit. Müller druckte den Artikel über die Veteranen des Prager Reisewesens in der letzten Ausgabe des Jahres am 30. Dezember 1992 auf Seite 13 ab. Er ging über fünf Spalten und füllte die „Forum“-Seite. Ergänzt durch eine Karikatur, auf der britische Touristen vor einem Restaurant stehen und die Speisekarte studieren. Was sie angesichts der niedrigen Preise zu der Aussage veranlasst: „Ich vergöttere dieses Land, my dear, die Leute hier haben einen unglaublichen Sinn für Humor.“ Auch eine dreispaltige Anzeige von „Radio Evropa 2, Radio Most“ fand noch Platz auf der Seite.

Während des Treffens bot ich Müller an, einen Kontakt zu einem deutschen Verlag herzustellen, für den ich lange gearbeitet hatte. Vielleicht könne sich daraus ein Austausch an Ideen und Erfahrungen ergeben. Oder gar eine Kooperation. Und bei Bedarf eventuell auch finanzielle Hilfe. Zu meinem Erstaunen gab sich Uwe Müller zögerlich, fast zugeknöpft. „Kontakte sind immer gut“, antwortete er reichlich unverbindlich und mehr aus Höflichkeit, ohne näher darauf einzugehen. Erst hinterher wurde mir klar: Müller wollte nicht nur eine deutschsprachige Zeitung in Prag machen, sondern vor allem eine unabhängige.

Einige Jahre später erläuterte er mir bei einer Weihnachtsfeier der Zeitung und einem Glas Pilsner, dass er sich auch als Unternehmer selbständig gemacht hatte. Müller hielt selbst Anteile am Verlag der „Prager Zeitung“ und suchte nur anfangs Geldgeber in Deutschland. Dafür lud er Bewerber in ein Gasthaus an der deutsch-tschechischen Grenze ein. Bei solch einem Termin sei es zugegangen wie in einer Casting-Show, erzählte mir ein Insider später. Nacheinander hätten sich Bewerber die Klinke in die Hand gegeben und ihre Angebote für Anteile an der PZ vorgelegt.

Überraschend lud mich Uwe Müller bereits während unserer allerersten Begegnung zu einer Feier ein. Sie fand zum einjährigen Bestehen seiner Zeitung statt.

„Kommen Sie um neun in die ‚Goldene Birne‘“, sagte der PZ-Chef.

Ich betrat das noble Lokal, das auf Tschechisch „U Zlaté hrušky“ heißt und in der Gasse Nový Svět nahe der Prager Burg liegt, kurz vor 21 Uhr. Als Geschenk hatte ich einen guten Tropfen aus einem Feinkostladen in der Jindřišská mitgebracht, einer Nebenstraße des Wenzelsplatzes. Dort offerierte das Geschäft „Paris-Praha“ Rotweine und andere Spezialitäten aus Frankreich. Allerdings zu Preisen, die sich damals nur Diplomaten und Ausländer mit guten Geschäften in der Tschechoslowakei leisten konnten und wollten. Doch in der „Birne" konnte ich Uwe Müller nirgends finden. Und auch keinen seiner Mitarbeiter.

„Die Gäste sind schon alle gegangen", bedauerte die Bedienung auf Nachfrage.

Wie das, wollte ich wissen. Und die Feier?

„Ist längst vorbei", klärte mich die ältere Frau auf, „gefeiert haben die doch schon heute Morgen ab 9 Uhr."

Zahlreiche Fotos vom Fest zum Einjährigen und seinen Gästen - darunter der deutsche Botschafter, ein Schweizer Botschaftsrat, ein Bischof sowie Vertreter von Banken und Stiftungen - sah ich in der Ausgabe vom 17. Dezember 1992. Bereits 53 Nummern der Zeitung lagen zu diesem Zeitpunkt vor. Bei der Feier erläuterten Petr Prouza für den Herausgeber sowie Chefredakteur Uwe Müller und eine Kulturredakteurin auf einer „gut besuchten" Pressekonferenz zunächst Konzeption und Ziele von „Prager Zeitung" und Stiftung. Anschließend waren die „besten Freunde" des Blattes laut Text zu einem „kleinen Diner" geladen - wenn auch schon mittags...

Mit großem Interesse las ich nach, was Müller in der Ausgabe vom 3. Dezember 1992 über die „Prager Zeitung" nach einem Jahr Existenz geschrieben hatte. Der PZ-Chef nannte die Gründung „einen gewagten Schritt", weil bereits zwei deutschsprachige Wochenzeitungen in Prag auf dem Markt waren. Doch sein Blatt erwies sich als lebensfähig. „Immer mehr Deutsche im Land griffen zu unserer Zeitung", bilanzierte er in seinem Artikel, „hinzu kam die Tatsache, dass im deutschsprachigen Raum das Interesse an kontinuierlichen Informationen aus der Tschechoslowakei recht beachtlich war." Auf Probleme im Anfangsjahr ging Müller nicht genauer ein, außer auf „leider gar nicht wenige Druckfehler" und „immer wieder einschleichende Mängel und Ungereimtheiten." Doch die Leser hätten der PZ zugestanden, dass „jedes Kind erst einmal Laufen lernen" müsse.

Müller warf selbst einen Blick zurück auf einen „vor mehr als 50 Jahren zum Tode verurteilten Verwandten", nämlich das „Prager Tagblatt", dessen Titel die PZ „recht anmaßend" für ihre Seite 16 nutzte. Das „Tagblatt" wurde „nach 64 Jahren schon zu einer Legende, wir sind bislang lediglich eine Anekdote", führte er selbstkritisch aus. Gleichwohl könne das „Prager Tagblatt" mit seiner „weitsichtigen Offenheit" und „einmaligen Kultursymbiose" ein Vorbild sein. Denn auch die PZ habe sich von Anfang an als „ein Mittler in einer der sensibelsten Regionen Europas" verstanden - was für alle folgenden Jahre gelten sollte.

Der Chefredakteur erinnerte in seinem Text daran, dass sich in Mitteleuropa noch drei Jahre zuvor Ost und West hochgerüstet gegenüberstanden und über Jahrzehnte Feindbilder zementierten. Nun gelte es, Verständnis zwischen den Völkern zu fördern. „Wo, wenn nicht hier, wird es sich entscheiden, ob Europa als ein Kontinent zusammenwachsen wird", postulierte er. Und Prag, diese mitteleuropäische Kulturstadt, strahle dafür bereits mannigfaltige Impulse aus. „Sie kann zu einem neuen Brennpunkt von Wirtschaft, Wissenschaft und Kultur in Europa werden", blickte Müller voraus. Und mit Weitblick fügte er an: „Unsere Zeitung, die ‚Prager Zeitung', wird vielleicht eines Tages sagen oder besser schreiben können, wir waren von Anfang an dabei, haben dafür einen kleinen Beitrag geleistet."

Bei einem ausführlichen Blick in die Ausgabe fiel mir auf, dass die PZ nach einem Jahr eine interessante Mischung bot. Titelthema für diese Nummer vom 3. Dezember 1992 war, dass das föderative Parlament von Tschechen und Slowaken die Auflösung des Landes und damit die endgültige Teilung der ČSFR beschlossen hatte. „Allen fiel ein Stein vom Herzen", schrieb die PZ über ihren Bericht. Auch auf den Seiten 2 und 3 ging es um Politik, auf den beiden folgenden Seiten um Themen aus der Wirtschaft und auf den Seiten 6 und 7 um Kultur. Auf je einer Seite wurde anschließend über die Regionen, Touristik und Sport sowie die Verbände der Deutschen berichtet.

Im „Prager Tagblatt", der Lokalseite über die Hauptstadt ganz am Ende auf Seite 16, ging es diesmal um Schwarzfahren, Wohnraum in der Metropole und die einzige völlige Mondfinsternis in diesem Jahr. Dass er den altehrwürdigen Zeitungstitel für die PZ verwenden konnte, freute Müller beinahe diebisch. „Er war frei und hat mich nur ein paar Mark gekostet", erklärte mir der PZ-Chef auf eine entsprechende Frage in seinem Büro. Ausgeprägt war bereits das Serviceangebot der Zeitung. Auf Seite 10 wurden Kulturveranstaltungen in Prag zwischen dem 3. und 9. Dezember aufgelistet. Zu Theaterprogrammen, Konzerten und Ausstellungen hatte die Redaktion einen speziellen Tipp: Das Weihnachtskonzert am 6.12. von Sinfonieorchester und Chorgemeinschaft des Tschechischen Rundfunks mit Kompositionen des 18. Jahrhunderts im Dvořák-Saal des Rudolfinums, Beginn um 19.30 Uhr.

Außerdem auf der Seite: Wichtige Telefonnummern für Notrufe und 24-Stunden-Apotheken, von Botschaften, Fundbüro, für den Ärztedienst für Ausländer - und ebenso für einen Weckdienst oder eine telefonische Telegrammaufgabe. In Auszügen druckte die PZ zudem die Wochenprogramme von staatlichen wie privaten Sendern in der ČSFR, Deutschland und Österreich ab, lud in eine Schachecke ein und stellte eine halbe Seite für Leserbriefe zur Verfügung. Außerdem eine Spalte für kostenlose Kleinanzeigen - allerdings nur für Abonnenten. Ein selbständig arbeitender Prager Maurermeister suchte dort eine anspruchsvolle gut bezahlte Arbeit im deutschsprachigen Ausland: „Geringe Deutsch-Kenntnisse, aber perfektes Fachenglisch." Und ein deutscher Historiker wünschte sich Erlebnisschilderungen von Tschechen, die 1938 in den Sudetengebieten gewohnt hatten.

Alphabetisch - von Abis s.r.o. Bratislava bis Wüstenrot AG Prag - benannte die PZ auf Seite 6 ihre „Gründungsinserenten" und PR-Auftraggeber, zum Dank dafür, dass sich das Blatt „nach einjähriger Startphase stabilisieren" konnte. Tatsächlich war das Anzeigenaufkommen schon beachtlich. Auf einer kompletten Seite warb ein Büro- und Betriebseinrichter für seinen Katalog, auf je einer halben Seite stellten sich ein Prager Hotel und ein deutscher Reiseveranstalter vor, einspaltig lud das Kaufhaus „Kotva" dazu ein, die kosmetische Beratungsstelle einer französischen Firma bis 23.12. zu besuchen, täglich um 10 und um 14 Uhr.

Zudem schaltete ein deutscher Verlag eine Anzeige für sein Buch „Der Hradschin" und ein Bahnbetreiber für seine Direktverbindung von Frankfurt nach Prag (ohne Umsteigen). Kleinanzeigen konnten für Wohnungen und Zimmer, freie Stellen, An- und Verkäufe, Freizeit und Erholung sowie für „Heiraten" aufgegeben werden. Ein japanischer Feuerwehrmann, 34, eigenes Haus, sicheres Einkommen, gutaussehend, bat um Zuschriften, bitte auf Deutsch oder Englisch.

Für sich selbst druckte die „Prager Zeitung" zwei Bestellscheine ab, einmal für ein Jahresabonnement, zum anderen für ein Geschenk-Abo zu Weihnachten. Und sie offerierte Bücher: Zwei Bände über die Gesetze in der ČSFR, „jetzt auch in deutscher Sprache." Zu erwerben am Sitz der Zeitung in Na Florenci 19, Prag 1, ihrer offiziellen Adresse.

Ich wunderte mich darüber, dass die PZ noch auf einen Fortsetzungsroman Wert legte: „Die Abenteuer des braven Kommunisten Schwejk" von Helmut Putz aus dem Jahr 1965 bzw. 1991. Ebenso, dass sie auf Seite 1 schon Inhalte für die kommende Nummer verriet und zugleich auf Seite 3 noch einmal auf Ereignisse der vergangenen Woche zurückblickte. Auf der letzten Seite stand im Lokalblatt ein „Prager Guckkasten", ein unterhaltsames Feuilleton. Selbst dieser „Guckkasten" enthielt eine Anzeige, nämlich für Herbstaktionen des Restaurants „U Zlaté hrušky" - das Gasthaus, in dem die PZ ihren ersten Geburtstag gefeiert hatte. Diese Tradition setzte die Zeitung lange fort, indem sie Lokalen Anzeigen im Tausch dafür anbot, dass sie ihre Weihnachtsfeiern ausrichteten. Das Impressum unter dem Fernsehprogramm auf Seite 15 wies nach Chefredakteur Uwe Müller mittlerweile schon fünf Redakteure aus.

Während unseres ersten Treffens im Dezember 1991 ließ ich durchklingen, eine Zeitlang bei der „Prager Zeitung“ mitarbeiten zu können. Müller und ich vereinbarten, auch deshalb in Kontakt zu bleiben. Schon am 20. Januar 1993 schickte mir Uwe Müller einen Brief, damals noch auf einem Blatt ohne Briefkopf der PZ, sondern schlicht mit Absender per Schreibmaschine. „Ein Prager Engagement Ihrerseits bei unserer Zeitung würde ich begrüßen, käme doch so endlich auch einmal ein Profi in die Redaktion“, schrieb er, „und zwar ein Profi mit Engagement für die Sache. Zumindest schätze ich Sie so ein.“

Tatsächlich regte ich einige Verbesserungen für die PZ an. Sie begannen bereits bei den Überschriften auf Seite 1. „Ihre Vorschläge sind zweifelsohne ein Denkanstoß“, antwortete Müller, „daraus könnte sich einiges machen lassen.“

SEITE 10

VERBÄNDE

Hinweise zur Restitution landwirtschaftlichen Eigentums

SEITE 12

Freihandelsabkommen

Budapest (ADN) – Das Freihandelsabkommen zwischen Ungarn, der ČSFR und Polen soll Mitte Dezember unterzeichnet werden. Ursprünglich wollte die sogenannte Visegrader Troika das Dokument im November unter Dach und Fach bringen. Aufgrund »technischer Schwierigkeiten« war dies jedoch nicht möglich.

Wie aus dem Budapester Ministerium für Internationale Wirtschaftbeziehungen verlaute-

Der tschechische Premier V. Klaus und Sachsens Ministerpräsident K. Biedenkopf bei der Unterzeichnung des gemeinsamen Abkommens *Foto: Bert Östermayer*

Tschechische Republik und Land Sachsen wollen grenzüberschreitende Zusammenarbeit intensivieren

Dresden (ADN) – Die Tschechische Republik und der Freistaat Sachsen sind entschlossen, vor allem den küftigen Beziehungen zwischen der Tschechischen Republik und dem Land chert, daß es sie auch zwischen Politikern wie ihm, nicht gibt. Wir haben uns geeinigt, daß wir

Uwe Müller griff drei Aspekte auf. Bezüglich der inneren Organisation werde „gegenwärtig noch viel improvisiert.“ Er führte dies auf den häufigen Wechsel des Personals zurück. Und ebenso auf die technische Ausstattung der Redaktion. Die Zeitung bereite sich gerade auf den Computersatz vor, bisher lief der Satz über tschechische Kollegen in einer anderen Firma. „Entsprechend hoch war die Fehlerquote“, so Müller. Die Hälfte der Arbeitszeit musste dafür verwendet werden, Korrekturen vorzunehmen und Fehlen in den Texten zu beseitigen.

Zum Layout merkte er an, das Erscheinungsbild der Zeitung sei bereits im Frühjahr von einem Partner „in Straubingen“ modernisiert worden. Wobei er die Stadt verwechselte - wie später noch oft und für mich nie klar ersichtlich, ob aus Absicht oder Vergesslichkeit. Eigentlich war Straubing in Niederbayern gemeint, wo ein Mitgesellschafter seinen Wohnsitz hatte. „Die Zeitung ist ein lebendiger Organismus“, so Müller. Dementsprechend wollte er sich weiteren Veränderungen nicht verschließen.

Am wichtigsten fand der Chefredakteur augenscheinlich meine Hinweise für eine bessere Profilierung der PZ. „Darüber möchte ich mich mit Ihnen bei einem Glas Wein oder Bier eingehender unterhalten“, schlug er vor. Dies verwunderte mich nicht, denn Marketing und Public Relations waren völlig unbekannte Terrains für Geschäftsleute im Osten, die ihre ersten Schritte in die Marktwirtschaft wagten. Schon als ich Anfang der 1990er Jahre die Redaktion des tschechischen „Playboy“ in Prag besuchte, verwickelte mich die Leiterin der Marketing-Abteilung auf dem Flur in ein Gespräch. Wie das denn genau mit Werbung und PR bei Medien in Deutschland funktioniere, wollte sie wissen. Und ob ich ihr nicht auf der Stelle ein paar erfolgversprechende Tipps geben könnte. Das erstaunte mich, denn gerade Amerikaner sind Profis im Marketing. Allem Anschein nach hatten die „Playboy“-Macher in den USA ihre neuen Lizenznehmer in den einstigen osteuropäischen Staaten jedoch nicht mit entsprechenden Ratschlägen versorgt.

Zu meiner möglichen Arbeit bei der „Prager Zeitung“ notierte Müller abschließend in seinem Brief: „Was ein kurzfristiges Engagement Ihrerseits in der Zeitung anbelangt: Besser wäre natürlich ein längerfristiges.“ Und er machte sogleich einen konkreten Terminvorschlag: März 1993. Schon über Ostern 1993 fuhr ich erneut nach Prag. Wir trafen uns im Café „Kisch“ am Eingang zum Altstädter Ring. Ein kleines uriges Kaffeehaus, das bereits wenige Jahre später für immer geschlossen wurde, an das aber heute noch eine schwärzliche Gedenktafel mit der schwungvollen Aufschrift „Kavárna E.E.Kische“ in der Celetná-Gasse erinnert. Dort diskutierten wir zunächst eine Weile über Prag und den Wandel der letzten Jahre. An grauen und schwarzen Häuserfassaden wurde bereits kräftig geputzt, ausgebessert, gestrichen. Müller bezeichnete als großes Glück für die Stadt, dass die politischen Veränderungen gerade noch rechtzeitig eintraten. „Es war nur noch eine Frage der Zeit, bis viele Gebäude in Prag in sich zusammengefallen wären“, betonte er.

Uwe Müller lebte schon seit den 1980er Jahren in der Stadt. Hier arbeitete er zunächst als studierter Historiker an einer Akademie und nach der Wende kurz für die „Prager Volkszeitung.“ So hieß seit Mitte der 1960er Jahre ein Blatt für die deutsche Minderheit in der Tschechoslowakei, das von den kommunistischen Machthabern als Propagandamedium verwendet wurde. Es wurde auch in der DDR verteilt und gelesen, dort aber während des „Prager Frühling“ mehrfach verboten. Diese Zeitung folgte einer Zeitschrift namens

„Aufbau und Frieden" nach, die den Deutschen im Land ab den 1950er Jahren die Entwicklung eines Sozialismus in der ČSSR ans Herz legen wollte.

Viele Worte verlor Müller nicht mehr über seine Arbeit für die „Volkszeitung." Dafür zitierte ihn die „Zeit", als sie Mitte November 1990 über die Tschechoslowakei im ersten Herbst nach der Revolution berichtete. Nahe der deutschen Grenze hätten Eigentumsansprüche der sudetendeutschen Landsmannschaft für Aufruhr gesorgt, erwähnte das Hamburger Wochenblatt. Verschärft habe diesen Konflikt ein Brief des Vertriebenen-Verbandes an Präsident Václav Havel. Seitdem sei die Stimmung zwischen Tschechen und Deutschen „spürbar schlechter geworden", wie „der Chefredakteur der deutschsprachigen Prager Volkszeitung, Uwe Müller, berichtet."

Etwas mehr hatte Müller über den Chefredakteur eines „Prager Wochenblatt" zu sagen, das nach der Wende ebenfalls versuchte, mit deutschen Texten Fuß zu fassen. Er hatte keine allzu große Meinung von ihm und nannte ihn spöttisch „altvergessen und rückwärtsgewandt." Ähnlich urteilte er über den Herausgeber, einen Österreicher. Wenig Schmeichelhaftes publizierte auch die „taz" im Juli 1991 über dieses neue Blatt, über das Agenturen Anfang März vermeldet hätten, dass mit ihm das legendäre „Prager Tagblatt" auferstanden sei. Dieser Versuche misslinge auf drastische Weise, so die Zeitung aus Berlin. Dem „Wochenblatt" drohe ein schnelles Ende, weil es dilettantisch gemacht werde und sein Deutsch reichlich gekünstelt wirke.

Alsbald kamen Uwe Müller und ich zum entscheidenden Punkt: Wie konnte ich der PZ konkret helfen? Vor allem: Wie lange sollte ich bei der Zeitung bleiben? Erneut bot ich an, einige Wochen in der Redaktion zu arbeiten. Müller bestand jedoch weiterhin darauf: „Mindestens ein Jahr." Er habe sogar eine Wohnung parat, für Mitarbeiter wie mich, die nicht dauerhaft in Prag bleiben konnten. Ich könne sie umgehend beziehen. Tatsächlich hatte ich bereits einen Koffer dabei, aber eben nur für ein paar Wochen.

Müllers Frau, eine Tschechin, betrat nach einer Weile das Café und entschuldigte sich dafür, dass sie nicht gut Deutsch spreche. Im Gegensatz zu ihrem Mann, von dem manch tschechischer Kollege später behauptete, er habe am Ende besser Tschechisch als Deutsch beherrscht. Was bei dieser schwierigen Sprache fraglos eine Meisterleistung war. Sie wollte ihren Mann abholen. So beendeten wir das Gespräch.

Doch wir trafen uns ab diesem Zeitpunkt regelmäßig. Denn zum Abschluss vereinbarten wir im Café „Kisch", weiterhin eng zusammen zu arbeiten. Zum Nutzen der PZ. Und noch kontinuierlicher als bisher schon.

Abonnieren Anmelden **Hamburger Abendblatt** Suche

Home Hamburg Nord Politik Wirtschaft Sport Aus aller Welt Kultur & Medien Wissen Ratgeber Reise Auto Abo Angebote Service

In den Nachrichten Einzelhandel in Hamburg | Hamburger Flughafen | Kuriose Polizeimeldungen | Luftqualität in Hamburg | Hamburg-Wetter | Alle Themen

Home – Zeitungsarchiv – 1999 – Schreiben für ein Miteinander in Europa

Schreiben für ein Miteinander in Europa 13.08.99

Von ZUZANA JANSKA

Die deutschsprachige "Prager Zeitung" knüpft an alte Traditionen an und etabliert

Kapitel 3: 1994 - 2001

taz archiv

Keine Party an der Moldau

Groß gefeiert hat die Prager Zeitung ihren zehnten Geburtstag nicht. Dafür war kein Geld da. Mehr Leser täten

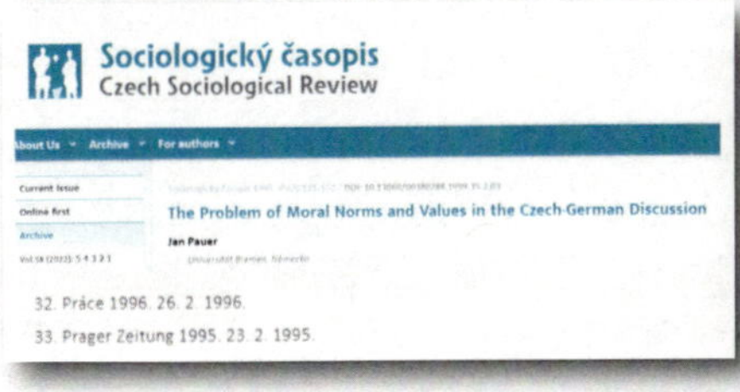

Deutsche und Tschechen

Geschichte – Kultur – Politik

beck'sche reihe

Sociologický časopis
Czech Sociological Review

The Problem of Moral Norms and Values in the Czech-German Discussion

32. Práce 1996. 26. 2. 1996.

33. Prager Zeitung 1995. 23. 2. 1995.

de Volkskrant

Nieuws & Achtergrond Columns & Opinie Video Wetenschap Mensen De Gids Cultuur & Media

Hoofdredacteur ziet in verdrag tussen Bonn en Praag begin van verzoening Duitse Tsjechen houden zich koest

De Prager Zeitung heeft 'Kohl' nog net op de voorpagina

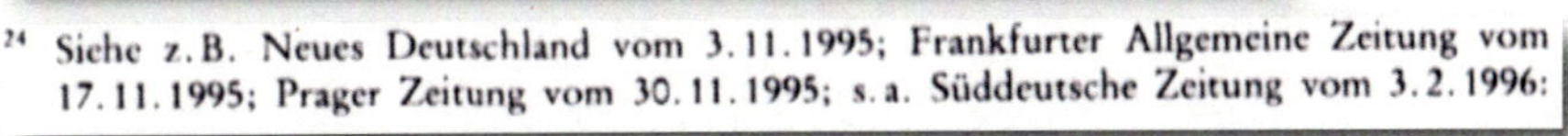

24 Siehe z.B. Neues Deutschland vom 3.11.1995; Frankfurter Allgemeine Zeitung vom 17.11.1995; Prager Zeitung vom 30.11.1995; s.a. Süddeutsche Zeitung vom 3.2.1996;

Für ein Miteinander in Europa

Innerhalb der „Prager Zeitung" läuft vieles ab wie in anderen Redaktionen. Trotzdem „unterscheidet sich die in Prag erscheinende deutschsprachige und europäisch denkende Wochenzeitung wesentlich von vielen ihresgleichen, die in Deutschland am Kiosk zu haben sind", stellt das *Hamburger Abendblatt* fest, als es im August 1999 ausführlich über die Arbeit der PZ informiert.

Für Autorin Zuzana Janská ist nicht nur das Durchschnittsalter der deutschen und tschechischen Mitarbeiter an der PZ „jung und dynamisch." Was Chefredakteur Uwe Müller bestätigt. „Wir sind eine freie Redaktion", unterstreicht er gegenüber der Hamburger Kollegin, niemand fordere von ihm „mit einer Peitsche in der Hand" bestimmte Umsätze. Und ohne den Druck eines großen Verlagshauses bleibe seine PZ sehr flexibel. „Wir können noch mit unserer Zeitung spielen", sagt Müller. Stets könne er die Struktur verändern und neue Themen anpacken.

Nach der Wende von 1989 sei ein Zusammenleben von Tschechen und Deutschen in Prag wieder aktuell geworden, hat die Autorin erkannt. „Prager Deutsche" seien nun jedoch nicht mehr Großbürger, sondern junge Menschen oder Unternehmer. PZ-Chef Müller stimmt ihr zu. „Hunderte von Deutschen" hätten in Prag wieder ihren Lebensmittelpunkt gefunden, gibt er an, „und die will unsere Zeitung informieren." Jede Woche, in deutscher Sprache, mit aktuellen Nachrichten aus Tschechien.

Die Anschubfinanzierung durch tschechische, deutsche und österreichische Behörden habe sich bezahlt gemacht, konstatiert das Blatt aus der Hansestadt, „das ehrgeizige Projekt" PZ schreibe schwarze Zahlen. Zu etwa 25 Prozent finanziere es sich aus dem Verkauf, für den Rest sorgen zuverlässige Inserenten. Somit habe sich für die PZ der „Schritt ins Ungewisse gelohnt", bilanziert Janská.

Sie beziffert die PZ-Auflage auf 25.000 Exemplare, die Leser seien in ganz Europa verstreut. Dass die „Prager Zeitung" zudem den legendären Namen „Prager Tagblatt" im Titel führt, hält Müller auch im Gespräch mit ihr nicht für vermessen. Man könne zumindest versuchen, an etwas anzuknüpfen, was nicht mehr existiert, fügt er an.

Engagement und Begeisterung für die „Prager Zeitung" zeichnen Blattgründer und Belegschaft für Janská gleichermaßen aus. Nach ihrem Eindruck resultiert die Kreativität der Zeitung gerade aus „der internationalen Zusammensetzung des kleinen Unternehmens." Während viele Tschechen zu diesem

Zeitpunkt noch immer fürchten, dass reiche Deutsche ihr Land aufkaufen könnten, herrsche in der Redaktion eine „inspirierende tschechisch-deutsche Team-Atmosphäre."

Meist deutsche Redakteure würden von tschechischen Kollegen in der Vertriebs- und Anzeigenabteilung auch über Leben und Denken ihrer Landsleute informiert. Nicht zuletzt deshalb könnten diese Journalisten sachkundiger etwa über drastische Mieterhöhungen oder steigende Heizungspreise in Prag schreiben. Zuweilen auftretende Sprachschwierigkeiten würden über Fremdsprachen gelöst. Oder durch den Chef mit seinen hervorragenden Tschechisch-Kenntnissen.

Für die Hamburger Autorin erfolgt somit im Souterrain eines Prager Mietshauses bereits eine „Vorwegnahme Europas" - zunächst nur im „kleinen Rahmen einer deutschsprachigen, mitteleuropäischen Wochenzeitung", zugleich aber als hoffnungsvolles Vorbild. Auch Chefredakteur Müller zeigt sich überzeugt davon, dass gerade im böhmisch-mährischen Raum wieder Gemeinsames entstehen könnte, nämlich „ein Europa der Regionen, des friedlichen Nebeneinanders der Völker und Volksgruppen."

Mehr als diese Zukunftsperspektive interessiert in Deutschland in den 1990er Jahren jedoch, wie sich die Tschechische und die Slowakische Republik wirtschaftlich weiterentwickeln. Wenn deutsche Medien darüber berichten, ziehen sie häufig Beiträge aus der „Prager Zeitung" zu Rate. So greift der Autor eines Diskussionspapiers des *Deutschen Instituts für Wirtschaftsforschung (DIW)* zum Transformationsprozess in den beiden östlichen Staaten auf Umfragen in der PZ zurück. Sie informierte am 17. März 1994 darüber, dass 64 Prozent der Tschechen mit Optimismus in die Zukunft blicken und die Regierung von Václav Klaus in der Bevölkerung außerordentlich stark akzeptiert sei. Im Gegensatz zur Slowakei, wo 75 Prozent der Befragten den ökonomischen Wandel als gescheitert werten, wie die PZ eine Woche später publizierte.

Zum gleichen Thema bringt der *Gustav Fischer Verlag* im Jahr 1995 ein Buch heraus, dessen Verfasser aus mehreren Interviews der PZ zitiert. Eines wurde mit dem Vorsitzenden der Vereinigung tschechischer Unternehmer geführt, der beklagte, dass sich die „Kleinen" im Kampf um Fachkräfte gegen große Firmen immer weniger behaupten können, weil sie über zu wenige flüssige Mittel verfügen. Zwar hielten sich deutsche Unternehmen mit Investitionen in der Tschechischen Republik noch zurück, doch suchten sie verstärkt nach Partnern in Mittelosteuropa, um arbeitsintensive Produktionen „auf dem Weg der Lohnveredelung" dorthin auszulagern.

Der Direktor des Zentrums für Wertpapiere in Tschechien berichtete im Juni 1994 in der PZ von mehr als 100 Emissionen, die nicht aus der Kupon-Privatisierung resultierten. Dass Informationen über den Handel mit Eigentumsrechten nur an einer Stelle gesammelt werden, könnte zu „Insiderhandel" führen, wird in dem Buch erläutert. Das beste Beispiel dafür lieferte der Direktor selbst: Ein halbes Jahr nach dem PZ-Gespräch wurde er unter dem Verdacht der Korruption verhaftet. Dies wird in dem Buch mit Bezug auf einen Bericht in der „Süddeutschen Zeitung" von November 1994 nachgereicht.

Schattenseiten der wirtschaftlichen Transformation sind in den Folgejahren ein beherrschendes Thema. So bezieht sich das Osteuropa-Institut der *FU Berlin* in einer Publikation auf einen PZ-Artikel vom Mai 1997 über eine „Vertrauenskrise der Konservativen." Darin kritisierte Senatspräsident Petr Pithart, dass die Regierung Klaus anfängliche Fehler nicht korrigiert und die Öffentlichkeit nicht davon überzeugt habe, dass „einzig solides Auslandskapital" die Reformen voranbringe. Und 1998 geht das Berliner Institut auf Aussagen in der PZ ein, wonach die Regierungskoalition „sogar die Entfaltung eines für Wirtschaftskriminalität günstigen Milieus ermöglicht" habe.

Neben den ökonomischen Fragen sind Berichte über bilaterale Themen vorherrschend. Nicht zuletzt zur gemeinsamen Vergangenheit. Den schwierigen Weg zur Verständigung skizziert die Zeitschrift *Osteuropa* im November 1995. Autor Andreas Götze bezieht sich in seinen Erläuterungen zur sudetendeutschen Frage in den deutsch-tschechischen Beziehungen nach 1989 auch auf eine Grundsatzrede von Präsident Václav Havel, die von der „Prager Zeitung" am 23. Februar in Auszügen auf Deutsch abgedruckt wurde. Fünf Jahre nach seiner Verurteilung der Vertreibung der Deutschen aus der Tschechoslowakei versuchte Havel darin, den in eine Sackgasse geratenen Prozess der Versöhnung zwischen beiden Staaten neu zu beleben.

Götze führt aus, dass die Angst der Tschechen vor dem großen Nachbarn nicht kleiner geworden sei. Zugleich seien die meisten Dissidenten, die sich zur Vertreibung der Sudetendeutschen nach dem Krieg kritisch geäußert hatten, nicht mehr in politischen Funktionen. An ihre Stelle traten führende Politiker, die im deutsch-tschechischen Verhältnis ein dauerhaftes Problem sehen oder Sudetendeutsche „wie Spanier" behandeln wollen. Umgekehrt sei die Außenpolitik Deutschlands gegenüber dem Nachbarn mittlerweile „abwartend und passiv." Sie habe Forderungen von Sudetendeutschen mit der Entschädigung von tschechischen Opfern im Nationalsozialismus verknüpft. Und dadurch sei habe ein „gespanntes Verhältnis" zwischen den Regierungen entstanden.

Anfang 1996 greift der *Österreichische Auslandsdienst* erneut einen Bericht der „Prager Zeitung“ auf, diesmal über die Arbeit von Wehrpflichtigen aus Österreich in der Gedenkstätte Theresienstadt. Zum Wahlkampf in Tschechien befragt die *Welt* im Mai 1996 den PZ-Mitarbeiter in Westböhmen, das früher von vielen Sudetendeutschen bewohnt wurde. Er verweist darauf, dass vor allem Kommunisten und Republikaner die „deutsche Karte“ spielen würden. „Aber diese Karte sticht bei jungen Tschechen nicht“, so der Berichterstatter. Denn die Bürger in Westböhmen seien am besten mit deutschen Nachbarn und Firmen vertraut und hätten deshalb am wenigsten Angst vor den Deutschen. Sorgen hätten bestenfalls alte Bewohner, die vor 50 Jahren in der früheren Heimat der Sudetendeutschen angesiedelt wurden und nun eine Rückgabe von sudetendeutschem Vermögen fürchten. Bei ihnen könnte verfange, was Nationalisten und Kommunisten an antideutschen Parolen über eine bevorstehende „Germanisierung“ des Landes ausgeben.

Möglicherweise habe jedoch der Fußball das schwierige deutsch-tschechischen Verhältnis ein wenig entschärft, hofft die *Welt* ein paar Wochen später. Konkret das Finale zwischen der Tschechischen Republik und Deutschland bei der Fußball-EM im Sommer 1996. Schon vor dem Endspiel hatte Tschechiens Premier Václav Klaus beim EU-Gipfel in Florenz intensive Kontakte und einen regelmäßigen Informationsaustausch mit Bundeskanzler Helmut Kohl vereinbart - obwohl die Beneš-Dekrete weiterhin ein großes Hemmnis seien. Dies verleitete die „Prager Zeitung“ zu dem optimistischen Titel „Die Geburt der deutsch-tschechischen Toskanafraktion“, wie das deutsche Blatt erwähnt. Auf das Finale in Wembley geht auch die *Zeit* im Juli 96 ein, allerdings nur auf den sportlichen Aspekt. Dazu holt die Hamburger Wochenzeitung die Einschätzung eines PZ-Redakteurs ein. Er glaubt, dass der „tschechische Fußball zwei Jahre brauchen“ werde, um sich von diesem Triumph zu erholen - weil tschechische EM-Stars künftig bei Klubs im Westen besonders begehrt seien.

Ein Dreivierteljahr später, im Mai 1997, zitiert die *Zeit* erneut die PZ. Grund dafür ist ein Treffen von Milton Friedmann, dem „Missionar des Monetarismus und Freihandels“, in Prag mit seinem Apologeten Václav Klaus, dem tschechischen Ministerpräsidenten. Als „gottgleich“ habe die „Prager Zeitung“ das Handeln von Klaus bezeichnet, weil er über Jahre alle Krisensignale für seine „Marktwirtschaft ohne Adjektive“ beiseiteschob, merkt die Zeitung aus der Hansestadt an. Nun aber habe der Regierungschef die Notbremse gezogen, indem er Importe drosseln und den Finanzsektor stärker kontrollieren ließ - zum Entsetzen von Friedman.

Besonders interessiert Medien in der zweiten Hälfte der 1990er Jahre, wie die „Prager Zeitung" die Deutsch-Tschechische Erklärung beurteilt, die im Dezember 1996 vom Bundestag und vom tschechischen Parlament verabschiedet wurde. Diese Deklaration werde den Streit um die Vergangenheit nicht beenden, sondern auf beiden Seiten neuen Unmut hervorrufen, vermutet die *Welt* im Januar 1997. Sie zitiert den ehemaligen Regierungsberater Petr Příhoda und seine Aussagen in der „Prager Zeitung." Dass die Tschechen in der tschechischen Fassung des Vertrags nach einem anderen Wort für „Vertreibung" suchten, war für ihn kein Streit um Wörter, sondern um Tatsachen. Und die sollen nach seiner Einschätzung verschwiegen werden, was Příhoda für beschämend hält.

Als Premier Klaus und Bundeskanzler Kohl im Januar 1997 in Prag die Deutsch-Tschechische Erklärung unterzeichnen, will die auflagenstarke Zeitung *de Volkskrant* wissen, was die „Prager Zeitung" davon hält. „Es gibt Bewegung, und das allein ist positiv", antwortet Chefredakteur Uwe Müller. Beide Ministerpräsidenten würden jetzt versuchen, sich gegenseitig zu verstehen - was in den zurückliegenden fünf Jahren nicht der Fall gewesen sei. Müller erinnert daran, dass das Land durch die Vertreibung etwa ein Drittel seiner Bevölkerung verlor und ein jahrhundertealtes wirtschaftliches und einzigartiges kulturelles Konzept zwischen Deutschen, Tschechen und Juden abrupt endete. 50 Jahre Kommunismus hätten diesen kulturellen Zusammenbruch noch einmal verschärft.

Für die Niederländer verwaltet Uwe Müller mit seiner PZ die „Überreste der Tradition des ‚Prager Tagblatt', des berühmten Vorgängers der aktuellen Zeitung." Wörtlich schreibt Autor Michel Maas: „Sie haben keinen Kafka und im Übrigen ist die Zeitung natürlich kleiner als das ‚Tagblatt'. Wenn auch nur, weil es zu dieser Zeit in der Tschechischen Republik (bzw. in den Ländern der Böhmischen Krone) drei Millionen Deutschsprachige gab, und jetzt laut der letzten Volkszählung 47.000. Die ‚Prager Zeitung' muss sich mit einer wöchentlichen Auflage von knapp 15.000 verkauften Exemplaren begnügen, von denen 5.000 an Abonnenten in Deutschland und Österreich gehen."

Sudetendeutsche? Über sie rede man nicht gerne, so Müller, denn mit ihnen verbinden Bewohner der Tschechischen Republik nach seiner Einschätzung nur Negatives. Für ihn spielen sie durch ihre starre Haltung Extremisten in die Hände. Was die Deutschen im Land nach 1938 anrichteten, grenzt für Müller an versuchten Völkermord. Er sieht den größten Vorteil der Vereinbarung zwischen Tschechen und Deutschen darin, dass die Diskussion auf eine breitere Ebene verlagert werde, weg von den extremen Rechten. Dies schaffe endlich ein Klima, um „echte Versöhnung" anstreben zu können.

Und bis dahin wolle der Chefredakteur „kein unnötiges Risiko" eingehen, mutmaßt Maas. Uwe Müller habe seine Redaktion daher „etwas versteckt" in der Třebízského eingerichtet, einer ruhigen Straße außerhalb des Zentrums. „Außer einem kleinen Namensschild gibt es nichts, was auf die Anwesenheit des Wochenblatts hinweisen könnte", hat der Autor beobachtet. Nein, keine große Leuchtreklame, bestätigt Müller. „Jeder darf wissen, dass wir hier sind." Allzu nachdrücklich wolle er freilich (noch) nicht darauf hinweisen.

Zur Deutsch-Tschechischen Erklärung richtet eine Abgeordnete der PDS im Jahr 1997 eine Kleine Anfrage an die Bundesregierung, darin bezieht sie sich auch auf die „Prager Zeitung." Drucksache 13/8911 vom 3. November 1997 des *Deutschen Bundestages* belegt, dass es dabei um die Entschädigung tschechischer NS-Opfer geht. In Ausgabe 32 von 1997 berichtete die PZ, dass deren Zahl seit Verabschiedung der Deklaration von 9.000 auf 8.300 gesunken sei. Deshalb bemühe sich die tschechische Regierung nun darum, die kollektiv ausgehandelten Entschädigungen „zu individualisieren", weil die Mehrzahl der NS-Opfer diese Auszahlungen möglicherweise nicht mehr erleben werde. Der Geschäftsführer der Föderation jüdischer Gemeinden in Tschechien forderte eine Zusatzrente für tschechische NS-Opfer.

Die Abgeordnete fragt außerdem nach, wann endlich der mit 140 Millionen Mark von Deutschland und umgerechnet etwa 25 Millionen Mark von Tschechien bestückte Deutsch-Tschechische Zukunftsfonds eingerichtet werde. Und wann das Deutsch-Tschechische Gesprächsforum mit seiner Arbeit beginne, wie in der Erklärung vereinbart. Dazu antwortet die Bundesregierung lapidar, dass die bilateralen Gespräche nach drei Gesprächsrunden noch nicht zu Ende seien, die Verhandlungen aber gut vorankommen und der Fonds ab 1998 tätig werden soll. Zur konkreten Mitarbeit im Gesprächsforum merkt die Regierung an, dass es für alle offen sei, die sich am Dialog zwischen Deutschen und Tschechen beteiligen wollen, also auch für Vertreter der Sudetendeutschen. Eine von dessen Rat beauftragte Arbeitsgruppe sowie eine „Union für gute Nachbarschaft" in der Grenzregion, von denen die PZ berichtete, seien ihr jedoch nicht bekannt.

Ende der 1990er Jahre ist der Kosovo-Krieg das beherrschende Thema in Europa. Kurz vor Beginn der Bombenflüge auf Jugoslawien wurde Tschechien offizielles Mitglied der NATO. Die Begeisterung für die Allianz wie auch für die EU sinke in der Bevölkerung und im sozialdemokratischen Minderheitskabinett Zeman indes kontinuierlich, wie der *Deutschlandfunk* im Juni 1999 meldet. In der Hörfunk-Sendung bestätigt PZ-Chef Uwe Müller, dass es im Land „sehr, sehr viele skeptische Stimmen“ gegen den NATO-Einsatz wie gegen Präsident Havel persönlich gebe. Trotzdem sprach sich Havel von Anfang für den Einsatz auf dem Balkan aus und habe stets betont, dass Tschechien als NATO-Mitglied Verantwortung trage und Pflichten erfüllen müsse.

Müllers Expertise ist auch bezüglich des wachsenden Zuspruchs für die tschechischen Kommunisten gefragt, die in aktuellen Meinungsumfragen auf 15 Prozent Wählerstimmen kommen. „Das lässt sich aus den sozialen Problemen des Landes erklären“, urteilt der PZ-Journalist, verursacht durch Wirtschaftsprobleme seit Mitte der 90er Jahre. Die Reformpolitik des ehemaligen Ministerpräsidenten Klaus habe ein Modell geschaffen, das „selbst Leute aus der eigenen Regierung als Banken-Sozialismus bezeichneten.“ Die Privatisierung war für Müller „praktisch eine Rück-Verstaatlichung eines Großteils des Eigentums“, noch immer gebe es Strukturen der Planwirtschaft mit Überbeschäftigung und Groß-Unternehmen. „Und heute, im Jahr 99, kommt es zu ersten größeren Entlassungen“, erklärt Uwe Müller.

Trotz Minuswachstum oder steigender Arbeitslosigkeit sieht er für Tschechien aber „sehr große Chancen, relativ schnell und bald auch in die EU zu kommen.“ Mit seiner Infra- und Industriestruktur sowie der Ausbildung von Arbeitskräften erfülle Tschechien im Gegensatz zu anderen Reformstaaten in Ostmitteleuropa Voraussetzungen, die Müller für „vergleichbar mit Deutschland“ hält. Als Beispiel führt er das Vorzeige-Projekt „VW/Škoda“ in Mladá Boleslav an.

Allerdings müssten zuvor noch „viereinhalbtausend Gesetze verabschiedet werden.“ Daher sei Kritik aus Brüssel an der tschechischen Regierung wegen zu geringer Fortschritte verständlich. Doch Zeman habe viel Untätigkeit seines Vorgängers geerbt. „Seine Regierung muss doppelte Leistung bringen und das bei einem Kräfteverhältnis im Parlament, das alles andere als positiv für die Sozialdemokraten ist“, so Uwe Müller.

Dessen Meinung übernimmt die linke Tageszeitung *junge Welt*, auch sie sieht im Juni 1999 die Konservativen in Prag als EU-Bremser. Dabei bezieht sie sich auf einen Kommentar in der „Prager Zeitung“, wonach sich in Brüssel der Eindruck verstärkt, dass es Tschechien „am Willen zum Beitritt“ mangelt. Zwar habe die Regierung unter Václav Klaus die EU-Mitgliedschaft als Ziel proklamiert, tatsächlich aber nur schleppend angestrebt. Dies wurde laut PZ „damals als Überlastung mit aktueller Reformpolitik entschuldigt“, beweise sich inzwischen aber „als anscheinend bewußt betriebene Verzögerung.“

Der „unparteiische Beobachter“ Uwe Müller glaubt im *Deutschlandfunk* nicht mehr an die Rückkehr einer Tschechoslowakischen Republik nach über sechs Jahren Trennung. Lieber würden die Entscheidungsträger beider Länder durch den EU-Beitritt wieder „unter einem gemeinsamen Dach“ sitzen. Für *Bohemia* ist die Slowakische Republik zu diesem Zeitpunkt allerdings ein „Staat im Schatten.“ Die Zeitschrift für Geschichte und Kultur der böhmischen Länder weist in ihrem Beitrag Mitte der 1990er Jahre mehrfach auf Artikel in der „Prager Zeitung“ hin. So hätten die Slowaken einen Großteil ihrer Produktionsstrukturen behalten und verteidigt, vor allem die Rüstungsindustrie als wichtigsten und größten Zweig, obwohl die Tschechen von ihnen im gemeinsamen Staat zuvor eine baldige Umgestaltung der Betriebe und der Produktion von Rüstungsgütern auf zivile Produkte forderten. Doch für solch eine schnelle Konversion sei auch kein Geld vorhanden gewesen, wie die PZ schon Ende Februar 1992 schrieb.

Zudem würden die schwierigen slowakisch-ungarischen Beziehungen durch ein Gesetz über die Staatssprache zusätzlich belastet, das am 1.Januar 1996 in Kraft trat und den Minderheiten den Gebrauch ihrer Muttersprache verwehre, insbesondere in Ämtern. Daher werde dieses Gesetz „von westlichen Medien scharf kritisiert“, worüber neben „Frankfurter Allgemeiner Zeitung“ und „Süddeutsche Zeitung“ auch die „Prager Zeitung“ am 30. November 1995 berichtet habe.

Ende September 2000 tagen Internationaler Währungsfonds und Weltbank gemeinsam in Prag und loben die Regierung von Milos Zeman dafür, dass sie weitere Staatsbetriebe privatisiert hat. Auch wenn sie damit einen Anstieg der Arbeitslosenquote von neun auf mehr als zehn Prozent riskiert. Weniger Sozialausgaben und ein geringeres Haushaltsdefizit von nur noch 20 statt 35 Milliarden Kronen (eine Milliarde Euro) seien weitere Rezepte des tschechischen Ministerpräsidenten, wie der *Freitag* im Oktober 2000 schreibt. Das deutsche Blatt zitiert die „Prager Zeitung“, die in diesen Maßnahmen mehr Druck auf die Exportunternehmen des Landes erkennt, damit sie „ihre Restrukturierung fortsetzen und die Produktivität erhöhen, um im internationalen Wettbewerb zu bestehen.“

Die Wochenzeitung aus Berlin erwähnt zudem, dass die PZ die Pläne des Staates, 51 Prozent von „Ceské radiokomunikaze“ zu verkaufen, zur „Privatisierung des Jahres“ kürte. Auch die Deutsche Telekom ist an der zweitgrößten Telekommunikationsfirma Tschechiens mit einem Gewinn von 15,5 Millionen Euro im Jahr 1999 interessiert, kurz zuvor hatten die Deutschen bereits Anteile am City-Netzbetreiber „PragoNet“ erworben und waren auch am Mobilfunknetzbetreiber Radiomobil mit 41 Prozent beteiligt.

Mehrfach stützt sich die *Deutsche Welle* zu Beginn des neuen Jahr-tausends auf Beiträge der „Prager Zeitung." Im November 2001 wird über den neuesten Fortschrittsbericht der EU-Kommission berichtet. Mit einem vernichtenden Urteil für Tschechien: Im Land gebe es Betrug, Geldwäsche und die „Untertunnelung" als lokale Besonderheit. „Ernsthaft und beunruhigend" nennt Brüssel die tschechische Wirtschaftskriminalität, die „Aktion Saubere Hände" der Regierung Zeman gegen die Korruption sei gescheitert. Deshalb ist die Tschechische Republik in der Rangliste von „Transparency International" auf Platz 47 abgerutscht.

Der tschechische Staat ist hoch verschuldet und hatte für das laufende Jahr ein weiteres Minus von 49 Milliarden Kronen eingeplant, müsse laut EU-Bericht aber sogar mit rund 100 Milliarden Kronen weniger rechnen, nicht weniger als 4,7 Prozent des Bruttosozialproduktes. Trotzdem ist die Marktwirtschaft laut EU-Kommission voll funktionstüchtig, weist Tschechien Wachstum und eine niedrige Inflation aus.

Problematisch seien jedoch weiterhin die schleppende Reform der Staatsverwaltung und die Vergabe von öffentlichen Aufträgen ohne Ausschreibung. Als ein Beispiel von vielen wird ein Auftrag für die immer noch staatliche „Český Telecom" angeführt, der sich auf mehrere Milliarden Kronen belaufe und trotzdem vom Kabinett in nur einer Stunde beschlossen wurde. Das Kabinett wollte 150 Milliarden Kronen durch die Privatisierung von Unternehmen einnehmen, kam bislang aber lediglich auf 50 Milliarden. Doch die EU-Kommission sieht auch Fortschritte, etwa im Justizwesen - obwohl Gerichtsverfahren noch weiter beschleunigt, die Durchsetzung von Urteilen verstärkt und die Ausbildung von Richtern und Staatsanwälten gefördert werden müssten. Auch beim Schutz von Minderheiten, speziell der Roma im Land, gebe es Verbesserungen. Unter dem Strich ist eine Versetzung des Landes, also der Beitritt in die Europäischen Union, laut PZ nicht gefährdet.

Zehn Jahre nach Ende des Golfkrieges wird eine tschechische C-Waffen-Sondereinheit noch einmal zu einem Thema von *Deutsche Welle* und PZ. Damals warnten tschechische Experten früh vor Lebensgefahr für US-Soldaten. Diese 9. Chemiebekämpfungseinheit gehört zur Schnellen Eingreiftruppe der NATO, hat 153 Männer und fünf Frauen und ist innerhalb von 180 Minuten bereit zum Abmarsch. Einige Monate nach dem Krieg klagten amerikanische Soldaten tatsächlich über Haar- und Zahnausfall und Erschöpfungszustände. Erst Jahre später bestätigte das US-Verteidigungsministerium, dass sie Kampfgas ausgesetzt waren. Die Amerikaner würden Gas mit herkömmlichen physikalischen Methoden messen, tschechoslowakische Wissenschaftler dagegen mit einem künstlich hergestellten menschlichen Enzym in den Detektoren, das in den menschlichen Zellen auf Giftstoffe reagiere. Laut Sender habe die „Prager Zeitung" aus dem Verteidigungsministerium erfahren, dass die Chemiebekämpfungseinheit Strahlentests und chemische Analysen der Umgebung durchführen könne. Zudem sei sie in der Lage, Personen ebenso wie Ausrüstung, Straßen und Objekte zu dekontaminieren.

Zum zehnjährigen Bestehen der PZ im Jahr 2001 resümiert die *taz*, dass sich eine große Hoffnung aus den Anfangsjahren nicht erfüllt habe. Deren Macher hätten sich gewünscht, dass ein großer deutscher Verlag Interesse für ihre Zeitung zeige. Daher habe es „vorsichtige Annäherungsversuche" an „Die Zeit" gegeben, behauptet das Blatt aus Berlin. Der Herausgeber habe jedoch eine Zusammenarbeit abgelehnt, weil er angeblich „zwei Millionen" hätte investieren müssen. Zudem werde die PZ dem Anspruch ihres Untertitels, ein „Wochenjournal aus der Mitte Europas" zu sein, nach Meinung der Zeitung kaum gerecht, da nur wenige Artikel von Korrespondenten slowakischer oder polnischer Zeitungen über mitteleuropäisches Geschehen verarbeitet würden.

Ebenfalls rund ums Jubiläum der PZ erscheint im *Verlag C.H. Beck* ein Buch über Deutsche und Tschechen, dessen Autoren auch die „Prager Zeitung" und ihre Arbeit ausführlich beschreiben. Nach ihrem Urteil hat die PZ ihre „sehr optimistische Einschätzung" über den Bedarf an Informationen in Tschechien „relativiert" und die „Zielgruppe präzisiert." Sie konzentriere sich jetzt mehr auf deutschsprachige Expats und besonders auf wirtschaftliche Entscheidungsträger. Weltanschaulich berufe sie sich aber weiter auf die große Tradition der demokratischen deutschsprachigen Presseim Prag der Zwischenkriegszeit. Weshalb die Herausgeber auch das legendäre „Prager Tagblatt" zu ihrem „Paten" bestimmt hätten.

Die Neuorientierung von einem „sehr ambitionierten Blatt" mit literarischen und feuilletonistischen Akzenten zu einer „modernen leser- und serviceorientierten Wochenzeitung" ist nach Meinung der Buchautoren vor allem auch durch wirtschaftlichen Druck entstanden. Denn die Landesversammlung der Deutschen in Böhmen, Mähren und Schlesien publiziert seit Anfang 1998 ihre bisher in der PZ beigelegten Blätter selbst. Die „Prager Zeitung" habe damit die deutsche Minderheit als „wichtiges Standbein" unter ihren Abonnenten verloren, und ebenso finanzielle Hilfe aus dem tschechischen Haushalt für Minderheitenpublikationen.

Mit Themen, Sprache und Layout orientiere sich die PZ „an modernen deutschen Wochenzeitungen", führen die Autoren aus. Tatsächlich greift die Zeitung in klassischen Ressorts - wie Politik oder Kultur - tschechische Themen der Woche auf und kommentiert sie oft auch. Mit ihrer Seite für Beiträge über Ostmitteleuropa sowie zur EU mit osteuropäischem Bezug unterstreicht die PZ für die Buchschreiber den selbstgewählten Anspruch, mittel- bis langfristig eine mitteleuropäische Ausgabe von „Die Zeit" zu werden - zumindest aber eine „Fachzeitung für Tschechien und Ostmitteleuropa."

Servicecharakter „im positiven Sinn" hat für die Autoren eine Tourismus-Seite mit Insider-Tipps für Tschechien. Das „Prager Tagblatt" bietet nach ihrem Geschmack „literarische Leckerbissen", ein wöchentlicher Kulturkalender informiere über alle wichtigen Termine zu Theater, Musik, Film und Ausstellungen. Auf einer speziellen Seite publiziert die PZ zudem „deutsch-tschechische Initiativen aller Art".

In dem Buch werden zudem wirtschaftliche Rahmendaten erläutert. Die politisch unabhängige und wirtschaftlich selbstständige „Prager Zeitung" ist trotz deutscher Mehrheitsbeteiligung ein tschechisches Rechtssubjekt und wird von der Prago Media, s.r.o. (GmbH) herausgegeben. Als Kauf- und Abonnement-Zeitung mit guter Vertriebsstruktur erscheint sie laut Verlagsangabe wöchentlich in einer Auflage von 15.000 Exemplaren. Der Umfang beträgt je nach Beilagen mittlerweile zwischen 24 und 32 Seiten.

Mit ihren „inhaltlichen und formalen Kurskorrekturen" habe die „Prager Zeitung" ihre Marktstellung ausgebaut, konstatieren die Autoren Walter Koschmal, Marek Nekula und Joachim Rogall. Dagegen seien andere Versuche, deutschsprachige Periodika in Tschechien zu etablieren, „bislang gescheitert." Als Beispiele führen sie das „Prager Wochenblatt" sowie eine „deutsch-tschechische Zeitung" an. Bezüglich ihrer Personalstruktur, publizistischer Ausrichtung und „einer gewissen Brückenfunktion" entspreche die PZ einer klassischen deutschen Auslandszeitung, so die Verfasser des Buchs.

Ihr Fazit: Idealistische Ambitionen aus der Gründerzeit seien „einem nüchternen Pragmatismus gewichen, der das Überleben dieser ‚deutschen Sprachinsel' sichert - ohne dass der Charme dieser exotischen Journalistengemeinde verloren gegangen wäre." Die Redaktion bilden mehrheitlich junge Journalisten aus den deutschsprachigen Ländern. Nach Einschätzung der Autoren besteht deren Motivation aus verwandtschaftlichen Beziehungen zu Tschechien oder anderen osteuropäischen Staaten. Oder einfach darin, als „abenteuerlustige oder neugierige Nachwuchsreporter auf den Spuren von Egon Erwin Kisch" zu wandeln.

Pavla Zavadilová
Steuerberater Nr. 3104
Praha 4, Pod Višňovkou 31/A1
Tel.: 0602-973492
Fax: 02/61303390
Brno, Bayerova 23
Tel.: 05/41215918,
Fax: 05/41211927
Steuerberatung * Rechnungswesen * Bilanz * Gewinnverlustrechnung * Erklärungen in dt. Sprache

Zum 10. Geburtstag der Prager Zeitung

Jubiläum

Kunden gratulieren und feiern mit

Dokumentimaging des dritten Jahrhunderts
Konvertierung der Papierarchive, der Dokumente oder Formulare in die digitale Form.
Sie können uns, und unserer Spitzentechnologie Ihre Dokumente unbesorgt anvertrauen.
scanservice spol. s r.o.,
Korunní 104,
101 00 Praha 10
Tel.: 00420/2/67096229,
Fax: 00420/2/67096217
www.scanservice.cz

Hotels
Prager und Marienbader Häuser laden ein
Seite 14

Bauen und Werben
Bausparkasse ČMSS, Media Trust Communications
Seite 15

Firmenkunden
Spedition Feico, Holiday Inn Brno, ŠkoFIN
Seite 16

Die Prager Zeitung feiert ihr zehnjähriges Bestehen

Von Anfang an verstanden wir uns als Mittler zwischen den Nachbarn Mitteleuropas

Von Uwe Müller

Die Prager Zeitung feiert in diesen Tagen ihren zehnten Geburtstag.

es damals auch nur einige wenige. Und diese wenigen waren teuer. Für die Prager Zeitung bedeutete dies schon nach zehn Ausgaben ei-

Prager Zeitung

tation von Gesten, von Reaktionen oder von Entscheidungsfindungen. Fehlt hier das Verständnis, kann das zu Fehlinterpreationen führen. De-

„Meisterwerken" aus der Prager Herrengasse/Panská - dem einstigen Sitz der Tagblatt-Redaktion - wohl schon messen lassen.

Stolz und etwas Unbehagen

In seinem Rückblick auf zehn Jahre „Prager Zeitung" bekundete Chefredakteur Uwe Müller, dass sein Wochenblatt „in eine turbulente Zeit" hineingeboren wurde. Als die erste Nummer Anfang Dezember 1991 auf den Markt kam, war die junge Demokratie im Land gerade erst zwei Jahre alt. Und trotzdem „kam die Geburt verspätet." Denn die Gründungsväter wollten mit der PZ schon ein Jahr früher beginnen. Doch „wie so vieles scheiterte auch dieses Vorhaben an den fehlenden Finanzen", erinnerte sich der PZ-Chef.

Umso größer sei seine Freude gewesen, als das Projekt mit finanzieller Unterstützung von Ministerien in Bonn, Wien und Prag endlich beginnen konnte. Allzu lange hielt seine Begeisterung darüber jedoch nicht an, denn „die Starthilfen waren bescheiden", bedauerte Uwe Müller noch immer. Und gleichzeitig waren die Kosten für Miete, Druck und Papier für damalige Verhältnisse unverhältnismäßig hoch. „Die Marktwirtschaft hatten in diesen Bereichen sehr schnell Einzug gehalten", so Müller in seiner Bilanz, „die Nachfrage war groß, das Angebot klein." Konkreter ausgedrückt: „Die Druckereikapazitäten waren knapp, dafür gingen in dieser Zeit gleich mehrere tschechische Zeitungsprojekte an den Start" - und alle benötigten gute Drucker und reichlich Papier. Ebenso ein Dach über dem Kopf. Davon gab es damals auch nur wenige. Und diese wenigen waren ebenfalls sehr teuer.

Für die „Prager Zeitung" bedeutete dies „schon nach zehn Ausgaben einen akuten Mangel an lebensnotwendigen Geldern." Wie Müller erläuterte, lief der Verkauf nur schleppend. Ein Anzeigenmarkt existierte in der noch bestehenden Tschechoslowakei nur in sehr bescheidenen Ansätzen. „Davon leben konnte keine Zeitung.“ Boden unter die Füße bekam die PZ dadurch, dass sie den Status einer Zeitung der deutschen Minderheit erhielt - und damit einen Zuschuss aus dem Staatshaushalt. Nachdrücklich stellte Müller jedoch klar, dass diese Förderung „nicht reichte, um ein sicheres Überleben der ‚Prager Zeitung‘ zu gewährleisten.“

Das marktwirtschaftliche Umfeld machte eine marktgerechte Ausrichtung erforderlich. Mitte 1992 entstand die Prago Media GmbH als Herausgeber für die PZ, finanziell gestützt von Unternehmern aus Ostbayern. „Das Kind schien gerettet“, glaubte Müller damals. Doch die staatlichen Zuschüsse, die weiterhin flossen, ließen „anfängliche marktwirtschaftliche Ansätze erschlaffen“, wie er im Rückblick kritisierte. Der PZ-Gründer gewann den Eindruck, dass nicht die Zeitung der eigentliche Inhalt der GmbH war, sondern ein ausbordender Konferenzservice. Im Ergebnis „war das junge Leben der ‚Prager Zeitung‘ Mitte der neunziger Jahre neuerlich gefährdet.“

Zu einer wesentlichen Hilfe auch für die PZ wurden die Wirtschaftsreformen von Premier Václav Klaus. Er setzte ganz auf Privatisierung in der Tschechischen Republik und nahm dafür Fehler und Versäumnisse in Kauf. So entstand ein Werbemarkt, der etablierten Blättern ermöglichte, Gewinne zu erwirtschaften. Auch in der „Prager Zeitung“ wurde nach Müllers Worten „1996 endlich das Ruder herumgerissen und Kurs genommen auf eine marktwirtschaftliche Ausrichtung.“ Seitdem „schreibt die Zeitung schwarze Zahlen“ - selbst ohne finanzielle Unterstützung des Staates.

Die vielen monetären Probleme änderten jedoch nichts an der grundsätzlichen Ausrichtung des Blattes. Die „Prager Zeitung“ stellte sich vom ersten Tag an die Aufgabe, ein „Mittler zu sein in einem spannungsgeladenen Nachbarschaftsverhältnis mit Deutschland, und wie sich später herausstellte, auch mit Österreich“, unterstrich Müller erneut. Für ihn fehlten auf beiden Seiten „häufig ausreichend Informationen über den Anderen.“ Dies führte er nicht nur auf die unterschiedlichen Sprachen zurück, sondern auch auf verschiedene Begriffswelten, andere Definitionen sowie differierende Interpretationen von Gesten, Reaktionen und Entscheidungen.

Deshalb hob Müller mahnend die Hand: „Fehlt hier das Verständnis, kann das zu Fehlinterpretationen führen.“ Und deren „Folgen, nicht selten auch Kosten, können schmerzlich sein.“ Seine Zeitung will nach Kräften helfen, Missverständnisse zu verhindern und zu vermeiden. Für ihre Arbeit gab er ein sehr genaues Ziel vor: Nicht nur über Spektakuläres berichten, sondern fortwährend über das Land und seine Menschen informieren.

Trotz aller Widrigkeiten und Hemmnisse zeigte sich Uwe Müller stolz auf Erreichtes. Ohne Unterbrechung berichte das Blatt nun seit zehn Jahren über die Tschechische Republik und mittlerweile auch über die gesamte Region Ostmitteleuropa. Zum Vorbild „Prager Tagblatt" merkte er an, dass es in der Anfangszeit unerreichbar schien. Doch „inzwischen gelingen Ausgaben, die sich an den ‚Meisterwerken' aus der Prager Herrengasse/Panská - dem einstigen Sitz der Redaktion - wohl schon messen lassen."

Im Gegensatz zur Philosophie änderte sich das Erscheinungsbild der PZ öfters, seit 1991 wurde sie „dreimal gründlich modernisiert." Sein Anspruch sei immer gewesen, die Zeitung möglichst leserfreundlich und übersichtlich zu gestalten, führte Müller aus. Und „eine steigende Auflage bestätigte, dass dieser Weg der richtige ist." Nun habe die „Prager Zeitung" ihren festen Platz im Printmarkt Tschechiens gefunden. Müllers Resümee nach einem Jahrzehnt: Sein Blatt sei „die einzige umfassend informierende deutsche Wochenzeitung aus Prag und inzwischen auch die meistgelesene fremdsprachige Wochenzeitung in der Tschechischen Republik."

Prager Zeitung • 41/1994 Region 11

Linda träumt von einem kleinen Straßburg

Klaus Hanisch über die Egerländer Zukunftsmusikanten, die aus ihrer Not eine Tugend machen

Cheb/Eger (PZ) - Ob unter dem Namen Eger oder Cheb - an die fortwährende Grenzsituation hat sich die Stadt an der Ohře in ihrer bald tausendjährigen Geschichte längst gewöhnt. Nie war sie indes so schwer zu ertragen wie in der jüngeren Vergangenheit. „Hier endete vor fünf Jahren noch die Welt", sagt Bürgermeister František Linda. Nun werden die Karten in einem Spiel namens Europa neu gemischt. Dafür hält Cheb einige Trümpfe in der Hand, die schon in nächster Zeit stechen könnten. Die Stadtväter besinnen sich seit der politischen Wende wieder auf die günstige geographische Lage. Sie wähnen sich in der Mitte des alten Kontinents - wie viele Nachbarn entlang des 50. Breitengrades allerdings. Und sie kramen historische Erinnerungen hervor: Der kaiserliche Heerführer Wallenstein soll im Jahre 1634 nicht umsonst gerade hier ermordet worden sein.

Kultur und Handel bilden die Eckpfeiler, auf denen künftige Stadtpolitik aufgebaut werden soll. Bereits jetzt investiert die Kommune ein Drittel ihres Jahresetats - hundert Millionen Kronen - in die Infrastruktur und den Wiederaufbau ihrer Traditionsobjekte. So werden die Egerer Schanzen rund um die Burg, die der Stauffer Friedrich Barbarossa im 12. Jahrhundert ausbauen ließ, wieder ein einladendes Gesicht

zeit die Errichtung eines eigenen kleinen Flughafens vorbereitet. Cheb möchte sich als ein mitteleuropäisches Handels- und Tagungszentrum mit Sitz für Banken und Speditionen etablieren. Die historisch gewachsene „saubere" Industrie rückt - auch bedingt durch die Nähe zu den Kurbädern - verstärkt ins Blickfeld.

suchen, um den vorläufig noch versperrten Markt der Europäischen Union gegebenenfalls schnell erobern zu können. Aus der Not der lange verpönten Grenzlage könnte Cheb in diesem Fall eine Tugend machen.

So verwundert es nicht, daß der Bürgermeister von seiner Stadt als „kleinem Straßburg" träumt,

bot auch für den nordbayerischen Raum erweitern. Ausstellungen im Stadtmuseum von Eger werden bereits zweisprachig beschriftet - einen regelmäßigen Austausch von Kulturgütern bremst derzeit noch der Zoll. Deutschsprachiger Unterricht an der Hochschule für Fremdenverkehr sowie am Gymnasium

sches Busunternehmen, das wöchentlich zwei Fahrten unternimmt und immer ausgebucht ist. Gerade in Cheb entwickelt sich die Tschechische Republik zu einem Paradies für jene Zeitgenossen, denen die Erfüllung von Grundbedürfnissen der hauptsächliche Lebensinhalt ist.

Der rasante Anstieg des Tourismus bringt erkleckliche Summen in die Kassen von Stadt und Privatwirtschaft. Das Geld wird nicht zuletzt für die Renovierung von Wohnungen verwendet; auch in Cheb hat der Kommunismus eine verwüstete Wohnlandschaft hinterlassen.

Daneben schaffen die Einnahmen Arbeitsplätze in der 35 000 Einwohner zählenden Kommune. Zur sensationell niedrigen Arbeitslosenquote von 0,47 Prozent in diesem Sommer tragen aber auch die Stellen in den Kurbädern und in Deutschland bei: Jeder zehnte Erwerbstätige verdient seinen Lebensunterhalt im Nachbarland. Die Forderungen Chebs nach weiteren Grenzübergängen und besseren Straßen sind vor diesem Hintergrund leicht nachvollziehbar.

Die andere Seite der Mobilitätsmedaille ist die Zunahme der (Klein-) Kriminalität. Immer öfter muß sich die Polizei um Diebstahlsdelikte kümmern. Die größte Sorge aber war zuletzt die Stra-

Licht am Ende des Tunnels: Jahrzehntelang war die westböhmische Grenzregion eine Sackgasse, jetzt wird sie zur Transitstrecke auf dem Weg zum internationalen Markt. *Foto: Hanisch*

Für die „Prager Zeitung"

Was zum zehnjährigen Jubiläum der „Prager Zeitung" geplant sei, fragte ich Uwe Müller im Oktober 2001. „Nichts", antwortete der Chefredakteur lapidar, „hätte ich 3.000 Mark übrig, dann würde ich einen kleinen Nebensaal im Rudolfinum anmieten und nach unserem Adventskonzert eine Feier durchführen." Solch ein Konzert veranstaltete die „Prager Zeitung" Anfang Dezember nun oft in dem Prachtbau. Doch dieses Geld habe er einfach nicht, sagte Müller. So ging das runde Jubiläum der „Prager Zeitung" weitgehend geräuschlos vorüber.

Ich traf ihn an einer neuen Adresse. Bald nach meinem letzten Besuch hatte sich die PZ aus dem Haus in Na Poříčí zwischen dem Busbahnhof Florenc und dem Altstädter Ring verabschiedet. Nicht nur wegen des häufigen Bombenalarms. Ein wesentlicher Grund war auch, dass die Nachfolger der Kommunisten die Miete stark erhöht hatten. Schon in ihrer Ausgabe vom 15. April 1993 verkündete die Zeitung auf der ersten Seite oben rechts gleich neben dem Titel: Neue Adresse, 11015 Prag 1, Klimentská 30/1213. Redaktion und andere Abteilungen kamen nahe der Moldau unter und waren über einen Hintereingang nicht einfach zu erreichen. Dort waren sie Angestellte der Bernard-Bolzano-Stiftung, wie der langjährige Anzeigenleiter Petr Hlaváč in der Jubiläumsausgabe zum 25-Jährigen Bestehen der „Prager Zeitung“ ausführte.

Doch nur einige Zeit später zogen die Mitarbeiter schon wieder um. Sie residierten nun in Třebízského, einer Nebenstraße der großen Vinohradská, und im noblen Stadtteil Vinohrady, umgeben von prächtigen Häusern und Villen. Dagegen war das Gebäude, in dem die PZ untergebracht war, schlicht und einfach. Ebenso das Interieur. Hinter einer Glastür gelangten Besucher zunächst zu einem Empfang, an dem verschiedene tschechischen Zeitungen auslagen. Über ein paar Treppenstufen ging es dann in die Redaktionsräume. Sie umgab daher eine Art Keller-Atmosphäre, geradeso wie viele Kneipen in Prag. Wobei Schreibtische und zahlreiche Holzregale die Theke und Tische ersetzten. Aschenbecher gab es auch in den PZ-Räumen reichlich, nachdem ein Kettenraucher in die Redaktion eingetreten war. Manchmal trafen sich Kollegen dazu auf dem Gang zwischen den Büros.

Uwe Müller zeigte sich froh darüber, nicht mehr unter Aufsicht der Bolzano-Stiftung zu stehen. „Wir haben jetzt deutlich mehr Freiheiten und können selbständig entscheiden“, erklärte er mir. Das betraf nicht nur den Inhalt der Zeitung, sondern besonders auch wirtschaftliche Fragen.

Prager Zeitung

Redaktion:
Na Florenci 19
112 86 PRAHA 1
Tel. + Fax:
0042 / (0)2 / ~~23 23 179~~
231460

UWE MÜLLER
Chefredakteur

Prager Zeitung

UWE MÜLLER
Chefredakteur

Redaktion:
Klimentská 30/1213
110 15 Praha 1
Tel./Fax: (0042-02) 231 46 05
Zentrale Tel.: 24 81 22 87 l. 321

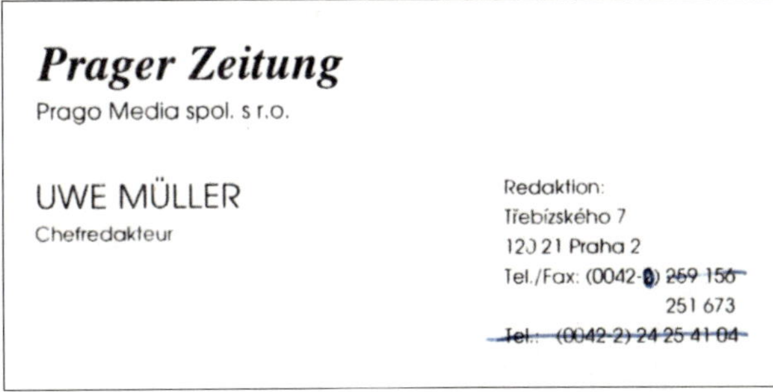
Prager Zeitung
Prago Media spol. s r.o.

UWE MÜLLER
Chefredakteur

Redaktion:
Třebízského 7
120 21 Praha 2
Tel./Fax: (0042-2) ~~259 156~~
251 673
~~Tel.: (0042-2) 24 25 41 04~~

Der Chefredakteur wirkte selbst wie befreit und nahm die zusätzliche Aufgabe als Geschäftsführer spürbar Ernst. „Wir können endlich machen, was wir wollen“, warf er sichtlich erfreut nach.

Nach unserem Treffen im „Café Kisch“ steuerte ich eine Reihe von Berichten für PZ-Ausgaben im ersten Vierteljahr 1994 bei. Zunächst über eine Bilanzkonferenz des deutsch-tschechischen Vorzeige-Unternehmens Škoda, das im noblen Prager Hotel „Bohemia“ seine Zahlen für das abgelaufene Geschäftsjahr präsentierte. Die Autobauer in Mladá Boleslav stellten zuletzt 220.000 Fahrzeuge her und erzielten damit trotz weltweiter Rezession in der Automobilindustrie ein Absatzplus von zehn Prozent. Tschechen und Slowaken selbst waren die besten Kunden für die Autos. Noch immer war Škoda das größte ausländische Investitionsprojekt im ehemaligen kommunistischen Ostblock. VW hatte bereits 1,4 Milliarden Mark ausgegeben, um bis Ende 1995 einen Anteil von 70 Prozent zu erwerben. Deshalb wurde nicht nur an die wirtschaftliche Bedeutung des Gemeinschaftsabkommens erinnert, sondern auch an die Auswirkungen für die gesellschaftlichen Beziehungen beider Länder. Allerdings wollte VW seine weiteren Investitionen bis zum Jahr 2000 von ursprünglich geplanten sieben Milliarden Mark halbieren, wie der stellvertretende Vorstandsvorsitzende Volkhard Köhler erklärte. Damals ahnte der leitende Angestellte noch nicht, dass er selbst ein paar Jahre später zu einem Thema für Medien würde. Wie der „Spiegel“ und andere im März 1997 ausführten, musste Köhler seinen Stuhl bei Škoda räumen, weil er sich „bei Immobiliengeschäften nicht korrekt verhalten“ hatte.

Ich lieferte Müller außerdem Beiträge für seinen „Guckkasten“ auf der letzten PZ-Seite, in dem Autoren die Zeitläufte stimmungsvoll und abseits von Fakten und Ereignissen nachvollzogen. In einem Kasten beklagte ich eine „Aufholjagd im Intercity-Tempo“, mit der sich Prag und seine Bürger nach den aufregenden revolutionären Monaten bewusst der wohlvertrauten öden Routine anderer Großstädte in Europa anpassten. Das unverwechselbare, charismatische Prag werde in den nächsten Jahren überrollt von einer Schick-Micki-Mischung aus wertfreien und vergnügungssüchtigen In- und Ausländern, fürchtete ich. Ohne im Geringsten zu ahnen, dass viele Bewohner der Prager Altstadt Jahre später tatsächlich wegen fortgesetzter nächtlicher Ruhestörungen nicht mehr dort leben wollten.

Später wurde dieser „Guckkasten“ zu einem „Pulverturm“, benannt nach einem Wahrzeichen Prags am Eingang zum Altstädter Ring. Der Name war Programm, in dieser wöchentlichen Glosse der PZ brauchte man kein Blatt vor dem Mund zu nehmen. Was ich gerne tat. Zum Beispiel über einen Sonntag vormittag bei FK Viktoria Žižkov, dem traditionsreichen Fußballklub aus dem gleichnamigen Prager Stadtteil. Fraglos ein besonderes Erlebnis, denn das Stadion erinnerte noch an alte und längst ausrangierte Sportstätten in Deutschland, wie die „Glückauf-Kampfbahn" von Schalke 04 oder das Stadion „Rote Erde" von Borussia Dortmund. Völlig ungewöhnlich war auch die Anstoßzeit bei der „Viktorka" um 10.15 Uhr, nicht nur für die erste tschechische Liga, sondern für den Profi-Fußball global.

Für die Kulturseite machte ich eine Spalte lang Anmerkungen zu Karel Gott, den ich als Sänger durchaus schätzte. Vor allem seinen Song „Einmal um die ganze Welt", der für mich Freiheit und selbstbestimmtes Leben ausdrückte. Also all das, was in der Tschechoslowakei unter kommunistischer Herrschaft fehlte. Und deshalb verstand ich nie, warum Karel Gott den Kommunisten zu Diensten war, unmittelbar nach der Revolution aber sofort neben Václav Havel auf einem Balkon am Wenzelsplatz auftauchte. Diese politische „Wendigkeit" war und blieb mir suspekt. Karel Gotts Fähnlein hing - politisch und gesellschaftlich - immer im Wind. So schrieb ich das auch.

Dann bat mich der PZ-Chef um einen Bericht über „TV Nova", den ersten privaten Fernsehsender in der Tschechischen Republik, der am 4. Februar 1994 landesweit auf Sendung gehen wollte. Dort empfing mich eine junge Frau mit kurzen Haaren und Sakko, damals das typische Erscheinungsbild von führenden und dynamischen Mitarbeiterinnen in der sich entwickelnden Marktwirtschaft. Nein, man wolle das Fernsehen nicht neu erfinden, aber gänzlich anders machen als die öffentlich-rechtlichen Anstalten, teilte sie mir selbstbewusst mit. Star-Kino und aktuelle Berichte sollten zu tragenden Säulen des Programms von fünf Uhr morgens bis Mitternacht werden.

Hauptgesellschafter war eine nordamerikanische Investorengruppe, die 1,3 Milliarden Kronen (damals 80 Millionen Mark) für das Projekt aufwendete und damit vor allem Zuschauer „mittleren Alters" erreichen wollte. Schon drei Jahre später wollten die Geldgeber mit dem „neuen Fernsehen" Gewinne erzielen. Verträge mit amerikanischen Verleihern und „human touch"-Stories sollten gute Geschäfte garantieren, um die es kommerziellen Sendern mehr als um jeden Programminhalt geht. Und natürlich exklusive Sport-Übertragungen. Der Sender wollte nichts weniger, als den „neuen Lebensstil" in der tschechischen Gesellschaft mitzugestalten. Den Namen habe man gezielt gewählt, weil der Nova-Stern „besonders lange in die Zukunft strahlt", strahlte die junge Frau. Der Erfolg, den sich Eigentümer und Geschäftsführer erhofften, stellte sich tatsächlich ein. Ob aus Neugier oder Überzeugung: Etliche

Jahre lang schalteten die Tschechen kein anderes Programm häufiger ein als TV Nova.

Mitte August 1994 bekundete die PZ Interesse an meinem Angebot, einen Bericht über Cheb zu schreiben: Erfahrungen einer Grenzstadt vier Jahre nach dem Fall des „Eisernen Vorhangs." Ein paar Wochen nach Müllers Antwort traf ich den Bürgermeister von Cheb in seinem Rathaus. Ich platzte unangemeldet in sein Zimmer, trotzdem empfing mich František Linda freudestrahlend, um mir die jüngsten Entwicklungen in seiner Stadt aufzuzeigen. Seine Begeisterung über meinen Besuch lag daran, dass er mich irrtümlicherweise für den Reporter eines deutschen Fernsehteams hielt. Die Kollegen hatten sich zufälligerweise zum gleichen Zeitpunkt und im Gegensatz zu mir vorab angekündigt.

Als ich Bürgermeister Linda eine halbe Stunde später verließ, traf ich vor der Tür ein unruhiges TV-Team, erbost darüber, dass ich ihm ungewollt den Termin und damit wertvolle Zeit geklaut hatte. Die TV-Leute wollten über die wachsende Zahl von Pkw-Aufbrüchen berichten, über die deutsche Touristen nach einem Besuch in Cheb klagten. Und über die 300 Prostituierten, die mittlerweile entlang der Ausfallstraßen von Cheb standen und auf Kunden - vor allem aus Deutschland - hofften. Diese Tatsachen beleuchtete ich auch. Hauptsächlich richtete sich mein Fokus aber darüber hinaus indes auf den Wandel, den die Stadt nach der Revolution erlebte und weiter plante.

Gerade deshalb empfand ich die „Prager Zeitung" für meine Arbeit immer als ideal. Hier konnte man Veränderungen in Tschechien und Prag ausführlich und - vor allem - kontinuierlich beschreiben. Doch für die PZ recherchierte man eben anders. Im Gegensatz zu deutschen Medien zeichnete sie nicht nur Nachteile auf. Ihr ging es auch immer um Vorteile, die sich für das Land nach 1989 ergaben. Linda wollte einen kleinen Flughafen bauen, um ausländisches Kapital anzulocken und andere tschechische Kommunen auszustechen, die ebenfalls auf einen Aufschwung hofften. Wo nach seinen Worten „vor fünf Jahren noch die Welt endete", plante er nun ein mitteleuropäisches Handels- und Tagungszentrum. Quasi ein „kleines Straßburg", in dem Ost und West wieder zueinander kommen.

Dafür sah das Stadtoberhaupt sein Cheb aufgrund der Lage im Grenzgebiet und der Historie geradezu prädestiniert. Kleinere Joint-Ventures wurden vorbereitet, es gab Anfragen von Auto- und Elektroproduzenten aus Fernost, die über den billigen Produktionsstandort Cheb in den europäischen Markt kommen wollten. Auch der Tourismus entwickelte sich langsam, nicht zuletzt wegen des „Westböhmischen Schauspielhauses", das zwei seiner jährlich acht

Premieren in deutscher Sprache aufführen wollte. Ausstellungen im Stadtmuseum von Eger, wie Cheb früher auf Deutsch hieß, wurden schon zweisprachig beschriftet. Die Stadtverwaltung sprach sich zwar „gegen einen stärkeren deutschen Einfluss, aber für eine ehrliche und offene Zusammenarbeit" aus.

In Prag führte mein erster Weg immer in die Redaktion, nachdem ich fast sieben Stunden lang in einem meist nach Diesel stinkenden Zug über Nürnberg, Cheb, Marienbad und Pilsen unterwegs war. Ich wollte erfahren, was es Neues gab, nicht nur innerhalb der PZ, sondern auch in Stadt und Land. Die Zeitung war für mich ein „sicherer Hafen" im Strudel der steten Veränderungen, die Prag in den unruhigen 1990er Jahren auszeichneten.

Zuweilen brachte ich der Redaktionssekretärin einen Blumenstrauß mit in die PZ, als Dank für ihre verlässlichen Zusendungen an mich. Innerhalb der Zeitung gab es jedoch sofort Vermutungen, dass er ein Geschenk zu Ihrem Geburtstag sein müsse. Denn Blumenläden waren in jenen Tagen noch selten in Prag, und ihre Ware im Vergleich zu deutschen Blumen recht teuer. Noch seltener gab es damals Eisdielen, bis in die Nullerjahre hinein blieben sie eine Rarität in der tschechischen Hauptstadt. Selbst in der vielbelebten Innenstadt.

Im Büro von Uwe Müller sprach ungewollt meist ich, regte an, schlug vor. Als jemand, der Inhalt und Erscheinungsbild der PZ von außen beurteilte. Wie es mittlerweile bei großen Zeitungen üblich ist, die sich regelmäßig Experten oder Medienfremde ins Haus einladen, um von ihnen ihre neuesten Ausgaben quasi wie ein erster Leser beurteilen zu lassen. Müller hörte geduldig zu und machte den Eindruck, als ob er aus meinen Hinweisen und Erfahrungen das Wesentliche für seine Zeitung herausfiltern wollte. Bei eigenen Aussagen blieb er dagegen meist vage.

Fortwährend verfasste ich Beiträge über neue Cafés in der tschechischen Hauptstadt. Denn ständig öffneten und schlossen Lokale, nirgendwo offenbarte sich der Wandel stärker als bei ihnen. Auch ein berühmter tschechischer Fotograf, der noch berühmtere Models des Landes fotografiert hatte, betrieb solch ein Café. Einen Kalender mit ihnen wollte er mir in seiner Wohnung einhändigen. Dort stieß ich auf ein Porträt an der Wand, das ihn selbst zeigte. Rund um dieses Foto hatte er einen kleinen Altar errichtet. Im Laufe unserer einstündigen Begegnung leerte er eine halbe Flasche Whisky, was man ihm jedoch nicht anmerkte.

Für das Konzert der „Prager Zeitung" im Advent, zu dem Uwe Müller vor allem die wichtigsten Anzeigenkunden einlud, gab er auch mir regelmäßig

Karten. Er fand namhafte Sponsoren für die Veranstaltung, die meist im ersten Opernhaus der Stadt stattfand und in Ausnahmefällen in einem kleineren Saal im Obecní dům, dem Repräsentationsbau der Stadt Prag. Tickets wurden auch frei verkauft. Einmal hatte ich mit einem dieser Käufer Pech. Der ältere Mann hinter mir, ein fein gekleideter Besucher aus Mähren, äußerte sich vor den ersten Takten freudig erregt über das anstehende Ereignis. Erschöpft von den Strapazen der vorweihnachtlichen Zeit verschlief er dann aber fast komplett den Hörgenuss und schnarchte dazu gleichmäßig und leise vor sich hin. Was nichts daran änderte, dass diese Konzerte unter Leitung des Dirigenten Friedemann Riehle immer hochklassige Musikerlebnisse waren.

Mehrfach wechselten in den 1990er Jahren Briefe zwischen Uwe Müller und mir hin und her. Einmal schrieb er mir: „Vielen Dank für Ihren Beitrag, leider ist Ihr Brief erst heute in der Redaktion angekommen, deshalb kann der Artikel erst später berücksichtigt werden." Was in der schnelllebigen Zeit heute als Witz über aktuelle Berichterstattung durchgeht, war in den 1990er Jahren bittere Realität. Beiträge wurden damals noch mit der Post geschickt, ein Brief war gut eine Woche unterwegs, bevor er von Deutschland aus die „Prager Zeitung" erreichte.

So lief es auch mit meinem Bericht über die berühmte tschechische Regisseurin Drahomíra Vihanová ab, die ich bei einem Filmfestival in Franken kennengelernt hatte. Sie war eine „Grande Dame" des heimischen Kinos und zählte zur Generation junger Regisseure in den 1960er Jahren, die eine „neue Welle" im tschechoslowakischen Film begründeten. Ihr Streifen „Zabitá neděle" (auf Deutsch: „Der tote Sonntag") wurde vom kommunistischen Regime verboten, weil er vom Selbstmord eines Soldaten handelte. Acht Jahre lang hatte sie deshalb Berufsverbot, hielt sich in dieser Zeit mit der Produktion von Dokumentarfilmen über Wasser und wagte sich erst nach der Revolution an neue Filmprojekte. Allerdings nicht immer mit Erfolg, trotz aller Preise und Lehraufträge, die sie erhielt. Mehrfach schrieb sie mir nach meinem Artikel und bat mich um Unterstützung für ein Drehbuch bei deutschen Produktionsfirmen.

Im Januar 2001 schrieb mir Uwe Müller, ich möge ihm rechtzeitig Bescheid geben, bevor ich das nächste Mal bei der PZ vorbeischaue. „Dann nehme ich mir Zeit und wir gehen in aller Ruhe auf einen Kaffee." Daraus wurde nicht selten ein längerer Besuch in einem Restaurant nahe der Redaktion. Quasi zu einem „Geschäftsessen." Dort erzählte er mir einmal, dass er im Prinzip immer Václav Havel, Karel Gott oder Prostitution im Blatt haben müsse, um genügend viele Ausgaben verkaufen zu können. „Am besten alle drei Themen auf einmal“, schmunzelte Müller. Jedoch mit einem Anflug von Resignation, denn so sah nicht die „Prager Zeitung“ aus, die er sich wünschte.

Was er wirklich wollte, hatte Uwe Müller in einer Beilage zum „5-Jährigen“ der PZ zu Papier gebracht. Vorrangig war sein Ziel, alle politisch relevanten Ereignisse der Zeit zu erklären und zu kommentieren. In der Frühphase der Tschechischen Republik sah er seine Zeitung als „aufmerksamen Beobachter der Reformen“, bei der Trennung von Tschechen und Slowaken ebenso wie bei den ersten Senatswahlen im Land. Zudem sollte die PZ bei gesellschaftlichen und kulturellen Themen Augen und Ohren nahe an aktuellen Ereignissen haben. Und damit hatte Müller durchaus Erfolg. Im Jahr 1996 durfte er mitteilen, dass seine PZ seit dem Start kontinuierlich wuchs. Sie erweiterte ihren Umfang von 16 auf 20 Seiten und baute ihre Angebote erheblich aus, um mehr und bessere Informationen liefern zu können.

Nicht ohne Stolz führte Uwe Müller in der Jubiläumsbeilage an, dass er nun alle zwei Wochen eine „Prager Wirtschaftszeitung“ veröffentlicht. Sie enthält gezielt Beiträge zum Wirtschaftsleben sowie über deutsche und tschechische Unternehmen, die speziell die deutschsprachigen Länder im Blick haben. Aus einem „erbärmlichen Dasein“ habe er das „Prager Tagblatt“ auf der letzten Seite erlöst und zu einer monatlichen Beilage gemacht. Dort wird mittlerweile auf acht Seiten „Prager Lokales“ in Feuilletons, Interviews und Geschichten dargestellt. Zudem erscheint seit 1995 eine Literaturbeilage, laut Müller ein Muss „für jede Zeitung, die auf sich hält.“ Viermal pro Jahr, mit Büchertipps auf jeweils acht Seiten. Wichtig auch: Neue Seiten speziell für die tschechischen Regionen. Beobachter werteten dies später als eine Abkehr der PZ von ihrem bisherigen „Prago-Zentrismus.“

Uwe Müller wurde in den Anfangsjahren der PZ manchmal vorgeworfen, dass er für sein Projekt zu viel will. In seiner Euphorie habe er danach gestrebt, schlichtweg alle zu seinen Lesern zu machen, die sich für die Ereignisse und das Leben in Tschechien interessieren oder interessieren könnten. Gleichwohl berief sich Anzeigenleiter Petr Hlaváč in der Jubiläumsbeilage auf eine breite Leserschaft. Nach seinen Worten spreche die Zeitung ebenso Touristen wie Unternehmer, Gymnasiasten und Lehrer an, sie erreiche Abonnenten „in Jerusalem und im südböhmischen Český Krumlov/Krumau.“ Mit dem Ergebnis, dass deren Zahl kontinuierlich steige, auch der Einzelverkauf entwickle sich positiv.

Gleiches galt laut Hlaváč für die Anzeigen, wobei sich die „Prager Zeitung“ bereits auf zuverlässige Kunden aus Firmen und Finanzbereich stützen könne.

Große Wirtschaftsunternehmen wollten vor dem tschechischen EU-Beitritt in der PZ für sich werben. Ebenso tschechische Immobilienhändler, die auf Ausländer als potenzielle Kunden abzielen. Daher konnte Uwe Müller schon nach fünf Jahren vermelden, dass seine Zeitung auf nicht weniger als 5.000 Seiten über das Geschehen in Tschechien informiert habe, regelmäßig und ohne Unterbrechung. Nicht unwichtig für ihn: Seine Redakteure und Anzeigenleute waren 1996 endlich mit Layout-Mitarbeitern vernetzt. „Wir haben jetzt eine gute Ausgangsbasis für unsere künftige Arbeit", zeigte er sich überzeugt.

Ende des ersten Jahrzehnts sahen Beobachter eine Kehrtwende bei der PZ. Sie nehme nun vorrangig tschechische Themen auf und solche, die einen Bezug zu Tschechien haben. Ebenso Ereignisse in Deutschland mit einer Relevanz für die Tschechen. Damals lobte ich Müller bei einem weiteren Treffen für den Werbespruch: „‚Prager Zeitung' - spricht deutsch, denkt europäisch, kostet nicht die Welt." Der Slogan gefiel mir, weil er die Philosophie des Blattes passgenau widerspiegelte. Uwe Müller stimmte zu und gestand ein, dass nicht er auf diesen Einfall kam, sondern ein Kollege aus der Redaktion. Es war keine hohle Phrase, als er in der Beilage über „5 Jahre PZ" anmerkte, dass die „Prager Zeitung" durch „Teamarbeit von lauter Individualisten" entstehe.

Schon damals arbeiteten 20 Tschechen und Deutsche für die Zeitung, in Redaktion und Graphik, für Anzeigen, Buchhaltung und Vertrieb. Er habe „unter vielen" nacheinander und genau ausgesucht, wen er in sein Team aufnahm, unterstrich der Chefredakteur. Das Impressum wies im Jahr 1996 stattliche zwölf Redakteure aus. Dazu gesellten sich im ersten Jahrzehnt mehr als 100 Praktikanten und freie Mitarbeiter aus den deutschsprachigen Ländern sowie Tschechien und seinen Nachbarn Slowakei und Polen. Sie bereicherten nach Müllers Einschätzung die PZ, es sei „in der Regel ein beiderseitiges Geben und Nehmen." Während ihnen die Zeitung einen Einstieg in den Journalismus „ohne Kaffeekochen und Kopieren" bot, erhielt sie umgekehrt nützliche Impulse von außen. Auch Redaktionsmitglieder, die längere Zeit blieben, fingen oft bei der PZ als Hospitanten an.

In der Redaktion kam ich auf einen tschechischen Kollegen zu sprechen, den ich im Impressum vermisste. „Tragische Geschichte", bemerkte ein Redakteur. Der Mitarbeiter fuhr in Urlaub und stellte sein Auto zuvor auf einem Parkplatz unweit vom Wenzelsplatz ab. Als er zurückkam, war sein Fahrzeug verschwunden. Schlimmer noch: Es gab den gesamten Parkplatz nicht mehr. „Das war für ihn der letzte Tropfen auf den heißen Stein", so der Redakteur.

Dies und andere Zustände erschütterten den Tschechen dermaßen, dass er nicht nur bei der Zeitung kündigte, sondern auch seine Wohnung und seine Existenz in Prag aufgab. Er brach alle Brücken hinter sich ab und zog umgehend nach Deutschland. „Der Kollege hat seinen Glauben an dieses Land verloren", fügte der Redakteur an. „Und zwar vollständig!"

DER TAGESSPIEGEL

ERLIN WIRTSCHAFT GESELLSCHAFT KULTUR MEINUNG SPORT WISSEN VERBRAUCHER

eer Familie Essen & Trinken Mode Geschichte Reise Kolumnen Auto

Medien 28.05.2005, 00:00 Uhr

Uwe Müller und Franz Kafka

„Prager Zeitung", „Radio Prag": deutschsprachige Medien in Tschechien VON BERNHARD SCHULZ

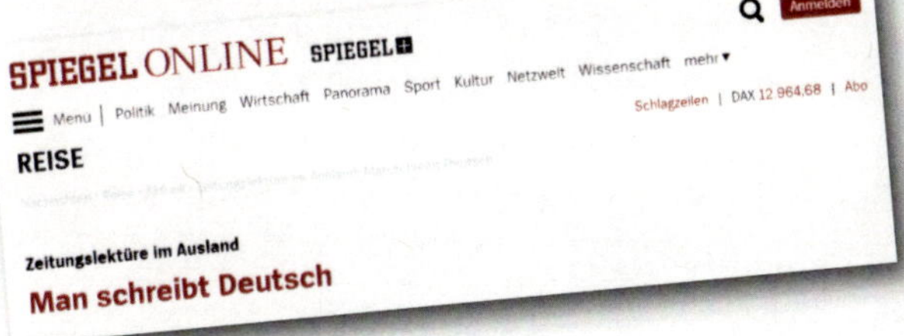

SPIEGEL ONLINE SPIEGEL+

Anmelden

Menu | Politik Meinung Wirtschaft Panorama Sport Kultur Netzwelt Wissenschaft mehr▾

Schlagzeilen | DAX 12.964,68 | Abo

REISE

Zeitungslektüre im Ausland

Man schreibt Deutsch

Kapitel 4: 2002 - 2006

onetz

DER NEUE TAG SULZBACH-ROSENBERGER AMBERGER ZEITUNG

13 Jahre im freiwilligen Exil: Die Prager Zeitung ist nicht unter zu kriegen und verfolgt ...

Die Erben des rasenden Reporters

DW Made for minds.

THEMEN MEDIA CENTER TV DEUTSCH LERNEN

DEUTSCHLAND BREXIT WELT WIRTSCHAFT KULTUR WISSEN & UMWELT SPORT

DEUTSCHLAND

Kurzinfo: Die Prager Zeitung

Die Prager Zeitung versteht sich als unabhängige Wochenzeitung in deutscher Sprache.

Neue Zürcher Zeitung

Signale der Normalität

Nach den geschichtlichen Verwerfungen in Ostmitteleuropa konnte sich dort ein kleiner Markt für deutschsprachige Zeitungen etablieren.

Frankfurter Allgemeine Zeitung, 12.06.2006, Nr. 134, S. 46

Schreiben, was die Tschechen denken

Keine Spielereien mehr: Die deutschsprachige "Prager Zeitung" will ihren Lesern das Land näherbringen

Mittler zwischen Deutschen und Tschechen

Im März 2005 unternimmt die *Frankfurter Allgemeine Zeitung* eine Reise durch die „Blätterwelt." Sie stellt fest, dass deutschsprachige Zeitungen „beharrlich an ihrem Dasein festhalten", und dies trotz „Heimatvergessenheit, Leserschwund oder Konkurrenzdruck." Diese Medien hätten sich aus „einem Stück Papier gewordene Heimat für deutsche Auswanderer" zu einer Informationsquelle für eine neue Generation entwickelt. So schickt die Frankfurter ihre Korrespondenten los, um über solche Zeitungen zwischen Moskau und Buenos Aires zu berichten.

Eine Station ist auch Prag, wo die „Prager Zeitung" als einzige deutschsprachige Zeitung nach der Wende von 1989 in Tschechien überlebt habe. Für die Frankfurter vor allem wegen ihres Blattmachers. „Der fünfzig Jahre alte Uwe Müller hält zäh an seinem Traum fest, der tschechischen Hauptstadt zusammen mit seinen sieben Redakteuren wieder zu einer Zeitung von der Qualität des ‚Prager Tagblattes' zu verhelfen", urteilt Karl-Peter Schwarz.

Er vergleicht die PZ auch mit der englischsprachigen „Prague Post", die wegen mehrsprachiger Leser wie Anzeigenkunden „direkte Konkurrenz" sei. Nach Druckauflage sei die PZ mit ihren 22.000 Exemplaren auf Augenhöhe, mit Blick auf die Qualität „hat sie nach dem Urteil vieler Leser die ‚Prague Post' überholt." Obwohl knappe Mittel und das wirtschaftliche Umfeld „zu schmerzhaften redaktionellen Kompromissen" zwingen.

Schwarz begrüßt, dass ein „gelungenes Stadtmagazin" über aktuelle Kulturangebote gerade eine „behäbige Programmbeilage" ablöste. Ebenso würdigt er Inhalte einer Feuilleton-Beilage unter dem Namen des „Prager Tagblatt." Der Autor hat zwei weitere Zielgruppen ausgemacht: Leser im deutsch-tschechischen Grenzgebiet, weshalb die PZ dort mit deutschen Regionalzeitungen kooperiere. Und Touristen aus deutschsprachigen Ländern als „dritte stabile Lesergruppe", die nach Prag oder ins Bäderdreieck zwischen Karlsbad, Franzensbad und Marienbad kommen.

Für ihn versteht sich die PZ „nicht als Zeitung der deutschen Minderheit", obwohl sie auch Leser unter den wenigen Deutschböhmen habe, sondern zielt auf eine „wachsende deutschsprachige Gemeinde" aus Unternehmern und Managern. Deshalb berichte sie ausführlich über Unternehmen sowie „knapp, aber repräsentativ" über politische Themen in tschechischen Zeitungen.

„Keine Frage, die ‚Prager Zeitung' nimmt ihren Untertitel ‚Wochenjournal aus der Mitte Europas' ernst." Zu diesem Ergebnis kommt der *Tagesspiegel* ein paar Wochen später, im Mai 2005. Für ihn ist die PZ „Sprachrohr weder für die tschechische (Außen-) Politik noch gar für die Sudetendeutschen, sondern ein Blatt, das selbstbewusst an die große Tradition der deutschsprachigen Prager Presse vor dem Unglück der NS-Besatzung 1938 anknüpfen will."

Aufhänger für den Bericht sind zwei aktuelle Ereignisse, die das schwierige Verhältnis zwischen Tschechien und Deutschland nach Meinung der Zeitung aus Berlin weiter belasten könnten: Der Sudetendeutsche Tag in Augsburg mit einer Brandrede des bayerischen Ministerpräsidenten Edmund Stoiber. Sowie gleichzeitig „und nicht minder provokativ" die Enthüllung eines Denkmals für den früheren Präsidenten Edvard Beneš vor dem Prager Außenministerium. „Wie stets sucht die ‚Prager Zeitung' auch in ihrer aktuellen Wochenausgabe die Wogen zu glätten", notiert Autor Bernhard Schulz: Den Kommentar zum Beneš-Denkmal in der PZ schreibt ein tschechischer Kollege, der Bericht aus Augsburg beschränkt sich auf eine nüchterne Nachricht.

Ihr Selbstvertrauen dokumentiere die PZ dadurch, dass sie ihr jede zweite Woche beigelegtes Buch zu „Feuilleton und Tourismus" ganz gezielt „Prager Tagblatt" nenne. Uwe Müller sei jedoch bewusst, dass er das Vorbild nicht erreichen könne, und deshalb erfülle ihn „leise Melancholie." Der Chefredakteur „weiß, was mit der deutschen Okkupation und der anschließenden Vertreibung für immer zerstört wurde", zeigt Schulz Verständnis.

Ebenso respektiert er Müllers Zukunftsvision, „eines Tages ‚Die Zeit' von Ostmitteleuropa" werden zu wollen, „mit einer Auflage von 60.000 Exemplaren und einem eigenen Redaktionsgebäude." Noch residiere Müllers Mannschaft in einer Wohnetage „abseits der touristengesättigten Altstadt", stellt Schulz fest. Und auch die verkaufte Auflage mit 18.000 sieht er „vom großen Ziel" ein ganzes Stück entfernt. Andererseits ist dieses knappe Drittel für den Berliner Autor schon „bemerkenswert genug", speise es sich doch zur Hälfte aus dem Vertrieb in Prag und Tschechien sowie im deutschsprachigen Ausland. „Und noch bemerkenswerter" seien die schwarzen Zahlen der „Prager Zeitung" bereits fünf Jahre nach ihrer Gründung.

Er sei „ganz blauäugig ans Geschäft herangegangen", erklärt Müller dem Autor. Er habe einfach sehen müssen, wo sich Abnehmer für seine Zeitung finden lassen. „Das ist gelungen", konstatiert Bernhard Schulz. Gleiches gelte für die Ankurbelung des Anzeigenverkaufs, der mittlerweile 70 Prozent der Einnahmen decke. Unter den 24 Verlagsangestellten halten sich sieben Anzeigenakquisiteure und acht Redakteure beinahe die Waage. Das Rückgrat bilden Anzeigen deutscher, in Tschechien engagierter Firmen. So beinhalte die aktuelle Ausgabe eine ganzseitige Anzeige von VW, wie sie der Berliner

Autor „auch im Prager Stadtbild auf zahlreichen Reklameflächen“ entdeckt hat.

Schulz lobt, dass die „Prager Zeitung“ seit 1996 in Farbe gedruckt wird. Die PZ müsse mit der Zeit gehen, erwidert Müller. Für ihn ist, so die Einschätzung der Zeitung aus der Bundeshauptstadt, „die Nostalgiewelle längst vorbei.“ Sie werde allenfalls noch von der „Prager Volkszeitung“ als Organ der deutschen Minderheit in Tschechien mit einer Auflage von 4.500 Exemplaren gepflegt. Konkurrent für die PZ „an den reich bestückten Kiosken der Stadt“ ist laut Schulz eher die englischsprachige „Prague Post“, die ihm „im Auftritt lauter und bunter“ erscheint, mit Immobilienbeilagen für die amerikanische Kolonie in der tschechischen Metropole.

Trotzdem bleibe die Vergangenheit lebendig. Auch und gerade in der „Prager Zeitung“, wenn sie in ihrer jüngsten Ausgabe an die Erstveröffentlichung von Franz Kafkas Roman „Der Prozess“ vor 80 Jahren erinnert. „Es ist diese untergegangene Kultur einer deutsch-tschechischen Symbiose, die ein Großteil der Prag-Reisenden sucht und immer suchen wird“, fasst der Autor zusammen. Dementsprechend wählt er „Uwe Müller und Franz Kafka“ als Titel für seinen Bericht.

Seine Ergebnisse und Eindrücke greift der *Deutschlandfunk* ein paar Tage später in seiner Kulturpresseschau auf. Zu den „guten Meldungen aus dem Journalistenleben“ gehört laut Sender, „wie gut sich die deutschsprachige ‚Prager Zeitung‘ in der tschechischen Hauptstadt macht.“ Er wiederholt das Fazit im *Tagesspiegel*: Ein liberales Blatt mit einem traditionsreichen Namen, 1991 gegründet, das heute mit einer verkauften Auflage von immerhin 18.000 Exemplaren schwarze Zahlen schreibt.

Dass die „Prager Zeitung“ eine von „mehr als 3.000 deutschsprachigen Publikationen außerhalb des deutschen Sprachraums“ ist, erläutert der *Spiegel* Ende Juni 2003. Dabei bezieht er sich auf eine Studie der „Internationalen Medienhilfe (IMH)“ mit Sitz in Hennef bei Köln. Nach Angaben dieses Netzwerkes steige die Zahl deutschsprachiger Auslandsmedien, seit 1990 seien 300 neue entstanden. Fern der Heimat sei die gewohnte Tageszeitung meist schon veraltet, sofern man sie dort überhaupt kaufen könne. Doch „rund um die Welt“ könnten Zeitungen in deutscher Sprache „die Sucht nach dem morgendlichen Papiergeraschel“ stillen, lobt das Hamburger Magazin.

Die meisten Auslandsmedien in deutscher Sprache existieren nach dessen Ausführungen immer noch in Nordamerika. Doch der größte Teil werde in Europa publiziert, rund 65 Prozent. Etwa zehn Prozent verteilen sich auf

Süd- und Mittelamerika, fünf Prozent auf Asien, drei Prozent auf Australien und Neuseeland und zwei Prozent auf Afrika. Diese Medien gebe es als Faltblatt oder Tageszeitung, teils nur im Abonnement, teils auch an Kiosken. Ebenso als Rundfunksender. Sie zielen in der Regel auf deutsche Bewohner in den jeweiligen Ländern ab. Und ermöglichen Touristen „allemal, im Urlaub etwas anderes in deutscher Sprache zu lesen als die mitunter Tage alten Auslandsausgaben heimischer Zeitungen", wie das Hamburger Magazin ausführt.

„Besonnen um Verständigung bemüht" ist die PZ nach Meinung des Magazins *aktuelle ostinformationen (ao)*, das zweimal im Jahr vom Gesamteuropäischen Studienwerk e.V. herausgegeben wird. Den tschechischen Wahlkampf im Jahr 2002 kommentierte aber selbst sie mit drastischen Worten, wie Autor Michael Walter beobachtet hat. „Deutsch-tschechisches Gemetzel" titelte die PZ am 23. Mai und sprach davon, dass „wahlkämpfende Politiker alte Weltkriegs-Schlachten ohne Rücksicht auf Verluste" schlagen. Dies sei umso bitterer, da sich viele Beobachter und Akteure in den Jahren nach Unterzeichnung der deutsch-tschechischen Erklärung einig waren, dass die Beziehungen beider Länder noch nie so gut gewesen seien, so Walter.

Für seinen ausführlichen Rückblick auf die Parlamentswahlen in Tschechien nutzt der Autor - neben Quellen wie „FAZ", „Neue Zürcher Zeitung", „Welt", „dpa", „Právo" oder „Lidové noviny" - vor allem Artikel, die in der „Prager Zeitung" zwischen 21. Februar und 8. August 2002 erschienen sind. Er zieht insgesamt zehn PZ-Beiträge zu Rate und zitiert sie 23 Mal. „Lärmreduzierung" sei nun notwendig, meint Walter in Ausgabe 3/4 des Heftes von 2002 und verbindet dies mit der Hoffnung, dass sich die nachbarschaftlichen Beziehungen wieder verbessern werden, nachdem Regierung und Parlament ihre Arbeit aufgenommen haben.

Im Februar 2002 informiert *Mladá fronta Dnes* ihre Leser darüber, dass Ministerpräsident Miloš Zeman mit einem Interview in Israel für Empörung sorgt. Darin verglich er Palästinenser-Chef Arafat mit Hitler und riet den Israelis, die Palästinenser zurückzudrängen, sofern sie ihren Forderungen nicht nachkommen. Trotzdem will Bundesaußenminister Joschka Fischer ein paar Tage später nach Prag reisen.

„Der Chefredakteur der ‚Prager Zeitung', Uwe Müller, geht davon aus, dass Fischer in Prag vor allem über den Beitritt Tschechiens zur Europäischen Union diskutieren wird, etwa über die Arbeitnehmerfreizügigkeit", schreibt die auflagenstarke tschechische Tageszeitung. Müller ist auch überzeugt davon, dass „die aktuellen Äußerungen von Herrn Zeman nicht unbemerkt bleiben werden." Zeman hatte die Sudetendeutschen in einer österreichischen Wochenzeitung kurz zuvor als „fünfte Kolonne Hitlers" bezeichnet.

Ein Jahr später, im Mai 2003 berichtet der *Stern*, dass die Regierung von Vladimír Špidla das laufende Haushaltsjahr mit einem Rekordminus von etwa 3,7 Milliarden Euro abschließen werde, rund 6,1 Prozent des Bruttoinlandsproduktes. Er bezieht sich auch auf einen Kommentar in der „Prager Zeitung", wonach Bundesfinanzminister Eichel „von so ungehemmtem Schuldenmachen nur träumen" könne.

Wiederum ein Jahr später, im Mai 2004, holt das Hamburger Wochenmagazin erneut die Meinung der „Prager Zeitung" ein. Denn in den Nullerjahren wird sie immer wieder zum anstehenden EU-Beitritt Tschechiens befragt. Ausführlich nimmt der *Stern* Hoffnungen und Ängste von Tschechen und Slowaken gegenüber der EU unter die Lupe. „Für junge Leute sind die Chancen auf dem Arbeitsmarkt gar nicht schlecht", führt ein PZ-Redakteur aus. Ältere Menschen hätten dagegen „unter dem Sozialismus nie gelernt, was Markt heißt oder Marketing, und glauben noch immer, ein gutes Produkt würde sich von allein verkaufen."

Im Juni 2002 sieht der *Spiegel* diesen Beitritt noch in Gefahr, weil sich die Parteien mit nationalistischen Parolen im Wahlkampf überschlagen. Er gibt Ergebnisse aus der „Prager Zeitung" wider, wonach nun 60 Prozent der Tschechen glauben, dass die Vertreibung der Deutschen gerecht gewesen sei - ein Jahr zuvor waren es lediglich 47 Prozent.

Die Online-Plattform */e-politik.de/* erläutert Ende Juni 2003, dass 77 Prozent der Tschechen bei der ersten Volksabstimmung in der Geschichte der jungen Tschechischen Republik für den Beitritt zur Europäischen Union stimmten. Für diese Plattform stellte ein Kommentator der „Prager Zeitung" die Vorteile der Mitgliedschaft „ironisch heraus." Denn er betonte, „dank proeuropäischer Seelenmassage" würden die Tschechen nun als Fortschritt betrachten, dass sie künftig unter der Bezeichnung Rum „Hochprozentiges aus Zuckerrohr bekommen und nicht ordinären Kartoffelschnaps."

Unklar bleibe vielen Bürgern allerdings weiterhin, wie viel staatliche Souveränität das Land für Brüssel aufgegeben müsse. In dem Buch „Oberschichten-Eliten-Herrschende Klassen" aus dem *Springer Fachmedien Verlag* wird 2003 dazu Alt-Präsident Václav Hável in der „Prager Zeitung" zitiert. Niemand wolle „den Tschechen Souveränität und Identität nehmen", stellte Havel dort bereits Anfang November 2000 fest.

Im Zeichen der geplanten EU-Osterweiterung steht auch das Zeitungsprojekt „Jugend und Umwelt“, das die *Deutsche Bundesstiftung Umwelt (DBU)* mit über 1,1 Millionen Euro fördert. Daran nehmen 4.000 Schülerinnen und Schüler aus 50 Schulen in Tschechien, Polen und Deutschland teil. Während eines Projekt-Jahres beschäftigen sie sich mit der Umweltsituation im Partnerland. Einen „spannenden Zugang“ zum Thema erhalten sie dadurch, dass sie in Rollen von Journalisten schlüpfen. Und „zusätzlich motivierend“ sei, dass die Teilnehmer ihre Ergebnisse in Medien wie der „Frankfurter Allgemeinen Zeitung“ und der „Prager Zeitung“ veröffentlichen dürfen, so die Stiftung.

15 Jahre nach dem Ende staatlicher Propaganda und Medienzensur hinterfragt die Schweizer Info-Plattform *SWI swissinfo.ch*, ob tschechische Medien mittlerweile von ausländischen Investoren „unterdrückt“ werden. PZ-Chef Uwe Müller beurteilt die übermäßige Abhängigkeit von Auslandsinvestitionen tatsächlich als Problem. Zwar würden ausländische Verlage ihren lokalen Redakteuren bei der Nachrichtenwahl freie Hand lassen. Aber „sie bestimmen, wie die Dinge auf der kommerziellen Seite laufen sollen.“ Müller gibt an, viele Leute zu kennen, die zu Beginn der 1990er Jahre „täglich vier oder fünf Zeitungen kauften, um Quellen zu prüfen und jede Debatte zu verfolgen.“ In jener Zeit suchten westliche Investoren auch im Medienbereich nach Geschäftsmöglichkeiten in Prag. Dass tschechische Medien ein möglichst breites Publikum erreichen wollen, geht für Uwe Müller mittlerweile oft zu Lasten der Qualität. Unternehmen müssten erkennen, dass es eben „einen großen Unterschied zwischen dem Verkauf von Butter und dem Verkauf von Nachrichten“ gebe.

Deutsche Welle und „Prager Zeitung“ arbeiten auch weiterhin eng zusammen. Ein Thema ist „das leidige Kapitel“ der Privatisierung der tschechischen Großbanken. Als letztes Geldinstitut wurde die „Komerční banka“ im Juni 2001 an die französische „Société Generale“ verkauft. Damit dominieren drei Finanzhäuser den tschechischen Markt. Größtes Haus ist die seit Juni 2000 mit der „Investiční a poštovní banka“ fusionierte Bank „ČSOB“, gefolgt von „Komerční banka“ und „Česká spořitelna“ (Tschechische Sparkasse), die von der österreichischen „Erste Bank“ erworben wurde. Zwar ist dieser Teil der Wirtschaftsreform endlich beendet, doch die jahrelange Verschleppung könnte die Volkswirtschaft des Landes bis zu 400 Milliarden Kronen kosten, führt PZ-Chef Müller im Januar 2002 aus.

Eine Woche später erläutert er, dass Entschädigungsforderungen der deutschen Minderheit in Tschechien vorerst vom Tisch seien. Deren Vertreter stritten sich im Parlament. „Man war uneins, was man eigentlich fordern sollte. Mit dem Resultat, dass sie wie kleine Kinder nach Hause geschickt wurden“, kritisiert Uwe Müller. Nach seiner Darstellung stufen sich überwiegend ältere Bürger noch als Deutsche ein. Die jüngeren optieren dagegen für die tschechische Staatsbürgerschaft oder leben längst in Deutschland. Zurückgeblieben seien vor allem jene, die sich zu alt fühlten, das Land zu verlassen oder hier ihre Heimat sehen.

Mitte März 2002 gibt ein PZ-Redakteur für den Sender zu Protokoll, dass internationale Handelsketten weitere Marktanteile gewinnen. In Tschechien nehmen sie bereits die ersten acht Ränge unter den Top Ten der größten Einzelhändler ein, in der Slowakei sogar die ersten drei Plätze. Deutlich mehr Umsatz erzielten in Tschechien vor allem Unternehmen, die rechtzeitig auf den Trend zu großen Einkaufszentren setzten. Umsatz-Spitzenreiter war im Jahr 2001 die zur Metro-Gruppe gehörende „Makro C&C“, die neun „Cash & Carry“-Märkte im Land betreibt, mit einem Umsatz von 32 Milliarden Kronen. Gefolgt von „Ahold“ und „Kaufland“ sowie von „Rewe“, den „Tesco“-Stores, „Tengelmann“, „Globus“ und dem Unternehmen „Carrefour“, das mit einem Umsatzsprung von geschätzt 45 Prozent zuletzt am erfolgreichsten war.

Ende April 2002 mokiert sich Uwe Müller über eine im Prager Abgeordnetenhaus „in bislang nie da gewesener Geschlossenheit“ verabschiedete Resolution. Dabei ging es um die Unveränderbarkeit der Ergebnisse des Zweiten Weltkriegs. Für Müller „ein tschechisches Spezifikum“, das sogar politische Kräfte zusammenführe, die sich in Prag sonst aus dem Weg gehen. Diese Resolution schreibe „längst Bestätigtes fest“ und erfülle vor allem nicht die Idee der deutsch-tschechischen Deklaration, auf die sie sich berufe. Und sie erwähne mit keinem Wort die Vertreibung von über drei Millionen Menschen und das daraus folgende Leid. „Eine verpasste Chance“, kommentiert Müller.

Ein anderer Rundfunksender - die deutsche Welle von *Radio Prag* - beschreibt im Mai 2003 ausführlich die Arbeit der „Prager Zeitung.“ Als Studiogast nennt ein leitender PZ-Redakteur eine Druckauflage von 20.000 Exemplaren, etwa ein Viertel liege in Airlines oder Fernzügen aus. Verkauft wird die PZ nach seinen Ausführungen je zur Hälfte in Tschechien und im Ausland. Und gelesen wird sie nach neuesten Erkenntnissen vorrangig von Bewohnern des Landes, die aus deutschsprachigen Ländern kommen und Tschechisch nicht beherrschen. Dies seien speziell Manager und Investoren.

Ebenso greifen deutschsprachige Tschechen und Slowaken zum Blatt, die „die deutsche Sicht über Vorgänge in ihrem Land kennenlernen möchten." Zudem Leser in Deutschland, Österreich und der Schweiz, die ein spezielles Interesse an Tschechien und der Slowakei haben und denen „das spärliche Informationsangebot" in ihren heimischen Zeitungen nicht ausreiche. Und Touristen, die praktische Tipps für ihren Prag-Aufenthalt suchen.

In der „Landeszeitung", dem Organ der deutschsprachigen Minderheit, sieht der PZ-Redakteur keine Konkurrenz, weil deren Themen für Leser der „Prager Zeitung" ohne größeren Belang seien. Speziell gelte dies für deutsche Investoren, eine bevorzugte Zielgruppe der PZ. Und gegenüber der englischsprachigen „Prague Post" habe man einen anderen (europäischen statt amerikanischen) Blickwinkel, gerade jetzt vor dem EU-Beitritt Tschechiens. Zu diesem Aspekt reklamiert die PZ gleichsam eine Monopolstellung für sich in dem Raum zwischen Polen, Tschechien, der Slowakei, Österreich, Deutschland und der Schweiz und mit Blick auf eine deutschsprachige Leserschaft. Deshalb will sie ihren Anspruch, ein „Wochenjournal aus der Mitte Europas" zu sein, weiter ausbauen.

Zudem besitze die Zeitung den Vorteil, dass Deutschland der größte Investor im Land ist und auch viele Investitionen aus Österreich und der Schweiz nach Tschechien und in die Slowakei fließen. Die PZ profitiere von den Grenzen zu Deutschland und Österreich, deren Bewohner hätten „ein natürliches Interesse daran, was jenseits der Grenze passiert." Weshalb die PZ verstärkt auch dort verkauft wird.

Der PZ-Vertreter erwähnt ein „positives Anzeigenaufkommen mit zweistelligem Zuwachs" im Vorjahr. Auch die Auftritte im Internet müssen sich durch Werbeeinnahmen tragen. Man betrachte diese Plattform noch als Marketing für die Druckausgabe, will seine Aktivitäten dort aber in Zukunft erweitern. Die PZ ist nach seinen Angaben „konsolidiert sowohl im personellen als auch im finanziellen Bereich." Laut einer Umfrage nutzen vor allem Leser mit höherem Einkommen und Ausbildung die PZ. Gleichwohl bleibe sie „ein Nischenprodukt" auf dem Zeitungsmarkt - doch diese Nische habe durch die EU-Osterweiterung „nun Konjunktur."

Nicht zuletzt deshalb geht die „Prager Zeitung" Kooperationen mit verschiedenen Verlagen ein. So verkündet *Onetz*, das Onlineportal von Medien für die mittlere und nördliche Oberpfalz, eine Zusammenarbeit des Medienhauses „Der neue Tag/Amberger Zeitung" mit Hauptsitz in Weiden und der „Prager Zeitung" zum Beitritt der neuen EU-Staaten am 1. Mai 2004. Daraus resultiert eine weitere Ko-Produktion im Lauf dieses Jahres. „Regelmäßig möchten beide Seiten ihre Leser auf den neuesten Stand des Integrationsprozesses bringen", so Autor Jürgen Herda.

Mehr noch: „Alle vier Wochen informiert eine Best-of-Ausgabe der PZ auf bayerischer Seite über die wichtigsten Entwicklungen im Nachbarland." Touristischen und kulturellen Insider-Tipps werde ein breiter Raum eingeräumt. Umgekehrt stelle sich die nördliche Oberpfalz „von ihren überraschenden Seiten" vor, als High-Tech-Standort inmitten einer natürlichen Kulturidylle. PZ und das Medienhaus in der Oberpfalz bieten gemeinsam ein Europa-Abo an. Ebenso verschiedene Verkaufsoptionen von Teil- oder Gesamtauflagen. Und sie haben sich auf ihren Internetseiten vernetzt. Beide Medien streben zudem an, neue Partnerschaften im Mittelstand, bei Schulen und Fachhochschulen, Kommunen und Bürgern anzubahnen. Mittelfristig wollen die Redaktionen sogar spezielle Reiseangebote und Stadtbesichtigungen organisieren.

Neben den großen nutzt mittlerweile auch eine Vielzahl kleinerer Medien die „Prager Zeitung" als Quelle für Berichte. Etwa *Hockeyweb.de*, als dort im April 2003 die Schwierigkeiten beim Bau einer neuen Arena für die Eishockey-WM 2003 in Prag aufgezählt werden. Die Probleme waren so zahlreich, dass die WM sogar um ein Jahr auf 2004 verschoben werden musste. Dafür gelte laut „Prager Zeitung", was der Volksmund als „böhmischen Weg" bezeichne: Eine Reihe von Unklarheiten und Unwägbarkeiten bei Geld und Playern. In Deutschland würde man so etwas als „leichtsinnigen Weg" bezeichnen, meint der Schreiber. Insider fürchten, dass dieser „böhmische Weg" unbeirrt weiter beschritten werde und die WM 2004 deshalb möglicherweise in Russland ausgetragen werden müsse.

Ostwind informiert Zugfahrende, auch über Autoreisezüge zwischen der Ost-Slowakei und Prag. Der Preis zwischen Liege- und Schlafplatz differiere dort nur minimal, wird in einem „Erlebnisbericht 2003" erläutert. Im Schlafabteil sei es jedoch etwas bequemer. Und es „gibt hübsche Zugaben wie die ‚Prager Zeitung' (komplett in Deutsch)." Mit nützlichen Veranstaltungshinweisen, etwa über Auftritte des Jazzers Jiří Stivín.

Die überregionale linke Wochenzeitung *Jungle World* aus Berlin verweist zehn Jahre nach Teilung der Tschechoslowakei auf Angaben von Václav Klaus in der „Prager Zeitung." Darin wehrte er sich gegen Aussagen, dass er und der slowakische Premier Vladimír Mečiar „die Tschechoslowakei aufgeteilt" hätten. Für ihn war vor allem die Slowakei für die Trennung verantwortlich, getragen von wachsenden Antipathien und Nationalismus auf beiden Seiten über eine längere Zeit. Klaus fürchtete, dass schon der Streit über Namen und Symbole eine Gefahr für einen gemeinsamen Staat bedeutet hätte. Auch die

Kampfschmuser-Gemeinde, eine „Community für wahre Hundefreunde", verbreitet einen PZ-Artikel: „Wie der Herr, so der Hund", vom September 2003. Er entstand, weil in Tschechien ein Kleinkind von einem Mischling zu Tode gebissen wurde. Viele Tschechen lieben Hunde, halten sie aber oft als Statussymbol und manchmal sogar als Waffe, wurde konstatiert. Somit sei nicht der Hund, sondern der Herr oft das Problem. Fazit: Tschechien braucht dringend Regeln zur Hundehaltung.

Die *Konrad-Adenauer-Stiftung* verweist zum Ende von 13 Jahren Amtszeit des Präsidenten Václav Havel auf ein Interview in der „Prager Zeitung." Darin betonte er Ende Januar 2003, dass nun „die Normalität" das politische Leben in Tschechien bestimmen würde. Sich selbst nannte er „einen seltsamen revolutionären Irrtum" in der Umbruchzeit. Für den slowakischen Präsidenten Rudolf Schuster schuf er die Basis für eine gute Zusammenarbeit zwischen Tschechen und Slowaken nach der Trennung. Havel selbst bezeichnete laut „Prager Zeitung" die Annäherung beider Staaten, neben dem Beitritt seines Landes in die NATO und die baldige Aufnahme in die EU, als seinen größten politischen Erfolg.

Gemeinsam verleihen *Konrad-Adenauer-Stiftung* und „Prager Zeitung" am 26. November 2004 schon zum dritten Mal einen Lokaljournalistenpreis. Ausgezeichnet werden Journalisten, die für lokale tschechische Medien arbeiten. Preise gibt es für „herausragende Print-, TV- oder Radiobeiträge", die das Leben in den Regionen nach der EU-Erweiterung beleuchteten und auch für eine „Verantwortung der Medien in neuer europäischer Nachbarschaft" stehen. Über die Preisträger entscheidet „eine fachkundige und unabhängige Jury." Der Festakt findet im Ballsaal eines Casinos in Františkovy Lázně (früher Franzensbad) statt.

Fast zeitgleich meldet *dpa,* dass in Karlsbad künftig die deutschsprachige „Karlsbader Zeitung" erscheinen wird. „Das Monatsblatt wird von der Redaktion der renommierten ‚Prager Zeitung' in einer Startauflage von 15.500 Exemplare herausgegeben", berichtet die deutsche Presseagentur. Acht Seiten für einen Euro. Und: Kein Anzeigenblatt. „Wir wollen seriös über das Geschehen im gesamten Grenzgebiet berichten", verspricht Chefredakteur Uwe Müller zum Auftakt. Nach Angaben eines westböhmischen Heimatforschers ist dies „die erste Neugründung einer deutschsprachigen Zeitung in dem Kurort seit 1945."

Im Jahr 2005 veröffentlicht *Respekt* mehrere Kommentare von PZ-Chefredakteur Uwe Müller. Ende Mai konstatiert er, dass die rot-grüne Koalition in Berlin nach der verlorenen Wahl in Nordrhein-Westfalen in einer schwierigen Lage sei. Noch schlimmer stehe es um die Partei des Kanzlers, die SPD. „Aber Schröder kann überraschen", so Müller. Wenngleich er dessen Ankündigung, die SPD bei der vorgezogenen Bundestagswahl zur stärksten Partei zu machen, „eher zum Schmunzeln" findet.

Zwei Monate später beleuchtet Müller in dem tschechischen Magazin den Zusammenschluss von der in Ostdeutschland starken PDS mit der westdeutschen WASG. Dadurch „ist ein neuer Akteur entstanden, der den Wahlkampf in Deutschland maßgeblich beeinflussen wird", so der Kommentator. Die von politischen Beobachtern lange beschworene Gefahr einer populistischen Partei am Rande des politischen Spektrums sei nun real geworden, so Uwe Müller.

Mitte September fragt er: „Wer wird Deutschland führen?" CDU-Kandidatin Angela Merkel gehe als Favoritin in die Bundestagswahl und müsse nun vor allem darauf achten, das „öffentliche Interesse hoch zu halten und keine großen Fehler zu machen." Denn Kanzler Schröder will für Müller „nicht enden wie der konservative Kanzlerkandidat Edmund Stoiber im Jahr 2002, als er ein scheinbar gewonnenes Match im Zielspurt verlor."

Zur Bundestagswahl 2005 holt auch die *Deutsche Welle* Einschätzungen von deutschen Zeitungen im Ausland ein. Darunter die Meinung der „Prager Zeitung." Deutschland habe sich „verzettelt", befindet ein PZ-Vertreter. In Tschechien wundere man sich darüber, dass die Regierung im Nachbarstaat Wohnungsbau fördert und gleichzeitig leerstehende Wohnhäuser abreißt. Und ebenso darüber, dass der Ruf eines deutschen Musterunternehmens wie VW, dessen tschechische Tochter Škoda als Lokomotive für die tschechische Wirtschaft gilt, durch anscheinend korrupte Spitzenmanager beschädigt werde.

Der Vorwurf zahlreicher deutscher Investoren, dass sie in Tschechien durch Korruption behindert werden, werde seitdem „mit einem wissenden Lächeln quittiert." Gleichwohl gebe es keinen Spott darüber. Schließlich ist Deutschland Tschechiens größter Außenhandelspartner und zugleich größter Auslandsinvestor. „Stottert die deutsche Wirtschaft, merkt das auch Tschechien", wird in dem Gastbeitrag ausgeführt.

In einem ergänzenden Kurzporträt über die PZ stellt die *Deutsche Welle* heraus, dass die „Prager Zeitung" das meistgelesene fremdsprachige Wochenblatt in Tschechien sei, im Stadtteil Vinohrady gestaltet werde, Korrespondenten in Deutschland, Österreich, Polen, Ungarn und der Slowakei habe und an Kiosken in Tschechen und der Slowakei zu kaufen sei. In Deutschland, Österreich und der Schweiz werde das Blatt vor allem in Bahnhofsbuchhandlungen angeboten, seit Mai jenes Jahres „auch in Belgien, den Niederlanden und Luxemburg."

Ende September 2005 befasst sich die *Neue Züricher Zeitung (NZZ)* mit dem deutschsprachigen Zeitungsmarkt in Ostmitteleuropa. Dort gebe es seit den 1990er Jahren wieder zwei „große etablierte Publikumszeitungen", nämlich die „Prager Zeitung" sowie den „Pester Lloyd" in Budapest. Beide - PZ seit 1991 und Lloyd seit 1994 - berufen sich ausdrücklich auf legendäre Vorläufer, verstehen sich in deren Tradition und seien „Metropolenblätter." Allerdings sei die Situation heute mit der von damals kaum vergleichbar, konstatiert das Schweizer Blatt. Denn den Zeitungen fehle „der Resonanzraum einer bürgerlichen Stadtbevölkerung, es fehlen die jüdischen Träger der Urbanität."

Weitere Unterschiede: In der Gründungszeit der großen Vorbilder waren Budapest und Prag weitgehend deutschsprachig, ein „gut verankertes Mittelklasse-Idiom stützte Journalismus und Literatur ab." Stattdessen wende sich die PZ - wie auch die Ungarn - heute an Touristen, Geschäftsreisende und Einheimische, mit einer Mischung aus Information, Kommentar und Service. Hauptkonkurrenten seien nicht mehr andere deutschsprachige Publikationen, resümiert Autor Richard Wagner, sondern Zeitungen der Amerikaner. Wobei die „Prague Post" wie auch „The Budapest Sun", die sich ab den 1990er Jahren in Tschechien und Ungarn niederließen und dort eigene Szenen abbilden, mehr vom Zeitgeist geprägt seien als die deutschen, denen man „doch deutsch-osteuropäische Altlasten" anmerke.

Erstaunlich bleibt vor dem „nervösen geschichtlichen Hintergrund" für Wagner „die relativ konfliktlose Etablierung" einer deutschsprachigen Zeitung in Prag. Dies sei unerwartete und erfreulich angesichts ständiger deutsch-tschechischer Querelen. Er bezeichnet die deutschsprachigen Zeitungen in Ostmitteleuropa als „Indikator für einen neu in Gang gekommenen Austausch" zwischen dem deutschsprachigen und dem ostmitteleuropäischen Raum. „Es sind Signale der Normalität", so Wagner. Das Deutsche spielt für ihn dort „wieder eine Rolle."

Ende 2015 berichtet die *junge Welt* über das Leben einer tschechischen Sängerin in Berlin, die sich dort nicht besonders glücklich fühle. Prinzipiell würden Tschechinnen und Tschechen ungern ins Ausland gehen, erklärt die linke Tageszeitung mit Bezug auf die „Prager Zeitung." Nach einer dort veröffentlichten Umfrage können sich „nur fünf Prozent" der Befragten vorstellen, anderswo als in Tschechien zu arbeiten. Die gleiche Studie aus der PZ führt auch die *taz* an, als sie im Mai 2006 tschechische Einrichtungen und die kleine tschechische Community in Berlin ins Blatt setzt. Tschechen treffen sich in der Bundeshauptstadt oft an eigenen Stammtischen, feiern gerne in tschechischen Lokalen und lassen dort zuweilen heimische Tanzkapellen aufspielen.

Ein paar Wochen später beruft sich die *taz* erneut auf die „Prager Zeitung" in einem Beitrag über Antikonfliktteams, die in Tschechien nach dem Vorbild der Berliner Polizei aufgebaut werden. Sie gehöre laut PZ durch langjährige Erfahrungen mit Krawallen „zu den Besten in der Krisenbewältigung." Prag werde seit einem Jahr von den Berliner Kollegen unterrichtet und die Kooperation verzeichnete bereits Erfolge, so Autorin Marina Mai.

Bei einer Demonstration der rechten Szene in Ústi nad Labem konnte die tschechische Polizei „laut ‚Prager Zeitung' autonome Gegendemonstranten dazu überreden, die mitgebrachten Steine aus ihren Rucksäcken auszukippen." Auch bei „CzechTek" auf einem nordböhmischen Armeegelände hatten die speziell ausgebildeten Polizisten Erfolg. Ein Jahr zuvor war die Techno-Party noch von der Polizei mit Tränengas und Wasserwerfern gewaltsam geräumt worden, es gab Verletzte und Prozesse hinterher.

In der Slowakei bekomme nur einen Arzttermin, wer einen „gut gefüllten Umschlag" mitbringe, führt *Transparency International* Anfang 2006 aus. Quelle dafür ist die „Prager Zeitung." Nach ihren Angaben räumten 71 Prozent der Slowaken ein, dass sie Extrazahlungen leisten oder gute Kontakte haben müssen, um in ihrem Gesundheitssystem versorgt zu werden.

Als Bernd Noack im Juni 2006 in die Orlická kommt, um für die *Frankfurter Allgemeine Zeitung* erneut über die PZ zu berichten, denkt er an verwirrte Nachtredakteure und Saufgelage. Denn solche Anekdoten verbindet er mit dem deutschsprachigen „Prager Tagblatt" und dessen mittlerweile „leicht verfallenem" Redaktionsgebäude in der Panská-Straße, wie Noack eingesteht. Außerdem fallen ihm Autoren wie Kisch, Brod, Baum und Winder ein, die dort „ein und aus gingen."

So wirkt Noack fast ein wenig enttäuscht, als er in Vinohrady auf die Tafel für die „Prager Zeitung" neben anderen Schildern an der Fassade eines unscheinbaren Hauses stößt. Die nüchternen Redaktionsräume der PZ rauben ihm schließlich die letzten Erinnerungen an alte Zeiten. „Hier geht es ganz normal zu", notiert Noack. Chefredakteur Müller wolle die Atmosphäre des Vorgängers nach eigenen Angaben „natürlich nicht beschwören", sehe sich aber trotzdem „ganz bescheiden ein wenig" in dessen Tradition.

Tatsächlich war Müller überzeugt davon, an eine große europäische Presse-Geschichte anzuknüpfen, als er vor genau 15 Jahren die erste Ausgabe der „Prager Zeitung“ herausbrachte. Wenn auch als Wochenblatt und ohne „Edelfedern“ wie Brod oder Winder. Das sei auch schwer möglich, konstatiert Noack, denn die PZ begann in einem „heftig umgepflügten“ politischen Umfeld und fand kaum noch deutschsprachige Leserschaft in Prag. Titel und Schriftzug des alten Blattes dienen daher lediglich für eine „ehrgeizige“ Feuilleton-Beilage, die „oft im alten ‚Tagblatt‘-Anekdotenschatz kramt.“

Uwe Müller hat nach Einschätzung von Noack „die europäische Entwicklung im Blick.“ Er will deutschsprachigen Nachbarn nach eigenen Worten die „Befindlichkeiten, Meinungen und Ängste vermitteln, die den Alltag im neu-europäischen Tschechien bestimmen.“ Dafür scherte er sich nicht um anfängliche Skepsis beidseits der Grenze. „Die Tschechen befürchteten eine Einmischung in inneren Angelegenheiten, die Deutschen wollten solch ein Blatt nur finanziell unterstützen, wenn es eine streng touristische und wirtschaftliche Ausrichtung gehabt hätte“, zitiert Bernd Noack den PZ-Chef. Auch Interessen, etwa von Landsmannschaften oder tschechischer Seite, habe er sich widersetzt.

Nun sei Uwe Müller stolz darauf, für die Zeitung „eine gewisse Unabhängigkeit erkämpft“ zu haben, zumal er eine Zeitung auf einem „immer noch nicht konfliktfreien, mit vielen Vorurteilen belasteten Terrain“ gestalte. In der sudetendeutschen Frage teile er besonnene Positionen, besonders versuche er aber, Standpunkte Tschechiens für deutsche Leser zu erklären. Schließlich befindet sich die Gesellschaft „immer noch im Umbruch“, so Müller. Und das deutschsprachige Ausland wisse wenig über deren Mentalität.

Noacks Resumee: Die PZ will genau dafür Neugier und Aufmerksamkeit wecken. Mit Informationen für Investoren und in Tschechien lebende Deutsche und mit einem großen Serviceangebot, das „in kulturelle Prager Winkel und unberührte böhmische Landschaft“ locke - jenseits von „dunklem Bier, saftigem Braten und billigen Frauen.“

22.12.2006, 00:00

Wie ein Sprung ins kalte Wasser

Jubiläum. Seit nunmehr15 Jahren erscheintdie deutschsprachige „Prager Zeitung".

Eine breite Leserschaft

Die „Prager Zeitung" unternahm einen „mutigen Sprung ins kalte Wasser der Marktwirtschaft", als sie Ende 1991 startete. So urteilt nicht nur die *Nordwest-Zeitung* in Oldenburg Anfang Dezember 2006, sondern auch eine Reihe anderer deutschen Zeitungen. Die meisten stützen sich auf einen Artikel der *Deutschen Presse-Agentur (dpa)*, die das Jubiläum der „Prager Zeitung" ausführlich würdigt. Dem Journal geht es „durchaus gut, und das nicht nur wirtschaftlich", bilanziert Korrespondent Wolfgang Jung. Auch „nach Ansicht von Diplomaten in beiden Ländern" spiele sie heute „eine wichtige Rolle als Sprachrohr und Mitgestalter in den Alltagsbeziehungen zwischen Deutschen und Tschechen."

Den Entschluss für eine deutschsprachige Zeitung in der Tradition des legendären „Prager Tagblatt" habe Uwe Müller nach der Revolution und „in einer Kneipe nahe der Prager Burg" gefasst. Ihm halfen neben dem Startkapital aus drei Ländern auch Geschäftspartner: Der Straubinger Werbefachmann Heribert Wühr, der Reiseunternehmer Hartmut Wolff aus Furth im Wald und der tschechische Publizist Petr Prouza. Müller habe sich weder von ungläubigem Kopfschütteln noch von den vielen Stimmen beirren lassen, dass es in der Tschechoslowakei keinen Markt für solch ein Wochenblatt gebe. Gleichwohl sei er „voll ins kalte Wasser gesprungen", räumt Müller gegenüber der Agentur ein, zudem unter abenteuerlichen Arbeitsbedingungen.

Jung führt aus, dass der Durchbruch im Jahr 1996 glückte, mit stabiler Leserschaft, konstanter Mitarbeiterstruktur, kalkulierbarer Wirtschaftlichkeit. Und er nimmt auf, dass eine tschechische Druckerei wöchentlich etwa 25.000 Exemplare der „Prager Zeitung" für Leser in Tschechien, Deutschland, Österreich, der Schweiz und der Slowakei herstelle. Etwa 35 Deutsche und Tschechen seien als freie oder feste Mitarbeiter in der Redaktion tätig. „Die internationale Zusammensetzung unseres kleinen Unternehmens trägt zur praktischen Versöhnung bei", betont Müller zum Jubiläum erneut, „die Schule der Prager Lokalberichterstattung leistet im Kleinen, was Regierungserklärungen nicht können: Den Nachbarn kennen- und verstehen lernen."

Für die deutsche Agentur gilt das Wochenblatt „als etabliert" und ist bei einem großen Personenkreis „eine Art Pflichtlektüre." Kaum ein Mitarbeiter der PZ beherrsche beide Sprachen perfekt, nur wenige besitzen eine klassische Medienausbildung, aber „alle sind mit Leidenschaft am Werk", konstatiert der Korrespondent.

Bereits zuvor, im Sommer 2006, erklärt Uwe Müller Struktur und Inhalte seines Blattes in einem ausführlichen Gespräch mit *Freies Radio Freistadt (FRF)*. Der Sender aus dem Grenzgebiet zwischen Oberösterreich und Südböhmen berichtet in seinem Magazin „Vice Versa" in drei Teilen über die Medienlandschaft in Tschechien. Und besucht dafür auch die „Prager Zeitung" in Prag 3. Schon in Folge eins macht Müller in seinem Büro in der Orlická genaue Angaben zur „Prager Zeitung." Dabei bestätigt oder korrigiert er, was Medien in den Jahren zuvor über die PZ berichtet hatten. Er gibt aber auch manches Detail preis, das bis dahin nicht oder nur in kleiner Runde weitergegeben wurde.

Auf die Eingangsfrage, wie er überhaupt nach Prag kam, verweist Müller auf seine Heirat mit seiner ersten Frau. Deshalb siedelte er 1983 in die tschechische Hauptstadt über und arbeitete als Übersetzer für verschiedene Verlage. Schon als Historiker habe er sich besonders für die Erste Republik in der Tschechoslowakei in den 1920er und 30er Jahren interessiert. Um darüber zu schreiben, nutzte der Wahltscheche primär Zeitungen als Quellen. Nicht zuletzt die vielen deutschsprachigen Zeitungen, die es in jenen Jahren gab. „Und eine der bestgemachten Zeitungen nicht nur für die damalige Tschechoslowakei, sondern für Europa" war für ihn das „Prager Tagblatt." Diese Zeitung habe ihn begeistert. „Als ich mit anderen Historikern am Biertisch saß, haben wir darüber gesponnen, wie es wäre, solch eine tolle Zeitungen wieder zu machen", erzählt der Sachse.

Mit der Wende 1989/90 ergab sich für ihn die Möglichkeit, selbständig zu werden. „Diese Chance habe ich beim Schopf gepackt." Auch wenn er nicht genug Geld dafür hatte. „Ich bin von Pontius zu Pilatus gelaufen und habe überall angeklopft, um einen Zuschuss zu erhalten." Nach einem Jahr reichte die Summe. „Mit diesem Startkapital konnte ich im Oktober 1991 starten", blickt er zurück. Offiziell flossen diese Subventionen an die Bolzano-Stiftung, die Herausgeber der Zeitung wurde.

In einem Stiftungsbeirat saßen Deutsche wie Tschechen und Österreicher als Träger und Mitstreiter. Die Zeitung erhielt insgesamt 950.000 Kronen. Damit konnte sie jedoch lediglich vier Monate lang überleben. „Es gab 1991 zwar viele Zeitungen, aber noch keinen Werbemarkt in der noch existierenden Tschechoslowakei", erinnert sich Uwe Müller, „die Medien mussten hauptsächlich vom Verkauf und von ganz wenigen Werbeeinnahmen leben, den Rest bildeten Zuschüsse und andere Quellen."

Deshalb brauchte die PZ schnellstmöglich einen finanzkräftigen Verleger. „Ich war damals mit der ‚Süddeutschen Zeitung' und den ‚Salzburger Nachrichten' im Gespräch, um eine Dreierkonstruktion mit einer großen Mutter, einer kleinen Schwester und uns als ganz kleinem Kind zu erreichen." Doch das Konzept gefiel ihm nicht. „Es war nur ausgelegt auf Touristen und dies entsprach keineswegs unseren Vorstellungen." Müller dachte stets daran, die alte Tradition der deutschsprachigen Blätter neu zu beleben. In Inhalt, Grafik und Ausrichtung als eine unabhängige Zeitung. „Und gezielt mit Blick auf Europa."

Radio-Autorin Daniela Schopf interessiert, welche inhaltlichen Schwerpunkte die PZ setzt. Uwe Müller antwortet, dass er aus Tschechien mit einer deutschsprachigen Zeitung die Nachbarn in Deutschland, Österreich und der Schweiz über all das informieren will, was die Tschechen bewegt, wie sie den Umbruch in ihrem täglichen Leben bewältigen und welche gesellschaftspolitischen Fragen sie beschäftigt. Auch die sudetendeutsche Problematik will er ansprechen. „Sie wurde ja in den letzten Jahrzehnten entweder verschwiegen oder stets nur aus einem Blickwinkel interpretiert."

Und er will das Geschehen in Ostmitteleuropa berücksichtigen, was für ihn neben Tschechien zunächst vor allem die Slowakei sowie die Grenzgebiete zu Polen, Deutschland und Österreich umfasst. „Was tut sich in Nachbarschaftsbeziehungen und Partnerschaften, in der Wirtschaft, zwischen Städten und Vereinen?", fragt er und gibt sogleich die Antwort selbst: Es tue sich unheimlich viel, „auch ganz kuriose Ideen, wie man zusammenkommen kann." Zudem will die PZ allgemein über Politik, Wirtschaft, Kultur und Sport „wie ein ganz normales Wochenblatt" berichten. Also über Wahlen, Investitionen oder Menschen. Müller nennt ein konkretes Beispiel: „Wie geht es Rentnern hier, ist das vergleichbar mit Deutschland oder Österreich?" Replik der PZ: „Natürlich nicht." Warum nicht, erklärt sie ihren Lesern genau.

Nachdem der Kontakt mit anderen Zeitungen abgerissen war, sprangen zwei Investoren aus Ostbayern in die Bresche. Sie hielten die PZ über eine GmbH am Leben. „Seit 1996 schreiben wir schwarze Zahlen", versichert der Chefredakteur in dem Interview, „keine Partei oder Regierung unterstützt uns, wir müssen uns selbst über Wasser halten." Und dies gelinge nur, weil die PZ mittlerweile „Akzeptanz bei einer treuen Leserschaft und Anzeigenkunden" gefunden habe.

„Wer liest die ‚Prager Zeitung'?", will die österreichische Reporterin wissen. „Wir sprechen eine breitgefächerte Lesergruppe an", erwidert Müller, „das sind deutschsprachige Touristen, von denen jährlich 12 bis 15 Millionen nach Prag kommen, und die wollen eine Zeitung nutzen, wenn sie länger als nur ein Wochenende oder ein paar Tage hier sind." Dann deutschsprachige Unternehmer, Professoren, Studenten, Freischaffende, die ihren Lebensmittelpunkt nach Tschechien verlegt haben „und Informationen wünschen, aber kaum über tschechische Sprachkenntnisse verfügen." Zudem tschechische wie slowakische Leser, die „wissen möchten, wie deutschsprachige Journalisten das Geschehen in ihrem Land beurteilen."

Müller zählt weiter auf: „Dazu jene, die im deutschsprachigen Raum leben, aber Tschechien und Ostmitteleuropa mit großem Interesse verfolgen, also 1948er oder 68er oder 90er Emigranten aus Tschechien, die wissen wollen, was zu Hause passiert. Und nicht zuletzt vielfach engagierte und interessierte Sudetendeutsche, die teilweise die Familienbande nach Tschechien wieder aufnehmen und oft bei Renovierungen in den Orten ihrer Vorfahren helfen."

„Zur Auflage?" Sie liege gedruckt bei 25.000 Exemplaren, von denen etwa 18.000 verkauft würden, so Müller. „Im Sommer mehr, im Winter weniger." Begonnen habe die PZ mit 8.500 Ausgaben. „Heute haben wir das dreifache der Startauflage erreicht - und das ist mit einer Zeitung, die im Ausland erstellt wird und oft auch erklären muss, denn in den deutschsprachigen Ländern wissen wahrscheinlich nur 0,5 Prozent der Leser, wer Herr Paroubek ist." Nämlich der tschechische Ministerpräsident. Deshalb müssten seine Redakteure oft Sätze in Beiträgen von tschechischen Journalisten aus anderen Zeitungen neu oder anders formulieren. Denn auch wenn sie für die PZ schreiben, hätten sie „immer tschechische Leser im Sinn." Und das mache in der „Prager Zeitung" keinen Sinn.

Mit der Prager Zeitung

„Wollen Sie nicht doch mein Stellvertreter werden?“ Wieder einmal bot mir Uwe Müller eine leitende Position bei seiner Zeitung an. Er hatte mich in seine Wohnung eingeladen, nicht weit entfernt von der Redaktion in der Třebízského-Straße. Als er mich vor dem Verlag abholte, erkannte ich ihn erst im letzten Moment. Vinohrady lag komplett im Dunkeln, ein Stromausfall hatte das Licht bis in benachbarte Stadtteile lahmgelegt.

Schon mehrfach wünschte Müller, dass ich als stellvertretender Chefredakteur in die PZ eintrete. Auch diesmal lehnte ich ab. Weniger wegen der journalistischen Aufgaben, die ich in Deutschland bereits für Fernsehanstalten und Magazine erfüllte. Prinzipiell strebte ich eine Festanstellung bei einem Verlag nur für meine journalistische Ausbildung Anfang der 1980er Jahre an und arbeitete danach lieber als freier Journalist. Und der „Prager Zeitung“, davon war ich fest überzeugt, konnte ich an anderer Stelle mehr nutzen: Als Autor und Reporter, in Prag wie in Deutschland.

Ich schrieb für sie Beiträge über Politik, Kultur, Sport oder Wirtschaft. Das war immer ein großer Vorteil der PZ: Sie ermöglichte Veröffentlichungen über viele Themen und in allen klassischen Ressorts - und war damit ein ideales Medium für vielseitig interessierte Journalisten. Zumal dafür alle journalistischen Formen eingesetzt werden konnten, Reportage oder Bericht ebenso wie Kommentar oder Glosse, Interview oder Feature. Stoff dafür war mehr als genug vorhanden, auch noch in den Jahren nach der Revolution. Weil der Wandel beständig anhielt, musste ein Reporter die Stadt und das Land nur mit offenen Augen und Ohren verfolgen, um fortlaufend journalistische Arbeit leisten zu können.

Das begann schon bei meinem Vermieter in Prag, unter dessen Dach ich insgesamt 15 Jahre lang wohnte. Der Deutsche hatte sich zur Jahrtausendwende ein Haus im Stadtteil Smíchov gekauft, das bereits Ende des 19. Jahrhunderts erbaut worden war. Nun bemühte er sich, dieses alte Gebäude instand zu setzen. Um alle Genehmigungen zu bekommen, musste er einen wahren „Hürdenlauf" durch Prager Ämter unternehmen. Nicht immer war er sicher, dass die Mitarbeiter dort Vorschriften ihrer Behörde erfüllen oder einfach nur ihre Macht ausspielen wollten. Am Ende fühlte er sich „ausgenutzt und übers Ohr gehauen." Dies war auch die Schlagzeile für meinen Bericht.

Viele Prager waren bereit, über ihre Arbeit und ihre Probleme zu reden. Im „café-café" in der Rytířská unweit vom Wenzelsplatz, in den Nullerjahren ein geradezu magischer Anziehungspunkt, traf ich zufällig ein junges Paar. Wir kamen ins Gespräch über ihre Zukunftspläne. Sie war gerade 18 geworden und machte eine Ausbildung als Friseurin. Er, 20, absolvierte eine Sprachschule und wollte danach Jura studieren. Was diese „jungen Prager des neuen Jahrhunderts" ungewöhnlich machte, war der Nebenjob der Frau: Sie verdiente sich an manchen Abenden als Tänzerin in einer Diskothek nahe der Karlsbrücke noch Geld dazu. Das war für sie ein ganz normaler Job. Doch ihre Nebeneinkünfte in dem Club überstiegen das durchschnittliche Einkommen von Tschechen in jenen Jahren um einiges. Ihre Auftritte und auch dieser Verdienst führten zu Spannungen des Paares untereinander und ebenso innerhalb der Familien - all das ließ eine gemeinsame Zukunft unsicher erscheinen.

So steuerte ich immer neue Beiträge für die PZ-Ausgaben bei. Irgendwann warteten Müller und die Redaktion darauf. „Ich wünsche Ihnen für 2003 weiterhin viele gute Ideen und Projekte", schrieb mir der Chef folgerichtig. Dieses Jahr begann mit einem Bericht über die Pressefreiheit in der Tschechischen Republik. Sie belegte in der jährlichen Liste von „Reporter ohne Grenzen" nur noch Rang 41. Ich rief im Hauptsitz der Organisation in Paris an und fragte nach den Gründen. Eine Sprecherin nannte als eine Ursache, dass das Gebäude von Radio Free Europe nahe des Nationalmuseums ständig bewacht und gesichert werden musste. Groß war damals die Furcht vor einem Anschlag auf den Sender.

Vor allem machte sie jedoch den Mordauftrag gegen Sabina Slonková dafür verantwortlich. Die Investigativ-Journalistin arbeitete für die Zeitung „MF Dnes", hatte angeblich sehr gute Kontakte zu Polizei und Geheimdiensten und in mehreren Artikeln einen Mitarbeiter des Außenministeriums an den

Pranger gestellt. Daraufhin gab es ein Komplott gegen sie. Uwe Müller mailte mir Anfang März, dass gegen fünf Angeklagte alsbald ein Prozess am Kreisgericht in České Budějovice (dem früheren Budweis) beginnen sollte. Einer von ihnen hatte angeblich den berüchtigten Sprengstoff Semtex für einen Mord an Slonková besorgt. Der Hauptangeklagte saß bereits seit Juli 2002 in einem Pilsener Gefängnis. Ich ging zu „MF Dnes", doch Sabina Slonková wollte sich während des laufenden Verfahrens nicht äußern. Dafür traf ich mehrere tschechische Medienwissenschaftler. Sie akzeptierten die schwache Platzierung durch „Reporter ohne Grenzen" und deren Gründe nicht, sondern pochten darauf, dass in ihrem Land nach der Revolution eine große Medienfreiheit herrsche. Allen Argumenten der „Reporter" zum Trotz.

Im April 2003 stellte der PZ-Chef meinen Artikel über die Sorgen von Kriminalbeamten als Aufmacher auf Seite 1. „Die Mafia nutzt Tschechien als Basis", erklärten mir Informanten aus deutschen Behörden. Sie beschrieben das Land als ein Zentrum für Wirtschafts- und organisierte Kriminalität, eine Schattenwelt habe sich unter dem Einfluss russischer Syndikate entwickelt, die Tschechen als Strohmänner nutzen und immense Gewinne aus Prostitution, Schutzgeld und Glücksspiel einstecken würden. Der Text bewirkte einen scharfen Protest, ein hoher tschechischer Diplomat in Deutschland beschwerte sich über unsere Berichterstattung. Sie kam für ihn zur Unzeit, ein Jahr vor dem Beitritt zur Europäischen Union fürchtete er einen großen Imageschaden für sein Land.

Frühzeitig bemühte sich die „Prager Zeitung" darum, neben Nachrichten auch möglichst viel Service zu bieten. Jahre später erkannten dies viele andere Blätter als notwendiges Rezept, um ihrer schwindenden Auflage zu begegnen. Ich steuerte praktische Tipps darüber bei, was deutsche Autofahrer bei einem Unfall auf tschechischen Straßen tun sollten. Oder auf was Gäste achten müssen, um nicht von betrügerischen Kellnern in Prag übers Ohr gehauen zu werden: Speisen überprüfen, Preise vorab aus der Karte notieren, nur Bons akzeptieren, keine Scheu vor Reklamationen! Ebenso, was nötig ist, um eine Hochzeit in Prag zu organisieren. „Ich wollte mich erkundigen, ob Sie Lust hätten, wieder etwas für das ‚Tagblatt' zu schreiben", fragte kurz danach unerwartet eine PZ-Kollegin aus der Schweiz an, die für das Stadtmagazin verantwortlich war, „vielleicht einen ähnlich ungewöhnlichen Tipp wie Heiraten in Prag?" Für mich eine weitere Bestätigung, dass meine Beiträge und meine Hilfe innerhalb der „Prager Zeitung" gebraucht und geschätzt wurden.

Im Juli 2003 teilte mir Uwe Müller noch mit, dass mein aktueller „Pulverturm" ihn „gut amüsiert" habe. Schon einen Monat später, am

12. August, wurde er in einer Mail konkreter: „Mit Interesse verfolge ich nun schon Ihr Ansinnen, den ‚Pulverturm' der PZ kontinuierlich mit größeren und kleineren ‚Sprengsätzen' zu füllen." Für Glossen wie den „Pulverturm" hatte ich, inspiriert in jungen Jahren durch Bücher von Satirikern wie Ephraim Kishon und Wortkünstlern wie Friedrich Torberg, ein Faible entwickelt. Damit begann meine journalistische Arbeit, zunächst ausschließlich mit Themen aus dem Sport, die ich regelmäßig an eine Tageszeitung schickte. Sie hatte eine sechsstellige Auflage, ihr Sportchef druckte zu meiner nicht geringen Überraschung all meine Texte ab, schrieb mir aber nie eine Zeile zurück. Anders Uwe Müller, der am Sonntag abend stets einen Dank aus Prag für meine Zusendungen schickte. Und falls nicht, dann am Montag. Mit dem Zusatz: „Habe am Sonntag vergessen, mich zu bedanken." Was in der Medienwelt schon damals und erst recht heute ausgesprochen selten ist.

Etwas skeptisch war er allerdings bei meinem „Pulverturm" über Václav Klaus und dessen Haltung(en) gegenüber der EU. Ich hatte mein Archiv durchforstet und dort Artikel in internationalen Medien gefunden, in denen Klaus als Premierminister in den 1990er Jahren mit starken Worten einen baldigen Beitritt in die Gemeinschaft propagierte. Dafür sitze sein Land bereits „im Fitness-Center", flötete er. Als es 2004 endlich soweit war, ignorierte Klaus als Staatspräsident das historische Ereignis und zog sich stattdessen trotzig mit einer Bratwurst vom Grill auf einen Berg abseits der Hauptstadt zurück. „Die Burg wird uns zürnen und Donner auf die Redaktion senden", bemerkte Chefredakteur Uwe Müller zu meiner ironischen Kritik am Präsidenten. Mit „Burg" meinte er den Präsidentenpalast hoch über Prag. „Sei's drum", fügte Müller an, „wir wagen das Spiel!" Ein Protestbrief aus dem Palais blieb danach aus. Was weder mich noch die Redaktion verwunderte. Tschechische Kollegen beklagten schon lange, dass heimische Eliten in Politik und Wirtschaft aus Teflon seien: Jeder Skandal, jede mediale Kritik tropfe an ihnen einfach ab.

Wie sehr Müller mittlerweile in der tschechischen Sprache zu Hause war, zeigte seine Antwort auf mein Angebot, einen Artikel über die Sorgen deutsche Kfz-Werkstätten in Grenznähe zu schreiben. Sie fürchteten sowohl in Bayern wie in Sachsen wegen der EU-Erweiterung um ihre Existenz. „Einen Solo-Karpfen" könne ich ihm damit vorlegen, also ein exklusives Stück, womit ich ein altes Wortspiel von Egon Erwin Kisch aufnahm.

Auf dem Prager Friedhof Vinohrady erinnerte eine Skulptur an den selbsternannten „rasenden Reporter." Doch sie war in jenen Jahren immer wieder ein Ziel von Dieben. Regelmäßig rissen sie den Bronzekopf vom Sockel seines Gedenksteines und transportierten das schwere Teil unerkannt ab. Erstmals bereits 1992, damals wurde die Büste mit internationalen Spenden, u.a. vom Herausgeber des Nachrichtenmagazins „Spiegel", Rudolf Augstein, ersetzt.

„Vielen Dank für den Solo-Kapr", replizierte der Chefredakteur, halb auf Tschechisch. Er stellte ihn auf Seite 1, kurz danach meldete sich der „stern" aus Hamburg bei mir, um weitere Informationen über diesen „Unfalltourismus" und die wachsende Zahl deutscher Autos in tschechischen Werkstätten zu bekommen. Es müsse mich nicht wundern, dass die PZ auch von dem großen Magazin in der Hansestadt gelesen werde, konterte Uwe Müller, schließlich sei der Artikel im „Wochenjournal aus der Mitte Europas" erschienen. Ein weiterer Beleg dafür, dass die PZ zunehmend als der deutschsprachige Experte für Tschechien galt, bei Lesern sowieso, aber auch für deutsche Medien.

Trotzdem war mir nie eindeutig ersichtlich, wie es um die finanzielle Lage der Zeitung stand. Nachdem er vor dem zehnjährigen Jubiläum erstmals über fehlendes Geld geklagt hatte, wunderte ich mich, dass er nun neue Computer kaufen wollte. „Das muss einfach drin sein", lautete seine knappe Antwort, „und das Geld dafür haben wir auch." Lange rätselte ich, ob Hochstimmung oder ein Anflug von Resignation der Grund für eine Mail war, die mir Uwe Müller Ende November 2004 zukommen ließ. „Zwei weitere freie Mitarbeiter wie Sie und ich kann die Redaktion entlassen und Lohn und Mietkosten sparen", schrieb er, „und ich könnte endlich ans große Geldverdienen denken. Im Redaktionsteil könnte ich dann ein Wellness-Studio einrichten. Jetzt in den grauen Wintertagen könnte Prag zu einer wahren Goldgrube werden. Ich beteilige Sie mit zehn Prozent. Ist das ein Angebot?"

Zwar nahm ich seine launigen Ausführungen nicht besonders ernst, doch über die Finanzen erzählte innerhalb der Redaktion jeder etwas anderes. Die eine Seite meinte, die PZ habe immer schwarze Zahlen geschrieben - bis auf zwei Jahre. Die andere setzte dagegen, sie sei stets im Minus gewesen - bis auf zwei Jahre. Geschäftsführer Müller hielt sich bedeckt, zumindest mir gegenüber. Einmal, Ende 2004, präsentierte er allerdings seine gesamte Mannschaft auf einem großformatigen Foto, in der Ausgabe vom 23. Dezember auf Seite 13. Unter der Überschrift: „2004 war ein gutes Jahr für die ‚Prager Zeitung'." Zudem wurde der Jahrgang in zwei Bänden zusammengefasst, wie auch der von 2003. Ein deutlicher Hinweis auf umfangreiche Ausgaben und ein großes Anzeigenaufkommen mit entsprechend hohen Einnahmen.

Tatsächlich führte Uwe Müller in einem ergänzenden Text aus, dass die PZ sowohl im Einzelverkauf wie bei der Zahl der Abonnenten in Deutschland, Tschechien und Österreich einen „deutlichen Schritt nach vorne" machte. In der Slowakei und der Schweiz wurden die Vertriebsstrukturen ausgebaut, in den BeNeLux-Staaten begann der Verkauf der Zeitung. Somit stieg die Auflage weiter. „Zu Recht kann die ‚Prager Zeitung' als eine Zeitung für ganz Mitteleuropa betrachtet werden", freute sich Müller über das Jahresergebnis.

Das war auch nicht verwunderlich, denn der Beitritt der Tschechischen Republik in die EU verlieh in jenem Jahr entscheidende Impulse. Viele Augen richteten sich deshalb auf den östlichen Nachbarn. „Nun kommen auch jene nach Tschechien, die bisher gezögert haben", befand der PZ-Chef. Selbst Klein- und Mittelständler aus Deutschland und Österreich zeigten jetzt Interesse für die tschechische Wirtschaft. Die Tourismusbranche verzeichnete wachsende Besucherzahlen. Und „beide, sowohl Investoren wie Touristen, finden in der ‚Prager Zeitung' die für sie wichtigen Informationen", definierte Müller seine wesentlichen Richtlinien für die Berichterstattung der PZ.

Darüber hinaus erweiterte die „Prager Zeitung" ihren Leserservice und streute wichtige Informationen auch über das Internet durch ein e-paper, also eine elektronische Version der Zeitung. „Umfangreicher und attraktiver" wollte er zudem die Branchemagazine des Verlags gestalten, die neben den aktuellen Berichten einen „Überblick über die verschiedensten Wirtschaftsbereiche" gaben. So auch „Bauspiegel aktuell", das erste tschechischsprachige Medium des PZ-Verlags. Und das Monatsjournals „Karlsbader Zeitung." Damit hatte die PZ einen „wichtigen und notwendigen Schritt in die Regionen" unternommen und „ein Produkt zur rechten Zeit" geschaffen, wie ihm erste Reaktionen bewiesen. Deshalb plante der Verlag weitere regionale Blätter.

„Erfolgreich" nannte Müller die Kooperationen mit Zeitungen in Tschechien, Deutschland und Österreich. Stellvertretend führte Müller die Verbindungen mit der „Freie Presse" in Chemnitz und der „Sächsischen Zeitung" in Dresden an. Besonders hob er die Zusammenarbeit mit dem „Neuen Tag" in Weiden hervor. Laut Uwe Müller innerhalb der Medienbranche „ein wohl einmaliges Projekt in der deutsch-tschechischen Nachbarschaft." In der Tat zahlte sich aus, dass sich die PZ nicht scheute, zuweilen hochwertige Texte von anderen Medien zu übernehmen. Als sie einmal eine ebenso politische wie vor allem philosophische Abhandlung über die Zukunft der bilateralen Beziehungen aus einer tschechischen Zeitung veröffentlichte, antwortete ein

Leser, dass dieser Text gleichsam „das Sahnehäubchen" für sein PZ-Jahresabonnement bilde.

Für Uwe Müller zeichnete sich die „Prager Zeitung" nach 13 Jahren prinzipiell durch „komprimiertes Wissen, zuverlässige Quellen und eine leserfreundliche Aufarbeitung der Themen" aus. Weil sie auch eine „Brücke von Tschechien in die deutschsprachigen Länder" bauen und ein Vermittler der Kulturen sein wollte, unterstützte die PZ zahlreiche bilaterale Projekte in Sport und Kultur neben ihrem Tagesgeschäft. Mit „speziellen Leseprogrammen" förderte sie daneben den Deutsch-Unterricht in Tschechien.

Durch den EU-Beitritt des Landes spielten plötzlich viele Aspekte eine große Rolle. Nicht zuletzt das Gesundheitswesen. In einem Report zeigte ich Vor- und Nachteile für Patienten auf, die einen Arzt jenseits der Grenze aufsuchen oder dorthin zu kostengünstigen Kuren fahren wollten. Der Artikel konnte nicht sofort verwendet werden, obwohl meine Beiträge aus Deutschland längst mit technischer Hilfe nach Prag kamen. „Habe eben die Mail-Post geöffnet und finde erst jetzt Ihren Artikel", antwortete der Chefredakteur im Juni 2003, „unser System war von einem Virus befallen, deshalb waren wir eine Zeitlang abgenabelt. Werde ihn aber gleich lesen und in die aktuelle Ausgabe nehmen." Meinen Vorschlag über ein deutsches Reiseunternehmen, das seit dem „Prager Frühling" schon Tausende von Deutschen nach Prag beförderte, nahm er ebenfalls gerne an. „Ein Pionier des Prager Reisewesens - verspricht eine menschelnde Geschichte und gehört demzufolge in die PZ." Ebenso meine Beschreibung der Bayerischen Landesausstellung über den „Winterkönig" Friedrich V. in Amberg, die in Deutsch wie in Tschechisch ausgeschildert war. Weiterer Beweis für die wachsende Nähe zwischen den Nachbarn. Sie passte genau in eine geplante Beilage der PZ über „Bayern und Tschechien."

Doch in der ersten Hälfte der Nullerjahre lieferte ich nicht nur laufend Beiträge aus Deutschland, sondern war nun auch Wochen und Monate in Prag, um zu recherchieren. Anfang Dezember 2003 besuchte ich den Prager Weihbischof Václav Malý im Palais des Erzbistums nahe der Burg. Der katholische Priester war einer der führenden Dissidenten in der ehemaligen Tschechoslowakei. Als Unterzeichner und zeitweiliger Sprecher der „Charta 77" verbrachte er etliche Monate im Gefängnis. Nachdem ihn die kommunistische Diktatur mit Berufsverbot belegt hatte, arbeitete Malý als Hilfsgeologe, Laternenanzünder und Heizer in einem Hotel. Er war Gründungsmitglied des oppositionellen Bürgerforums und maßgeblich an dessen legendären Sitzungen im Theater „Laterna Magika" während der Revolution beteiligt. Stets stand Malý hinter und nicht selten auch vor Václav Havel, um den Held der Revolution in der Tschechoslowakei zu stützen und zu verteidigen.

Václav Malý wurde Ende 1996 von Papst Johannes Paul II. zum Weihbischof von Prag ernannt. „Was wollen Sie denn mit ihm?“, zeigte sich Müller von meinem Hinweis auf das Interview vorab überrascht. Für ihn war Malý selbst ein Revolutionsheld. „Ich höre noch heute seine Stimme bei der großen Demonstration auf der Letná“, geriet der PZ-Chef ins Schwärmen, „wenn ich daran denke, läuft es mir noch immer eiskalt den Rücken runter.“ Damals versammelten sich Hunderttausende auf dem Berg über der Stadt, um gegen das kommunistische Regime zu protestieren und seinen Abgesang einzuläuten. Für Müller schienen diese seligen Tage längst vorbei, der „Priester der Revolution“ augenscheinlich nicht mehr aufschlussreich genug für ein längeres Gespräch.

Das sah ich völlig anders. Als Journalist und studierter Politikwissenschaftler fand ich nie ein Ereignis allein spannend, und mochte es noch so geschichtsträchtig sein. Mich interessierte immer auch die Entwicklung, die dadurch ausgelöst wurde. Und in diesem Fall die Meinung von Malý darüber, fast 15 Jahre später. Ich hatte mich nicht getäuscht. Der Geistliche hielt sich mit seinen Einschätzungen nicht zurück. Er beklagte zu hohe Erwartungen nach der Revolution, die sehr niedrige politische Kultur in seinem Land, einen negativen Wertewandel und wachsende Egoismen unter seinen Mitbürgern. „Ich wünsche meinem Land mehr Toleranz“, lautete Malýs Fazit zum Ende unseres ausführlichen Gesprächs. Ein würdiges Thema zum Weihnachtsfest 2003. So beurteilte es nun auch Uwe Müller. „Malý ist bei uns in voller Pracht von A bis Z abgedruckt“, ließ er mich am 19. Dezember wissen. Der Text hatte mehr als 20.000 Zeichen und wurde von ihm auf einer Doppelseite veröffentlicht, alles andere als üblich in der „Prager Zeitung.“

„Danke für das sehr gute Interview“, fügte Uwe Müller noch an. Seine Einschätzung teilten auch andere Zeitungen. Für ein gutes Honorar übernahm der „Rheinische Merkur - Christ und Welt“ Passagen aus dem Interview unter dem Titel „Wir haben eine feine Revolution gemacht.“ Nicht zuletzt deshalb, weil Tschechien „ja wohl das atheistischste Land in ganz Europa“ sei, wie der Redakteur am Telefon zur Begründung anführte. Auch die Berliner Wochenzeitung „freitag“ erwärmte sich für den Priester aus Prag, der den EU-Beitritt als Chance für einen Mentalitätswandel von Politik und Gesellschaft einschätzte. Die „Landeszeitung“, das Organ der deutschen Minderheit in Tschechien, fand die Aussagen von Malý gar so spannend, dass sie das Interview komplett abschrieb, ohne bei irgendwem um Erlaubnis nachgefragt zu haben. Darauf machten mich Kollegen einige Zeit später aufmerksam.

Ich stellte der Redaktion umgehend ein Honorar in Rechnung. Ihr Leiter antwortete mir schriftlich, dass es „bei uns bis jetzt geläufig" und in Tschechien generell üblich sei, Beiträge ohne Rücksprache aus anderen Medien zu übernehmen, wenn nur die Quelle angegeben werde. Seine Aussage überraschte mich, denn solche Gepflogenheiten gelten bei seriösen deutschen Medien schon für einfache Zitate, nicht aber für komplette Interviews. Und schon gar nicht für ein Exklusiv-Interview. Zudem verwies er darauf, dass meine Forderung einen Betrag ausmache, den er für all seine Korrespondenten in eineinhalb Monaten eingeplant habe. Aber er entschuldigte sich dafür, das Interview ohne Einverständnis nachgedruckt zu haben. Und auch dafür, nicht mehr Honorar zahlen zu können. „Als Minderheitenzeitung leben wir von einer immer geringeren Dotation durch das Kulturministerium", führte er aus. Ab diesem Moment tat er mir leid. Ich akzeptierte die von ihm gebotenen 1.000 Kronen und holte sie bei meinem nächsten Aufenthalt in seinem Büro in Na dlouhém lánu in Prag 6 ab. Das Angebot des jungen Mannes für eine weitere Mitarbeit lehnte ich aber dankend ab.

Kurz vor dem EU-Beitritt, im März 2004, thematisierte ich eine dunkle Seite der geplanten Erweiterung. Polizei und Streetworker fürchteten dadurch einen rasanten Anstieg von Frauenhandel und Zwangsprostitution. Der vermeintlich „goldene Westen" lockte viele Frauen aus Osteuropa an. Nicht wenige gerieten dort in die Prostitution, zwei Drittel von ihnen unter Androhung von Gewalt. Nach Schätzungen von Hilfsorganisationen gab es allein in Deutschland etwa 200.000 Fälle von Zwangsprostitution. Und die Dunkelziffer war hoch. Dieses Problem wurde jedoch kaum noch beachtet, seit ein von „Unicef" unterstützter Bericht über Kinderprostitution an der deutsch-tschechischen Grenze veröffentlicht wurde. Diese Tatsache interessierte Mainstream-Medien deutlich mehr. Müller nutzte meinen Bericht als Aufmacher. Er wurde stark beachtet. „Ihre Seite 1-Geschichte über den Menschenhandel wurde von der Presseagentur ‚ČTK' übernommen und am Samstag abend bei ‚TV Nova' in den Hauptnachrichten zitiert", teilte er mir mit.

Rund um die EU-Aufnahme Tschechiens lohnte vor allem ein regelmäßiger Blick auf die wirtschaftliche Entwicklung des Landes. Für die PZ berichtete ich über hohe Investitionen deutscher Unternehmen, zum Beispiel über einen weltweit führenden Anbieter von Industriegasen, der weitere 100 Millionen Euro aufwendete. Und über Europas größten Photovoltaikhersteller, der in Tschechien neue Modullinien mit einem jährlichen Output von mehr als 40 Megawatt installierte. Sowie über deutsche Zulieferer, die eigene Niederlassungen in Tschechien aufbauen mussten, um ihre Großkunden nicht zu verlieren, die hier nun „billig“ produzieren wollten.

Aufgrund meiner kontinuierlichen Berichterstattung bat mich Müller unmittelbar nach dem Beitritt Tschechiens und anderer Staaten in die EU am 1. Mai 2004 um Hilfe. Der für die Wirtschaftsseite zuständige Kollege sei drei Wochen lang in Urlaub. „Könnten Sie in diesen Wochen regelmäßig einen Beitrag pro Ausgabe für die Wirtschaft liefern?“, fragte er nach. Bei der Themenwahl ließ er mir wie immer freie Hand. Ich entschied mich für Beiträge über den Maschinenbau, der einen unerwartet hohen Exportanstieg durch die neuen EU-Mitglieder erwartete, und über Mittelständler, die eine größere EU nach langer Skepsis nun als Chance begriffen. Außerdem schilderte ich wachsende Firmen-Insolvenzen in den neuen EU-Staaten, ausgelöst durch oft nicht wirksame Rechtssysteme. Dabei stützte ich mich auf eine Studie der Wirtschaftsauskunftei „Creditreform“, die diese Länder erstmals überprüfte. „So ein Zufall“, antwortete Müller, gerade an diesem Tag habe er selbst einen Termin bei „Creditreform.“ Warum genau, ließ er offen.

In mehreren ausführlichen Wirtschaftskommentaren und -analysen plädierte ich anschließend dafür, dass Deutschland und Österreich Arbeitskräfte aus Tschechien nicht sieben Jahre lang aussperren, wie zur EU-Erweiterung 2004 vereinbart wurde. Diese Forderung konnte ich mit positiven Beispielen aus dem Bayerischen Wald untermauern, wo Tschechen mit Sondergenehmigungen hilfreiche und kaum zu ersetzende Mitarbeiter waren. „Macht endlich die Grenzen auf!“, verlangte ich nachdrücklich. Jedoch ohne Erfolg. Beide Länder ließen neue Mitarbeiter aus Osteuropa bis zum letzten Tag gesetzlich nicht zu.

Schon in jenen Jahren galt Crystal Meth für viele als gefährlichstes Rauschgift der Welt, weil es in kurzer Zeit sehr süchtig macht und billig zu kaufen ist. Wohl kein anderes Medium berichtete über Crystal so früh und so ausführlich wie die „Prager Zeitung.“ Erst in den 2010er Jahren entdeckte die Bundespolitik die „Modedroge“ als Thema. 2014 betonte der Präsident des Bundeskriminalamts (BKA), Jörg Ziercke, in einem Interview mit den „ARD-Tagesthemen“, dass Crystal Meth „seit fünf, sechs Jahren“ ein Phänomen darstelle. Diese Aussage erstaunte mich. Denn bereits zehn Jahre vorher hatten mir seine Mitarbeiter in der BKA-Zentrale mitgeteilt, dass sich „Tschechien durch die Geschichte seiner chemischen Industrie ganz besonders zur Herstellung von synthetischen Drogen eignet.“ Am 16. September 2004 berichtete ich in der „Prager Zeitung“ nach meinem Besuch in Wiesbaden: „Ein Phänomen beschäftigt Fahnder an der Grenze zwischen Tschechien und Deutschland: Das Gebiet hat sich zu einem Zentrum für die Herstellung und Vertreibung eines neuen Methamphetamins mit Namen ‚Crystal Speed‘ entwickelt.“

Ein Jahr zuvor, im April 2003, hatte ich bereits nach intensiven Gesprächen mit Polizisten an der bayerisch-böhmischen Grenze geschrieben: „Beamte an der Basis weisen darauf hin, dass Tschechien bei synthetischen Drogen zu einer trefflichen Adresse für Dealer geworden ist. Dort haben längst auch Chemiestudenten gelernt, in eigenen Labors Drogen herzustellen und weiter zu vertreiben.“ Kontinuierlich informierte die PZ danach über Crystal Meth. Allerdings in allen Facetten und ohne Schwarz-Weiß-Malerei. In meinen Berichten kamen nicht nur Polizisten und Politiker zu Wort, die in Zusammenhang mit Crystal stets den Teufel an die Wand malten. Ich verhalf auch Süchtigen und Drogenberatern zu einer Stimme. Sie verherrlichten das Rauschgift nicht, stellten aber Vorurteile richtig, die andere Medien oft einfach und ungeprüft weitergaben.

In der Třebízského erlebte die PZ noch das fürchterliche Hochwasser, das im Jahr 2002 weite Teile Prags heimsuchte. Nicht viel später zogen die Mitarbeiter erneut um. In Redaktionsräume, die bisher die „Sport“-Tageszeitung in Tschechien nutzte. Durch die Fenster seiner Wohnung habe er oft zu ihnen hinübergesehen, erzählte mir Uwe Müller während eines Besuches. Als dort eines Tages kein Licht mehr brannte, ging er zum Vermieter und erkundigte sich genauer. Müller mietete die Zimmer in der Orlická umgehend an. Zum gleichen Preis wie in der Třebízského, allerdings mit deutlich mehr Platz. Der Vermieter hatte Müllers Angebot sofort akzeptiert. „Der Mann war so froh, sofort neue Mieter zu kommen, dass er sicher auch weniger Kronen akzeptiert hätte“, ärgerte sich Müller ein wenig über seinen Vorschlag.

Während Geschäftsführung und Verwaltung das komplette erste Stockwerk belegten, arbeitete die Redaktion in einem Wintergarten. Im gleichen Haus residierte auch ein asiatisches Restaurant. Deshalb roch es schon am Eingang immer etwas streng nach Curry und anderen exotischen Gewürzen. An dieser zweiten Adresse in Vinohrady kam es „zu einem regelrechten Boom“ bei der Belegschaft, wie sich Anzeigenleiter Petr Hlaváč später erinnerte. Vielleicht lagen auch deshalb Bücher am Eingang aus, in denen die nun zahlreichen Mitarbeiter ihre Absenz bzw. Anwesenheit exakt einzutragen hatten. Redaktion und Grafik waren nach Hlaváč‘ Ausführungen nun „auf dem neuesten Stand der Technik.“ Und Uwe Müller war stolz darauf, die Mitarbeiter in diesem großzügigen Raumangebot untergebracht zu haben.

Doch nicht jeder Redakteur konnte sich dafür so begeistern wie er. „Im Sommer furchtbar heiß, im Winter ziemlich kalt" sei es in diesem Glashaus, erklärte mir einer. Was mich an Michal Viehwegs Roman „Blendende Jahre für Hunde" erinnerte, in dem der berühmte tschechische Romancier die Unterkunft einer Familie während der kommunistischen Jahre ähnlich beschrieb. Dazu passte eine Mail von Müller im tropischen Juli 2003. Er sitze gerade in den „gekühlten Hinterhof-Räumen unseres Verlagshauses" und genieße die aufsteigende Kellerkälte, schrieb mir der Chef. Dabei werde er jedoch fortlaufend von Kollegen gestört, die ihn sonst nur naserümpfend besuchten und über eben diese Kälte klagten, nun aber „unter den fadenscheinigsten Argumenten kommen" und sich bei ihm ungewöhnlich lange aufhalten.

Uwe Müller zeigte sich regelmäßig dankbar für meine Hilfe. „Ach, Sie bringen immer so schöne Beiträge", begeisterte er sich etwa im April 2004, als ich ihm einen Bericht über die Behinderten-Werkstatt „Dílna Eliáš" in Prag 6 überreichte. Das war ein weiterer großer Vorteil: Für die PZ konnte man durch die Stadt streifen, Menschen und Themen entdecken und bei Eignung im Blatt frei publizieren, ohne an allzu große redaktionelle Zwänge gebunden zu sein. „Vermutlich kennen Sie Prag schon besser als ich, sind immer auf den Straßen unterwegs, während ich die meiste Zeit hinter meinem Schreibtisch in der Zeitung sitze", fügte Müller nicht ganz schmerzfrei an. Tatsächlich war dieser Bericht jedoch Resultat meiner zweigleisigen Arbeit. Ein Kollege im Bayerischen Fernsehen berichtete über die ehemalige fränkische Künstlerkolonie „Runa" und machte mich auf den Bezug aufmerksam, da er um meine Affinität zu Prag wusste. Deren Tradition, auch Behinderte im Rahmen einer anthroposophischen Lebensgemeinschaft zu betreuen, übernahm die Werkstatt in der Eliášova 20 im sechsten Stadtbezirk. Behinderte stellten dort unter Anleitung von Betreuern Kunstwerke aus Ton her, die in Prag vertrieben wurden.

Später besuchte ich für die Kulturseite der PZ das neueröffnete Restaurant „La Torre" im alten Heinrichsturm (auf Tschechisch: Jindřišská věž). Eigentlich ein Wahrzeichen der Stadt, doch der Zugang zum Turm war 400 Jahre lang verschlossen. Nun hatten ihn clevere Geschäftsleute für kulturelle und touristische Zwecke aus seinem Dornröschenschlaf wachgerüttelt. Ich war bei den Modemacherinnen von „E.daniely", die sich mit ihrem Atelier in Prag 5 und einem Shop an der Moldau seit Anfang der 1990er Jahre zu führenden Designerinnen in der tschechischen Hauptstadt entwickelten. Und bei Medienmachern in Prag 1, die eine tschechische Ausgabe des erfolgreichen Kino-Magazins „cinema" auf den Weg brachten.

Auch deswegen fand ich keinen großen Gefallen an Müllers Idee, mich als „Korrespondent" ins Impressum der PZ aufzunehmen. Er wollte unbedingt seinen Mitarbeiter in Bayern ersetzen, weil er ihm zu oft Berichte aus Gerichtssälen zukommen ließ, nicht selten mit tschechischen Angeklagten. „Und die Tschechen immer nur als Böse vor Gericht, als Diebe oder Einbrecher - das verfälscht das Bild und kann daher nicht der Anspruch der PZ sein", betonte Müller.

Doch gut die Hälfte meiner Artikel hatten Prag und Tschechien zum Inhalt. Auch mit „Korrespondent in Bayern" tat ich mich schwer. Zwar hatte ich meinen Hauptwohnsitz in einer fränkischen Stadt, gleichwohl schrieb ich für die „Prager Zeitung" über Themen aus dem gesamten Bundesgebiet. Bayern machte in meinen Beiträgen ebenfalls kaum 50 Prozent aus. Denn Uwe Müller nutzte gerne meine Arbeit für deutsche Medien, speziell für das Bayerische Fernsehen, um an Themen für seine Zeitung zu kommen. Als ich ihm beiläufig erzählte, dass ich im Frühjahr 2005 von der „Cebit" berichten werde, folgte umgehend seine Bitte: „Könnten Sie sich dort nicht auch ein wenig für uns umschauen…?

Mein Zeitplan war eng, ich erreichte Hannover mit dem Zug gegen elf Uhr, musste eilig durch die Hallen laufen, mit meinem Kamerateam Stände von bayerischen Vertretern aufsuchen, Bilder und O-Töne sammeln und bereits gegen 14 Uhr wieder zurückfahren, um den Beitrag zu texten, zu schneiden, zu vertonen und am frühen Abend pünktlich in den aktuellen Nachrichten des BR zu senden. Trotzdem suchte ich vor Abfahrt der Bahn schnell noch zwei der 37 tschechischen Aussteller auf, die sich von der weltgrößten Computermesse zunächst vor allem Kontakte und dann auch Aufträge erhofften, um in der boomenden IT-Branche mitspielen zu können. Denn allein in Westeuropa rechneten Unternehmen mit künftigen Umsätzen von weit mehr als 600 Milliarden Euro.

Manchmal überraschte ich die Redaktion. Zum Beispiel, als ich ein rundes Jubiläum der deutsch-tschechischen Historiker-Kommission zum Anlass nahm, deren Arbeit zu reflektieren. Ich schickte den Artikel wenige Stunden vor Redaktionsschluss - und erhielt dafür ausnahmsweise Schelte statt Lob. „Hätten Sie uns Ihren Plan nicht eher mitteilen können!?", hörte ich zu meinem Erstaunen von verantwortlicher Stelle. Auslöser für die Kritik: Uwe Müller hatte das Jubiläum nicht „auf dem Schirm", wollte aber gleichzeitig und unbedingt einen Kommentar von neutraler Stelle über Sinn und Erfolg dieser

Kommission ins Blatt heben. Er wollte meinen Beitrag aber auch nicht eine Woche schieben, dafür schien er ihm - selbst ja studierter Historiker - zu wichtig. Also musste die Redaktion Gas geben, um noch rasch einen Kommentator zu finden...

Auch über Themen, die Europa betrafen, berichtete ich öfters. Etwa über die Reform des EU-Zuckermarktes und deren Auswirkungen. Und die waren gravierend, denn die europäischen Agrarminister wollten den Marktpreis über mehrere Jahre um mehr als ein Drittel senken und damit einen fairen Handel auf dem Weltmarkt sicherstellen. Dieser radikale Umbau traf auch einen Zuckerhersteller in Österreich, der 86.000 Tonnen in Tschechien produzierte. Solche Berichte verfasste ich für die PZ logischerweise immer mit Blick auf das Land und die Folgen. Zehn Millionen Tschechen verbrauchten 35 Kilogramm Zucker im Jahr und damit pro-Kopf fast so viel wie 80 Millionen Deutschen. Nun schloss das Unternehmen aus Österreich Werkschließungen in Osteuropa und Tschechien nicht mehr aus.

Müller schenkte diese brisanten Informationen zunächst keine Beachtung. Doch ein paar Wochen später bat er plötzlich und beinahe flehentlich darum, dass ich sie aktualisieren möge. Denn sie seien ja durchaus spannend. Ungern, sagte ich ihm, weil meine Arbeit eigentlich erledigt sei. Da ich aber vermutete, dass er meinen Beitrag bei der Vielzahl seiner Aufgaben schlicht und einfach in seinem Computer übersehen hatte, telefonierte ich doch noch einmal mit einem Unternehmenssprecher in Wien, um den aktuellen Sachstand nachzufragen.

In diesem Zusammenhang fiel mir ein Gespräch mit einem Kollegen bei einer Weihnachtsfeier der PZ ein. Er hatte Uwe Müller vorgeschlagen, sich aus der Redaktion zurückzuziehen und ganz auf seine Aufgabe als Geschäftsführer zu konzentrieren. „Seine Reaktion war blankes Entsetzen und sein Blick beinahe tödlich“, erinnerte sich der Mitarbeiter. Auch mir hatte Müller mehr als einmal erzählt, wie viel Spaß ihm mache, ab und zu selbst einen Aufmacher zu schreiben. Seine Freude an der Redaktionsarbeit sah man ihm an, wenn er immer dienstags vor Bildschirmen saß und mit einem Grafiker die einzelnen Seiten der neuen Ausgabe „bastelte.“

Bezüglich des Korrespondenten ließ Müller einfach nicht locker. Als solcher fand ich mich eines Tages tatsächlich im Impressum - für Bayern und in einer Reihe mit seinen „Statthaltern“ in Wien, Bratislava, Leipzig, Breslau und Brünn. Zudem arbeitete er in Budapest mit dem „Pester Lloyd“ zusammen, wie Müller mir nicht ohne Stolz erzählte. Ebenfalls eine deutschsprachige Zeitung mit langer Tradition, die nach der Revolution in Ungarn wieder auflebte.

Uwe Müller blieb lange verschlossen, sprach kein Wort zu viel. Dies änderte sich im Lauf der Jahre. Auch über die Zeitung äußerte er sich jetzt häufiger. Und über sein Personal. Längst nicht immer verlief die Zusammenarbeit von Deutschen und Tschechen innerhalb des Verlages so konfliktfrei, wie er es nach außen transportierte. Das war allerdings nicht verwunderlich bei etwa zwei Dutzend Mitarbeitern. Und ist auch in kleineren Unternehmen obligatorisch, selbst wenn sie nur deutsche Angestellte haben. Bei manch tschechischem Kollegen kam nach Müllers Meinung allzu schnell Selbstzufriedenheit auf. Er sorgte sich aber auch um sie, weshalb er mich eines Tages um Tipps für einen Tschechen bat, den heftige Kreuzschmerzen plagten. Ich riet zu Übungen, die der tschechische Kinderarzt Václav Vojta in den 1960er Jahren entwickelt hatte. Sie hatten mir bei Problemen mit der Bandscheibe enorm geholfen. Natürlich schrieb ich darüber anschließend einen Artikel für die „Prager Zeitung."

Immer wenn ich in die Redaktion kam, traf ich verlässlich auf neue Gesichter. Über die Jahre lernte ich Legionen von Praktikanten kennen, die aus allen Teilen Deutschlands für ein paar Wochen bei der PZ anheuerten und oft von deutschen Universitäten zur „Prager Zeitung" vermittelt wurden. Viele betrieben den Job ambitioniert und mit ernsthaftem Interesse. Bei manchen hatte ich jedoch das Gefühl, dass sie aus Übereifer mehr Journalist „spielten." Möglicherweise beeindruckt von Fernsehfilmen, die diesen Beruf allerdings nur selten wahrheitsgemäß widergeben.

Auch die Redakteure wechselten häufig. Es war Müllers Devise, seine Mitarbeiter nicht länger als zwei oder höchstens drei Jahre zu beschäftigen. Ich fand dies unglücklich. Erst dann habe ein Redakteur doch seine Kontakte aufgebaut, könne auf vertraute Quellen zurückgreifen und sei in der Stadt so „angekommen", dass er regelmäßig neue Themen finden und in die Zeitung einbringen könne, argumentierte ich. Uwe Müller hielt dagegen, seine Erfahrung lehre genau das Gegenteil. Viele Redakteure, die nur sehr selten ausgebildete Journalisten waren, seien nach dieser Zeit träge geworden, würden in Routine erstarren und in Redaktionskonferenzen keine eigenen Vorschläge mehr einbringen, nicht selten sogar nur noch von seinen Kontakten und Telefonnummern leben und profitierten. „Nein", sagte Müller, „ich brauche immer wieder neue Leute mit frischen Ideen für Themen und anderem Blickwinkel, die dem Blatt neue Impulse geben, und auch wieder mehr Euphorie."

Daher verwunderte mich das Schreiben der Kulturredakteurin Anfang September 2005 nicht. Ich hatte ihr einen Beitrag über den Schriftsteller

Friedrich Torberg geschickt, der lange in Prag lebte und dessen wichtigster Roman über den „Schüler Gerber“ genau 75 Jahre zuvor erschienen war. Sie ließ mich wissen, dass sie ihn in die Literaturbeilage aufnehmen werde, falls „ich die überhaupt noch mache.“ Ihr Vertrag lief Ende des Monats aus und werde sehr wahrscheinlich nicht verlängert. Wie auch der Vertrag der Politik-Redakteurin. „Den Rest erzähle ich dir bei einem Kaffee, wenn du im Lande bist“, schrieb sie. Zugleich bat sie mich um Hinweise, wo sie sich bewerben oder als freie Journalistin arbeiten könne. Einige Jahre später gewann die Rheinländerin einen deutsch-tschechischen Journalistenpreis - im Dienst eines anderen Mediums.

Dafür leistete sich Müller einen „Redaktionssekretär.“ Er erinnerte mich an die guten alten Tage von Zeitungen, als solche Mitarbeiter noch „Hand- und Spanndienste“ für die Redaktion erledigten, ohne direkt an Texten oder Korrekturen beteiligt zu sein. Und an Max Brod und sein Buch über das „Prager Tagblatt“, diesen Roman über eine Redaktion. Ich habe ihn nie danach gefragt, aber es hätte mich interessiert, ob sich Uwe Müller diese Zeitung auch bei seinen Stellenbesetzungen zum Vorbild nahm, nachdem sie ihn sonst so sehr inspirierte.

Und Müller fand es auch toll, wenn sich ehemalige Redakteure großen Agenturen oder Radiosendern anschlossen, um Karriere zu machen und mehr Geld zu verdienen. Auch meine Arbeitsstelle innerhalb der ARD würdigte er mehrfach. Und längst nicht immer blieb er seinem Grundsatz treu, stets neue Themen anpacken zu wollen. „Das ist so interessant, dass man es durchaus noch einmal bringen kann“, war zugleich ein Prinzip von ihm. Weshalb die PZ immer wieder einen Ausflug auf die Burg Karlštejn 30 Kilometer außerhalb von Prag empfahl. Insider meinen, mindestens einmal im Jahr…

Nicht nur zum Personal, sondern auch bei Themen für die Zeitung waren Uwe Müller und ich nicht immer einer Meinung. Im Jahr 2005 kürte eine Werbeagentur das tschechische Super-Model Karolína Kurková zur „teuersten“ Frau der Welt. Nach einem neuartigen Ranking wurde für sie ein Marktwert von 42,6 Millionen Euro errechnet. Ich fand diese Geschichte, die an Fußball-Stars erinnerte, originell. Müller veröffentlichte meinen Artikel nicht, sondern gab das Thema an einen anderen Autor weiter. Der Tscheche verpackte diesen „Aufhänger“ in eine langatmige Story darüber, warum seine Landsleute in der Welt kaum etwas anderes vorweisen könnten als erfolgreiche Models und starke Eishockey-Spieler.

„Thema verfehlt“, rief ich dem PZ-Chef zu, doch Müller war nie ein diskussionsfreudiger Gegenpart, sondern traf Entscheidungen zumindest mir gegenüber lieber still und leise. „Die Geschichte wurde in der Redaktion schlecht übersetzt", druckste er herum. Könne ich mir nicht vorstellen, entgegnete ich, weil eine Übersetzung ja nichts an Aufbau und Kern eines Artikels ändern würde. Zu meiner Überraschung brachte er meinen Beitrag einige Zeit später doch noch. Möglicherweise, weil es ihm an Themen für diese Ausgabe mangelte…

Ende 2004 lud mich Uwe Müller gleich zu zwei Veranstaltungen ein. Er offerierte mir wie immer Karten für das Adventskonzert der PZ im Rudolfinum am 5. Dezember. „Und wollen Sie nicht auch zu unserer Weihnachtsfeier am 15. Dezember kommen?", fragte er diesmal nach. So fuhr ich zweimal innerhalb von zehn Tagen zwischen meiner Arbeit für das Bayerische Fernsehen nach Prag.

Bei der Feier im Letenský zámeček, einem wunderbar gelegenen Restaurant in einem Schlösschen im Letná-Park mit beeindruckendem Blick auf Prag, herrschte ausgelassene Stimmung. Gutgelaunt gossen Mitarbeiter Blei, andere schmiedeten Zukunftspläne. Nach dem dritten Pilsner schwadronierten Kollegen und ich von einem „PZ-TV", weil in jenen Tagen groß in Mode kam, dass auch Printmedien eigene Fernsehformate auf die Beine stellten. Uwe Müller hörte mit einem Schmunzeln zu. Sein deutscher Geschäftspartner pries in einer kurzen Ansprache die Vorzüge der Tschechischen Republik, in der noch vieles möglich und die Menschen nicht so satt und selbstgefällig seien wie in Deutschland. Die fröhliche Laune setzte sich bei der nächtlichen Heimfahrt in der Tram fort.

Ein paar Wochen vorher traf ich im „Café Slavia" bereits František Černý, den ehemaligen tschechischen Botschafter in Berlin. Ich wollte mit ihm über ein Literaturhaus in Prag für deutschsprachige Autoren aus Böhmen und Mähren sprechen, das er gemeinsam mit der Schriftstellerin Lenká Reinerová plante. Ihr Projekt schleppte sich dahin, es fehlte an Geld und einem geeigneten Domizil. Ebenso an einem erfahrenen Manager, der die ehrgeizigen Pläne in die richtigen Bahnen lenkte. Und an der Ausstattung für die Räume. Ich nutzte die Informationen des früheren Diplomaten für einen ausführlichen Artikel in der „Prager Zeitung."

Wie stark der Einfluss und die Hilfe von Zeitungen tatsächlich sein können, hinterfragt die Medienforschung seit vielen Jahren. Und seitdem erklären nicht wenige Wissenschaftler, dass die Möglichkeiten der sogenannten „Vierten Gewalt" häufig überschätzt werden. Daher erscheint auch die Wirkung eines Produkts wie der „Prager Zeitung" begrenzt.

In diesem Fall war es anders. Am 31. Mai 2006 erhielt ich eine Mail von Müller. „Die Initiative Reinerová/Černý nimmt konkrete Gestalt an“, teilte mir der PZ-Chefredakteur mit, „die erste große Bücherspende von etwa 750 Bänden kam auf Ihren Artikel hin zustande.“ Die PZ schob auf ihrer Kulturseite einen Beitrag dazu nach. Darin erzählte Lenká Reinerová, dass sich nach meinem Artikel eine Bibliothekarin bei ihr gemeldet habe, die seit vielen Jahren Bücher von deutschsprachigen Autoren in Zusammenhang mit Böhmen sammelte und diesen Bücherschatz eines Tages in Prag unterbringen wollte.

Lenká Reinerová sprach von einem „kleinen Wunder.“ Uwe Müller schloss sein Schreiben mit dem Zusatz: „Wir bewegen ja doch einiges.“

PZ 1—2/1992 POLITIK SEITE 3

Liebe Mitbürger,

schon eine geraume Zeit stelle ich mir diese grundlegende Frage: warum haben wir in einer Zeit, in der uns keine fremde Macht bedroht oder in unsere inneren Angelegenheiten eingreift und wir — als Staat und Bürger — unser Schicksal nach Jahrhunderten tatsächlich in eigenen Händen halten, so wenig Ursachen für eine freudige Zufriedenheit. Worauf beruhen eigentlich die Ursachen unserer Nervosität, Ratlosigkeit, Ungeduld, ja häufig auch Hoffnungslosigkeit? Den Regierungen, Parlamenten und dem Präsidenten können sicherlich tausend und ein Fehler vorgeworfen werden, schwerlich kann jedoch ein nüchtern Urteilender sagen, daß diese übrigens demokratisch entstandenen Institutionen die komplette Verantwortung für die beunruhigende Lage in unserem Lande tragen und daß sie die einzige Ursache für alles Böse sind. Regierung, Parlament und Präsident können heute recht einfach verändert werden. Doch zu hoffen, daß damit alles auf einen Schlag gelöst sei und allgemeine Zufriedenheit anbrechen würde, wäre offensichtlich eine Wunschvorstellung.

Die Ursachen unserer komplizierten Situation, in der wir uns befinden, sind weitaus tiefer angesiedelt. Ihre Grundlage ist der Umstand, daß uns die Geschichte vor eine völlig ungewöhnliche Aufgabe gestellt hat: uns selbst zu finden. Es ist offensichtlich, daß eine solche radikale und komplexe Selbstfindung keine einfache und schmerzlose Angelegenheit ist. Und schon gar

Ämter unter ihrer Kontrolle haben, daß sie sich weiterhin unrechtmäßig bereichern, lustig die gestohlenen Gelder kapitalisieren und fröhlich weiterhin über die herrschen, die immer ehrlich und rechtmäßig lebten. Diese Menschen nutzen den Umstand, daß wir es nicht verstanden, rechtzeitig und entschieden genug mit der Vergangenheit zu brechen und den Einfluß derer einzudämmen, die sich an ihr aktiv beteiligten. Ich stimme nicht der Ansicht zu, daß der Fehler gleich in den er-

schlechten Eigenschaften zu Leben erweckt, wie das manchmal scheinen mag. Zu neuem Leben wird auch alles Gute erweckt, was in ihr bislang schlummerte und dem es bislang an Erscheinungsmöglichkeiten mangelte. Heute beginnt das Jahr, in dem wir des vierhundertsten Geburtstags von Jan Amos Komenský (Comenius) gedenken und das die Regierung zum Jahr der Bildung und Erziehung ausrief. Erziehung — im breitesten und tiefsten Sinne des Wortes — benötigen wir alle, vom Zög-

wie wir sie geerbt haben, sowie in den ungünstigen äußeren Bedingungen, vor allem im Zusammenbruch des ehemaligen RGW-Marktes. Diese Belastung ist nicht gleichermaßen auf unsere Föderation verteilt: wir alle wissen, daß die Situation der Slowakei weitaus schlechter ist als die der böhmischen Länder. Hinzu kommen noch regionale Unterschiede.

Umso wichtiger ist es, daß die föderative Regierung sowie die beiden Republikregierungen noch mehr Aufmerksamkeit als

leben wird, wenn nicht ganz Europa in Sicherheit und Frieden lebt.

IM PARLAMENT ERNEUT WILLEN ZUR ÜBEREINKUNFT ERWECKT

Vor einem Jahr sprach ich die Hoffnung aus, daß wir bis Jahresende eine neue föderative Verfassung haben werden. Deren geistige, moralische und politische Säule, nämlich die Urkunde über die Grundrechte und -freiheiten, haben wir zwar schon ein Jahr, doch eine Verfassung als ganzes fehlt uns bis heute und es ist nicht einmal sicher, ob wir sie bis zu den Wahlen haben werden, wie wir es den Bürgern versprachen. Und das vor allem deshalb, weil die Verhandlungen über unsere staatsrechtliche Ordnung nur langsam vorankommen und über der künftigen Form unserer staatlichen Existenz noch mehr Fragezeichen schweben als vor einem Jahr. Unlängst unterbreitete ich dem Föderativen Parlament einige Gesetzesentwürfe, die weiteren Verhandlungen den Raum öffnen würden, ein System von Sicherungen gegen mögliche Krisen schaffen sowie wenigstens das sichern würde, daß im Juni erfolgreich die Wahlen stattfinden könnten. Ich habe die Öffentlichkeit aufgerufen, meine Bemühungen zu unterstützen, und meine Vorschläge fanden tatsächlich eine große Unterstützung bei den Bürgern. Meine Vorschläge werden zwar erst Ende Januar beraten und ihr Schicksal ist mehr als unsicher, trotzdem zeitigt der staatsbildende Wille, dessen Unterstützung die Bürger bekundeten, schon — so scheint es mir

Zu neuem Leben wird auch alles Gute erweckt

Neujahrsansprache des Präsidenten der ČSFR, VÁCLAV HAVEL

Prager Zeitung, 9. Januar 1992, Seite 3

Prager Zeitung

23. JANUAR 1992 / NUMMER 4

PREIS 5 Kčs, 2,50 DM, 17,00 öS

UNABHÄNGIGE WOCHENSCHRIFT FÜR POLITIK, WIRTSCHAFT UND KULTUR

Freundschaftsvertrag BRD–ČSFR im Kreuzfeuer

BONN UND PRAG UNTER INNENPOLITISCHEM DRUCK

Der deutsch-tschechoslowakische Vertrag wurde in den letzten Tagen zu einem der zentralen Themen von Kommentaren, Interviews und Polemiken in der tschechoslowakischen Presse. Ihren Anfang nahm diese Diskussion mit der Rückkehr Jiří Dienstbiers aus Deutschland, ohne einen festen Termin für die Unterschriftsleistung des Vertrags mitzubringen. Einige Tage später legte die Sudetendeutsche Landsmannschaft ihre »Gesichtspunkte zur Entschädigung der Sudetendeutschen durch die ČSFR« vor. Kurz darauf erklärten Vertreter der CSU ihre Unterstützung für die Forderungen der Sudetendeutschen. In der Tschechoslowakei häuften sich Stimmen, die Genscher und Kohl verdächtigten, doch noch etwas an dem ausgehandelten Vertragstext verändern zu wollen. In dieser Phase wurde das Vorhaben von Mercedes bekannt, bei den größten tschechoslowakischen LKW-Produzenten Avia und Liaz einzusteigen. Sofort hieß es, die deutschen Unternehmen würden langsam aber sicher die strategisch wichtigsten Industriezweige des Landes beherrschen. Warnungen vor einer drohenden Germanisierung, einem übermächtigen Einfluß Deutschlands wurden laut.

Auch in Prag liest man die internationale Presse. Und dort fehlte es in den letzten Wochen nicht an Überlegungen und Vermutungen zu einer neuen »Großmachtpolitik« Deutschlands, insbesondere im Zusammenhang mit der Anerkennung Sloweniens und Kroatiens. All diese größeren und kleineren Mosaiksteine wur-

zurückwies. Und schon melden sich in Prag politische Kräfte zu Wort, die von entgegengesetzten Positionen aus den jetzt vorliegenden deutsch-tschechoslowakischen Vertragstext ablehnen, diesen neu ausformulieren und

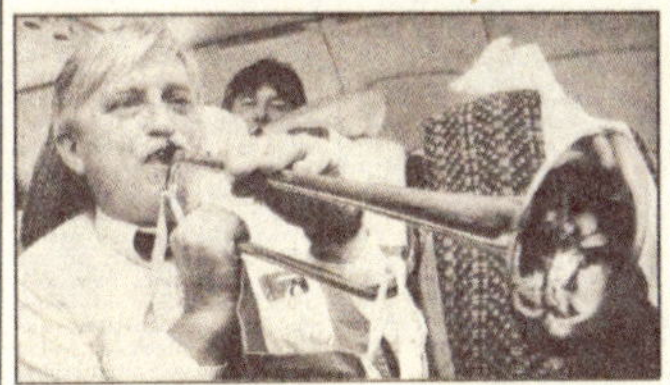

Bläst Außenminister Dienstbier zum Angriff oder beruhigen sich die Emotionen um den deutsch-tschechoslowakischen Vertrag wieder?

Foto: MAFA — Jiří Turek

erst nach den Wahlen verabschieden wollen. In der entsprechenden gemeinsamen Erklärung von Sozialdemokratie, der Bewegung für eine Selbstverwaltung Mährens und der Liberal-sozialen Union werden Zweifel angemeldet, ob die »nationale, wirtschaftliche und in deren Folge auch faktische Souveränität« der Tschechen und Slowaken gewahrt wird. Am vergangenen Sonntag hat-

werden kann, steht noch nicht fest. Doch haben Kanzler Kohl und auch Außenminister Genscher festgestellt, daß die Unterschriftsleistung noch im Februar erfolgen wird.

In Prag sollte man vielleicht nicht

vergessen, daß Bonn gegenwärtig außenpolitisch voll gefordert ist. Und eine Reise Kanzler Kohls nach Prag muß auch entsprechend vorbereitet werden. Die Erklärungen des Kanzlers und seines Außenministers, an dem Vertragstext nichts mehr zu ändern, sollte man in Prag ebenfalls ernst nehmen. In Deutschland ist man sich sehr wohl bewußt, daß gerade an der Glaubwürdigkeit gegenüber den

kleineren Nachbarn im Osten das internationale Vertrauen gemessen wird.

Und leider vergißt man, verfangen in diesen Kampagnen sehr schnell die wichtige Rolle Deutschlands für die Integration Mittel- und Osteuropas in die Europäische Gemeinschaft. Und es waren doch immer wieder deutsche Politiker — und zwar von Anfang an — die ihre Kollegen aus Frankreich, Italien, Großbritannien usw. auf die Notwendigkeit einer beschleunigten Einbindung auch der Tschechoslowakei aufmerksam gemacht haben. Und es war Außenminister Genscher, der als einer der ersten europäischen Politiker gegen die Entstehung einer neuen Armutsmauer in Europa auftrat.

Die Unzufriedenheit der Sudetendeutschen mit dem Vertrag birgt auch für die Zukunft Konfliktpotential in sich. Doch gibt es sicherlich Ansatzpunkte — F. Neubauer, der Sprecher der Sudetendeutschen Landsmannschaft betonte z. B., daß der Geist des Vertrags zweifelsohne akzeptierbar sei — die einen gemeinsamen Dialog einleiten könnten. Wenngleich der Vertrag zwischen den beiden Regierungen abgeschlossen wird, also ausschließlich in deren Kompetenz liegt, muß sich die konkrete Politik im tagtäglichen Leben, in den Begegnungen zwischen den Menschen bewähren. Welche Wege dafür eingeschlagen werden könnten, haben Mitte Dezember tschechische und sudetendeutsche Christen in ihrem gemeinsamen Aufruf aufgezeigt.

UWE MÜLLER

Ein zufriedener A. Dubček

Der Januar ist ein Zeitraum, in dem viele ihre bisherige Tätigkeit bewerten und sich auf weitere vorbereiten. Das gilt in erhöhtem Maße für die Mitglieder des Föderativen Parlaments, die nur noch drei Plenumssit-

Prager Zeitung, 23. Januar 1992, Seite 1

27. FEBRUAR 1992 / NUMMER 9

Prager Zeitung

PREIS 5 Kčs, 2,50 DM, 17,00 öS — UNABHÄNGIGE WOCHENSCHRIFT FÜR POLITIK, WIRTSCHAFT UND KULTUR

SEITE 2 / STRANA 2		SEITE 3 / STRANA 3		SEITE 5 / STRANA 5		SEITE 16 / STRANA 16	
Feuilleton Die Kneipenpolitik	Fejeton Hospodská politika	Auslandsinvestitionen erwünscht?	Jsou zahraniční investice žádoucí?	Unser Gespräch: Mitteleuropa lebt wieder	Náš rozhovor: Střední Evropa znovu žije	Vilém Flusser, Mein Prager Pfad	Vilém Flusser, Moje pražská stezka

Bemühen um ehrlichen Umgang

Zur Unterzeichnung des Freundschaftsvertrages in Prag: PZ-Interview mit dem deutschen Bundeskanzler HELMUT KOHL

PZ: Welche Bedeutung messen Sie dem deutsch-tschechoslowakischen Vertragswerk zu?

Der Vertrag über gute Nachbarschaft und freundschaftliche Zusammenarbeit zwischen der Bundesrepublik Deutschland und der Tschechischen und Slowakischen Föderativen Republik, den Präsident Havel und ich am 27. Februar 1992 unterzeichnen werden, ist ein Schritt von historischer Bedeutung in den Beziehungen unserer Länder. Der Vertrag beschreibt ein weites Feld für die Zusammenarbeit in der Zukunft. Er geht aus von der jahrhundertalten Nachbarschaft zwischen unseren Völkern im Herzen Europas. Dabei hat es lange Zeiträume guter Nachbarschaft gegeben, aber auch düstere und leidvolle Kapitel.

Der Vertrag ist insgesamt ein Ausdruck des Bemühens um ehrlichen Umgang miteinander. Wir wollen das Werk der Versöhnung vollenden und gleichzeitig unsere Blicke nach vorn richten. Deutsche, Tschechen und ČSFR haben eine lange gemeinsame Grenze. Allein diese Tatsache weist der ČSFR als Nachbarstaat eine besondere Rolle in der deutschen Außenpolitik zu. Es ist elementares deutsches Interesse, daß Europa zusammenwächst und die Folgen der früheren Spaltung unseres Kontinents rasch und endgültig überwunden werden.

Deshalb befürwortet Deutschland die Einbeziehung der ČSFR in bestehende europäische Institutionen. Nach der Assoziation der ČSFR mit der EG unterstützen wir auch den Beitritt zur EG, sobald die politischen und wirtschaftlichen Voraussetzungen dafür gegeben sind. Dies wird unser nachbarschaftliches Miteinander vertiefen, die Grenzen noch durchlässiger machen und die enge Zusammenarbeit auf möglichst vielen Gebieten weiter fördern. Besondere Bedeutung messen wir der Tatsache bei, daß die ČSFR in der KSZE eine aktive Rolle spielt, die von uns ermutigt wird.

FILIALERÖFFNUNG DER GRÖSSTEN ÖSTERREICHISCHEN BANK IN PRAG

Die engen Wirtschaftsbeziehungen Österreichs mit der ČSFR — 1991 erreichte der Außenhandel ein Volumen von 30 Mrd. Kronen und an rund 1500 der insgesamt 5500 Joint-ventures sind Österreicher beteiligt — veranlaßt immer mehr österreichische Banken, sich im nördlichen Nachbarland zu etablieren.

Das gilt auch für die Bank Austria, deren neue Tochter-Bank Austria AS am 12. Februar in Prag eröffnet wurde. Am Grundkapital des neugegründeten Instituts ist die österreichische Bank Austria mit 87 Prozent und die Tschechische Staatssparkasse, die landesweit über 700 Filialen sowie weitere 1800 Zahlstellen verfügt, mit 13 Prozent beteiligt. Als Schwerpunkt dient die Kontoführung und die Beratung internationaler Firmen in der ČSFR. Zahlungen in jeder Währung werden täglich bearbeitet und verbucht. Mit der größten tschechischen Kommerzbank, der Komerčni Banka, besteht außerdem ein Scheckzahlungs-Kooperationsabkommen. Das heißt, daß Schecks der Bank Austria in je-

Prager Zeitung, 27. Februar 1992, Seite 1

Mehr als nur ein Vertragsabschluß

ZUM KANZLERBESUCH IN PRAG

27. Februar 1992, 16 Uhr – Spanischer Saal der Prager Burg: Präsident Václav Havel und Bundeskanzler Helmut Kohl unterzeichnen den Vertrag zwischen der ČSFR und der Bundesrepublik Deutschland über gute Nachbarschaft und freundschaftliche Zusammenarbeit. Václav Havel wenig später auf der Pressekonferenz dazu: »ein tatsächlich historischer Augenblick«. Auch Kanzler Kohl war augenscheinlich zufrieden, die beiden Außenminister Dienstbier und Genscher schienen sich schon Gedanken über die Ratifizierung in beiden Parlamenten zu machen. ČSFR-Premier Marian Čalfa, der in der Vorbereitungsphase des Vertrags fast gar nicht in Erscheinung getreten war, lächelte auch in die Fernsehkameras. Doch gab es in den letzten Wochen gerade im Zusammenhang mit dem Vertrag recht wenig zum Lachen. Diskussionen über einige Punkte des Vertrags und eine wohl mehr oder weniger gezielt hervorgerufene Polemik über eine angebliche Germanisierung der tschechoslowakischen Wirtschaft hatten im Lande zu einer Wiederbelebung irrelevanter Vorstellungen von Deutschland und in Deutschland selbst zu Irritierungen geführt, was nun eigentlich in der ČSFR vor sich geht. Nach den hoffnungsvollen Begegnungen deutscher und tschechoslowakischer Politiker unmittelbar nach der Wende vom November 1989 konnte man von einem Rückschlag sprechen.

Kanzler Kohl wird die zahlreichen Gespräche mit tschechoslowakischen Spitzenpolitikern sowohl in Prag als auch in Preßburg/Bratislava genutzt haben, um deutliche Signale für Verständigung und Fortsetzung der Versöhnungspolitik zu setzen. Er selbst sah in der Vertragsunterzeichnung und den Gesprächen einen »neuen Anfang«, wobei er die Existenz offener Fragen zwischen beiden Staaten keineswegs negierte. Doch, so Kohl, »das Maß an Gemeinsamkeit muß im Vordergrund stehen«.

Präsident Havel meinte auf der Pressekonferenz, daß eine der umstrittensten Fragen, nämlich die des sudetendeutschen Eigentums, heute sehr scharf zu stehen scheint. »Doch wird sie an Konfliktgehalt in Zukunft in dem Maße einbüßen, wie schnell es der Tschechoslowakei gelingt, sich europäischen Normen anzupassen«, so Havel. In einem Interview für die in Prag erscheinende »Wirtschaftszeitung« (Hospodářské noviny) hatte sich am gleichen Tag auch der Sprecher der Sudetendeutschen Landsmannschaft, Franz Neubauer, dafür ausgesprochen, erst in einigen Jahren, nach Herstellung eines Vertrauensverhältnisses, zu den Eigentumsfragen zurückzukehren. Sorgen bereitet gegenwärtig die Frage der Ratifizierung des Vertrags durch beide Parlamente. Das tschechoslowakische Bundesparlament wird sich schon im März, der Deutsche Bundestag erst im Juni mit dem Vertrag beschäftigen. Schon im Vorfeld verkündeten die Abgeordnetenklubs der Kommunisten, der Sozialdemokraten und der mährischen Partei für eine demokratische Selbstverwaltung, daß man gegen den Vertrag stimmen wird. Anscheinend will man so »demokratisch« dem Willen jener 2000 Bürger entsprechen die vor der Prager Burg gegen den Vertrag demonstrierten.

Ob der Nachbarschaftsvertrag tatsächlich zu einer Grundlage der neuen deutsch-tschechoslowakischen Beziehungen wird, hängt in entscheidendem Maße davon ab, wie es gelingt ihn mit Leben zu erfüllen. Das heutige Deutschland jedenfalls liefert immer wieder Belege dafür, wie ernst man die Probleme der osteuropäischen Nachbarn nimmt. Erst vor wenigen Tagen wurden Polen 50 % der Schulden erlassen.

UWE MÜLLER

Prager Zeitung, 5. März 1992, Seite 1

Prager Zeitung

Prager Tagblatt

Wochenblatt für Politik · Wirtschaft · Kultur · Sport

Viel Glück und Erfolg im neuen Jahr 1993 wünscht die Prager Zeitung

Zeichnung: M. Vanek

POLITIK

»Das Jahr 1992 geht zu Ende – die Föderation ebenfalls« – wir befragten prominente Politiker über ihre Gefühle und Meinungen

SEITE 3

WIRTSCHAFT

ČSFR: Umweltbilanz 1992

SEITE 4

Prager Brauereien auf der Suche nach einem ausländischen Partner

SEITE 5

KULTUR

»Gedanken zur Unzeit« – von Julius Eschka

SEITE 6

Gert Albert in der Tschechischen Philharmonie

SEITE 10

VERANSTALTUNGEN

Ausführliche Veranstaltungsübersicht für Prag

SEITE 10

VERBÄNDE DER DEUTSCHEN

»Die Angst aus den Köpfen verbannen« – Begegnungszentrum in Mährisch Trübau eröffnet

SEITE 12

PRAGER TAGBLATT

Im Prager Guckkasten: »Die

Geburtsstunde der Tschechischen Republik

Tschechischer Außenminister

Deutsche Asyl-Lösung darf Nachbarländer nicht destabilisieren

Prag (ADN) – Der tschechische Außenminister Josef Zieleniec hat davor gewarnt, daß durch die Veränderung des Asylrechts in Deutschland dessen Nachbarländer destabilisiert werden. An einer solchen Entwicklung könne auch in der Bundesrepublik kein Interesse bestehen, sagte der Minister der Zeitung »Rudé právo« vom Freitag zufolge. Er hoffe, daß für die Tschechische Republik eine annehmbare Lösung gefunden wird.

Deutschland bemühe sich, ein sehr ernstes inneres Problem zu lösen. »Aber es muß es so lösen, daß als Ergebnis der Lösung nicht benachbarte Staaten destabilisiert werden«, erklärte Zieleniec. Wichtig sei zudem ein Netz von Vereinbarungen, welches ermöglicht, Wirtschaftsflüchtlinge dorthin zurückzuschicken, wo sie herkommen. Über dieses Problem müsse gesamteuropäsch diskutiert werden.

POLITIKA

»Končí rok 1992 – končí federace« – zeptali jsme se prominentních politiků na jejich pocity a názory

Prager Zeitung, 30. Dezember 1992, Seite 1

Prager Kulturprogramm bis 8. 2. / Seiten 5-12: Prager Tag

Prager Tagblatt

Prager Zeitung

Wochenzeitung für Politik • Wirtschaft • Kultur • Reise

NUMMER 4 / 23. BIS 29. JANUAR 1997 / 6. JAHRGANG

KČ 19,- / DM 2,50 / ÖS 17,- / SFR 2,- / U$ 2,-

Am frühen Nachmittag des 21. Januar traf Bundeskanzler Helmut Kohl auf dem Prager Flughafen Ruzyně ein, wo er von Premier Václav Klaus begrüßt wurde. Wenig später unterzeichneten beide Staatsmänner die deutsch-tschechische Erklärung im Liechtenstein-Palais auf der Kampa. Am späten Abend zogen sich die Politiker zu einem Vier-Augen-Gespräch zurück. Am Mittwoch traf sich Kohl mit Präsident Václav Havel und Erzbischof Miloslav Vlk. *Foto: čtk*

Kohl und Klaus unterzeichneten gemeinsame Erklärung

Nach drei Jahren erstes offizielles Treffen der Regierungschefs / Von Uwe Müller

Prager Zeitung, 23. Januar 1997, Seite 1

Kulturprogramm bis 15. 3. / Prager Wirtscha

Prager Zeitung

Prager Tagblatt

Wochenzeitung für Politik • Wirtschaft • Kultur • Reise

NUMMER 10 / 4. - 10. MÄRZ 1999 / 8. JAHRGANG

KČ 35,- / DM 2,80 / ÖS 17,- / SFR 2,- / US$ 2,-

Weg in die NATO ist frei

Václav Havel unterzeichnete Beitrittsurkunde

Prag (fb) - Im Krönungssaal der Prager Burg unterschrieb Präsident Václav Havel am Freitag die Urkunde zum NATO-Beitritt Tschechiens. Damit setzte er den formalen Schlußpunkt unter die Bemühungen seines Landes, in das nordatlantische Bündnis aufgenommen zu werden. Zeitgleich signierte Polens Präsident Aleksander Kwasniewski die polnische Beitrittsurkunde in Warschau in dem gleichen Raum, in dem 1955 der Warschauer Pakt unterschrieben wurde. Die Hauptstädte waren mittels einer Fernsehbrücke verbunden, so daß sich die beiden Staatsoberhäupter in ihren Rede nach der Signatur auch an das Nachbarland wenden konnten.

Havel wies darauf hin, daß die Beitrittsurkunde „historische Be-

gemeinsam den EU-Beitritt schaffen würden. Ungarns Präsident Arpád Göncz hatte die Urkunde bereits vorher unterschrieben, weil er am Freitag zu einem Amtsbesuch in Australien weilte.

Am Rande der Feierlichkeit in der Prager Burg gab ein 24jähriger Mann seinem Protest gegen den Beitritt Tschechiens zur NATO lautstark Ausdruck. Zwischen den Journalisten stehend, pfiff er während der Rede Havels auf einer Trillerpfeife. Das polnische Fernsehen kommentierte den Zwischenfall als Ausdruck der geringen Unterstützung für die NATO-Mitgliedschaft in der tschechischen Bevölkerung. Nicht ganz zu Unrecht, bei Umfragen spricht sich jeder dritte Tscheche gegen den Beitritt aus.

Prager Zeitung, 4. März 1999, Seite 1

Prager Zeitung 11/1999 ZEITGESCHEHEN

Freue Dich, NATO, Schwejk kommt ...

Ein ernüchternder Besuch in tschechischen Kasernen / Von Armin Sandmann

Hranice (PZ) - Kein leichtes Unterfangen, kurz vor dem NATO-Beitritt Tschechiens auf Fragen wie „Was wird sich ändern?", „Wie steht es mit der Kampfmoral?" oder „Was erwartet man vom Beitritt?" eine Antwort zu bekommen. Am besten läßt sich die Lage mit einem Zitat des braven Soldaten Schwejk wiedergeben: „Gehorsamst melde ich, daß ich nicht weiß, wie es mit mir steht!"

6 Uhr morgens, Kaserne in Hranice, der Feldwebel, noch vom Vorabend in der Offizierskneipe leicht benebelt, nimmt seine Position ein, während die Soldaten auf den Kasernenplatz schleichen. Der Hof sieht nach dem Wecken noch trostloser aus als in der Nacht. Ein Blick in die Unterbringung, aus der der Ge-

Die tschechischen SFOR-Soldaten sind das Aushängeschild der Armee des neuen NATO-Mitglieds. Entsprechend gründlich ist ihre Ausbildung. Ein Blick hinter die Kulissen anderer Kasernen offenbart jedoch teilweise gravierende Mängel. Foto: Archiv

cher zu sehen, die mit einem „Ach- und Krach-Abitur" aus größtenteils sozial zerrütteten Familien stammen und lieber im Eilschritt in die Kneipe rennen, als im Stechschritt in die NATO.

Bei der Besichtigung der Waffentechnik-Räume könnte einem Angst und Bange werden, ob auch alles gesichert ist. Unteroffizier Jiří M. beruhigt uns. Wenn überhaupt mal geschossen wird, dann eher ins eigene Bein, um schneller den Wehrdienst hinter sich zu bringen. Dabei lacht er und winkt ab. Sechs Übungspanzer der Einheit, mit der man jeden Herbst eine Offensive übt, reichen nicht ganz, zumal nur zwei von ihnen einsatzfähig sind. Frauen und Männer leben auf dem gleichen Stockwerk des Wohnheims, und wenn man ein Verhältnis gar nicht

Prager Zeitung, 11. März 1999, Seite 3

Mit Extra-Magazin für Touristen: Termine, Tipps & Treffs

Prager Zeitung

Das Wochenjournal aus der Mitte Europas

35,- / SK 52,- / EUR 1,45 / SFR 2,- / $ 2,-

Tourismus
Mähren und die Burgenstraße
Seiten 11 bis 16

Klassik
Wo die Muse Mozart küsste
Prager Tagblatt

Katastrophen-Hochwasser überflutet Prag

Zehntausende wurden in Tschechien evakuiert - Stauseen zum Bersten voll

Von Gerd Leimke

Eine Jahrhundertkatastrophe brach Anfang dieser Woche über Tschechien herein: Die Fluten überschwemmten das Land, bis zum Dienstagabend starben neun Menschen, Zehntausende mussten evakuiert werden (siehe auch die Berichte und Anlaysen auf Seiten 3 und 4).

Das Jahrhunderthochwasser griff am Dienstag auf die Hauptstadt über, nachdem in der vergangenen Woche nur Südböhmen - insbesondere Budweis und Krummau - von den Wasserfluten betroffen waren. Doch die anhaltenden Regengüsse der vergangenen Woche führten dazu, dass die Stauseen an der Moldau bis zum Bersten gefüllt waren und überliefen. Am Montag erreichte der hohe Was-

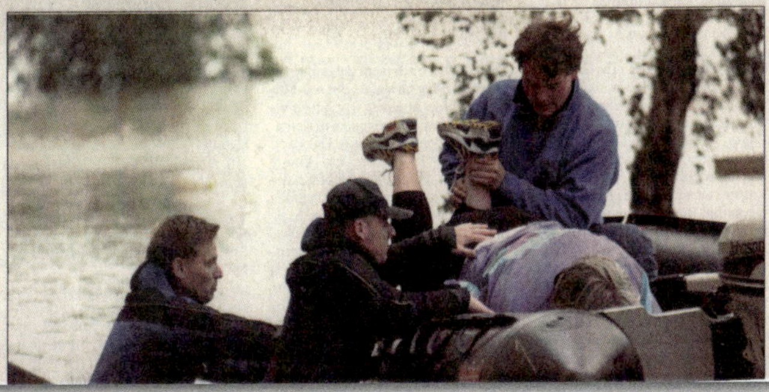

Prager Zeitung, 15. August 2002, Seite 1

SCHNELLE HILFE FÜR DIE FLUTOPFER

Die Prager Zeitung half mit einer Blitzaktion

30 Freiwilligen, die seit Tagen im Einsatz sind. Zu ihnen gehören nicht nur Pfarrer, Zivildienstleis-

Prager Zeitung, 22. August 2002, Seite 19

Das Wochenjournal aus der Mitte Europas

Prager Zeitung

EUR 1,85 SFR 2,70 $ 2,-

Nr. 18 • Donnerstag, 29. April 2004 • 13. Jahrgang

Musik

Vor 100 Jahren starb Antonín Dvořák

Seite 6

Auto & Motor

Tschechiens Frauen lieben das Robuste

Seiten 21 bis 28

EU-Beitritt

Analysen, Kommentare und Berichte, eine Umfrage sowie das Thema: die Erweiterung im tschechischen Witz

Seiten 1 bis 4, 7, 11 und 12

Europa & Tschechien

Grußworte, Stellungnahmen und Interviews

Seiten 29 bis 36

Tipps für Touristen

Die Veranstaltungen zum EU-Beitritt in Prag

Prager Zeitung, 29. April 2004, Seite 1

Karlsbader Zeitung

DAS MONATSJOURNAL AUS DEM BÖHMISCHEN BÄDERDREIECK

Oktober 2006, 2. JAHRGANG, NR. 10 | KČ 30,- | EUR 1,-

Heilender Sprudel

Leben

Erfolgreiches Management der Kurperle: Die Bad Franzensbad-AG

Seite 7

Region

Was in Cheb von der erfolgreich beendeten Gartenschau erhalten bleibt

Seite 6

Zeitgeschichte

Abschließender Teil der „Alt-KarlsbaderGeschichten"

Seite 8

Karlsbader Zeitung, Oktober 2006, Seite 1

Kaiserlich-Königliche privilegirte Prager Zeitung.

Nro. 321. Freytag, den 17. November 1815.

Prager Zeitung. 1817

Nro. 321. Montag, den 17. November.

Kaiserlich-Königliche privilegirte Prager Zeitung.

Nr. 81. Donnerstag, den 18. November 1819.

Oesterreichische Staaten.

Kapitel 5:
Die historische „Prager Zeitung“

Constitutionelle Prager Zeitung.

Mittwoch den 17. Mai 1848.

Extrablatt zu Nr. 77.

1848. 17. November.

Prager Zeitung.

Dr. Leopold v. Hasner, verantwortlicher Redakteur.

Gottlieb Haase Söhne, Verleger.

Nro. 273 Sonntag den 16 November 1856

Prager Zeitung.

Dr. Eduard Bruna, verantwortlicher Redakteur.

Gottlieb Haase Söhne, Verleger.

Inhalt.

Die Erste

Seit ihrer ersten Ausgabe im Oktober 1991 beriefen sich die Macher der neuen „Prager Zeitung" auf ein großes Vorbild: Das „Prager Tagblatt", eine der meist beachteten und renommiertesten deutschsprachigen Zeitungen zwischen 1876 bis 1939. Vergessen bzw. kaum erwähnt wurde in der PZ-Redaktion, dass es bereits zuvor eine deutschsprachige Zeitung in Prag gab, die exakt den gleichen Titel trug: „Prager Zeitung." Möglicherweise war ein Grund für die, die davon wussten, dass die frühe PZ in ihrer langen Geschichte auch „Regierungsorgan" war. Im Gegensatz zum unabhängigen und stets meinungsstarken liberal-demokratischen „Tagblatt."

Trotzdem hätte es sich gelohnt, ganz bewusst auch an die alte PZ anknüpfen zu wollen. Denn mit ihr begann die Tradition deutschsprachiger Zeitungen in Prag. Schon weit vor dem „Tagblatt." Mehr noch: Die „Prager Zeitung" kann sich auf ein Blatt berufen, das schon im 17. Jahrhundert publiziert wurde. Dies erläutert Alador Guido Przedak bereits im März 1904 in seinem Buch über die *Geschichte des Deutschen Zeitschriftenwesen in Böhmen.*

Es erschien in der Heidelberger Universitätsbuchhandlung Carl Winter, mit Unterstützung der Gesellschaft zur Förderung deutscher Wissenschaft, Kunst und Literatur in Böhmen. Laut bibliographischer Angaben befindet sich ein Original dieses Standardwerkes in der Harvard University in den USA und wurde im Juni 2007 digitalisiert. Ein Exemplar wird auch in der Public Library New York aufbewahrt.

Eine „eingehende, gewissenhafte" Arbeit sei Przedak damit gelungen, lobte Emil Löbl in der *Wiener Zeitung* am 12. Februar 1905, als er das Buch auf den Seiten 3 bis 5 besprach. Przedak habe „außerordentlich reiches Material mit schönem Eifer gesammelt, klar und übersichtlich geordnet." Zudem habe er es in Zusammenhang mit der allgemeinen geistigen und literarischen Bewegung gebracht, so Löbl in seinem Feuilleton.

Przedak führt aus, dass der Kleinseitner Buchdrucker Johann Arnoldt von Dobroslawina genau am 24. November 1672 „das Privilegium für eine ganzjährig und ununterbrochen herauszugebende Zeitung" erhielt. Für den Buchautor ein einschneidendes Ereignis. „Wir haben damit unzweifelhaft das Datum der Entstehung der ersten in Prag regelmäßig erscheinenden Zeitung gewonnen - der jetzigen ‚Prager Zeitung'", bemerkt er 1904. Schon auf Seite 15 seiner insgesamt 248 Seiten spricht Alador Guido Przedak diesen wesentlichen Vorläufer an. Für die „Prager Zeitung" kommt er zu dem

Fazit: „Sie stellt sich also als eines der ältesten unter den Blättern der gesamten Presse dar" - und kann somit auf eine Tradition seit 350 Jahren zurückblicken.

Auch Emil Löbl betonte die lange Geschichte der „Prager Zeitung", indem er die Aussage von Przedak in seiner Rezension von 1905 - mit dem Zusatz „noch bestehenden" - gesperrt setzen und drucken ließ: „Sie stellt sich somit als eines der ältesten unter den noch bestehenden Blättern der gesamten Presse dar." Tatsächlich gebe es diese erste regelmäßige Zeitung in Prag „ununterbrochen bis auf den heutigen Tag", konstatierte Löbl. Seitdem habe sie „nur unbedeutende Titeländerungen" erfahren.

Alador Guido Przedak war damals Chefredakteur der „amtlichen ‚Prager Zeitung'", wie Emil Löbl seinen Lesern erklärte. Der Sohn eines Kreisgerichtspräsidenten, dessen Name zuweilen auch Předak geschrieben wird, wurde 1857 in Rimavská Sobota in der Slowakei geboren und starb Anfang Juli 1926 in Mostecké Lázně. Er studierte zunächst Jura an der Universität in Prag und widmete sich ab den 1880er Jahren intensiv dem Journalismus. Unter Chefredakteur Eduard Bruna wurde Przedak Redaktionsmitglied der „Prager Zeitung", die ihren Sitz in Malá Strana gleich hinter der Kampa-Insel hatte. Zwischen 1907 und 1910 änderte sich ihre Adresse, die Zeitung befand sich aber immer noch im gleichen Block.

Przedak leitete die Zeitung von 1900 bis 1918 und trug ab 1911 auch den Titel eines k.u.k. Regierungsrates. Unter seiner Führung erlebte vor allem das „Prager Abendblatt", eine Beilage zur „Prager Zeitung" ab 1867, großen Aufschwung und verfünffachte seine Auflage. Zudem verfasste er neben seiner journalistischen Arbeit noch literatur- und kulturgeschichtliche Werke. Doch vor allem „seine umfassende Darstellung des deutschsprachigen Zeitungs- und Zeitschriftenwesens in Böhmen ist von bleibendem Wert", vermerkte das *Österreichische Biographische Lexikon* bereits 1982.

A.G. Przedak schrieb dieses Buch, weil er ein Defizit der Presse erkannt hatte: Im Bemühen, die Geschichte ihrer Zeit wieder zu geben, vergesse sie leider oft ihre eigene. Zu dieser Erkenntnis kam auch Emil Löbl, einer der profiliertesten Journalisten Österreichs. „Die Geschichtsschreibung des deutschen Zeitschriftenwesens ist bis heute zurückgeblieben hinter der Größe ihres Stoffes und der Aufgabe", beklagte er. Deshalb begrüßte Löbl, damals stellvertretender Chefredakteur in Wien und vier Jahre später der Chef, nachdrücklich die Arbeit von Przedak über einen „ansehnlichen Zweig des deutschen Preßwesens in Österreich."

Wer Anfang des 17. Jahrhunderts etwas über Böhmen und politische Ereignisse im Land wissen wollte, musste nach Flugblättern aus Augsburg oder Nürnberg greifen - obwohl Prag schon damals eine Quelle wichtiger Nachrichten war und neben Nürnberg, Wien und Wittenberg zum Mittelpunkt eines Korrespondentennetzes wurde. Die Post brachte sogenannte „Avvisi" mit Nachrichten aus Rom, Venedig, Lyon und Spanien nach Prag, hier wurden sie durch Informationen aus Wien und Breslau sowie mehrere Beilagen ergänzt.

Vor dem 30-Jährigen Krieg sollen böhmische Adelige gut ein Dutzend Nachrichtenkreise organisiert haben, wie Zdeněk Šimeček im Jahr 2007 in den *Mitteilungen der Gesellschaft für Buchforschung in Österreich* erläuterte. Daher enthielt die „Straßburger Relation", 1605 erstmals erschienen und nach allgemeiner Einschätzung die älteste Zeitung der Welt, in ihrem ersten Jahrgang nicht weniger als 92 Prager Korrespondenzen und damit die höchste Zahl der Zuschriften. Ebenso verhielt es sich in den ältesten Zeitungen Berlins, Augsburgs und Frankfurts.

Die Post war entscheidend für die Entwicklung einer Presse. Auch in Böhmen. Poststationen wurden zu „Sammelstellen für Neuigkeiten und Nachrichten aller Art." Und ihre Postmeister selbst zu „Postschreibern." Sie nahmen Kontakt zu Druckereien auf, ließen ihre Berichte vervielfältigen und von regelmäßig verkehrenden Kurieren an andere Orte bringen. Daher trugen die ältesten Zeitungen oft Titel wie „Postzeitung" oder „Postkurier." Solch ein Druckerzeugnis gab es kurzzeitig auch in Prag um das Jahr 1570, sein Inhalt bestand aber nur aus übersetzten Texten.

Nachdem Kaiser Rudolf II. seinen Sitz Ende des 16. Jahrhunderts nach Prag verlegt hatte, wurde die Stadt für den Postkurierdienst immer wichtiger. Und damit wurde auch die Berichterstattung in Prag ausgebaut. Wichtigste Vorläufer für Zeitungen als Medium waren die sogenannten „Neuen Zeitungen." Bei ihnen handelte es sich um „nichtperiodische, in unregelmäßiger Folge und ohne Bezug zueinander erscheinende Blätter, die im Gegensatz zu Flugschriften keine besondere Tendenz verfolgten", wie Thomas Olechowski im Jahr 2004 in seiner Habilitationsschrift über *Die Entwicklung des Preßrechts in Österreich bis 1918* ausführte.

Dass Publikationen jener Zeit „über das innere politische Leben des Landes wenig oder eigentlich gar nichts" bringen, bestätigt A.G. Przedak. Deutsche Zeitungsschreiber, der „damals in Böhmen maßgebenden politischen Richtung keineswegs freundlich" gesinnt, mussten daher weiterhin in Blättern in Augsburg oder Nürnberg publizieren. Auch Emil Löbl notierte über diese Anfänge, dass der Inhalt über inländische Stoffe recht kümmerlich war, während ein Blatt „desto redseliger wird, je weiter es sich in die Ferne wagen darf."

Die Zahl der „Neuen Zeitungen" stieg bis Ende des 16. Jahrhunderts beständig an, dann setzten sich die ersten regelmäßig wiederkehrenden Nachrichtenblätter durch, die sogenannten „Meßrelationen." Erst im 17. Jahrhunderts entstanden laut Olechowski „Zeitungen im modernen Wortsinn" - wie eben jene „Straßburger Relation."

Löbl billigte der Staatsgewalt in Österreich zu, dass sie Zeitungen nicht nur verdammte, sondern wie in Frankreich und England auch ein gewisses Verständnis aufbrachte „für den Wert der Presse und der Dienste, die sie für den Regierenden zu leisten vermag." Dieser Wert wurde sogar in einem Gutachten verankert, das für Matthias erstellt wurde, den Kaiser des Heiligen Römischen Reiches von 1612 bis 1619 und König von Böhmen ab 1611. Anlass dafür war ein Fürstentag 1610 in Prag. Dort sei zu beobachten, dass allenthalben verbreitet und „mit guter Manier" auch in die Gazetten eingebracht werde, seine Majestät habe gezwungenermaßen Druck und Widerstand auszuhalten.

Trotzdem hatte die Zensur ein „scharfes Auge" auf diese Blätter, wegen möglicher ketzerischer Umtriebe und deren Verbreitung. Und sie setzte sich schließlich durch. Der vom Erzbischof und geistlichen Zensoren der Universität ausgeübte Druck wurde so groß, dass alle Anfänge eines deutschen Zeitungswesens in Prag bereits 1601 eingestellt wurden, konstatiert A.G. Przedak.

Doch schon wenige Jahre später gab es auch hier erstmals eine Art von politischer Zeitschrift. Sie beleuchtete die Ereignisse der Jahre 1618 bis 1620 „in eifrig protestantischem Sinne." Den Impuls dafür lieferte nämlich der 30-Jährige Krieg. Dabei handelte es sich jedoch lediglich um Flugschriften mit fortlaufender Nummerierung desselben Verlegers. Zehn Jahre nach Ende dieses Gemetzels, also um 1658, flammte das Zeitungswesen in Prag neu auf. Die böhmische Hofkanzlei gestattete laut Löbl einer Ludmilla Fabricius, Zeitungen zu drucken und mit der Post zu versenden.

Diese gedruckten „Neue Zeitungen" kamen in Umlauf, wollten allerdings „nur Nachrichten (Kriegsereignisse, Naturkatastrophen etc.) mitteilen", so Thomas Olechowski. Also Informationen, die ihnen für ein wenig gebildetes Lesepublikum interessant erschienen. Auch Verbrechen und Kurioses aus der Natur nahmen breiten Raum ein. Politische Berichte kamen dort nicht vor, sie kursierten stattdessen in sogenannten „geschriebenen Zeitungen." Vor allem aus ihnen informierten sich die vermögenden Kreise. Aus gutem Grund, so Löbl, „bei dem armseligen Inhalte“ der Blätter wie jenen von Fabricius. Zudem entkamen sie oft dem Zensor. Die Obrigkeit fürchtete, dass diese „geschriebenen Zeitungen“ staatsgefährdende Gedanken verbreiten könnten. Daher wurden sie verboten.

Doch ausgerechnet die Zensur sorgte dafür, dass in der zweiten Hälfte des 17. Jahrhunderts endlich auch Prag über eine regelmäßig erscheinende deutschsprachige Zeitung verfügte. Ein Erlass vom 10. Mai 1672 durch Kaiser Leopold I. untersagte zwar die Herstellung und Versendung der „geschriebene Zeitungen“, erlaubte aber in den österreichischen Erbländern weiterhin die gedruckten „Neuen Zeitungen.“ Ein halbes Jahr später gründete Buchdrucker Arnoldt sein Blatt. Emil Löbl stellte eine direkte Verbindung zu Fabricius her, denn für ihn war Arnoldt ihr Rechtsnachfolger - womit der Beginn einer „Prager Zeitung“ sogar noch einige Jahre früher zu datieren wäre.

Arnoldts Privileg war quasi eine Konzession und bedeutete ein Nachdruckverbot für andere. Von höchster Stelle wurde zugesichert, dass neben ihr kein anderes „politisch-statistisches“ Blatt gedruckt werden durfte. Damit sollte erreicht werden, dass in einer Stadt immer nur eine Zeitung in derselben Sprache existiert. Ein Druckprivileg wurde jedoch nur ausgesuchten Personen verliehen, die „dem ‚richtigen‘, d.h. in den habsburgischen Ländern dem katholischen Glauben angehören mussten“, so Olechowski.

Für Zdeněk Šimeček war Arnoldts Blatt eine „typische regionale Post-Zeitung“, deren Berichterstattung völlig von Nachrichten der Zeitungen in Wien und im Deutschen Reich abhing. Um gegen sie zu bestehen, setzte er den Verkaufspreis niedrig an. Arnoldt durfte seine Zeitung drucken, verkaufen, ganzjährig und ununterbrochen herausgeben. Er musste sie allerdings zuvor der Zensurbehörde vorlegen, für Olechowski ein „wesentliches Mittel absolutistischer Preßpolitik.“

Šimeček schrieb, dass Arnoldt nur 100 Exemplare für Abonnenten druckte, weil der böhmische Adel eher der ausländischen Presse treu blieb. Dagegen vermutet Przedak, dass mit der Zeitung ein gutes Geschäft zu machen war. Denn schon 1678 tauchte Konkurrenz auf. Ein Kupferstecher aus der Prager Altstadt verlangte ebenfalls das Privileg für eine Zeitung, erhielt aber den Bescheid, er solle „bei seiner Kupferstecherei bleiben und sich nicht in Dinge einmischen, die er nicht verstehe.“

Kurz darauf musste sich Arnoldt gegen den Prager Postverwalter behaupten, der darauf pochte, dass im Heiligen Römischen Reich Deutscher Nation allein Postmeister Zeitungen drucken und versenden durften. Arnoldt verwies auf Wien, wo Buchdrucker für die Zeitungen verantwortlich waren. Da der Postmann zwischenzeitlich zum böhmischen Ritter ernannt wurde, schien es ihm unter seiner Würde, sich weiter mit Zeitungen zu beschäftigen: Er zog sein Ansuchen zurück.

Die Verbindung zwischen Post und Buchdruckern führte dazu, dass diese erste deutschsprachige Zeitung Prags im Lauf der Zeit ihre Titel änderte. Sie hieß anfangs vermutlich „Neue Zeitungen" und ab 1710 dann „Prager Post-Zeitungen." Bereits zu Przedaks Zeit blieb davon kein einziges Exemplar erhalten. „Man behandelte eben schon damals die Zeitungen wie Eintagsfliegen", bedauert er.

Am 22. Dezember 1718 übernahm Karl Franz Rosenmüller das Privileg von Arnoldt und gab die Zeitung fortan jeden Dienstag und Samstag in Prag heraus. „Das Papier ist gut, der Druck groß, der Inhalt dürftig, geschrieben wurde das Blatt in äußerst trockenem Tone", befindet A.G. Przedak sehr nüchtern. Er fügt aber an: „Für ihre Zeit waren die Postzeitungen ein ganz gutes Blatt." Denn ihre Leser wünschten diese einfache Berichtsweise. Und sie legten keinen besonderen Wert auf die Schnelligkeit des Nachrichtendienstes.

Dafür waren die Ausgaben sehr international. Jene vom 11. Januar 1744 berichtete über Ereignisse in Wien (vom 4.1.), Köln (2.1.), Den Haag (30.12.), Paris und London (29.12.), Rom (21.12), Madrid und Rimini (17.12.), Stockholm (15.12.), Petersburg (10.12.) und Lissabon (8.12.). Dagegen wurde das lokale Geschehen in Prag wegen der Zensurbedingungen „nur wenig berührt."

Anzeigen gab es anfangs kaum. Buchhändler und Ärzte machten in sogenannten „Avertissements" auf sich aufmerksam, Professoren wiesen auf ihre Vorlesungen hin. Im Jahr 1747 inserierte ein Augenarzt aus Sachsen gleich 14 Mal, um seine Anwesenheit in Prag kundzutun. Als eigentümlich und eigentlich untragbar empfand Löbl Werbe-Annoncen, in denen damals für ein neu aufzustellendes Regiment geworben wurde. Sehr bekannt war ihm dagegen noch 150 Jahre später die „fleißige Anpreisung des Biliner Sauerbrunnens."

Bald wurden mit Hilfe der Zeitung auch Arbeiter gesucht. Für Przedak ein Beweis dafür, dass sie „nun schon in breitere Volkskreise" vordrang. Jedoch nur „für inländische Fabriken", wie Löbl ergänzte. Wobei er auf die „Leipziger Zeitung" verwies, die 1767 eine Anzeige mit der Suche nach Arbeitern für den Raum Fulda abdruckte. Damit zog sie sich „bitteren Tadel" durch die kurfürstlichen Behörden zu, da sie auf diese Weise Arbeitskräfte ins Ausland gelockt habe. Der Abdruck „derart schädlicher Anzeigen wurde ihr ein- für allemal untersagt“, stellte Emil Löbl fest. Er nannte dies bezeichnend für die „Kleinstaaterei und den orthodoxen Merkantilismus“ jener Zeit.

Verleger Rosenmüller bekam auch das Privileg, Zeitungen in tschechischer Sprache zu verbreiten. Daraufhin gab er „aus Liebe zum Vaterland“ ab 1719 zugleich den „Český postilión“ heraus und kündigte diese Entscheidung vorab mit einem Flugblatt an. Seine Zeitung half anschließend 53 Jahre lang, diese Sprache zu verbreiten. „Sie sollte die seit 1672 bestehende deutschsprachige Zeitung (Post-Zeitungen) von Jan Arnolt von Dobroslavín sen. verdrängen“, so Zdeněk Šimeček im Jahr 2007. Deshalb enthielt das tschechische Blatt neben Informationen vom Wiener Hof „wesentlich mehr Informationen aus dem böhmischen Vaterland“, wie Šimeček schon 1989 in *Medien und Zeit* erläuterte, einem Forum für historische Kommunikationsforschung.

Der Verleger hoffte besonders auf die Unterstützung von Adel und Klerus, weil sie nach seiner Meinung für den Ausbau eines böhmischen Königreichs wie für die Verbreitung des Tschechischen entscheidend waren. Doch er fand nicht die erhoffte Resonanz. Die „gelehrte Sprache dieser Zeitung“ verstanden laut Šimeček lediglich Geistliche, während Adelige Probleme mit den „Fachausdrücken aus der Politik“ hatten. Daher wurde der „postilión“ im Jahr 1772 eingestellt, nicht zuletzt „als Folge der Konkurrenz mit der deutschen ‚Prager Zeitung‘“ des gleichen Verlegers. Auch weil Nachrichten in der tschechischen Zeitung „nur Nebensache waren, gaben die Leser der deutschen Zeitung den Vorzug.“ Am Ende hatte das tschechische Blatt nur noch vier Abonnenten, zwei in Prag und zwei in Wien. Deshalb richtete der Verlag sein Augenmerk künftig auf seine deutschsprachige Zeitung.

Rosenmüller verstarb im März 1745. Ein Jahr zuvor erhielt das Ober-Postamt das Privileg, eine Zeitung herauszugeben, wie Thomas Olechowski herausfand. Mit den Einnahmen durch eine „Prager Ober-Postamts-Zeitung“ wollte die Post die „Kosten des Amtes bestreiten.“ Auch dieses Blatt musste sich gegen erste Prager Wochenschriften durchsetzen. „In Prag wurde damals offenbar recht viel gelesen“, wundert sich Przedak.

Wobei diese neuen Schriften oft seltsam anmutende Titel trugen, wie „Meine Einsamkeiten“ oder „Neue physikalische Belustigungen.“ Nach Lesern suchte auch „Die Unsichtbare. Eine sittliche Wochenschrift“ (ab Februar 1770). Sie führte umgehend zu einem Konkurrenzprodukt namens „Der Sichtbare“ (ab Mai 1770). Ab Oktober 1771 erschienen die „Prager gelehrten Nachrichten“, herausgegeben von einer „Gesellschaft gelehrter Männer.“ Schon 1773 wurden viele Zeitschriften jedoch wieder vom Markt genommen, wegen ihres „geringen Werthes“ und wegen „Bequemlichkeit oder Unvermögen der Verfasser“, so A.G. Przedak.

So erging es auch den „Prager Ephemeriden oder tägliche Nachrichten der kais. kön. Hauptstadt Prag.“ Laut Löbl die „erste eigentliche Prager Tageszeitung“, ein täglich und auch sonn-und feiertags erscheinendes Lokalblatt. Sie wurde am 1. Januar 1775 von Johann Thomas Höchenberger ins Leben gerufen und schon ein Jahr später eingestellt. „Der ingeniöse Einfall des Herausgebers, den Abnehmern die unentgeltliche Veröffentlichung von Annoncen anzubieten, übte nicht die erhoffte Zugkraft“, spottete Emil Löbl. Zehn Jahre später ging Höchenbergers Projekt „Das Pragerblättchen“ ebenfalls schief, laut Zdeněk Šimeček eine „kleine billige Zeitung“ von nur 110 Exemplaren.

Dann betrat der Verleger Johann Ferdinand von Schönfeld (1750-1821) die Prager Bühne, ein gelernter Buchdrucker und -händler. Er wurde auch für die Zukunft der „Prager Zeitung“ entscheidend. Im Januar 1774 bot er zunächst „Wöchentlich Etwas“ an. Doch diese Schrift war vor allem ein „Wöchentlich Nichts“, wie ein Kritiker aus Prag in Christoph Martin Wielands „Teutschem Merkur“ in Weimar böse urteilte. Sie endete tatsächlich schon im März 1774. Ein Jahr später ließ er die erste jüdische Zeitung in Prag folgen. Schönfeld arbeitete 1780 „bereits mit 17 Pressen in Prag allein“, so Przedak. Mit ihrer Hilfe schickte er zunächst eine „Prager Real-Zeitung“ und dann noch ein „Prager Magazin“ ins Rennen und startete 1787 eine „Mode-, Fabriken- und Gewerbezeitung.“

Ein Konkurrent von ihm war Vinzenz Viktorin Pruscha, Verleger der „Prager interessanten Nachrichten“ - und vor allem verantwortlich für das „Prager Intelligenzblatt.“ Es lieferte ab Januar 1777 Informationen zu Produktion und Handel sowie über lokale Märkte und verschaffte zudem Kenntnisse über Landwirtschaft und Gewerbe. Damit leistete dieses Blatt einen wichtigen Beitrag zur Entwicklung des Wirtschaftslebens. Zudem brachte es Themen aus Erziehung und Unterhaltung, Fabeln, Novellen und Gedichte. Es entsprach dem wachsenden Interesse an Fachkenntnissen und Literatur und wurde laut Šimeček „zu einem wichtigen Organ der Publizistik im Land.“

Zugleich vermittelte es Käufe und Verkäufe sowie Arbeitsstellen, war auch wegen seiner vielen Kleinanzeigen beliebt und wurde damit zu einem Vorläufer heutiger Anzeigenblätter, „für alle Stände nötig und nützlich.“ Diese Anzeigen waren für Löbl jedoch vor allem „ein Köder“, denn das Blatt kostete jeden Samstag vier Kreuzer. Für Przedak ein enorm hoher Preis. Ein begründeter Einwand, bestätigte Löbl. Schließlich bezahlte man für ein Pfund Rindfleisch damals fünf Kreuzer, für ein vierpfündiges Roggenbrot viereinhalb Kreuzer und für eine Maß Landbier vier Kreuzer.

Die „gebildete Öffentlichkeit“ begrüßte diese vielfältigen Presse-Aktivitäten als einen Beweis für die „Entfaltung der Kultur und Wissenschaft im Land“, wie Zdeněk Šimeček anmerkte. Literaten dienten sich als Mitarbeiter bei Zeitungen und Zeitschriften an, um ihren Verdienst aufzubessern. Die deutschsprachige Zeitung aus dem Verlag Rosenmüller hatte gegen diese Flut an Wochenschriften und Fachliteratur um 1770 hingegen einen schweren Stand. Weil sie sich nicht an Polemiken und Diskussionen beteiligen wollte, verlor sie zunehmend an Bedeutung und „lebte kümmerlich am Rand des Interesses um neueste Nachrichten aus der Welt.“ Auch das „Intelligenzblatt“ von Pruscha hatte sich dieser Wochenzeitungen zu erwehren.

Als er 1793 starb, übernahm Schönfeld, der „Hecht im Karpfenteich“ unter den Buchdruckern, dieses Blatt. Er war für seine skrupellosen Geschäftspraktiken gefürchtet. So soll er den Adelszusatz „Edler“ in seinen Namen eingefügt haben, um an Aufträge von Behörden und des wohlhabenden böhmischen Adels zu kommen. „Da er als scharfer und unbarmherziger Konkurrent auftrat, wurde er bitter gehasst“, merkt Alador Guido Przedak an. Gegen ihn wurden, gemäß einem „Brauche der Zeit“, Broschüren in Prag und Wien veröffentlicht. Auf die verbotene Führung seines adeligen Namens kamen Prager Behörden ebenfalls durch Schmähschriften seiner Konkurrenten.

Schönfeld soll in einem Garten in Prag-Smíchov erklärt haben, dass er bald alle Konkurrenten aus dem Feld schlagen werde. Zuvor eignete er sich laut Przedak tatsächlich bereits die Postzeitungen an und nannte sie ab 1781 „kaiserlich königlich privilegirte Prager Oberpostamts-Zeitung.“ Dieses Blatt erschien am Dienstag und Samstag und hatte etliche Anzeigen. Sein redaktioneller Inhalt bestand aus kurzen Leitartikeln, politischen Berichten nach „amerikanischer Mache“, Lokalnotizen, häufigen Korrespondenzen vom Lande sowie Theaternachrichten. „Alles ist munter und witzig geschrieben“, fasst Przedak zusammen.

Das lag an Redakteur Augustin Zitte, für Löbl ein „sehr origineller Mann voll sprudelnder Initiative.“ Quasi zu seiner Amtseinführung verfasste Zitte eine Broschüre mit dem Titel „Die Zeitungsschreiber.“ Dies war ein Schwank, in dem Journalisten in launigen Gesprächen ihre ironisch-kritischen Urteile über die wichtigsten Zeitungen der Zeit fällten. Über Löbls „Wiener Zeitung“ befanden sie: Viel Papier mit viel Avertissements. Über die „Kaiserliche Reichs-

Ober-Post-Amts-Zeitung“ in Köln: Braver Zelote. Und über die „Berlinische Priv. Zeitung“: Viel Hof und Avanzement. Inhalt erträglich.

Über das „Prager Intelligenzblatt“ notierte er, dass man darin praktisch alles finde könne - außer dem Wesentlichen: Nachrichten über lokale und regionale Ereignisse. Die „Prager Post-Zeitungen“ berücksichtigte Zitte in seinen ironischen Betrachtungen nicht. Wohl wegen des „kommerziellen Interesses seines Verlegers“, wie Šimeček sicher zu Recht vermutete. Gleichwohl wollte Zitte das Blatt verändern und die damals übliche trockene und streng pragmatische Darstellung in seiner „k.k. priv. Prager Oberpostamts-Zeitung“ nicht fortführen. Sie sollte vielmehr „durch Raisonnement, durch einen starken subjektiven Einschlag“ belebt werden. Für Löbl zog in allen Rubriken „ein neuer Geist“ ein.

Unter Leitung von Zitte gehörte das Blatt nach Darstellung von Šimeček zu den „verbreitetsten regionalen Zeitungen in der Monarchie.“ Es behauptete sich auch gegen Reichszeitungen und fand in den von großer Konkurrenz geprägten 1780er Jahren die Gunst adeliger Leser. Gemeinsam mit dem „Intelligenzblatt“ wurde es später von Patrimonialämtern und Magistraten lanciert. Zitte versprach eine moderne politische Zeitung, für ausländische Nachrichten wollte er nur „vertrauenswürdige Korrespondenzen“ und für die Berichterstattung aus Böhmen „beste Quellen“ verwenden.

Er gab vor, was heute im Journalismus selbstverständlich ist: Allgemein verständlich und ausgewogen schreiben, aktuell sein und unparteiisch bleiben. Und die besten Zeitungen zum Vorbild nehmen. Was für ihn vor allem die „Erlanger Realzeitung“ und der „Altonaer Reichspostreuter“ waren, nicht aber das „Wiener Diarium“ (der Vorgänger der „Wiener Zeitung“) oder die „Leipziger Zeitung“, obwohl sie nach seiner eigenen Beobachtung in Prag sehr gerne gelesen wurde.

Seine Abonnenten, vornehmlich Beamte und Leser aus höherem Stand, zeigten besonderes Interesse für Nachrichten aus dem Ausland. Deshalb wollte der Chefredakteur vor allem über Ereignisse berichten, die einen Einfluss auf die Politik hatten. Gleichwohl stieß er mit seiner Machart auf den Unwillen seiner Leser. Das Ansehen seiner Zeitung hing „vornehmlich vom Kommentar zur politischen Lage in Europa und von der Einschätzung der Österreichischen Innenpolitik des guten Monarchen Joseph II. ab“, urteilte Šimeček. Dessen Pressepolitik zielte darauf ab, dass Zeitungen seine Politik unterstützen und die öffentliche Meinung in dieser Hinsicht positiv beeinflussen sollten. Schönfelds Redakteure erfüllten diese Aufgaben als „überzeugte Josephiner“ und bekamen daher nur selten Ärger mit der Zensur. Vor allem bei Berichten über Militär und Statistik mussten sie jedoch vorsichtig sein.

Dagegen habe Zittes Ironie und sein Witz die damaligen Zeitungsleser „verunsichert.“ Zudem waren die meisten nicht gewohnt, mit „einem persönlichen Standpunkt konfrontiert“ zu werden. „Bekanntlich gibt es kaum ein konservativeres Element als das Zeitungspublikum“, ergänzte Emil Löbl, „nirgends ist das Trägheitsmoment so mächtig wie in dem Verhältnisse zwischen der Zeitung und ihrem Leser.“ Insbesondere politische Ereignisse sollten nur Tatsachen gemäß dargestellt werden. „Die vorwiegende Pflege des Objektiven ist darum stets ein Kennzeichen des deutschen Journalismus“, so Löbl. Im Gegensatz zu den „lateinischen Nationen“, wo sich Zeitungen „durch ein starkes Hinneigen zum Subjektivismus“ auszeichneten. Der Österreicher zitierte in seinem Artikel den süddeutschen Publizisten Johann Gottfried Pahl, der 1820 in seiner „Nationalchronik der Teutschen“ bedauerte, dass ein Zeitungsschreiber so schreiben müsse, wie das Wasser ist: Ohne Farbe, ohne Geschmack, ohne Geruch.

Zeitungsmachen - für Löbl damals „ein trauriges Geschäft.“ Denn Journalisten hatten große und weitreichende Ereignisse „in dem Tone“ zu erzählen, „in dem der Schulknabe die sieben Bußpsalmen rezitiert oder der Feldwebel die Kompagnieliste abliest.“ Für ihn eine völlig unzeitgemäße Form, zumal in allen Kaffeehäusern und allen Wachstuben und allen Bierschenken eifrig über politische Themen diskutiert und feiner Witz geschätzt werde. „Nur der Zeitungsschreiber soll über nichts urtheilen, nichts bewundern, über nichts lachen, und über nichts seufzen“, fasste Löbl mit einem starken Anflug von Resignation zusammen.

Der „streitbare Geist“ Zitte, vielfach in erbitterte Polemiken verwickelt, „büßte mit dem Verlust seiner Stellung“, wie Przedak umständlich schreibt. Löbl wurde deutlicher: „Der Verleger fand es geraten, den Kampfhahn von der Leitung des Blattes zu entfernen.“ Gründe für seine Entlassung wurden nicht bekannt. Allerdings wies Šimeček auf einen Vertrag hin, der laut Zitte abgelaufen war. Ohne ihn verfiel die Zeitung wieder in einen trockenen und referierenden Stil, konnte aber laut Šimeček dennoch oder vielleicht gerade deshalb ihr Ansehen aufpolieren und wurde auch im Ausland öfters gekauft, besonders in Sachsen und Schlesien. In Böhmen „beherrschte sie den gesamten Zeitungsmarkt.“

Ein Kennzeichen der Medienlandschaft war damals, dass es in Prag nur Zeitschriften in deutscher Sprache gab. Dass sich tschechische Zeitungen gegen sie nicht behaupten konnten, führte Šimeček auf deren „ungleiche und verspätete Nachrichten“ zurück. Trotzdem startete Verleger Schönfeld, wie zuvor schon Rosenmüller, einen Versuch mit einem Blatt in tschechischer Sprache, das auch auf Korrespondenzen der „Oberpostamts-Zeitung“ zurückgriff und 1789 eine Auflage von 900 Exemplaren hatte. Es wurde von einem Redakteur namens Kramerius geleitet, der kurz darauf selbst eine „Prager Postzeitung“ auf Tschechisch startete. Diese Blätter wurden fast ausschließlich außerhalb Prags gelesen, wo Deutsch nicht sehr verbreitet war, die „Oberpostamts-Zeitung“ dagegen in der Metropole.

Unter dem Eindruck der Französischen Revolution erwuchs „Oberpostamts-Zeitung“ und „Intelligenzblatt“ ab 1793 plötzlich Konkurrenz durch eine zweimal pro Woche erscheinende „Prager Neue Zeitung“ eines Wiener Buchhändlers. „Die Kriegsnachrichten sind gut gemacht“, staunt Przedak, „merkwürdig schnell hat das Blatt die Nachricht von der Hinrichtung Ludwigs XVI.“ Auf dem Höhepunkt der Ereignisse führte die Redaktion im Juli 1793 gar „Tägliche Nachrichten“ ein. Über Wesentliches, wie die Hinrichtung von Marie Antoinette im Oktober 1793, informierten sogar Extraausgaben.

Schönfeld reagierte darauf, indem er seiner „Oberpostamts-Zeitung“ in den Jahren 1794 und 1795 die Beilage „Kriegsvorfälle“ anfügte. Zudem kam sie, mit einem weiteren Redakteur und neuen Korrespondenten, nun dreimal wöchentlich heraus. Und sie wurde aktueller. Ihre Ausgabe wurde am Mittag des Erscheinungstages auf einer Tafel vor der Druckerei angekündigt. Ihr Stil blieb jedoch weiterhin gewöhnungsbedürftig. Zu Schillers Tod zwei Wochen zuvor vermerkte die Zeitung am 22. Mai 1805 lakonisch, dass in Weimar „einer der besten Schriftsteller Deutschlands an den Folgen anhaltender Krämpfe mit Tode abgegangen“ sei.

Gleichwohl verkündete die „Oberpostamts-Zeitung“, dass sie sich den unliebsamen Mitbewerber „Prager Neue Zeitung“ einverleiben wird - zum einzigen politischen Blatt deutscher Sprache in Böhmen. Denn zuvor waren schon „kaiserl. königl. privilegirte Oberpostamts-Zeitung“ und „k. k. privilegirtes Prager Intelligenzblatt“ vereinigt worden. Das Blatt erreichte laut Zdeněk Šimeček im Jahr 1808 eine Auflage von 1.400 Exemplaren und übertraf damit deutlich die beiden tschechischen Zeitungen von Schönfeld (200) und Kramerius (650). Womit sie sich im Vergleich zu 1772 jedoch der deutschen Zeitung allmählich „annäherten.“ Im zweisprachigen Raum forderten alle politischen Zeitungen laut Šimeček das gleiche: Toleranz und Humanität gegenüber der politischen und kulturellen Lage im Lande. Und sie stellten hohe professionelle Ansprüche an ihre eigene Arbeit.

Die tschechischen Zeitungen wollten aber auch „das Bewusstsein der Zusammengehörigkeit von Böhmen, Mährer und Slowaken" stärken. Das war ganz im Sinne der Regentin Maria Theresia, die laut Olechowski eine Ausbreitung der böhmischen Sprache unterstützen und damit die Slawen enger an die Monarchie binden wollte. Deshalb erschien ab 1761 auch eine Tschechisch sprachige Zeitung in Wien.

Im Jahr 1814 nahm die „kaiserl. königl. privilegirte Oberpostamts-Zeitung" schließlich den Namen „Prager Zeitung" an. Die Nationalbibliothek im Prager Klementinum bewahrt ihre Ausgaben ab diesem Zeitpunkt und bis zu ihrem Ende nach dem Ersten Weltkrieg auf. Sie wurde einige Jahre lang täglich herausgegeben und ab 1816 in einen politischen und nichtpolitischen Teil gegliedert. Carl-Maria von Weber, Operndirektor am Prager Ständetheater, steuerte „dramatisch-musikalische Notizen" über Opern-Aufführungen bei.

Schönfeld hatte die Zeitung für eine Pauschale von der Landesregierung gepachtet und musste dafür unentgeltlich meteorologische Beobachtungen der Prager Sternwarte abdrucken. Ebenso die amtlichen Marktpreise für Lebensmittel und die Lottozahlen. Nach mehr als vier Jahrzehnten trennte er sich von ihr und übergab sie Mitte der 1820er Jahre an den Verlag Gottlieb Haase Söhne.

Seniorchef Gottlieb Haase (1765-1824) hatte es vom einfachen Buchdruckergehilfen zum wohlhabenden Mann gebracht. Nach seinem plötzlichen Tod übernahm Andreas Haase, erst 20 Jahre alt, mit seinem Bruder die Geschäfte. Er wurde Ende August 1804 in Prag geboren, war Schüler am Altstädter Gymnasium und lernte Drucker und Setzer, bevor er den Verlag führte. Nach Angaben der Bibliothek *Zeno.org* war Haase ein „Mann von großer Geltung" in Prag. Er engagierte sich als „Obervorsteher des Prager Buchdrucker-Gremiums", war Oberkommandant der böhmischen Nationalgarde und Präsident von mehreren industrieller Unternehmen und Banken. Politisch trat er als Stellvertreter des Bürgermeisters und Landtagsabgeordneter hervor, 1854 erhob ihn Kaiser Franz Joseph in den Adelsstand.

„National und konservativ gesinnt", gründete Andreas Haase laut *Deutsche Biographie 7* im Jahr 1850 ein Komitee zur Erhaltung des Deutschtums im Prager Gemeinderat und für die Erhaltung des „deutschen" Charakters von Prag. Er starb im Juni 1864, hatte die „Prager Zeitung" aber schon im Jahr 1846 an den Medauschen Verlag übergeben. Dieses Haus hatte eine Niederlassung in Prag, seinen Sitz jedoch im böhmischen Leitmeritz (heute

Litoměřice). Verleger Karl Wilhelm Medau leitete einige Monate lang selbst die Redaktion.

Dann machte das Revolutionsjahr 1848 die „Prager Zeitung" laut Alador Guido Przedak zum „führenden radikalen Blatt in Prag." In der Ausgabe vom 19. März 1848 feierte Redakteur Breier: „Die Presse ist entfesselt, sie darf das Wort, das freie Wort verkünden." Und er fügte an: „Wer je am Schreibtisch gesessen und sich der Zensur als drohendes Damoklesschwert über seinem Geisteskinde schwebend dachte, der wird das Gefühl desjenigen ermessen, der sich plötzlich von dieser vernunft- und moralwidrigen Geißel befreit sieht." Zugleich fühlte er sich „zu aufgeregt, um der Zensur, namentlich unserer in der ganzen Welt berühmt gewesenen Zensur eine würdige Leichenrede zu halten."

Eduard Breier prophezeite der Presse eine goldene Zukunft. „Nach dem Reich der Kanonen beginnt die Herrschaft der Presse", verkündete er zuversichtlich. Ab Ende März 1848 wurde der Titel der PZ durch einen Zusatz ergänzt, sie hieß fortan „Constitutionelle Prager Zeitung." Und sie stand „an der Spitze der Kritiker der Regierung", so Przedak. Ende April 1848 wurde das Beiblatt „Offene Sprechhalle" etabliert und Anfang Juni das „Prager Abendblatt."

Die Landesregierung reagierte zornig. Sie drängte darauf, dass die Redaktion ausgewechselt wird. Doch Verleger Medau antwortete kühl, dass seine „Prager Zeitung" nach der Proklamierung der Pressefreiheit das Privileg verloren hatte, das einzige politische Blatt in Prag zu sein und allein Inserate annehmen zu dürfen - und er weigerte sich, dafür weiterhin Pacht zu zahlen. Schließlich habe er sie unter persönlichen Opfern „zum einflussreichsten Organ im Lande gemacht", mit 3.500 Abnehmern.

Daraufhin ließ die Regierung die Muskeln spielen und verpachtete die „Prager Zeitung" erneut an G. Haase Söhne. Dafür musste sie „unabweichlich im Sinne und Interesse der Regierung" geführt und ihre Redakteure vom politischen Statthalter bestätigt werden. Das Blatt hatte die Wahrung der ungeschmälerten Souveranität des österreichischen Kaiserstaates zu gewährleisten. Am 30. Juni 1848 erschien die „Constitutionelle Prager Zeitung" zum letzten Mal, fortan hieß sie wieder „Prager Zeitung."

Ab Neujahr 1864 verpachtete die Regierung diese Zeitung nicht mehr, sondern ließ sie selbst zweimal täglich erscheinen. Die „Prager Zeitung" brachte laut Przedak „wirklich Beachtenswertes", war aber mittlerweile aus dem Bewusstsein der Öffentlichkeit weitgehend verschwunden. Deshalb wurde ab 1867 das „Prager Abendblatt“ beigelegt. Und ausgerechnet dieses Blatt „eroberte sich rasch breiten Boden“, vermerkt A.G. Przedak. Es war bereits 1870 das meist gelesene deutsch-böhmische Blatt. Wieder einmal hatte sich die „Prager Zeitung“ ihre eigene Konkurrenz geschaffen.

Dies „glückte“ ihr schon einige Jahre zuvor mit der „Bohemia.“ Nachdem der Verlag Gottlieb Haase Söhne die „Prager Zeitung“ übernommen hatte, entwickelte sich deren kulturelle Berichterstattung hervorragend. Dafür verantwortlich war vor allem ihr Theater- und Musikrezensent Professor Anton Müller. „Um dem beliebten Mann breiteren Raum für seine Ausführungen zu gewähren“, legte die Zeitung ab Januar 1828 regelmäßig Unterhaltungsblätter bei. Sie bekamen 1830 den Namen „Bohemia, oder Unterhaltungsblätter für gebildete Stände.. Daraus wurde anschließend ein selbständiges Blatt, für das später auch der berühmte und selbsternannte „rasende Reporter“ Egon Erwin Kisch schrieb.

Haase bedachte zunehmend sie mit seinen Anzeigen. Dagegen enthielt die „Prager Zeitung“ hauptsächlich noch Ausschnitte aus anderen Zeitungen sowie eine „Liste der Angekommenen und Abgehenden.“ Haases Verlag vernachlässigte die „Prager Zeitung“ redaktionell, weil er sie stets kurzfristig weiter verpachten konnte und legte stattdessen mehr Augenmerk auf sein Eigentum „Bohemia.“

Als auch die „Bohemia“ 1852 zu einem politischen Blatt wurde, musste die „Prager Zeitung“ sie gar „gegen Fährlichkeiten von obenher“ decken. Dass diese Abspaltung aus dem Gedächtnis verschwand und sogar zu einem starken Konkurrenten wurde, ärgerte die Redakteure der „Prager Zeitung“ maßlos. Schon 1847 bemerkte ein Mitarbeiter in einem polemischen Kommentar, dass die „Bohemia“ nichts anderes sei als „Fleisch von meinem Fleische und Bein von meinem Bein.“

Für Przedak war indes die „Prager Zeitung“ damals die „einzige politische Tageszeitung in Böhmen von Wichtigkeit“ - trotz Vorzensur und von Verlag zu Verlag wechselnden Redaktionen. Tatsächlich beschäftigte sie sogar während des Russisch-Türkischen Krieges ab 1877 einen Korrespondenten. Er hieß Reinstein und war Oberleutnant a.D., wie *The European Times* weitergab. Nach Ausführung dieser Zeitung, die erst in den 2020er Jahren während der Corona-Pandemie entstand, hielten sich die meisten ausländischen Korrespondenten allerdings nicht allzu nahe am Schlachtfeld auf. Im Gegensatz zu russischen Berichterstattern, die oft bei den Kämpfe(r)n waren.

Bis zur ersten Hälfte des 19. Jahrhunderts blieben auch die sogenannten „geschriebenen" Zeitungen" in Prag erhalten. Denn den Verfassern der „gedruckten Blätter" war nicht erlaubt, über inländische Staatseinrichtungen und Regierungsgeschäfte zu berichten. „Gerade diese Beschränkungen förderten die ‚geschriebenen' Zeitungen", so Emil Löbl. Daher mussten die Behörden seit dem Erlass von 1672 einen langen „und nicht ganz erfolgreichen Kampf gegen Winkelschreiber" bestreiten. Als Beispiele für diese „geschriebenen" Zeitungen in Prag führte Löbl die „Quinten" an. Ebenso „Die Vogelzeitung", die sich dadurch hervorhob, dass „deren Mitarbeiter Vogelnamen trugen."

Über die enorme Vielfalt an deutschsprachigen Zeitungen in Prag im 18. und 19. Jahrhundert informiert die Tschechische Nationalbibliothek noch heute. So wollte Ende des 19. Jahrhunderts eine „Prager Sonn- und Donnerstagspost" den Markt erobern. Sinnvoller erschien aber anscheinend, 1891 eine „Prager Sonn- und Montagszeitung" herauszugeben. Zuweilen waren Zeitungstitel auch Resultate von kuriosen Einfällen. Das „Prager Glück-Journal" von 1928 kam einmal im Monat heraus. Möglicherweise war den Pragern damals nicht allzu viel Fortüne vergönnt. A propos: 1903 erfreute die „Prager Fortuna" ihre Leserschaft. Heute wirkt sie wie eine vorweggenommene Prophezeiung, dass Stadt und Land ein Jahrhundert später zu einem Rummelplatz von Glücksspielern und Wettanbietern werden sollten.

Die ganze Familie unterhielt das „Prager Salonblatt", ein Illustriertes Journal um 1882. Doch zeitgleich tauchten auch „Prager Pikante Bilder" auf. Nicht zu verwechseln mit der „Prager Zwischenactszeitung" - ebenfalls ein „Vergnügungsanzeiger", aber nur für Theater und Konzert. 40 Jahre später konnten sich Erwachsene an Fotos in der „Prager Illustrierte und Frauenspiegel" erfreuen. Schon 1788 bot eine „Prager Kinderzeitung" wöchentlich Lesestoff. Mit Nachrichten „von einem Orkane." Und mit Melodien.

Mancher Eintrag im Register der Bibliothek gibt Rätsel auf. So der „Prager Bahnhof" von 1848, als Zeitschrift für „ges. Leben.. Wobei „ges." ebenso für geselliges wie für gesellschaftliches oder geschäftliches Leben stehen könnte. Unklar auch, was „Prager Fliegende..." bedeuten sollte, eine Beilage zum „Prager Tagblatt." Eindeutiges verhieß nicht einmal die „Prager Biene." Sie wurde um 1873 nicht nur zum Organ für Imker, sondern für Gartenbau, Land- und Forstwirtschaft insgesamt. Und dies nicht nur in Prag oder Böhmen, sondern in der gesamten österreichisch-ungarischen Monarchie.

Die Nationalbibliothek im Prager Klementinum verfügt über digitale Ratgeber, informiert aber auch weiterhin in kleinen Karteikästen aus Holz über

Druckerzeugnisse von früher. Zu den Anfangsbuchstaben „Pra-Q“ nennen gelbe Reiter zunächst den „Prager Abend“ (ab 1939) und das „Prager Abendblatt“ (ab 1867). Dann die „Prager Zeitung“ von 1814 bis 1824 sowie von 1825 bis zur Einstellung nach dem Ersten Weltkrieg.

Und unmittelbar davor, mit der Registratur Pb 145: „Prager Zeitung. Unabhängige Wochenschrift für Politik, Wirtschaft, Kultur.“ Jahrgänge 1992, 1993. Die Bände der weiteren Print-Jahre bis 2016 befinden sich im Archiv der Nationalbibliothek im Prager Stadtteil Hostivař. Denn mit ihren Druck-Ausgaben über 25 Jahre ist auch die „Prager Zeitung“ der Neuzeit mittlerweile schon ein Produkt der Zeitgeschichte.

Kais. Kön. priv.

Prager Zeitung.

Nro. 153. Dienstag, den 1. Oktober 1822.

Oesterreichische Staaten.

Wien, 26. Sept. Ihre kaiserl. Hoheit die Frau Erzherzoginn Henriette, Gemahlinn Sr. kaiserl. Hoheit des Hrn. Erzherzogs Karl, sind in der Nacht vom 24. auf den 25. d. M. mit einem Erzherzoge glücklich entbunden worden.

Gestern, den 25. d. M., Nachmittags um 5 Uhr, hatte die feyerliche Taufe des neugebornen Prinzen Statt, welcher den Nahmen Rudolph Franz erhielt. Se. Majestät der Kaiser und König geruhten dabei die Pathenstelle zu versehen.

laß gegeben haben, nichts weiter als Bataillone sind, die von ihrem Corps getrennt waren, und sich nun in Folge der neuen Organisation an dieselben anschließen. Diese Bataillone nehmen ihre Richtung nach dem östlichen, und nicht nach dem südlichen Theile Frankreichs, wie man solches glauben machen wollte.

Eine telegraphische Depesche vom 17. Sept. meldet die Rückkehr des Linienschiffes Jean-Bart, der Briggs Cylene und Génie nach Brest.

Die drei Schiffe waren am 5. August von Brest abgefertigt worden, um in dem mittelländischen Meere zu

Prominente Federn

Viele Autoren, die für die moderne „Prager Zeitung“ schrieben, vermerken dies in ihrem „Werkverzeichnis.“ Auch prominente Mitarbeiter. Bevor der mehrfach ausgezeichnete Schriftsteller und Publizist Jaroslav Rudiš im April 2010 „Artist in Residence“ in einem Autoren-Haus in Graz wurde, zeichneten die Verantwortlichen seinen beruflichen Weg nach. Als deutschsprachige Medien, in denen er veröffentlichte, zählten die Österreicher die „Frankfurter Allgemeine“, „Geo“ und die „Prager Zeitung“ auf. Anselm Waldermann, seit 2007 beim „Spiegel“, berichtete laut eigener Biographie „unter anderem für ‚Bild‘, ‚Prager Zeitung‘ und ‚Geo‘.“

Gleiches gilt für Lichtbildner. Jan Jindra, einer der renommiertesten Kunst- und Werbefotografen Tschechiens und seit 20 Jahren Professor an der Tomáš Baťa-Universität in Zlín, weist auf seiner Homepage darauf hin, dass seine Bilder u.a. in „Le Monde“, „El País“ und „Prager Zeitung“ zu sehen waren. Und Michael Adams, als Art Director und Designer seit zwei Jahrzehnten vor allem für Schweizer Medien tätig, war in den 1990er Jahren nach eigenen Angaben „Pressefotograf für ‚Süddeutsche Zeitung‘, ‚taz‘ und ‚Prager Zeitung‘“ und kümmerte sich bei der PZ im Jahr 1996 zusätzlich um „Layout und Redesign.“

Wer in den deutsch-tschechischen Beziehungen Rang und Namen hatte, lieferte in den letzten Jahrzehnten bei passender Gelegenheit einen Beitrag für die PZ. Tschechen ebenso wie Deutsche. Dies war bei der frühen „Prager Zeitung" nicht anders. Sie leiteten und für sie schrieben Professoren, Juristen und Schriftsteller. Ein Redakteur machte anschließend eine besonders steile Karriere: Leopold von Hasner stieg gar zum Ministerpräsidenten in der Donaumonarchie Österreich-Ungarn auf.

Hasner wurde 1818 in Prag geboren, studierte Jura und promovierte 1842 in Wien. Als ihm im April 1848 erlaubt wurde, an der Universität Vorlesungen zu halten, brachen Unruhen aus. Leopold von Hasner kehrte nach Prag zurück und war ab Juli 1848 Redakteur der „offiziellen Prager Zeitung." Zwar nur für ein paar Monate, doch im „Wirbel des Revolutionsjahres", wie Emil Löbl im Februar 1905 in der *Wiener Zeitung* ausführt, als er dort ausführlich auf die Geschichte der „Prager Zeitung" zurückblickt.

Bis zu Hasners Eintritt hieß die PZ für kurze Zeit „Constitutionelle Prager Zeitung" und erregte durch ihre politische Haltung Anstoß. Wie Wien erlebte Prag in jenen Tagen für Löbl ein „groteskes Schauspiel": Die „Prager Zeitung" wurde „zu einem radikalen Sprachrohr" - obwohl sie im Eigentum der Landesverwaltung war. In jenen bewegten Monaten von 1848 leitete sie Eduard Breier, der sich nach seinem Dienst im k.u.k.-Militär dazu entschlossen hatte, Schriftsteller und Publizist zu werden. Breier verfasste in seinem Leben nicht weniger als 70 Romane, die in zahlreichen Zeitungen oder als Bücher erschienen.

Nach einem Job als Redakteur bei der „Wiener Zeitschrift für Kunst, Literatur, Theater und Mode" ging er 1847 nach Prag und übernahm die Redaktion der „Prager Zeitung." Breier führte sie laut Biographen „in eine freisinnige Richtung", über seine Arbeit gehen die Meinungen auseinander. Für Emil Löbl ist er 1905 vor allem ein „seinerzeit sehr populärer Wiener Romanschriftsteller." Nach Aussage von Robert Prutz im *Deutschen Museum*, einer Zeitschrift für Literatur, Kunst und öffentliches Leben, war Breier „ein robuster Erzähler, ohne Anspruch auf Poesie und künstlerische Wirkung." Er habe „eine gewisse Anzahl von Bänden möglichst schnell und mit möglichst geringer Mühe" füllen wollen.

Seinen Stil nannte der Autor 1857 im *Biographischen Lexikon des Kaiserthums Österreich* „unerlaubt schlecht, selbst wenn man Vieles auf die Nachlässigkeit des Setzers, die allerdings groß ist, abrechnet." Oberflächlich war die Schreibweise von Breier auch nach dem Urteil der *Kulturstiftung der Vertriebenen*, da er „ein Vielschreiber war und sich der Mode und der Nachfrage des

Publikums anpasste." Nach dem 30. Juni 1848 strich die PZ nicht nur das „Constitutionelle" aus ihrem Namen, sondern auch ihren Chef aus dem Impressum. „Am folgenden Tag stand wieder die ‚Prager Zeitung' auf dem Plan und ihr Leiter war Dr. Leopold von Hasner", vermerkt Löbl, offenbar nicht unzufrieden. Der „freigeistige" Breier ging im Sommer 1848 nach Wien und gründete 1862 „Der g'rade Michel", einen „Wochenboten für Politik, populäres Wissen und Unterhaltung."

„Liberal und zentralistisch gesinnt" sei Breiers Nachfolger Hasner gewesen, wie Hanns Leo Mikoletzky in der *Neuen Deutschen Biographie 8* erläuterte. Doch er blieb nur bis 1849, weil ihm Minister Leo Graf Thun-Hohenstein eine außerordentliche Professur für Rechtsphilosophie an der rechts- und staatswissenschaftlichen Fakultät in Prag verschaffte. 1861 wurde er in den böhmischen Landtag gewählt und 1863 zum Präsidenten des Abgeordnetenhauses, zudem war Hasner Professor für Rechtsphilosophie und Nationalökonomie an der Universität Wien. Ab Dezember 1867 amtierte er in Wien als Kultur- und Unterrichtsminister - und drei Jahre später, ab Februar 1870, als Ministerpräsident. Wenn auch nur für wenige Wochen, denn laut Mikoletzky stürzte Hasner „infolge der föderalistischen Forderungen einzelner Länder, die er ablehnte." Immerhin wurde im 16. Wiener Bezirk eine Straße nach ihm benannt.

Das Revolutionsjahr 1848 bewog auch Clemens Ritter von Weyrother, 1809 in Prag geboren, zu journalistischer Arbeit. Er gab deshalb ein Blatt namens „Concordia" heraus und hatte damit „kein geringeres Ziel, als Künstler und Studenten beider Nationalitäten unter einem Banner zu sammeln", wie in einem *Deutschen Dichter-Lexikon* von 1877 nachzulesen ist. Die Zeitung wurde „in den später folgenden stürmischen Tagen auch specielles Organ der Nationalgarde, die sich eben damals zu bilden begann." Doch Weyrother fand kein Glück im Journalismus. Die „Concordia" überlebte zu seiner Enttäuschung das Jahr nicht, deshalb knüpfte er Kontakt zu Hasner. An der „Prager (amtlichen) Zeitung" arbeitete er „fleißig mit" und verfasste „namentlich die belletristischen Artikel", bemerkte Franz Brümmer in dem Lexikon. Nach Hasners Rücktritt wurde er deren Redakteur, allerdings schon nach einem Jahr entlassen. Deshalb gründete er 1852 eine „Staatsbürger-Zeitung", die „indeß so wenig verfing wie seine ‚Concordia'", vermerkte Rudolf Müller 1897 in der *Allgemeinen Deutschen Biographie 42*.

Clemens von Weyrother war später Redakteur eines neuen und in Saaz (heute Žatec) erscheinenden Blattes, das ebenfalls nach wenigen Wochen einging. Deshalb schrieb er erneut für die „Prager Zeitung", ebenso für die

„Bohemia" und den „Komotauer Anzeiger" und redigierte Ende der 1850er Jahre noch die „Jahrbücher des Erz- und Riesengebirges." Für Müller war Weyrother „Typus und Glied der Prager vorachtundvierziger schöngeistigen Gesellschaft." Und Brümmer urteilte über ihn abschließend: „Glücklicher Weise erlöste ihn der Tod, ehe er es sehen mußte, wie sich Deutsche und Čechen, die er in seiner unergründlichen duseligen Gemüthlichkeit unter einen Hut zu bringen gedachte, gegenseitig in den Haaren liegen und die Eintracht zerstören, zu der sie in Rücksicht auf das schöne Stück Erde, das sie gemeinschaftlich bewohnen, moralisch gezwungen sind."

Doch schon im Vormärz, den Jahren zwischen der Juli-Revolution von 1830 und der März-Revolution von 1848, traf man in der PZ „so manchem der heutigen Generation wohlvertrauten Namen", notiert Emil Löbl. Er erwähnt zunächst einen Musikkritiker namens August Wilhelm Ambros, der in Prag Jura studierte, erst Staatsanwalt und ab 1868 außerordentlicher Professor wurde. Später wechselte Ambros ins Justizministerium nach Wien, war zudem Professor am Konservatorium und unterrichtete auch Erzherzog Rudolf. „Er gehört zu jener Gruppe universal gebildeter Juristen, die aus innerer Neigung sich der Erforschung der gesamten Musikgeschichte widmeten", urteilte Georg von Dadelsen in der *Neuen Deutschen Biographie 1* über ihn.

Löbl entdeckt auch den „Dichter und Nationalökonom" Ferdinand Stamm unter den PZ-Autoren. Stamm war das zwölfte Kind eines Bergwerk-Eigentümers im böhmischen Erzgebirge und studierte ab 1832 Jura und Philosophie an der Universität Prag. Um sich die Mittel für sein Studium zu besorgen, nahm er eine Erzieherstelle an und veröffentlichte literarische Arbeiten. Stamm wollte Richter werden, ging aber im Oktober 1838 nach Wien, wo ihn eine Baronin als Erzieher einstellte und wurde Dr. jur. „Fleißig schrieb er schöngeistige und Fachartikel", laut einem Eintrag im *Biographischen Lexikon des Kaiserthums Österreich* von 1878.

Auch für den Unternehmersohn Ferdinand Stamm wurde die Revolution zu einem einschneidenden Ereignis. „An der Bewegung des Jahres 1848 nahm er lebendigen, aber ruhigen Antheil; insbesondere die Sache der Deutschen in Böhmen war es, die ihn thätig sein ließ", ist im Lexikon der Österreicher nachzulesen. Dagegen vermerkte Anton Schlossar in der *Allgemeinen Deutschen Biographie 35* im Jahr 1893, dass Stamm „mit glühender Begeisterung an der Bewegung Theil nahm, zumeist in seiner Heimath im Erzgebirge, obwol er allerdings auch einige Zeit in dem sturmdurchtobten Wien zugebracht hatte."

Als Schriftsteller hatte er in jener Zeit eine Pechsträhne. Stamms Drama „Libussa“ wurde zuerst an der Wiener Hofbühne wegen zu teurer Kostüme abgelehnt. Und in Prag, wo es für den 15. März 1848 auf dem Programm stand, fegte „der Märzsturm mit vielem Anderen auch dieses Stück“ zugunsten von bis dahin verbotenen Stücken weg. Stattdessen publizierte Stamm über tagesaktuelle Fragen, so in der „Deutschen Zeitung aus Böhmen“, wo er Mitredakteur wurde. Zudem veröffentlichte er laut Österreichischem Lexikon „beruhigende und belehrende Aufsätze in der „Bohemia“ und in der „Constitutionellen Zeitung aus Böhmen.“

Um 1848 meldete sich zudem Karl Josef Kreutzberg in der „Prager Zeitung“ zu Wort. Er studierte zunächst Philologie, Philosophie und pädagogische Wissenschaften und kam 1828 ins Prager Gubernium, wie die Verwaltungsbehörden der österreichischen Kronländer damals genannt wurden. Kreutzberg war zudem freier Schriftsteller und Wirtschaftskorrespondent angesehener Zeitungen und Zeitschriften, wie der „Augsburger Allgemeinen Zeitung“ und des „Brockhaus'schen Lexikons.“ Wegen der Zensur wurde sein Name jedoch nur selten genannt. Er stammte aus Tachau (heute Tachov), hieß eigentlich Heinrich David Ascher und war später Statistiker und Nationalökonom. Kreutzberg reiste durch die Donaumonarchie, nach Deutschland und Russland, um sich über den Stand von Industrie und Gewerbe zu informieren.

Im Jahr 1836 veröffentlichte er eine „Skizzierte Übersicht des gegenwärtigen Standes der Leistungen von Böhmens Gewerbs- und Fabrikindustrie in ihren vorzüglichsten Zweigen.“ Wesentliche Gründe für die Rückständigkeit der Industrie in Böhmen waren für ihn fehlende Kredite, geringe Bildung und zu wenige moderne Maschinen. Um sie zu beseitigen, brachte er anschließend seine „Ideen über die Notwendigkeit einer gründlicheren, mehr wissenschaftlichen Berufsbildung der Gewerbetreibenden und über die Mittel, ihnen diese zu gewähren“ unters Publikum.

Wie Gustav Otruba in der *Neuen Deutschen Biographie 13* erläuterte, sprach sich Kreutzberg gegen Österreich als Mitglied im Deutschen Zollverein aus. Und ebenso gegen einen Freihandel, weil die heimische Industrie und der Markt dafür nicht reif seien. Doch unter dem Eindruck des Jahres 1848 änderte er in der „Prager Zeitung“ seine Meinung. Die Revolution habe „durch den Fortfall des Absolutismus und der bürokratischen Bevormundung durch die Erringung der bürgerlichen und politischen Freiheit auch in der Wirtschaft geänderte Voraussetzungen geschaffen“, führte er aus. Zudem kandidierte Kreutzberg für die Frankfurter

Nationalversammlung. Später schrieb er „Beiträge zur Würdigung der Industrie und der Industriellen Österreichs." Allerdings erschienen davon nur drei Hefte (1854/55), wobei eines die Firma „Gottlieb Haase Söhne" in Prag beleuchtete, die einige Jahre Verleger der „Prager Zeitung" war.

In der zweiten Hälfte des 19. Jahrhunderts prägte Dr. Eduard Bruna die „Prager Zeitung" ganz wesentlich. Er leitete das Blatt laut einer Quelle der *Masaryk-Universität Brünn* fast 40 Jahre lang, von 1852 bis 1889. Die Zeitung hatte eine Auflage von 3.000 Exemplaren und erschien täglich außer sonntags. Eine Insertion kostete drei Kronen, wie ein *Allgemeines Adressbuch für den Deutschen Buchhandel* aus dem Jahr 1855 verriet. Bruna, Sohn eines Artillerieoffiziers, war davor außerordentlicher Professor an der Universität Prag und verfasste eine Geschichte Böhmens von vorchristlicher Zeit bis 1848. Er begeisterte sich für die Geschichtsphilosophie von Augustin Smetana, laut *Österreichisches Biographisches Lexikon* der „selbständigste und eigenartigste tschechische Philosoph des 19. Jahrhunderts." Für Smetana war es Aufgabe der Slawen, die westliche Kultur mit Humanität und sozialer Gerechtigkeit auszustatten.

Bruna wertete dies so, dass die Geschichte Böhmens eine stete Begegnung zwischen friedliebenden Tschechen und militanten Deutschen sei, aus denen das tschechische Volk als Sieger hervorgehe, jedoch von deutscher Bildung profitiere. Im Ergebnis führe dies zu Liebe und sozialer Freiheit. Daher forderte Bruna ein friedliches Zusammenleben von Tschechen und Deutschen auf tschechischem Gebiet. Dass er ausgerechnet die Leitung der PZ übernahm, einer tragenden Säule für die Interessen Österreichs in Böhmen, wertete eine historische tschechische Quelle an der Universität Brünn als Umdenken Brunas nach der Revolution von 1848, die seine Hoffnungen nicht erfüllte.

Damals zählte Bruna laut einem *Tschechischen Biografischen Lexikon* zu den Radikalen, wurde Mitglied eines Nationalkomitees und befehligte im Juni 1848 eine Abteilung von Philosophiestudenten im Klementinum. Eine Strafverfolgung gegen ihn wurde im August 1848 eingestellt, doch wurde er 1849 in Zusammenhang mit einer bevorstehenden Mai-Verschwörung verhaftet. Auch hier wurde er aus Mangel an Beweisen nicht verurteilt. Wie treu Bruna nun auf der Seite Österreichs stand, dokumentierte er am 12. Juli 1866, als er die vorläufige Einstellung der „Prager Zeitung" verkündete. Auslöser war ein Befehl der königlich preußischen Kommandantur, wonach die PZ mitten im Krieg zwischen Preußen und Österreich ein Manifest nicht abdrucken durfte, das „unser Herr und Kaiser“ zwei Tage vorher „an seine Völker“ gerichtet hatte.

Unter diesen Umständen könne die PZ ihren Aufgaben nicht mehr nachkommen, nämlich „unsere Pflicht, der Treue und Anhänglichkeit an unseren erhabenen Monarchen und an unser schwergeprüftes Vaterland jederzeit vollen Ausdruck zu geben, überhaupt als treue Söhne Österreichs publizistisch zu wirken“, wie Bruna erläuterte. Den „Herren Abonnenten“ solle voller Ersatz geleistet werden. Das Amtsblatt mit den Kundmachungen der Behörden werde jedoch weiterhin ausgegeben, „und zwar nachmittags um 4 Uhr.“

Emil Löbl stellt vor allem heraus, dass Bruna 1867 das „Prager Abendblatt“ als Beilage ins Leben rief, das „in kurzer Frist eine ganz außerordentliche Verbreitung gewann.“ Für ihn war Bruna ein „Begründer des neuen deutschen Journalismus in Böhmen“, neben Franz Klutschak und David Kuh. Der Prager Klutschak leitete die „Bohemia“ von 1844 bis 1877 als Chefredakteur, der „Tagesbote aus Böhmen“ war das Blatt von David Kuh. Neben diesen beiden stand Bruna „im Kampf für das Deutschtum“ und „gegen die tschechischen Journalisten Havliček, Sabina, Liblinsky, Arnold und Jireček.“ Dies vermerkte Franz Menges für die *Neue Deutsche Biographie 13*. Allerdings hätten sich „Bohemia“ und „Prager Zeitung“ - beide aus dem Verlag Haase „und somit personell und materiell gut ausgestattet“ - um „Ausgewogenheit und Konzilianz bemüht“, während sich Kuh laut Menges gegenüber den Tschechen nicht kompromissbereit zeigte.

Während der Amtszeit von Bruna arbeitete Josef Svátek ab 1866 für die „Prager Zeitung.“ Tschechische Literaturwissenschaftler zählen ihn heute zu den wichtigsten Schriftstellern historischer Prosa in der tschechischen Literatur. Svátek stöberte oft in Archiven nach historischem Stoff, den er gerne in seinen Werken verwendete. Vor allem die Zeit zwischen dem 16. und 18. Jahrhundert hatte es ihm angetan. Zu seinem wichtigsten Buch wurden die „Erinnerungen der Henkersfamilie Mydlář in Prag.“

Der Tscheche stammte aus einer Bürgerfamilie, wurde am 24. Februar 1835 in Prag geboren und starb dort noch vor Ende seines Jahrhunderts, im Dezember 1897. Oft wird Svátek attestiert, großartig geforscht zu haben. Seine Arbeiten reicherte er mit historischen und kulturellen Details aus seinen Recherchen an. Allerdings habe er seine Quellen nicht immer eindeutig belegt, wie im *Österreichischen Biographischen Lexikon* bemängelt wurde. Nach seinem Studium an der Technischen Hochschule schrieb Svátek viel, vor seiner Zeit bei der PZ für „Hlas“ und „Pražské noviny.“ Anschließend war er 30 Jahre lang und bis 1897 Redakteur von „Pražský denník.“

Aus Sváteks Arbeit für die PZ resultierte ein Buch: „Culturhistorische Bilder aus Böhmen." Dabei handelte es sich um „Gesammelte Beiträge aus der ‚Prager Zeitung' zur Geschichte und Kultur der böhmischen Länder", wie im Untertitel vermerkt wurde. Auf 310 Seiten befasste sich Svátek ebenso mit der „Geschichte der Hexenprozesse in Böhmen" und „Böhmen und die Alchemie" wie auch mit „Adamiten und Deisten in Böhmen", „Die Guillotine in Böhmen" oder „Bauern-Rebellionen in Böhmen." Außerdem ging es bei ihm um „Schiller in Böhmen", die „Rudolfinsche Kunstkammer in Prag" und „Zigeuner in Böhmen." Das Werk wurde 1879 vom Verlag Wilhelm Braumüller in Wien ediert.

Journalist, aber auch Verwaltungsbeamter und Diplomat war Ludwig Przibram von Gladona, der im Juni 1840 in Prag geboren wurde. Er studierte in Wien und arbeitete anschließend als Redakteur bei der „Constitutionellen Oesterreichischen Zeitung" und der „Wiener Zeitung." Zugleich schrieb er als ständiger Mitarbeiter für die „Prager Zeitung." Ab 1870 stieg Przibram zum Ministerialsekretär im Außenministerium auf, wo er laut *Österreichisches Biographisches Lexikon* eine „rege publizistische Tätigkeit im literarischen Büro" entfaltete. Später amtierte er als Generalkonsul in Barcelona und Leiter des Konsulates in Zürich.

Karl Marquard Sauer bezeichnete sich in einem Brief am 15. November 1869 selbst als „ständiger Kunstreferent der ‚Prager Zeitung'." In deren Feuilleton sei auch sein neuer Roman „Kinder der Zeit" zuerst erschienen und habe beim Publikum eine überraschend günstige Aufnahme gefunden, wie er aus Prag an einen unbekannten Adressaten schrieb. Hauptberuflich wirkte Sauer jedoch als Pädagoge, Romanist und Schriftsteller. Ab 1864 war er Professor für französische Sprache an der Handelsakademie in Prag. Mit seinen Grammatiken, Lehr- und Übungsbüchern, besonders für Italienisch und Spanisch, erzielte er hohe Auflagen. Seine Romane bezeichnete das *Österreichische Biographische Lexikon* dagegen als „leichte, gängige Unterhaltungsware, locker und spannend geschrieben", die tatsächlich oft in Zeitungen vorab veröffentlicht wurden.

Doch nicht nur Journalisten der „Prager Zeitung" genießen bis heute einen großen Ruf. Den 125. Todestag des Druckers und Verlegers Heinrich Tugendhold Stiepel machte das *Österreichische Biographische Lexikon* im März 2011 zu seiner „Biographie des Monats." Begründung: Stiepel habe in Böhmen „den Grundstock zu einem der bedeutendsten grafischen Betriebe der österreichisch-ungarischen Monarchie" gelegt. Dies begann mit dem Kauf einer Buchdruckerei im nordböhmischen Rumburg (heute Rumburk), deren Verlag den „Rumburger Anzeiger“ herausgab. Mitte 1857 erhielt Stiepel eine Konzession für Reichenberg, das heutige Liberec, und gründete mit Hilfe von Textil-Industriellen in Nordböhmen ab 1860 die liberale „Reichenberger Zeitung.“ Sie wurde zur auflagenstärksten deutschsprachigen Tageszeitung in Nord- und Westböhmen mit mehr als 73.000 Exemplaren, bevor sie 1938 durch die Nationalsozialisten eingestellt wurde.

Davor war Heinrich T. Stiepel, der 1822 in Westfalen geboren wurde, Schriftsetzer. Er arbeitete als Gehilfe in Aachen, Schlesien und schließlich beim Prager Buchdrucker „Gottlieb Haase Söhne.“ Dort war er ab 1851 Metteur en pages, also ein spezialisierter Handschriftsetzer für den typografischen Umbruch - bei der amtlichen „Prager Zeitung.“

Kapitel 6: 2007 - 2011

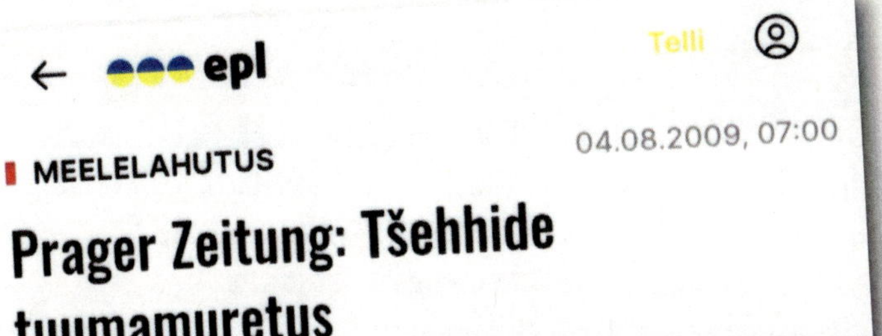

epl Telli

MEELELAHUTUS 04.08.2009, 07:00

Prager Zeitung: Tšehhide tuumamuretus

LIDOVKY

Události Názory Magazín Kultura Orientace Seriály Video Obraz

Po Ruzyni touží konkurent

EKONOMIKA 28. listopadu 2007 13:57

VÍDEŇ - Privatizace letiště Praha-Ruzyně velmi zajímá firmu Letiště Vídeň. Na investorské konferenci v New Yorku to prozradil mluvčí představenstva společnosti Flughafen Wien Herbert Kaufmann. Ten uvedl, že podmínky privatizace musí společnost nejprve důkladně prostudovat.

O pražské letiště se podle pražského listu Prager Zeitung zajímá rovněž

DJV Sachsen aktuell

Deutscher Journalisten-Verband | Landesverband Sachsen | www.djv-sachsen.de | TL +49 351 252 74 64

« Handballverband: Berichterstattung gesichert
Presseversorgung beschließt Gewinnbeteiligung für 2012 »

20 Jahre Prager Zeitung

Heute vor zwanzig Jahren, am 5. Dezember 1991, erschien die erste Ausgabe der Prager

Radio Prague International | auf Deutsch
Czech Radio

POLITIK WIRTSCHAFT GESELLSCHAFT REISEN KULTUR SPORT GESCHICHT

English

UWE MÜLLER GESTORBEN – CHEFREDAKTEUR DER PRAGER ZEITUNG ERLIEGT KREBSLEIDEN

Felix Neumann 08-06-2010 Als E-Mail schicken Drucken Abonnieren von RSS

Feier ohne Gründer

Die „Prager Zeitung“ präsentiert sich in Deutschland. Leser und Interessierte können das Wochenblatt in einer Ausstellung im Tschechischen Zentrum in München kennenlernen, wie die deutsche Welle von *Radio Prag* im November 2007 berichtet. Die PZ habe in den vergangenen 16 Jahren bewiesen, dass eine deutschsprachige Zeitung in Tschechien „funktioniert“, so Autorin Sarah Houtermans. Im Gespräch mit ihr nennt Chefredakteur Uwe Müller als wesentliches Ziel für die Schau, „die Geschichte der ‚Prager Zeitung‘ vor dem Hintergrund der Geschichte Tschechiens Revue passieren zu lassen.“

Dafür stellt die PZ ihre Titelseiten aus, eine Seite für jedes Jahr. Sie führen Besuchern vor Augen, was in den Jahren von 1991 bis 2007 in der Tschechoslowakei bzw. in Tschechien passiert ist und zeichnen wichtige Etappen nach. Darunter den deutsch-tschechischen Nachbarschaftsvertrag von 1992, die Versöhnungserklärung 1997 oder den EU-Beitritt im Jahr 2004. Auf die Frage nach Rolle und Aufgabe seiner Zeitung antwortet Müller einmal mehr: „Wir nehmen von Anfang an die Rolle einer Brücke wahr, einer Brücke für Informationen.“ Die PZ möchte „in die Realitäten“ Tschechiens und der Slowakei einführen. „Wir wollen den Blick für Themen aus diesen Ländern schärfen, für die Befindlichkeiten der Menschen, die hier leben“, so Uwe Müller.

Auch im Radio-Interview bleibt die „ewige“ Frage nach dem Vorbild „Prager Tagblatt“ nicht aus, wieder nennt es Müller „recht vermessen, an die Tradition von einer der bestgemachten deutschsprachigen Zeitungen der Zwischenkriegszeit anzuknüpfen.“ Was diese Zeitung ausgemacht habe, sei schließlich verloren gegangen. „Einerseits sind es die Menschen, die die Zeitung gemacht haben, nämlich die deutsch-jüdische intellektuelle Schicht, die von den Nazis ermordet wurde“, sagt Müller. Und auch die Leserschaft ist „entweder ermordet oder 1945/46 vertrieben worden.“ Gleichwohl sieht er die offene liberale Tradition des „Prager Tagblatt“ für sich und seine Zeitung „als eine Verpflichtung“ an.

Ganz bewusst habe er München als Ort für diese Präsentation gewählt, erklärt der PZ-Chef. Auch von dort bekam seine Zeitung einst eine Anschubfinanzierung. Nach seiner Einschätzung normalisieren sich „dank des neuen Ministerpräsidenten Beckstein“ gerade die Beziehungen zwischen Tschechien und Bayern. Der CSU-Politiker versuche, „neue Töne anzuschlagen und stößt damit auf tschechischer Seite auf offene Türen.“ Für Müller passt die Ausstellung seiner Zeitung exakt in diesen Kontext.

Anfang 2007 meldet sich Uwe Müller in der renommierten tschechischen Wochenzeitung *Respekt* zu Wort, um den Stand der deutsch-tschechischen Beziehungen zu analysieren. Nach Abschluss des Vertrages von 1992 brach für ihn ein „vielversprechend begonnener Dialog beinahe ab und verwandelte sich in einen Monolog, der von beiden Seiten mit beispielloser Hartnäckigkeit geführt wurde." Zwar lösten Deutschland und die Tschechoslowakei zunächst „grundlegendere Probleme als die Probleme der Vergangenheit." Doch die Hoffnung, dass sich schmerzhafte Themen der tschechisch-deutschen Geschichte „durch flüchtige Formulierungen" lösen würden, erfüllte sich nicht. Über dem Streit um die sogenannten Beneš-Dekrete zur Vertreibung der Deutschen geriet „die Gegenwart irgendwie in Vergessenheit." Die Unterzeichnung der Erklärung „war ein erster Schritt, aber die Reise ist noch lange nicht zu Ende", fasst Müller zusammen.

Vielfach wird die „Prager Zeitung" auch in der zweiten Hälfte der Nullerjahre von Medien und Einrichtungen erwähnt. So im Februar 2007, als *Mladá fronta Dnes* auf ein Ranking eingeht, das Prag drei Luxus-Hotels zugesteht, zwei von ihnen sogar in den Top Ten der 50 luxuriösesten Häuser der Welt. Ein Prager Fünf-Sterne-Hotel begrüße einen Schweizer Geschäftsmann, der einmal im Monat in die tschechische Hauptstadt komme, in einer Suite „immer mit seinem Lieblingsservice - Parmaschinken und eine frische Ausgabe der ‚Prager Zeitung'", führt die meistgelesene Tageszeitung des Landes aus.

Im Dezember 2007 führt *Lidové noviny* die PZ in einem Bericht über eine Kampagne an, die den Beitritt Tschechiens zum Schengen-Raum vorbereiten soll. Diese Werbe-Initiative soll vor allem Veränderungen aufzeigen, die sich durch die Abschaffung der Binnengrenzkontrollen ergeben. Sie zielt auch auf Ausländer in Tschechien sowie Grenzbewohner ab. Deshalb wird darüber „auch in Medien in englischer oder deutscher Sprache, die in der Tschechischen Republik erscheinen, wie der ‚Prager Zeitung' informiert", so das tschechische Blatt. Die Kosten für die Maßnahme belaufen sich auf insgesamt 25 Millionen Kronen.

Ein paar Tage vorher thematisiert *Lidové noviny* die geplante Privatisierung des Flughafens Prag-Ruzyně. Mit einer Rekordzahl von 11,5 Millionen Passagieren sei ihm gelungen, seinen Vorsprung gegenüber Konkurrenten aus den anderen neuen Ländern der Europäischen Union auszubauen. Nun erwäge die Flughafengesellschaft Wien ein Investment, wie ein Vorstandssprecher auf einer Investoren-Konferenz in New York erklärte. „Laut ‚Prager Zeitung' interessiert sich auch das deutsche Unternehmen „Fraport" für den Prager Flughafen", schreibt die älteste Tageszeitung in Tschechien, die Deutschen wollen „prüfen, ob eine solche Übernahme für sie geeignet wäre." Das Unternehmen betreibt unter anderem den internationalen Flughafen in Frankfurt am Main.

Genau dies berichtet Ende November 2007 auch *Mladá fronta Dnes*. Schon im Januar 2008 erscheint dort ein weiterer Beitrag zur geplanten Privatisierung des Flughafens, weil ihn mittlerweile auch Investoren aus Asien kaufen wollen. Sie schließen sich Interessenten aus Europa an, zu denen „auch der Frankfurter ‚Fraport' und das deutsche Unternehmen ‚Hochtief' gehören, das bereits den Flughafen in Budapest betreibt, wie die ‚Prager Zeitung' berichtet", so das Blatt aus der tschechischen Hauptstadt.

Mehrere Zeitungen, unter ihnen die *Lausitzer Rundschau*, greifen via *dpa* einen PZ-Beitrag auf, der ein neues Leitsystem für den Schwerlastverkehr durch Nordböhmen beschreibt. Signaleinrichtungen sollen den Verkehr in spezielle Korridore lenken, solange die Autobahn von Dresden nach Prag nicht fertiggestellt ist. Und vor allem verhindern, dass die Strecke zwischen Ústí nad Labem und Lovosice überlastet wird. Die Autobahntrasse zwischen Dresden und Ústí soll zum Jahreswechsel 2006/07 befahrbar sein, ein 17 Kilometer langes Teilstück durch das Naturschutzgebiet „Böhmische Mittelgebirge" jedoch erst frühestens 2009.

Die Website *chefkoch.de* wird nach eigenen Angaben bis zu 22 Millionen Mal im Monat aufgerufen. Auf Anfrage von Nutzern nach Lokalen, Hotels oder gar Geheimtipps für Aufenthalte in Prag empfehlen andere User die „Prager Zeitung online" zum Einlesen. „Da findet man was zu Land und Leuten", bemerkt ein gewisser „kundun" knapp und präzise. Anfang 2007 informiert die Verwaltung von *Košice*, der zweitgrößten Stadt der Slowakei, über „Image, Reputation und Attraktivität" ihrer Kommune. Um ihren Ruf zu steigern und für sich zu werben, setze sie alle möglichen Mittel der Kommunikation ein. Durch Kooperationen und partnerschaftlicher Beziehungen werde versucht, relevante Gruppen, Kunden, Besucher und Investoren zu erreichen. Deshalb mache die Stadt auch in „ausgewählten ausländischen Medien wie der ‚Prager Zeitung' auf uns aufmerksam."

Beim Cinefest „Film im Herzen Europas" wird im Dezember 2007 der Streifen „Král Velichovek" (Der König von Velichovky) aufgeführt, die Geschichte der deutschen Familie Seisser, die in den 1930er und 40er Jahren in dem gleichnamigen Ort im Sudetenland wohnte. Dazu verweist das *Deutsche Historische Museum* in Berlin auf ein Interview mit dem Regisseur Jan Šikl in „Prager Zeitung online" im April 2007. Er erläuterte, dass sein Film ein zunächst friedliches Umfeld und die tägliche Arbeit des Gutshofs beschreibe.

Dann sickere in dieses friedliche Klima allmählich die politische Situation ein. Auch in der Familie war „das deutsch-tschechische Thema tagtäglich präsent, aber man machte kein Politikum daraus" - bis die „Boten des neuen historischen Zeitalters" das Dorf heimsuchten...

LSVDpresse, der Pressespiegel für Lesben und Schwule, macht auf einen Artikel in der PZ aufmerksam, in dem die Gleichberechtigung thematisiert und gefragt wurde, ob ein „schwuler Kollege Kumpel oder Sündenbock" sei. Fazit: Trotz eigener Theater und Clubs seien Homosexuelle in Tschechien noch immer Vorurteilen ausgesetzt. Und die rechte Wochenzeitung *Junge Freiheit* besucht im Februar 2009 Marienbad, wo Frühaufsteher auf der Terrasse im Hotel Bohemia sitzen, ihren Morgenkaffee trinken und dabei in der tschechischen Zeitung „Blesk" blättern - „oder in der ‚Prager Zeitung', dem deutschsprachigen Wochenjournal aus der Mitte Europas."

Seit Jahren verbreitet das *Deutsche Kulturforum östliches Europa*, ein von der Bundesregierung geförderter gemeinnütziger Verein mit Sitz in Potsdam, Artikel aus der „Prager Zeitung." So auch einen Bericht von Mitte November 2007, wonach die ARD ihr Fernsehstudio in Prag schließt und künftig einen Reise-Korrespondenten installiert, der in Dresden beheimatet ist. Damit endet die Geschichte von einem der ältesten Auslandsstudios innerhalb des Ersten Programms nach mehr als 40 Jahren. Grund ist, dass in der ARD „die Gewichte verschoben" wurden, wie der aktuelle Korrespondent gegenüber der PZ erläutert. An Stelle des Studios in Prag wird die öffentlich-rechtliche Anstalt mehr Geld in ein Büro in Neu Delhi stecken.

Das Forum, das sich für eine „zukunftsorientierte Vermittlung deutscher Kultur und Geschichte des östlichen Europa" engagiert und damit einen nachhaltigen Beitrag zur Stärkung europäischer Identität leisten will, gibt auch ein PZ-Gespräch mit dem österreichischen Botschafter Ferdinand Trauttmansdorf weiter. Darin geht es um die Aufarbeitung der tschechischen Vergangenheit, über die nun eine Diskussion in Gang gekommen sei. Die Erfahrungen seines Landes in Bezug auf den Zweiten Weltkrieg hätten gezeigt, dass die Jugend auch „unangenehmen Dingen auf den Grund gehen" wolle, sagte der Diplomat.

Und niemals vergessen, ein Podcast über die Geschichte von Union Berlin, empfiehlt die Berichterstattung der PZ über die Rolle des Eishockey im tschechischen bzw. tschechoslowakischen Bewusstsein. Das Portal *ilovegrafitti.de* feiert im Sommer 2008 überschwänglich das Streetart-Treffen „Namesfest" in Prag. „Es scheint sich dort um eine Festival der Superlative zu handeln", urteilt der Autor, „das Lineup kann besser nicht sein." Ausführlich zitiert er aus einem Artikel in der „Prager Zeitung." Sie führte aus, dass die Kunst aus der Sprühdose bereits seit zwei Wochen an einigen Fassaden in der Innenstadt zu sehen ist, vornehmlich im „Klub Cross" in Holešovice, auf dem Parkplatz in der Národní-Straße nahe des Nationaltheaters und im Künstlerzentrum „MeetFactory" in Smíchov. „Mit dem Programm auf dem Gelände der Galerie ‚Trafačka' und im Kino ‚Aero' wollen die Veranstalter verschiedene Formen der modernen Graffiti vorstellen und ihr schlechtes Image in der Gesellschaft aufpolieren", schrieb die PZ, „Bilder und Schriftzüge im öffentlichen Raum sollen Kunstform und Ausdruck eines urbanen Lebensgefühls sein." Illegale Schmierereien an Häusern und Zügen würden die Veranstalter hingegen ablehnen.

„Berichte aus dem sprachlichen Exil" betitelt Stephan Martens von der Universität Bordeaux seine Abhandlung im Jahr 2009 über deutschsprachige Zeitungen im Ausland. Würde man ihre Redaktionsbüros auf einer Weltkarte markieren, bekäme man ein aufschlussreiches Muster vergangener Migrationswellen, konstatiert er im *Journal of Literary Theorie and Cultural Studies.* Am höchsten sei die Dichte in den Einwanderungsländern Nord- und Südamerikas und in den Nachfolgestaaten der Sowjetunion. Aber auch in Südosteuropa finde man „versprengte Minderheiten, für die das Deutsche noch immer Kern ihrer kulturellen Identität bildet." Trotzdem sei manche Zeitung in ihrer Existenz bedroht und müsse gegen Abwanderungen kämpfen.

Zielgruppen all dieser Publikationen sind für Martens generell „die vielen Millionen deutsche Staatsbürger im Ausland und deutschsprachige Personen, die als Bürger anderer Staaten in sprachlicher Minderheit leben sowie Deutschstämmige." Er stuft diese Medien in erster Linie als Verbindung zwischen Heimat und neuem Lebensraum ein. Sie würden dabei helfen, deutsche Sprache, Sitten und alte Bräuche zu verankern, Politik, Sport oder Kultur zu verbreiten und Geschichte festzuhalten. Womit sie ein publizistisches Bindeglied für deutschsprachige Gemeinden darstellen, ein Kommunikationsmittel für Expats und eine Orientierungshilfe für deutsche Touristen seien sowie einen Wegweiser für Geschäftsleute und Unterrichtsmittel für Sprachschüler bilden.

„Die Stärken der deutschsprachigen Auslandszeitungen liegen nicht nur in der lokalen Berichterstattung, sondern auch in ihrer Funktion als Wirtschaftsförderer oder Kulturbotschafter", fasst Martens zusammen. Für die „Prager Zeitung" nennt er als Aufgaben, was sie sich selbst gestellt hat. Nämlich „nicht nur über Spektakuläres zu berichten, sondern kontinuierlich über das Land und seine Menschen zu schreiben, zwischen beiden Kulturen zu vermitteln." Martens spricht ihr eine wichtige Rolle im schwierigen Verhältnis zweier Nachbarstaaten zu.

Und er bedauert, dass diese Publikationen im Ausland von der Literatur wie auch von innerdeutschen Medien weitgehend ignoriert würden. Zu oft hafte ihnen noch das „Image altmodischer Heimatzeitungen" an. Dabei beobachtete er in den letzten Jahren einen Generationenwechsel, viele Blätter würden mittlerweile „von jungen Leuten mit journalistischem Hintergrund" gemacht. „Zum Teil waren die Auslandszeitungen viel fortschrittlicher als deutsche Zeitungen, setzten früher auf Farbe und Internet", würdigt der Autor. Im Osten Europas hätten diese Medien längst „einen Modernisierungsprozess abgeschlossen", der auch professionelle Internetauftritte einschließe.

Eesti Päevaleht, die auflagenstärkste Tageszeitung in Estland, lässt ihre Leser wissen, dass die tschechische Regierung langfristig auf Kernenergie setzt. Auch wenn Nachbar Österreich seit Jahren den schlechten Zustand der tschechischen Kraftwerke beklage und sie als Bedrohung ansehe. Österreich mag sich nun „so gestört fühlen, wie es will", schreibe die deutschsprachige „Prager Zeitung", trotzdem gelte in Tschechien wie der Slowakei „atomare Energie als Zukunft, nicht als Vergangenheit." *Delfi*, das größte Online-Portal Estlands, nimmt diesen Artikel im April 2009 ebenfalls auf.

Im Mai 2010 beleuchtet die *Süddeutsche Zeitung* das Verhältnis von Kafka und Prag. Er sei in seiner Heimatstadt lange verkannt und erst spät entdeckt worden, obwohl der Schriftsteller dort fast sein ganzes Leben verbrachte. Nun werde er wie ein Popstar gefeiert und zu einem Museumsobjekt. Dazu greift der Autor ein Urteil in der „Prager Zeitung" auf, die es „beschämend spät" fand, dass ein Kafka-Museum erst 81 Jahre nach seinem Tod in Prag eröffnet wurde.

Nur wenige Tage später zitiert Klaus Brill für die *Süddeutsche Zeitung* erneut die PZ, als er berichtet, dass fast die Hälfte aller Touristen in Tschechien regelmäßig über den Tisch gezogen werde. Eine amtliche Untersuchung von 3.500 tschechischen Lokalen habe ergeben, dass tschechisches Bedienungspersonal zu einer „äußerst kreativen Buchführung" neige. Zu diesem Thema habe die „Prager Zeitung", die in Tschechien lebende Deutsche und Österreicher und eben auch Touristen aus beiden Ländern anspreche, voll „ins Schwarze" getroffen. Einmal mit ihrer treffenden Schlagzeile „Vorsicht, Gauner." Und vor allem mit ihrer Fotomontage auf dem Titel, die einen Kellner mit weißer Schürze und Fliege sowie Block und Bleistift für eine Bestellung zeige - und mit einer Maske in Rot „nach Art von Bankräubern" vor dem Gesicht.

Die *Sächsische Zeitung* bezieht sich im März 2011 auf den PZ-Aufmacher „In einem unbekannten Land", in dem die Kenntnisse in Europa über Tschechien und die Tschechen untersucht wurden. Da fast allen Befragten zwar Prag geläufig, der Rest des Landes jedoch kaum bekannt war, sei nun die Arbeit von „Czechtourism" gefragt. Mit wie viel Elan der Tourismusverband diese Aufgabe erledigen werde, sei schwer abzuschätzen. „Die Kollegen der ‚Prager Zeitung', die sich seit jeher auch für den Tourismus zuständig fühlen, blieben mit ihrer wiederholten Bitte nach einem Kontakt bislang allein", formuliert der Autor, „PR ist da offensichtlich noch ein Begriff aus einer anderen Welt."

Immer wieder wird die PZ in wissenschaftlichen Arbeiten berücksichtigt, nicht selten gar zum Gegenstand der Forschung. Schon 2005 geht es in einer Diplomarbeit an der *Ludwig-Maximilians-Universität München* um „Die Prager Zeitung. Profil und Erfolgsfaktoren einer deutschsprachigen Zeitung im Ausland." In einer Magisterarbeit werden bereits 1998 in *Marburg* „Probleme des deutsch-tschechischen Verhältnisses" seit 1991 untersucht und dafür auch Beiträge in der PZ genutzt. Ausschließlich das Thema „Kultur in der ‚Prager Zeitung'" wird 2008 in einer Bachelorarbeit an der *Masaryk Universität Brünn* erforscht. Dafür analysiert die Autorin drei Artikel. Ihr Fazit: „Dank des hohen Ausdruckniveaus und des reichen Wortschatz sind die Texte sehr fesselnd und gut lesbar."

An der gleichen Hochschule verfasst eine tschechische Sprachwissenschaftlerin eine Bachelorarbeit über „Kompositionen in der deutschen Zeitung ‚Prager Zeitung' und ihre Präsenz in den Jahren 2004 und 2007." Zwei Jahre später weitet sie ihre Forschung für eine Diplomarbeit aus und betreibt eine „Stilistische Textanalyse der Rubrik Kultur in den Wochenzeitungen ‚Prager Zeitung' und ‚Die Zeit'", wofür sie mehrere Artikel vergleicht. Dazu gehört auch der PZ-Kommentar „Humorloses Europa von Klaus Hanisch." In diesem Meinungsbeitrag wurde der tschechische Bildhauer David Černý gegen Kritik aus europäischen Ländern verteidigt, die sein Kunstobjekt „Entropa" zur tschechischen EU-Präsidentschaft im Brüsseler Ratsgebäude teilweise scharf verurteilten.

Ein Fazit der akademischen Analyse lautet: „Der Journalist tritt für David Černý ein und er benutzte dazu viele Argumente, die er in einem These-Argumente Aufbau entwickelte. Interessante stilistische Mittel kommen in diesem Kommentar vor. Nicht nur die zahlreichen Metaphern und Kraftverben, die expressiv wirken, rhetorische Fragen, die die Leser überzeugen sollen, sondern auch wirkende Details, die als Mittel der Ironie dienen, befinden sich im ganzen Text. Die Parenthesen verleihen dem Text die Dynamik. Die Pointe des Kommentars ist gut ablesbar: Die EU sollte zuerst über sich selbst nachdenken bevor sie die anderen zu kritisieren beginnt."

Allein wird dieser Kommentar „Humorloses Europa" ein paar Jahre später für eine „Textgrammatische Analyse" an der *Karl-Franzens-Universität Graz* herangezogen. Dafür wird der Artikel „in 11 minimale Texteinheiten" gegliedert und bereits im „Supra-Text 2" die Textsorte erläutert: „Es handelt sich um einen Kommentar." Zur Hervorhebung dieser Informationen habe der Autor des Artikels „die Doppelpunktstruktur und den Gedankenstrich" benutzt. Sein Name gelte als „Para-Text", was „auch deiktisch" sei. „Humorloses Europa" sei mit ähnlichen Wortstrukturen das Synonym (partielle Rekurrenz) zu „dass EU-Bürokraten keinen Humor haben..." Der Kommentar bestehe hauptsächlich aus Hypotaxen. „Es handelt sich um Konjunktional-Relativsätze, indirekte Fragesätze und auch satzwertige Infinitivkonstruktionen." Als Beispiel dafür wird der Satz aufgeführt: „Dass EU-Bürokraten keinen Humor haben, ist nicht neu und dennoch überraschend."

Die Wörter „verdammen", „verwundern" und „Kunstaktion" habe der Journalist zur satirischen, ironischen Ausdrucksweise benutzt. Mit Modalwörtern und Partikeln drücke er „subjektive Einstellung, Interesse, Erstaunen, Überraschung" aus. Wie: „...ist nicht neu und dennoch überraschend." Die Textfunktion sei „in erster Linie argumentativ und appellativ, der Artikel bewertet und evaluiert das Kunstwerk." Der angehende Wissenschaftler kommt zu dem Ergebnis, dass es sich dabei allerdings auch nur um „Werbung für David Černý und sein Kunstwerk handeln" könnte...

Auch neben dem Hörsaal wird die PZ zum Hochschul-Thema. *GFPS*, die Gemeinschaft für studentischen Austausch in Mittel- und Osteuropa, informiert in ihrem Newsletter von Juni 2007 über einen „spannenden Artikel" in der PZ. Darin wurde nachvollzogen, wie unterschiedlich die kommunistische Zeit in Tschechien, der Slowakei und Polen aufgearbeitet wird. „Lust auf Prag? - Czech it!", dazu rät das Institut für deutsche Sprache und Literatur der *Universität Köln*. Es bietet einen Wegweiser für einen Austausch mit der Karls-Universität in Prag, mit der die Einrichtung eine Partnerschaft pflegt. Eine ehemalige Tutorin arbeite derzeit bei der „Prager Zeitung", die nach Meinung des Autors „von Deutschen für Deutsche herausgegeben" werde. Sie sei auch am Kölner Hauptbahnhof erhältlich, wie zusätzlich als Information angefügt wird.

In Büchern finden Artikel der „Prager Zeitung" ebenso weiterhin und oft Widerhall. Ein Ratgeber für Investoren aus dem *Salzwasser-Verlag* von 2007 erläutert „Die Wirtschaftsordnung in der Tschechischen Republik", auf den Seiten 70 bis 79 mit Hilfe von acht PZ-Beiträgen, die zwischen Januar und April 2006 erschienen sind. Um „Reformen und Begriffsverwirrungen" geht es in einem Werk des *Verlags für Sozialwissenschaften* in Wiesbaden, das Tschechiens lokale und regionale Ebene „auf dem Weg in die europäische Mitbestimmung" skizziert. Darin wird auf den Artikel „Euregio Egrensis beseitigt Missverständnisse" Bezug genommen, in dem die PZ im Juni 2006 über die Europa-Region im Grenzgebiet zwischen Böhmen, Bayern, Sachsen und Thüringen informierte. In dem *Books on demand*-Werk „Entfremdung-Sprachlosigkeit-Aussöhnung?" analysiert eine deutsche Historikerin die Wechselwirkung (sudeten-)deutsch-tschechischer Befindlichkeiten zur Vertreibung der Sudetendeutschen. Dafür nutzt sie „veröffentlichte Meinungen und - weiter gefasst - die politische ‚Öffentlichkeit' in deutschen und tschechischen Presseorgane von 1984 bis 1997." Dazu zählen auch Berichte der „Prager Zeitung" von 1992 bis 1997.

Um „Innovationsnetzwerke und Clusterpolitik in europäischen Automobilregionen" drehen sich Inhalte eines Buches aus dem *Lit Verlag* Berlin, das „Impulse für Beschäftigung" geben soll. Darin wird ein Bericht der „Prager Zeitung" über ein Fallbeispiel zitiert. Ein deutscher Automobil-Zulieferer hatte geplante Investitionen in der Slowakei abgeblasen und stattdessen lieber in Rumänien investiert. Eine Hiobsbotschaft für 1.200 Slowaken, die in dem Werk Arbeit finden sollten. „Widerstand oder Kollaboration?", dieser Frage geht ein Buch 2008 im *Diplomica Verlag* Hamburg nach, das die Rolle des katholischen Geistlichen und Politikers Jozef Tiso untersucht. Er war Präsident einer von Nazi-Deutschland abhängigen Slowakei und wurde nach Ende des Zweiten Weltkriegs als Kriegsverbrecher hingerichtet. In einer Analyse wird dafür die kontroverse slowakische, exil-slowakische und deutsche Literatur verglichen. Auch mit Hilfe von Artikeln in der PZ, die mehrfach Tiso und Bücher über ihn abhandelte.

Seit Jahren dienen Ausgaben der PZ schon als Lehrmittel an Schulen und auch Universitäten. Nicht zuletzt mit der Absicht, frühzeitig bei einer künftigen Zielgruppe auf sich aufmerksam zu machen. Im Jahresheft 2009/2010 des *Österreichischen Gymnasiums Prag* schildern Schüler der Klassen 6a und 6b einen Besuch im April 2010 bei der PZ. Nach einem „warmherzigen Empfang" sei ihnen „alles über die ‚Prager Zeitung' erzählt" worden, von der Gründung bis zur aktuellen Auflage und der Anzahl der Leser. Eine Fragerunde schloss sich an. „Mir persönlich hat dieser Nachmittag sehr gut gefallen", bilanziert ein junger Besucher, „sehr interessant und anschaulich" sei erklärt worden, wie eine Zeitung entsteht und „was alles an Arbeit drinnen steckt." Vielleicht „dürfen wir uns auf eine weitere Zusammenarbeit mit der ‚Prager Zeitung' freuen", hofft er, denn am Ende sei „sogar die Möglichkeit eines Praktikums in der Redaktion" angeboten worden. Und: „Möglicherweise wird es in unserer Schule bald wieder einige Freiexemplare der ‚Prager Zeitung' geben."

Um „Deutsch im interkulturellen Begegnungsraum Ostmitteleuropa" dreht sich eine Tagung der *Internationalen Gesellschaft für interkulturelle Germanistik* im Mai 2009. In Budapest wird ihren Teilnehmern empfohlen, einen „schärferen Blick" auf die deutsche Presselandschaft dort zu werfen. Denn nach der politischen Wende habe es etliche Neu- und Wiedergründungen wie die „Prager Zeitung" (1991) gegeben, was „auf einen wachsenden Bedarf schließen" lasse. Und das Selbstverständnis vieler Zeitungen habe sich jüngst „grundlegend gewandelt." Neue Leserschichten sollten erschlossen werden, die Redaktionen seien oft gemischt und praktizierten selbst, was sie sich programmatisch vorgenommen haben: Zur praktischen Verständigung zwischen Nachbarn beizutragen und „zwischen den beiden Kulturen vermitteln" - wie die „Prager Zeitung" für sich in Anspruch nehme.

Gemeinsamkeit von deutschsprachigen Medien im Ausland betonten auch die Mittel- und südosteuropäischen Medientage in Berlin, die vom Auswärtigen Amt und der Axel-Springer-Stiftung gefördert wurden. Doch schnell sei deutlich geworden, „dass mit mathematischen Algorithmen nichts auszurichten ist, wenn es um deutschsprachige Presse zwischen Bukarest und Bonn, dem Baltikum und Basel geht." Zu dieser Einsicht kommt die *KK - Kulturpolitische Korrespondenz* in ihrer Rückschau auf die Veranstaltung, zu der sich im Mai 2011 Journalisten und Medienfachleute in der deutschen Hauptstadt trafen.

Denn diese Medien hätten bei aller Vielfalt nicht viel gemein. Außer der deutschen Sprache. Und einem gewissen Überfluss an Themen. Ansonsten müssten Blätter auf ein alterndes Publikum Rücksicht nehmen, könnten nur zweisprachig überleben oder wegen der Minderheitenförderung durch eine Regierung lediglich „volkstümliche" Berichterstattung betreiben. Ganz andere Probleme habe hingegen die „Prager Zeitung", erläutert Autor Georg Aescht. Sie muss „nur auf dem freien Markt zurechtkommen und kann darüber ein deftig, ja mitunter heftig Lied singen."

Wobei die PZ ohne staatliche Unterstützung gelernt habe, dass durch ein „Abo für die Online-Ausgabe (zum fast gleichen Preis wie die Printausgabe) eine neue Lesergruppe erschlossen werden" könne, konstatiert die *Allgemeine*

Deutsche Zeitung für Rumänien in ihrem Bericht über diese erstmals durchgeführte Tagung. Und dies sei auch nötig. Denn „infolge der Wirtschaftskrise" sei die Wochenzeitung in Prag von einst zuweilen 48 Seiten auf nur noch 12 Seiten geschrumpft.

Für Autorin Hannelore Baier stellte das Treffen eine „willkommene Zusammenwürfelung von Beteiligten" dar, um über Gegenwart und mögliche Zukunft der deutschsprachigen Medien im mittel- und osteuropäischen Raum zu sprechen. Als ein Ziel wurde die Schaffung eines nachhaltigen Netzwerkes zwischen Auslandspresse untereinander sowie mit Kollegen in Deutschland ausgegeben, durch gemeinsame Projekte, Gastautoren, Diskussionsforen oder wechselseitig verlinkte Webseiten. Zudem werde eine Steigerung des Bekanntheitsgrades angestrebt, ebenso eine internationale Nachwuchsförderung. Die Autorin bedauerte, dass einige angemeldete deutsche Journalisten jedoch ihre Teilnahme „im letzten Augenblick wegen Terminschwierigkeiten" absagten...

„Provokante Thesen" zur Zukunft der deutschsprachigen Presse im mittel- und südosteuropäischen Raum stellte laut Baier der PZ-Vertreter auf. Marcus Hundt vertrat die Meinung, dass es in 30 Jahren keine Printmedien für deutsche Minderheiten mehr geben werde, da die junge Generation global und nicht mehr lokal denke. Zudem würden der an der alten Heimat interessierte große Leserstamm abnehmen und die Minderheitengruppen die Landessprache kennen. Für Printmedien, die nicht Minderheiten bedienen, stelle der Online-Boom eine Gefahr dar. Trotzdem könnten diese Zeitungen Informationen bieten, die die deutsche Presse nicht habe.

Als Lösung bot Hundt an, für Minderheiten ein zweisprachiges Produkt „in den Sprachen der Lebensrealität sowie der Vorfahren und der Identität" herzustellen. Zudem eine länderübergreifende Zeitung, die „alle anspricht und die Kräfte bündelt." Schließlich schlug er vor, dass bundesdeutsche und Minderheiten-Medien ihr Know-how besser und gegenseitig nutzen sollten. Auf diese Weise könnten bundesdeutsche Medien Aufträge an Medien in Ost- und Südosteuropa vergeben, wodurch auch deutsche Minderheiten wahrgenommen würden.

„20 Jahre Prager Zeitung" - es sei ein „mutiges Vorhaben" der PZ gewesen, ihre erste Ausgabe am 5. Dezember 1991 auf den Markt zu bringen. Zu diesem Ergebnis kommt *djv Sachsen aktuell* in einem Rückblick zum runden Jubiläum der PZ im Jahr 2011. Heute jedoch „gehört die ‚Prager Zeitung' fest zur tschechischen Medienlandschaft", wie das Organ des Landesverbandes im Deutschen Journalisten-Verband feststellt. Und sie widme sich nicht nur den Problemen von Deutschen in Prag, sondern vor allem intensiv den Beziehungen Tschechiens zu seinen Nachbarländern. „Denn die ‚Prager Zeitung' verstand sich immer als europäische Zeitung", unterstreichen die Sachsen.

Zu diesem Zeitpunkt ist PZ-Gründer Uwe Müller schon nicht mehr an Bord. Wie *Radio Prag* und andere Medien melden, verstarb der langjährige Chefredakteur und Geschäftsführer der „Prager Zeitung" in der Nacht vom 2. auf den 3. Juni 2010 an den Folgen einer langen und schweren Erkrankung. Sein Traum sei immer gewesen, in Prag wieder eine deutschsprachige und unabhängige Zeitung zu machen, würdigt der Sender in seinem Nachruf. Dies wurde durch die Wende 19898/90 möglich. Und „diesen Traum hat Uwe Müller bis zuletzt verwirklicht und gelebt", merken die Hörfunk-Kollegen an. Er wurde nur 54 Jahre alt.

20 Jahre Prager Zeitung

Der Tradition verpflichtet

Liebe Leserinnen und Leser,

am 5. Dezember 1991 erschien die erste Ausgabe der „Prager Zeitung". 20 Jahre sind seitdem vergangen, mehr als 1000 Ausgaben gedruckt. Die Frage stellte sich, wie man einem solchen Jubiläum gerecht werden sollte. Seit 1991 berichtet die Zeitung über aktuelle und historische Ereignisse aus Politik, Wirtschaft und Kultur, widmet sie sich intensiv den Beziehungen Tschechiens zu seinen Nachbarländern, begleitet diverse grenzüberschreitende Projekte, schildert Probleme und Eigenheiten der tschechischen Gesellschaft, informiert über das kulturelle Leben in Prag. Auf den folgenden Seiten finden sich daher Berichte, Reportagen, Interviews und Kommentare aus den vergangenen 20 Jahren, die sowohl diese vielseitige Berichterstattung als auch die Entwicklung des Landes (und der „Prager Zeitung") aufzeigen sollen.

Da es mir (ich bin erst 2006 nach Prag gekommen) nicht zusteht, über die ersten 15 Jahre der

In eigener Tradition

Es stehe ihm nicht zu, über die ersten 15 Jahre der PZ zu schreiben, notierte Marcus Hundt in seinem Editorial. Geschweige denn, darüber zu urteilen. Denn er kam erst 2006 nach Prag. In einer Beilage über „20 Jahre Prager Zeitung", die in der Ausgabe vom 1. Dezember 2011 die Seiten 13 bis 24 füllte, merkte er jedoch an, dass seit der ersten PZ mehr als 1.000 Exemplare gedruckt wurden. Wobei sich die Inhalte für die „Prager Zeitung" seit jenem 5. Dezember 1991 nicht wesentlich verändert hätten: Sie umfassen aktuelle und historische Ereignisse aus Politik, Wirtschaft und Kultur, die Beziehungen Tschechiens zu seinen Nachbarländern, grenzüberschreitende Projekte, Probleme und Eigenheiten der tschechischen Gesellschaft, kulturelles Leben in Prag. Themen aus all diesen Bereichen sorgen für eine vielseitige Berichterstattung und zeigen zudem die Entwicklung des Landes auf.

Zweifelsfrei stand für Hundt fest, dass die PZ „ohne den Einsatz und Enthusiasmus von Uwe Müller" nicht existieren würde. „Seine Vision, mit einer deutschsprachigen Zeitung für ein besseres Verständnis zwischen den Völkern zu sorgen, ist uns noch heute ein großes Anliegen", unterstrich der Chefredakteur. Auch für ihn selbst sei dies eine „gute Sache, der ich mich verpflichtet fühle und die mich anspornt." Und zwar Woche für Woche und Ausgabe für

Ausgabe. Hundt trat die Nachfolge von Müller als Redaktionsleiter nach dessen Tod im Juni 2010 an. Er übernahm damit eine Aufgabe und „gewisse Verantwortung, die sich zuweilen als schwieriges Unterfangen“ erweise.

Für Marcus Hundt ging der Beitrag, den die „Prager Zeitung“ für das deutsch-tschechische Verhältnis leiste, weit über das Inhaltliche hinaus. Dazu trugen seiner Meinung nach nämlich auch viele ehemalige Mitarbeiter bei, vor allem „Hunderte von Praktikanten“ aus Deutschland und Österreich. Sie würden „ihre Kontakte und Erfahrungen, die sie in Prag geknüpft und gesammelt haben, weitergeben und nutzen.“ Zum 20-Jährigen Jubiläum bezeichnete Hundt die PZ als „einmaliges Projekt im mitteleuropäischen Kontext“ - auch wenn sich die PZ in zahlreiche Initiativen und Projekte einreihe, die wie sie den Anspruch hätten, die deutsch-tschechischen Beziehungen zu stärken.

Wobei in Tschechien oft vergessen werde, dass auch Deutschland zu diesem Gebiet Mitteleuropa zähle. Ohne staatliche oder überstaatliche Förderung sei die PZ die einzige Zeitung auf Deutsch aus einem fremdsprachigen Nachbarland Deutschlands, die sich „nicht primär an die dortige Minderheit richtet, sondern unabhängig und offen“ über das aktuelle Geschehen vor Ort informiere. Der neue Chefredakteur verwies beispielhaft auf Frankreich und Polen, wo es kein entsprechendes Pendant zur PZ gebe. Ein Umstand, der die PZ „mit Stolz erfüllt“, aber auch deren „Sonderstellung in der europäischen Presselandschaft“ verdeutliche.

Marcus Hundt versprach, dass die „Prager Zeitung“ auch weiterhin mit hintergründigen und gut recherchierten Artikeln eine zuverlässige Informationsquelle bleibe. Und sie werde sich weiter von anderen Publikationen dadurch unterscheiden, dass sie „ein differenzierteres Bild über Böhmen und Mähren vermitteln wird als es Medien aus dem deutschsprachigen Raum vermögen.“ Zwar habe ein Artikel des tschechischen Schriftstellers Jáchym Topol in der PZ über Prostitution im sächsisch-böhmischen Grenzgebiet im Jahr 2006 große Beachtung gefunden. Aber es seien „in der Regel nicht die populären Klischees, derer sich die ‚Prager Zeitung‘ bedient.“

Bezeichnender für die PZ waren nach Einschätzung des Chefredakteurs andere Artikel aus Politik, Gesellschaft und Kultur. Was genau er damit meinte, zeigte Marcus Hundt in der Jubiläumsbeilage anhand von Beispielen aus der Vergangenheit auf: Eine kritische Auseinandersetzung mit der Klassik-Szene der Hauptstadt von November 2006, eine Reportage über das Jahrhundert-Hochwasser in Prag von August 2002 und ein Interview mit einem tschechischen Diplomaten über „Sternstunden“ in seinem Berufsleben von Januar 2007.

Via „Prager Zeitung“

Ich war gerade in Hamburg, als mich die Mail seiner neuen Frau, einer Deutschen, erreichte. „Mein Mann ist an Leukämie erkrankt und wird derzeit in Dresden für mehrere Monate behandelt“, schrieb sie mir im März 2009, „bitte schicken Sie Ihre Beiträge direkt an seinen Stellvertreter Ivan Dramlitsch.“ Diese Nachricht schockierte mich. Spontan fiel mir unsere letzte Begegnung in Prag ein. „Nein, das konnte ich noch nicht erledigen…“, stockte Uwe Müller damals im Gespräch, „…vor ein paar Tagen ging es mir nicht so gut, deshalb muss es noch warten.“ Ich konnte mich nicht mehr erinnern, nach was ich ihn konkret gefragt hatte. Im Gedächtnis blieb mir aber, dass er mir beiläufig mitteilte, er habe kürzlich auf dem Heimweg einen Zusammenbruch erlitten und sei mit Schwindel und Kreislaufproblemen ein paar Augenblicke lang auf dem Bürgersteig gelegen. Ich zeigte mich besorgt. Müller spielte den Vorfall herunter. „Das kann doch mal passieren“, beschwichtigte er. Nun hielt ich dies für einen Vorboten seiner schweren Erkrankung.

Die dunklen Haare des kleinen dynamischen Mannes waren an manchen Stellen grau geworden, er hatte an Gewicht zugelegt, trug nun eine Brille. Und er hatte kaum noch Zeit für gemeinsame Lokalbesuche. Dafür lud er mich für einen Gedankenaustausch oft auf einen Kaffee in sein Büro ein. Allerdings war sicht- und hörbar, dass ihn die Verantwortung für die Zeitung zunehmend unter Druck setzte. Uwe Müller wurde im Laufe unserer Gespräche immer kurzatmiger. Oft beendete ich schnell ein Treffen, um ihm nicht allzu viel wertvolle Zeit zu stehlen.

Ab und an knöpfte ich ihm mit historischen Reminiszenzen ein paar Minuten ab. Einmal zog ich „Das Prager Kaffeehaus" aus meiner Manteltasche, ein Buch über literarische Tischgesellschaften. Uwe Müller riss mir die Ausgabe aus der Hand und blätterte darin. „Eieiei, Verlag Volk und Welt Berlin von 1988, sogar eine Erstausgabe", nickte er fachmännisch. In diesem Moment vergaß der Historiker alle Termine. Vor einem weiteren Besuch fasste ich in einem Café in der nahen Einkaufspassage „Flora" die verschiedenen Schriftsteller-Generationen in der Tschechoslowakei zusammen, mit Hilfe des Buchs „Der Prager Kreis" von Max Brod. Gemeinsam beugten sich Müller und ich anschließend in seinem Büro über meinen Zettel und das Buch. Sehr oft werden alle Schriftsteller aus Böhmen diesem Freundeskreis zugeschrieben. Doch die Zahl der Mitglieder beschränkte sich auf einen engen Kreis. „Ganz klar, nur Weltsch, Baum und Brod selbst", stellten wir fest, „und natürlich Kafka, für den später Winder aufgenommen wurde." Nicht jedoch Werfel. Und schon gar nicht die Mitglieder von „Jung-Prag", wie Leppin…

Uwe Müller und mich verband eine tiefe Liebe zu Prag, seiner Geschichte und seinen Menschen. Als ich ihm erzählte, dass ich gerade aus der Prager Nationalbibliothek komme, wo ich Ausgaben des „Prager Tagblatt" zu Beginn des Ersten Weltkriegs eingesehen hatte, setzte sich der umtriebige und meist unruhige PZ-Chef auf einen Stuhl. Die Titelseite des „Tagblatt" war in jenen Tagen und Wochen oft nur zu einem Drittel bedruckt und hatte viele weiße Flecken, weil die meisten Texte der Zensur zum Opfer fielen. Die Redakteure mussten viele Windungen und Verbeugungen machen, um publizieren zu dürfen. Trotzdem bemühten sie sich weiterhin um anspruchsvolle Texte und ausreichend Informationen für ihre Leser. Müller war begeistert von meinen Ausführungen, was bei der ihm eigenen Zurückhaltung bedeutete, dass er mit großen Augen, offenem Mund und leicht vorgebeugtem Kopf konzentriert zuhörte. „Ach, wissen Sie", sagte er in seltener Offenheit, „eigentlich mache ich das ja alles nur, um diese historische Tradition in den Geschichtsbüchern fortzuführen." Trotzdem verließ ich auch diesmal sein Büro früher als geplant. Und mit schlechtem Gewissen, weil ich ihn erneut sehr lange in ein Gespräch verwickelt hatte.

Gleichwohl traf Müller während unserer Begegnungen immer wieder Feststellungen, über die ich mich freute. Zum Beispiel, als er mir gegenüber beteuerte, dass die PZ „nicht mehr zur ‚Zeit' Mitteleuropas" werden wolle. Irgendwann hatte er dieses Ziel für die PZ reklamiert. „Mit unserem know-how in der Region könnten wir uns Stück für Stück dazu entwickeln", führte er noch 2004 aus. Und er hatte auch Theo Sommer getroffen, den „Zeit"-Chefredakteur. Bei welcher Gelegenheit und zu welchem Zweck, behielt Müller für sich. Nach seinen Ausführungen bat er ihn lediglich um eine Blatt-Kritik und Verbesserungsvorschläge für die PZ. Sommer sei ihm durchaus freundlich begegnet und mit ein paar Tipps hilfreich gewesen, wie er mir erzählte.

Oft wies ich ihn darauf hin, dass dieser Anspruch unter den gegebenen personellen und finanziellen Voraussetzungen zu ambitioniert und auch unnötig sei. Tschechien und Prag, die Tschechen (und Slowaken) und die Prager böten Woche für Woche genügend spannende Themen aus und für alle Bereiche. Wozu also dieser Blick „über den Tellerrand" hinaus in andere Staaten? Dafür reiche die schon länger installierte „Mitteleuropa"-Seite in der PZ vollkommen aus. Und tatsächlich, eines Tages kam auch er zu dem Schluss: „Wir sind die ‚Prager Zeitung' und das wollen wir auch bleiben."

Noch mehr erfreute mich sein Satz: „Sie gehören ja zur ‚Prager Zeitung'" - obwohl ich seine Angebote für einen leitenden Posten in der Redaktion so oft ausgeschlagen hatte. Wir waren fast ein Jahrgang, „die paar Jahre rauf und runter machen ja nicht viel aus", so Müller. Zudem hatten wir über 20 Jahre ein gewisses Vertrauensverhältnis aufgebaut. Dennoch konnten wir uns nie zu einem „Du" durchringen, sondern blieben stets bei einem freundschaftlichen „Sie." Und obwohl ich nicht dauerhaft in Prag wohnte, stellte er fest: „Sie kennen ja das Land" - aus seinem Mund ein großes Lob.

Neben allem Stress und sachlicher Kooperation gab es aber auch Stunden, in denen man nicht anders als lachen konnte. Zu Beginn des Jahres 2008 bedankte sich Uwe Müller bei mir „für eine qualitätsvolle, kontinuierliche und unermüdliche Zusammenarbeit im letzten Jahr. Es macht Spaß, mit Ihnen zu arbeiten." Trotzdem konnte ich ihm kurz darauf eine Hiobsbotschaft nicht ersparen. „Ich wusste ja immer, das die ‚Prager Zeitung' ihrer Zeit voraus ist, aber gleich um ein ganzes Jahr, das hat dann doch überrascht", teilte ich ihm mit. Anlass: Die neue Ausgabe trug das Datum vom 10. Dezember 2008, irgendwer in der PZ hatte vergessen, den Monat auf Januar umzustellen. Es sei somit an der Zeit, sich um Weihnachtsgeschenke zu kümmern - auf diesen ironischen Verweis mochte ich als regelmäßiger Verfasser des „Pulverturms" ebenfalls nicht verzichten. Zugleich bat ich Müller um Nachsicht mit dem, der den Bock geschossen hatte. Falls nicht möglich, bot ich ihm Anekdoten mit ähnlichen Erfahrungen aus meinen bald 30 Berufsjahren an.

Müllers Antwort kam postwendend. „Sie wissen ja, was mit Überbringern schlechter Nachrichten in alten Zeiten geschah", bemühte er die Geschichte, „man machte sie - wenngleich völlig unschuldig an der vermeidbaren Misere - einen Kopf kürzer." Dann fügte er säuerlich an: „Bei allem Humor, den ich tagtäglich - nicht selten wider meinen Willen - aufbringen muss: Das ist saublöd. Am liebsten würde ich den Grafikern - entschuldigen Sie den Ausdruck - in den A... treten." Nachdem ich längere Zeit in Spanien gelebt hatte, versuchte ich ihn, mit einem dort weit verbreiteten Sprichwort zu beruhigen: „Mañana será otro día - und morgen ist schon wieder ein anderer Tag..." Müller revanchierte sich mit dem russischen „Oblowosche: Ladno, vsjo budjet." Dies bedeute etwa das gleiche. Auf diese Weise würden „die Peripher-Europäer mit Tiefschlägen in die Magengrube fertig, wir Mitteleuropäer bekommen dabei eher Brechreiz." Müller ärgerte sich sehr über den Fehler: „Die Kollegen spielen einem manchmal - in der Regel ungewollt - übel mit."

Für ein weiteres Novum sorgte einige Zeit darauf, dass mein „Pulverturm" nach dem Erstabdruck an gleicher Stelle erneut in der „Prager Zeitung" auftauchte. „Okay, der Turm war nicht schlecht", gab ich nach Prag weiter, „aber war er tatsächlich so gut, dass man ihn jetzt, nur ein paar Wochen später, nochmals bringen musste...?" Müllers Replik verriet Ansätze von Resignation. „Ich weiß beim besten Willen nicht, wie das nun wieder passieren konnte und rätsele immer noch über die Ursache." Man könne nur hoffen, dass die Doppelung nicht allzu vielen Lesern auffalle.

Schon bald verging ihm wieder das Lachen. „Meine Reaktion kommt mit Verzögerung, denn wir hatten in der Nacht von Montag auf Dienstag ungebetenen Besuch in der Redaktion", ließ er mich wissen, „und derjenige hat sich unsere Graphik-PCs ‚ausgeliehen' mit Software etc." Für die PZ ein großes Problem, zudem zum denkbar schlechtesten Zeitpunkt. „Damit war der Dienstag, der als Redaktionsschluss schon hektisch verläuft, noch spannender als sonst, denn die PCs mussten schnell ersetzt und Software installiert werden, die Polizei mit Spurensicherung war da usw." Noch etwas Anderes machte ihm Sorge. „Das Schlimme an dem Diebstahl ist allerdings, dass es wohl jemand..." Dann brach sein Schreiben ab. Augenscheinlich verdächtigte Müller einen Mitarbeiter aus der eigenen Mannschaft.

Er bat um Verständnis, dass er deshalb auch keine Zeit für den verabredeten Kaffee ein paar Tage vorher hatte. Und trotzdem fügte Uwe Müller einen Dank für meinen Beitrag über ein Theater in Smíchov an, der „wirklich gut ist." Das „Švandovo divadlo" im fünften Prager Bezirk zeichnete sich nicht nur dadurch aus, dass es im Gegensatz zu anderen Theatern einen großen Teil seines Etats selbst einspielte. Es war auch das einzige in Prag, das Produktionen mit englischen Untertiteln spielte, um ausländische Gäste der Stadt anzulocken. Der junge Direktor, ein kühler Kopf mit heißem Herzen für das Theater, war ein auskunftsfreudiger Gesprächspartner, der enorm viel bewirkte.

Im Spätsommer 2007 lieferte ich der PZ einen Bericht aus meinem Urlaub in Sizilien. Dort hatten unternehmungslustige junge Slowakinnen und Slowaken als Gästeführer in einem Club-Hotel als Animateure angeheuert und zuvor an einem Wettbewerb einer Arbeitsagentur in Bratislava teilgenommen. Ich kam mit ihnen ins Gespräch, einige Slowakinnen klagten über nicht eingehaltene Versprechen und die Verhältnisse vor Ort. Eine interessante Geschichte, zu spannend, um nicht geschrieben zu werden. Und pfeif auf den Urlaub…

„Wohin man auch kommt, die Tschechen und/oder Slowaken sind schon da", schmunzelte Müller. So seien sie eben, diese unternehmungslustigen Ostmitteleuropäer: Endlich erworbene Freiheiten nutzen und genießen - auch wenn viele von ihnen „noch richtig naiv" seien und deshalb „Schiebern auf den Leim" gehen. „Dabei müssten sie doch belehrt sein von den Verhältnissen zu Hause", befand er. Andererseits, so Müller: „Ohne solche Leute, die ja auch eine gehörige Portion Mut und Neugier mitbringen, wird aus dem Projekt Europa gar nichts." Womit er sicher Recht hatte.

Uwe Müller zählte auch weiterhin auf meine Kontakte, die ich mir für deutsche Medien aufgebaut hatte. „Das Thema Flughafen wird immer aktueller", bat er Ende November 2007 um Hilfe, „wenn Sie etwas mit Ihren Verbindungen versuchen könnten, wäre das sicherlich gut für uns." Die Regierung in Prag dachte darüber nach, den Airport der Hauptstadt zu privatisieren und erhoffte sich daraus einen Erlös von 3,7 Milliarden Euro. Es gab zwar noch keine offiziellen Gespräche, aber das Interesse an ihm war groß, wie der tschechische Verkehrsminister verriet. Denn Prag war der einzige Flughafen, der zu jenem Zeitpunkt verkauft werden sollte.

Auf Müllers Anfrage hin klopfte ich mögliche deutsche Interessenten ab. Führende Mitarbeiter des Flughafens in Frankfurt kannte ich tatsächlich gut, dort wollte man erst die wirtschaftlichen Eckdaten einsehen, um zu prüfen, ob sich eine Investition betriebswirtschaftlich rechne. Allerdings sei Mitteleuropa für die „Fraport AG" ein favorisiertes Gebiet, weil es „keine großen Mentalitäts- und Kulturunterschiede" gebe.

In Frankfurt war man überzeugt davon, dass „ein heißer Wettbewerb" um den Flughafen Prag entstehen werde. Deshalb fragte ich anschließend beim

Flughafen-Manager „Hochtief Airport" nach, der kurz zuvor erst den Flughafen in Budapest erworben hatte. Auch in Essen blieb man vorsichtig, eine Sprecherin verglich die Branche mit der Autoindustrie. Ihr Unternehmen müsse ausloten, ob Prag „ein Jaguar ist oder nur ein Polo", wie sie eingängig verglich.

In seinem Jahresgruß für 2009 schwankte Uwe Müller zwischen Freude und Melancholie. Wie früher zuweilen. „Die ‚Prager Zeitung' feiert in diesem Jahr ihren 18. Geburtstag, sie wird also volljährig", schrieb er mir, „die Pubertät haben wir gemeistert, jetzt müssen wir noch die Jugendflausen zügeln. Und dann ab ins Erwachsenendasein - das übrigens, wie so häufig bei Frühreifen, schon jetzt begonnen hat." Diesmal neigte Müller jedoch zu deutlich mehr Pessimismus. Erstmals beschrieb der Chef konkret die schwierige Lage der PZ. „Die Krise gibt es nicht nur in den Medien und den Köpfen einiger Politiker, sie ist längst in Tschechien angekommen. Und unsere ‚Prager Zeitung' ist mittendrin dabei." Ernüchternde Worte. „Deshalb doppelten Dank für Ihre lieben Wünsche, die wir in diesem Jahr besonders gebrauchen werden", schloss er. Nicht ohne mir neben Gesundheit, Spaß und Ausdauer „auch in diesem Jahr wieder eine glückliche Hand bei der Themenauswahl für die Seiten" der PZ zu wünschen.

Die „Prager Zeitung" war längst an jedem Kiosk der tschechischen Hauptstadt zu kaufen, ebenso an deutschen Flughäfen und Bahnhöfen und an vielen anderen Orten in Tschechien und Deutschland. Und sie wurde von vielen Prager Cafés neben internationalen und tschechischen Zeitungen ausgelegt. Doch schon vor Müllers Schreiben hatte einiges darauf hingedeutet, dass es ihm immer schwerer fiel, die Zeitung am Leben zu halten. Er habe zuletzt gar eigene Ersparnisse in den laufenden Betrieb eingebracht, erklärte mir Müller. „Die Zeitung ist ja auch meine Existenz", schob er zur Begründung nach. Erstmals offenbarte der PZ-Chef ernsthafte Sorgen um die weitere Zukunft des Blattes.

Als ich in seinem Büro wieder einmal wagte, ihm wie früher die nahe Pizzeria für ein Mittagessen vorzuschlagen, antwortete Uwe Müller, das sei leider nicht möglich. Denn er müsse schnell zu einem großen Hotel nach Prag 5 fahren. Dort werde der Direktor verabschiedet und ein neuer eingeführt. „Da muss ich die Zeitung unbedingt vorstellen, denn Hotels sind für uns ganz wichtige Anzeigenkunden", erklärte er, während er bereits seine Jacke anzog.

Nun wurden diese Kunden immer weniger. „Unser Problem ist, dass die Hotels nicht mehr von Deutschen oder Österreichern geführt werden", fügte Müller an, „die haben zuverlässig bei uns inseriert." Mittlerweile seien oft

Tschechen am Ruder. „Und die nehmen nur tschechische Medien für ihre Anzeigen", ärgerte er sich. Dann eilte er in Richtung Tür. Ich konnte ihm gerade noch einen Bestellschein von einem neuen Abonnenten in die Hand drücken, den ich für die PZ in Prag geworben hatte. Müller stoppte und riss den Zettel an sich wie einen Lottoschein, der einen Gewinn auswies.

Im Frühjahr 2009 erhielt ich eine weitere Nachricht von ihm. Sie klang dramatisch. „Ende vergangener Woche war ich in Berlin, u.a. bei Botschafter Jindrák", ließ er mich wissen. „Es geht um die Zukunft der Zeitung und da muss ich alle Register ziehen." Müller erläuterte die genauen Auswirkungen der Krise für die PZ. „Viele Kunden, die früher geworben haben, wollen momentan nicht oder vertagen Entscheidungen." Oder sie vertrösteten ihn auf den Herbst. „Bis dahin kann uns die Puste ausgehen", machte er den Ernst der Lage deutlich, „also muss ich sehen, was sich tun lässt."

Die globale Wirtschafts- und Finanzkrise, die seit 2008 Wirtschaftsunternehmen in vielen Ländern große Probleme bereitete, hatte auch die „Prager Zeitung" mit voller Wucht erwischt. Nun ging es um nichts weniger als ihre blanke Existenz. Wie eng es um die Finanzen stand, erlebte ich hautnah mit, als ich in der Redaktion mein ausstehendes Honorar abholen wollte. Müller begleitete mich zur Buchhalterin, was ich als schlechtes Omen wertete. Denn in meinen vielen Berufsjahren verstand ich mich bei allen Medien, für die ich arbeitete, mit Kollegen aus allen Bereichen in der Regel sehr gut - bis auf die Geldverwalter.

Die Buchhalterin bestätigte meine Befürchtungen. Sie könne mir keinesfalls mein Honorar ausbezahlen, erklärte sie kategorisch und ohne mit der Wimper zu zucken. Ich guckte Müller fragend an und wartete auf eine Fürsprache zu meinen Gunsten, schließlich war er Geschäftsführer und damit auch Herr über die Konten. Müller druckste herum, ich drängte auf eine Entscheidung, er stellte sich auf die Seite seiner Buchhalterin. Wutentbrannt und mit eiligen Schritten verließ ich die PZ. Der sonst so zurückhaltende Uwe Müller rannte hinterher. An der Tür holte er mich ein und erklärte zu seiner Entschuldigung, er dürfe es sich mit der Buchhalterin nicht verscherzen, weil sie ihm helfe, Ärger mit dem Finanzamt zu vermeiden - und das sei in Tschechien geradezu überlebensnotwendig.

Diesen Hinweis verstand ich nur zu gut. Ich ärgerte mich damals selbst über mein deutsches Finanzamt, das über Jahre meine Ausgaben in Prag anerkannt hatte. Sie durften am Hauptwohnsitz geltend gemacht werden, wie zwischen Tschechien und Deutschland in einem Abkommen vereinbart, um eine Doppelbesteuerung zu vermeiden. Dann kam ein neuer Sachbearbeiter und wischte meine Angaben mit einem Federstrich aus den Unterlagen. „Sein Ermessenspielraum“, kommentierte mein Steuerberater lapidar. „Aber das Gesetz?“, fragte ich nach. Tja, erfuhr ich anschließend im Finanzamt, es gebe zu diesem Gesetz eine erklärende Auslegung. Und die besage, dass Ausgaben bei dem Amt angegeben werden müssten, wo sie entstanden seien…

Ein paar Tage später besetzte die Buchhalterin beim jährlichen Weihnachtskonzert der „Prager Zeitung“ ausgerechnet den Platz direkt neben mir. Ich versuchte, sie zu ignorieren. Sie war im Gegenzug sehr freundlich. Möglicherweise wegen des feierlichen Anlasses. Oder weil sie sich durchgesetzt und Geld an mir gespart hatte. Vielleicht aber auch, weil sie selbst bei der PZ sehr gut verdiente, wie ich viele Jahre später erfuhr.

Noch immer hatte Tschechien nicht den Euro, dabei war er seit genau zehn Jahren bereits eine Gemeinschaftswährung und wurde in 22 Staaten als Zahlungsmittel verwendet. Deshalb schlug ich Müller ein Interview mit dem früheren deutschen Finanzminister Theo Waigel vor, der oft als „Vater des Euro“ und sein Namensgeber bezeichnet wurde. „Bitte noch abwarten und später bei ihm nachfragen“, bat Müller. Trotz der Krise „gibt es ja auch noch eine Themenplanung“ bei der PZ und Waigel würde genau in eine Ausgabe mit dem Thema „fünf Jahre Tschechien in der EU“ Ende April passen.

Vor ihm hatte bereits Ottmar Issing, langjähriger Chef-Volkswirt der Europäischen Zentralbank, die Tschechen in der „Prager Zeitung“ zu mehr Anstrengungen für den Euro ermahnt. Theo Waigel führte nun ebenso aus, dass es keine faulen Kompromisse geben dürfe, wenn neue Mitglieder wie Tschechien in die Euro-Zone aufgenommen werden. Ein Beitritt mache nur Sinn, wenn die Kriterien genau eingehalten würden. Doch der Politiker zeigte sich auch überzeugt davon, dass „ein so großer Wirtschaftsraum wie die Europäische Union nur mit einer gemeinsamen Währung auf Dauer überlebensfähig“ sei.

Tatsächlich wurde das Exklusiv-Interview mit Waigel erst im Juli abgedruckt. Nach der Erkrankung von Uwe Müller übernahm Ivan Dramlitsch kommissarisch die Leitung der Redaktion. Er hob auch eine Reihe weiterer Artikel von mir ins Blatt, die von Müller unberücksichtigt blieben, aber noch aktuell waren. Etwa eine Bilanz ein Jahr nach dem Wegfall von Grenzkontrollen zwischen dem bayerischen und böhmischen Raum - was der Sicherheit nicht schadete. Ganz im Gegenteil: Gegenüber dem Vorjahr gab es sogar fünf Prozent weniger Straftaten, wie die Polizei vermeldete. Entgegen vieler Befürchtungen auf westlicher Seite wurden weniger Autodiebstähle und Einbrüche verübt. Nun bastelten Ostbayern und Westböhmen gemeinsamen an einer wirtschaftlichen Modellregion unter dem Motto: „Wir sind Europa!"

Gefallen fand Dramlitsch auch an meiner Reportage über einen tschechischen Straßenmusiker, der in einer Woche in deutschen Fußgängerzonen mehr verdiente als in einem Monat als Handwerker in seinem Heimatland. Und an einem Interview mit Jaroslav Rudiš, der über seine Erlebnisse in den revolutionären Wochen in der damaligen Tschechoslowakei erzählte. Genau 20 Jahre später beurteilte der in Tschechien wie Deutschland gefeierte Schriftsteller den Wandel kritisch. „Wir brauchen eine neue politische Elite", forderte er nachdrücklich. „Vielen Dank für deine Texte", schrieb auch Ivan Dramlitsch. Doch schon im August 2009 verließ er, wie mit Uwe Müller vor dessen Krankheit vereinbart, die „Prager Zeitung" und zog nach Ostböhmen.

An seine Stelle trat Marcus Hundt bis zur geplanten Rückkehr von Müller. Er erkundigte sich zunächst nach dem „Pulverturm." Mit dem Hinweis „immer diese Dienstage…" machte er auf den nahen Redaktionsschluss aufmerksam. Ich lieferte wie immer pünktlich, doch die Glosse blieb für mich in den nächsten Monaten die einzige Konstante. Denn dem umfassenden und wachsenden Sparzwang fielen auch meine Angebote für weitere Beiträge zum Opfer. Nach Rücksprache mit Uwe Müller, der in Dresden weiterhin ein Auge auf die Zeitung habe, könne er Beiträge von mir derzeit nicht mehr bringen, teilte mir Hundt mit. Dies hänge „wohl mit finanziellen Gründen" zusammen.

Er habe sowieso das Gefühl, dass sich „in den nächsten Tagen und Wochen einige Veränderungen" für die Zeitung ergeben würden, schätzte der aktuelle Redaktionsleiter die Lage ein. Tatsächlich entwickelte sich 2010 zu einem „Schicksalsjahr" für die PZ. Schon in seinem Neujahrsgruß am 6. Januar ließ mich Marcus Hundt wissen, dass die kommende Ausgabe nur noch acht Seiten umfassen werde. Dies sorgte für spürbare Verunsicherung bei den Mitarbeitern. Man wisse nicht, wohin der Weg der Zeitung im neuen Jahr führen werde, wurde auf den Gängen des Verlags gemurmelt. Wann wieder Bedarf an mehr Artikeln von mir außer der regelmäßigen „Pulverturm"-Glosse bestehe, konnte Hundt zu diesem Zeitpunkt nur schwer abschätzen. Bei dieser geringen Seitenzahl sehe es jedoch noch schlechter als zuletzt schon aus.

Auch von Uwe Müller bekam ich eine Rückmeldung. „Leider hat das neue Jahr gar nicht gut für mich begonnen", teilte er mir mit, „das neue Immunsystem ist so erstarkt, dass es meine ‚alten' Organe als ‚Feinde' identifiziert und sie angreift." Davon betroffen seien etwa Magen und Darm. „Es macht wenig Spaß, wenn man 14 Tage Krämpfe und Durchfall hat", schloss er.

Bei seinen Worten musste ich an einen Artikel in einem Gesundheitsmagazin denken, in dem ein Arzt beklagte hatte, dass Chemotherapien in Deutschland zu oft und zu stark eingesetzt würden, um Krebserkrankungen zu bekämpfen.

In Müllers Abwesenheit lief der Betrieb im Verlag weitgehend ungebremst weiter. Im Frühjahr 2010 wurde sogar ein Relaunch der Zeitung geplant, also eine umfassende Neugestaltung. Dafür bat mich Petr Hlaváč, der vorübergehend den Verlag leitete, um Denkanstöße. „Wir brauchen möglichst viele Ideen", stellte er fest, „und gerade du kannst mit deiner langjährigen Erfahrung sicher einiges dazu beitragen." Schon mehrfach hatten mich Medien als Berater engagiert und mir für meine Vorschläge sehr gutes Geld bezahlt. Eine Zeitung hatte mir anschließend gar einen Ressortleiter-Posten angeboten. Im Fall der PZ verrechnete ich meine Leistungen unter der Rubrik: 20 Jahre Verbundenheit. Zumal die „neue PZ" für mich eine erfreuliche Überraschung parat hielt: Mein „Pulverturm" sollte von Seite 4 auf die Titelseite rücken und dort künftig die linke Spalte füllen. „Ich lache und schmunzle immer häufiger über deinen ‚Turm'", merkte Hundt an, „von daher wäre es gut, ihn mit dem neuen Konzept nicht mehr auf Seite 4 zu verstecken." Das sahen auch die Verleger so. Der „Pulverturm" sei mittlerweile „ein Brand", urteilte Herausgeber Ulrich Schwingenstein, also ein Markenzeichen der PZ. Eine Einschätzung, über die ich mich freute.

Für meine Verbesserungsratschläge nahm ich mir reichlich Zeit, sprach zuvor auch mit Lesern, die ich schon länger kannte. Sie vermittelten zwar kein repräsentatives Stimmungsbild, aber durchaus wichtige Anhaltspunkte, über die sich nachzudenken lohnte. Ihre wichtigste Kritik: Immer weniger Umfang und damit Lesestoff für eine Wochenzeitung, oft zu belanglos in der Themensetzung und vor allem sehr spät mit ihren Nachrichten, zumal im wachsenden Konkurrenzkampf mit tagesaktuellen Internet-News und Abos selbst von Radio-Sendern. Ende März 2010 schickte ich einen ausführlichen schriftlichen Bericht an Hlaváč und Hundt, in dem ich meine Eindrücke und Vorschläge zusammenfasste. Die PZ erhöhte alsbald wieder ihre Seitenzahl von acht auf zwölf Seiten. Wie später aus der Redaktion verlautete, hatte sie mit dem geringeren Umfang zwar Honorare eingespart, aber zugleich viele Abonnenten verloren.

Kurz bevor ich im April 2010 nach Krakau aufbrach, wurde entschieden, dass der tödlich verunglückte polnische Präsident Lech Kaczyński auf dem Wawel in der alten Hauptstadt seines Landes beigesetzt wird. Kaczyński kam bei einem Flugzeugabsturz nahe dem russischen Smolensk ums Leben. Für die Polen die größte Tragödie seit dem Zweiten Weltkrieg. Bei dem Unglück starben 96 Insassen, neben dem Staatspräsidenten und seiner Ehefrau auch zahlreiche Abgeordnete des Parlaments, Regierungsmitglieder, ranghohe Offiziere - und Vertreter von Verbänden der Opferangehörigen des Massakers von Katyn. In einem nahen Wald und unweit von Smolensk hatten sowjetische Soldaten genau 70 Jahre zuvor mehr als 4.000 gefangene Polen erschossen, zumeist Offizieren. Die polnische Delegation reiste zu einer Gedenkfeier dorthin.

Trotz der nationalen Trauer entbrannte über den Ort der Beisetzung ein heftiger Streit unter den Polen. Das Präsidentenpaar sollte in einer Gruft der Kathedrale in der Krakauer Königsburg Wawel beerdigt werden, dort ruhten fast alle polnischen Könige sowie mehrere Nationalhelden und -dichter. Als ich vor der Beisetzung abends durch Krakau lief, sah ich zwei Lager, die sich gegenseitig Parolen um die Ohren hauten.

Ich begann, für die „Mitteleuropa"-Seite der PZ zu recherchieren und sprach mit aufgebrachten Bürgern, Journalisten, auch einem (stolzen) Wachmann vor der Krypta des Domes auf dem Wawel. Für die einen war der zu Lebzeiten umstrittene Präsident Lech Kaczyński nicht bedeutend genug, um neben Legenden der Nation ruhen zu dürfen. Und für die anderen war er zu seinem Todeszeitpunkt der erste Mann im Staat, weshalb der Wunsch seiner Familie (und der Kirche) für die letzte Ruhestätte zu respektieren sei.

Mein Hotel lag gleich neben dem Bahnhof, am Tag der Beerdigung beobachtete ich, wie Tausende aus allen Teilen des Landes in Krakau ankamen, um an der Trauerfeier teilzunehmen. Die Straßen rund um die Marienkirche und den zentralen Platz der Stadt waren voller Menschen, überall geschlossene Geschäfte und polnische Fahnen. Auf den Błonia-Wiesen, wo der polnische Papst einst seine großen Messen gehalten hatte, standen Großbild-Leinwände, auf denen nun die Feierlichkeiten übertragen wurden. Geschätzt 150.000 Trauernde sollen die Zeremonie vor Ort verfolgt haben. Unter ihnen zahlreiche hochrangige Politiker aus dem Ausland.

Doch viele prominente Trauergäste, wie US-Präsident Barack Obama und die deutsche Bundeskanzlerin Angela Merkel, konnten nicht nach Krakau kommen, weil gleichzeitig der Vulkan Eyjafjallajökull in Island ausbrach und die meisten europäischen Flughäfen gesperrt waren. Auch Journalisten kamen nicht mehr in die Stadt, geplante Live-Sendungen mussten ausfielen. Ich kam dagegen wie viele andere mit dem Flugzeug nicht mehr weg aus Krakau. Mein Hotel nutzte die Zwangslage aus und verdoppelte umgehend seine Preise. Deshalb entschloss ich mich, mit dem Zug über Kattowitz nach Prag zu fahren und meinen Text samt Fotos direkt in die PZ-Redaktion zu bringen.

In der tschechischen Hauptstadt hatte ich bei gemeinsamen Terminen, etwa Besuchen von deutschen Politikern, regelmäßig erlebt, dass Uwe Müller auch im Prager Journalisten-Corps akzeptiert und respektiert wurde. Kollegen von tschechischen Medien suchten mit ihm das Gespräch, mancher umarmte ihn freundschaftlich.

Ich machte von einem Recht als Bundesbürger Gebrauch und schlug dem damaligen Außenminister Joschka Fischer vor, Müller für einen Bundesverdienstorden zu berücksichtigen. Zuvor hatte ich die Liste der Geehrten durchgeblättert und bemerkt, wie viele solch ein Verdienstkreuz erhalten hatten, obwohl sie als Beamte oder in anderen Funktionen nichts anderes als ihre Pflicht taten. Wofür sie zudem oft meist noch fettes Geld kassierten.

Vor allem am Namen von Sepp Blatter blieb ich hängen, der zur Fußball-WM 2006 in Deutschland ein Bundesverdienstkreuz umgehängt bekam - obwohl der Chef des Weltfußballverbandes FIFA gegen Deutschland als Gastgeberland und für Südafrika gestimmt hatte. Und obwohl er alles dafür tat, dass sein Verband keine Steuern aus Einnahmen für diese WM an den deutschen Staat abführen musste und damit noch mehr Geld scheffelte. Ich hielt es für umso gebotener, dass endlich jemand diese Auszeichnung bekommt, der sie sich tatsächlich verdient hat. Uwe Müller eben.

Begründungen für seine Wahl fielen mir nicht schwer. Die wichtigste: Mit der „Prager Zeitung" habe Müller ein Blatt geschaffen, das eine Plattform für eine gemeinsame Kommunikation in mehreren Ländern darstellte und für einen dauerhaften Informationsaustausch sorge, wie ich dem Außenminister schrieb. Die Zeitung vergrößere ganz erheblich das gegenseitige Wissen der Bürger über Hoffnungen, Ziele, Ängste, die bilaterale Zusammenarbeit, bestehende Unterschiede - also generell und kontinuierlich über das Leben der Nachbarn.

Darüber hinaus schuf er ein Unternehmen, das Deutschen und Tschechen nebeneinander Arbeitsplätze gebe. Müller leiste in Gänze einen wesentlichen und unverzichtbaren Beitrag zur deutsch-tschechischen Völkerverständigung und habe keinen geringen Anteil an den von der Politik oft beschworenen „besten Beziehungen aller Zeiten" zwischen den beiden Ländern. „Damit hat sich Uwe Müller nach meiner Meinung besondere Verdienste um diese Republik erworben", schloss ich meinen Brief an Fischer.

Schon vier Tage später erhielt ich eine Antwort. „Das Auswärtige Amt hat Ihre Anregung, Herrn Müller für die Verleihung des Verdienstordens der Bundesrepublik Deutschland vorzuschlagen, aufgenommen", hieß es in flüssigem Beamtendeutsch. Das erforderliche Prüfverfahren sei bereits eingeleitet. Zugleich wurde ich darum gebeten die Angelegenheit vertraulich zu behandeln. „Vorsorglich" wies das Amt darauf hin, dass längere Zeit bis zu einer Entscheidung vergehen könne. Tatsächlich brauchte es volle zwei Jahre bis zum endgültigen Bescheid. Dann legte das Amt dar, dass meine Anregung mit dem Bundespräsidialamt abgestimmt, fachlich zuständige Stellen beteiligt und meine „aufgeführten Leistungen eingehend geprüft" worden seien. Ergebnis: Die Voraussetzungen für eine Ordensverleihung seien „nicht erfüllt." Begründung: Keine.

Ich habe Uwe Müller nie davon erzählt, für mich standen seine Leistungen auch ohne Orden außer Frage. Und wer weiß, vielleicht hätte er nicht gerne in einer Reihe mit Leuten wie Blatter gestanden, über deren Verdienste man erst lange nachdenken muss und sie trotzdem nicht immer finden kann. Trotzdem hätte mich interessiert, welche Voraussetzungen Sepp Blatter, den später sogar sein eigener Verband vor die Tür setzte, in diesem sogenannten „Prüfverfahren" für die Ordensverleihung erfüllte.

Als ich kurz vor dem traditionellen Adventskonzert im Dezember 2009 die Redaktion aufsuchte, saß am Eingang ein mir zunächst unbekannter Mann an einem Computer. „Ich suche eine Mail", sagte Uwe Müller, „irgendwo muss sie doch sein." Abgemagert, blass - ich erkannte ihn nicht mehr sofort. Nur seine Stimme und der Tonfall waren noch wie früher.

Ein paar Tage später, am 5. Dezember 2009, traf ich ihn vor der Kirche St. Simon und Juda in Prag 1. Auf dem Programm des Konzerts stand u.a. Händels Oratorium „Messias", dargeboten vom Chor der Dresdner Philharmonie und vom Prager Kammerorchester. Wie immer begrüßte Müller vor dem Eingang die Gäste der „Prager Zeitung." Auch das Lachen bleibt einem Menschen ein Leben lang. Nur deswegen erkannte ich ihn diesmal. „Ich gebe Ihnen heute lieber nicht die Hand", lächelte er mir zu, „vorsichtshalber."

Es war unsere letzte Begegnung. Am 3. Juni 2010 schickten mir Petr Hlaváč und Marcus Hundt gegen 17 Uhr fast zeitgleich Mails. Sie habe zur Mittagszeit die Nachricht erreicht, dass Uwe Müller in der Nacht zuvor gestorben war, teilten sie mit. „Ich bin fassungslos und mir fehlen die Worte," schrieb Marcus Hundt. Ich schlug ihm für die nächste Ausgabe eine Seite mit

Nachrufen von früheren und aktuellen Weggefährten vor. Erfreulich viele „PZler“ schickten ihre Erinnerungen und Gedanken an Uwe Müller. Darüber hätte er sich ohne Zweifel gefreut.

Die jährliche Weihnachtsfeier der „Prager Zeitung“ fand in einem neueröffneten Lokal in Prag 5 statt. Sie begann diesmal mit einer Schweigeminute, im Gedenken an den Verstorbenen. Die Überarbeitung der PZ lief gleichzeitig mit großem Tempo weiter. Auch dies vermutlich in seinem Sinn. Uwe Müller hatte die Zeitung in den knapp 20 Jahren unter seiner Führung selbst mehrfach verändert. Neuem stand er immer aufgeschlossen gegenüber - wenn es besser war als vorher.

"In Tschechien waren und sind Václav Klaus und Miloš Zeman Meister dieser Disziplin. Deshalb kehren nun unauffällige Anspielungen auf das ‚Reich' zurück ins Spiel: sie sollen rechtfertigen, dass fast alles abgelehnt wird, was in Deutschland passiert."

Erik Tabery, Chefredakteur des Wochenmagazins Respekt, in der Prager Zeitung

Startseite / KK-Magazin / News & Tipps / News / Zweite Heimat

ZWEITE HEIMAT

Neben dem »Argentinischen Tageblatt« ist auch die »Prager Zeitung« mit dem Medienpreis »Dialog für Deutschland« geehrt worden

Nico Schmidt

25. Mai 2012

Der Tagesspiegel • 25.05.2012

newsroom.de
Das Portal für Journalisten

News | Jobs | Workshops | Journalistenpreise | Service & mehr | Shop | Abo

Aktuelle Meldungen | Bilder des Tages

Print

18.08.2015 - 12:00 Uhr | DPA

Serie Deutschsprachige Medien im Ausland (Teil 3): Auf den Spuren des "rasenden Reporters": Deutschsprachiges in Prag

Wer als Tourist oder Geschäftsreisender mehr über Tschechien erfahren will, findet reichlich Lese- und Hörstoff. Die Macher von "Prager Zeitung", "Radio

FreiePresse

Ende einer Legende: Verleger zieht Schlussstrich

Von Steffen Neumann

Die Prager Zeitung wollte „Die Zeit" Mitteleuropas werden. Ein

Kapitel 7: 2012 - 2016

Kronen Zeitung

Nachrichten | Bundesländer | Sport | Adabei | Digital

Web | Elektronik | Spiele | Medien | ePaper | Krone mobile

AUS ZUM JUBILÄUM

Deutsche "Prager Zeitung" schließt nach 25 Jahren

Erstmals deutsch-tschechischer Journalistenpreis vergeben

Deutschsprachige Siegerin in der Kategorie "Text" ist Corinna Anton mit dem Beitrag "Die Brücke am Pöhlbach".

Prag (dpa) - Der deutsch-tschechische Journalistenpreis ist erstmals vergeben worden. Deutschsprachige Siegerin in der Kategorie »Text« ist Corinna Anton mit dem Beitrag »Die Brücke am Pöhlbach« über die sächsische Gemeinde Bärenstein und ihre nordböhmische Nachbarstadt Vejprty (Weipert). Der Text erschien in der Ende 2016 aus finanziellen Gründen eingestellten „Prager Zeitung". Die Tschechin Lucie Sucha gewann in der

Preise, Jubiläum, Ende Print

Auszeichnung für die PZ. „Neben dem ‚Argentinischen Tageblatt' wurde in Berlin mit der ‚Prager Zeitung' ein weiteres Wochenblatt mit einem Sonderpreis geehrt", schreibt der *Tagesspiegel* Ende Mai 2012. „Die Jury würdigte das Erscheinungsbild und die hohe Qualität der Artikel", informiert die Zeitung aus Berlin weiter. Die Urkunde wurde in der Bundeshauptstadt im Rahmen von „Dialog für Deutschland" verliehen, einem erstmals ausgelobten Preis für deutschsprachige Medien im Ausland.

Bei dieser Zeremonie betonte Bundestagspräsident Norbert Lammert, dass im Ausland rund 2.000 Periodika in deutscher Sprache erscheinen. Etwa 100 seien Zeitungen im klassischen Sinn, die meisten würden wöchentlich herausgegeben, zehn Prozent sogar täglich. Daneben existieren etwa 300 Rundfunk- und 50 Fernsehstationen, die Sendungen in deutscher Sprache ausstrahlen. Alle zusammen erreichen ungefähr drei Millionen Menschen. Lammert bedauerte, dass der Stellenwert der deutschen Sprache im Ausland in den letzten Jahren abgenommen habe. Trotzdem wurden etliche Zeitungen neu gegründet, vor allem an touristischen Zielen wie Dubai, Kapstadt oder Istanbul. Solche Medien seien nicht selten das Lebenswerk kleiner Familienverleger, stellte der Vorsitzende der Stiftung „Verbundenheit mit den Deutschen im Ausland" fest, die den Preis vergab. In ihren Ländern würden sie das aktuelle Geschehen aus einer eigenen Perspektive darstellen und seien zudem als wichtige Werbeträger anerkannt. Daher gehe er fest davon aus, dass sie ihre Bedeutung auch in Zeiten des Internets nicht verlieren.

Auslandsblätter berichten ebenfalls über die Preisvergabe in Berlin. Die „Prager Zeitung" habe sich „stets aufmerksam und behutsam den Beziehungen zu den deutschsprachigen Nachbarländern gewidmet", lobt das *Karpatenblatt* aus Košice, die Monatszeitung der Deutschen in der Slowakei. Das Urteil der Jury übernimmt auch die *Allgemeine Zeitung* aus Windhoek in Namibia, die einzige deutschsprachige Tageszeitung Afrikas. Sie führt aus, dass „die ‚Prager Zeitung' die erste Auslandspublikation im ehemaligen Ostblock gewesen sei, die sich „neben den Angehörigen einer deutschen Minderheit auch gezielt, zeitgemäß und mit Erfolg deutschsprachigen Geschäftsleuten und Touristen als Lesergruppen widmete." Damit war sie Vorbild für andere Zeitungen, die später ein ähnliches Konzept umsetzten.

Der *Tages-Anzeiger* aus Zürich geht ebenfalls auf den Preis für die „Prager Zeitung" ein, als er einen Monat später Prags bewegte Geschichte bis hin zur aktuellen multikulturellen Gegenwart Revue passieren lässt. Wie manch andere Publikation zuvor erinnert er daran, dass verschiedene Bevölkerungsgruppen - neben Tschechen und Slowaken vorwiegend Deutsche und Juden – einst die Stadt zu einem „Schmelztiegel" gemacht hätten. Nicht zuletzt wegen der verschiedenen Sprachen.

Als wesentliche Zeugen für diese große Vielfalt führen die Schweizer die Zeitungen jener Zeit an und erwähnen neben dem „Prager Tagblatt" auch die „Prager Presse." Heute nehme die deutschsprachige „Prager Zeitung" diesen Platz ein und ergänze neben den tschechischen Zeitungen „das lokale Zeitungswesen." Ihr Ziel sei, mit einer wöchentlichen Auflage von rund 15.000 Exemplaren die Verständigung zwischen Deutschen, Tschechen und Slowaken voranzubringen, stellen die Schweizer heraus. Der *Bund* aus der Hauptstadt Bern druckt diesen Bericht am gleichen Tag ab.

Zu aktuellen Ereignissen zitieren Zeitungen in den deutschsprachigen Ländern weiterhin regelmäßig die PZ. So die *Dresdner Neuesten Nachrichten*, als sie im September 2012 das 15-Jährige Bestehen der „Brücke/Most-Stiftung" reflektieren. Sie förderte mit den Erträgen aus rund 4,5 Millionen Euro Stiftungskapital von Beginn an die kulturelle Zusammenarbeit zwischen Deutschland und der Tschechischen Republik, finanzierte Begegnungen und grenzüberschreitende Bildungsarbeit, organisierte ein tschechisch-deutsches Kulturfestival und Zeitzeugenprojekte und unterstützte tschechische Musikstudenten. In der tschechischen Hauptstadt unterhält die Stiftung seit fünf Jahren das Büro „Pragkontakt", das Ausflüge für Schulklassen sowie Gruppen von Erwachsenen und Senioren zusammenstellt und dafür spezielle Programme mit Stadtführern anbietet. „Das Erlebnis des Prager Frühlings 1968 hat Helmut Köser, heute 72, in einem Interview mit der ‚Prager Zeitung' als ein Motiv genannt, das ihn zur Gründung der Stiftung bewog", schreiben die Sachsen.

Im Dezember 2012 rät die *Aargauer Zeitung* dazu, „einen Blick in die ‚Prager Zeitung' zu werfen." Dort wurde ausgeführt, dass die Schweiz bei den Tschechen das zweitbeliebteste Land ist, dicht hinter der Slowakei. Dies hatte die Studie eines Meinungsforschungsinstituts ergeben. „83 Prozent der Bevölkerung gaben der Schweiz die Schulnote 1 oder 2", erläutert die Zeitung aus der Alpenrepublik. Gründe für diese Sympathiebekundung wurden nicht angegeben. Die Schweizer spekulieren, dass die Aufnahme von mehr 15.000 Flüchtlingen während der Okkupation des Landes durch die Sowjetunion im Jahr 1968 „durchaus einen Einfluss auf die Bewertungen" haben könnte.

Die *Presse* aus Wien widmet sich im Mai 2013 dem Widerstand von Österreich, Deutschland, Italien und der Slowakei gegen den Wunsch Tschechiens, die Rezeptur für den Prager Schinken EU-weit schützen zu lassen. „Die Länder argumentieren laut ‚Prager Zeitung', dass Prager Schinken ein allgemein bekannter Begriff sei, der langfristig für Produkte verwendet wird, die mit anderer Rezeptur auch in anderen EU-Ländern hergestellt werden", notiert das Blatt.

Tschechische Hersteller sprechen stets von einem Schinken mit ovaler Form, der nach dem Brühen kurz geräuchert werde. Allerdings sei Prosciutto di Praga als Schinken auch eine Spezialität aus der Region um Triest. Und in Deutschland würden Metzger für ihren Prager Schinken teils andere Gewürze und Zutaten verwendet. „In den kommenden sechs Monaten wird Tschechien nun der ‚Prager Zeitung' zufolge mit den betreffenden Ländern verhandeln, um eine mögliche Einigung zu erzielen", blickt die Zeitung aus Österreich voraus. Gelinge das nicht, werde im Ausschuss für Qualitätspolitik landwirtschaftlicher Produkte darüber abgestimmt und entschieden.

„Game over für Zocker in Tschechien?", fragt die *Mittelbayerische Zeitung* Ende 2014, nachdem „einarmige Banditen" in tschechischen Kneipen verboten werden sollen. Dafür könnte ein neues Lotteriegesetz in Tschechien sorgen, das Spielautomaten komplett aus Restaurants, Bars und Tankstellen vertreiben will. Denn in keinem anderen Land gebe es, gemessen an der Einwohnerzahl, mehr Spielautomaten als in Tschechien. „Wie die deutschsprachige ‚Prager Zeitung' schreibt, kommen auf 1.000 Bürger in unserem Nachbarland im Schnitt 7,5 solcher Geräte - das sind drei Mal so viel wie in Deutschland und sogar zehn Mal mehr als in Österreich oder Polen", resümiert die Zeitung aus Regensburg.

„Die Stadt des Bieres wird sich verändern, das weiß die Welt", behauptet *E15* zehn Wochen, nachdem Pilsen zur Kulturhauptstadt Europas im Jahr 2015 gewählt wurde. Noch erwähnen die meisten Journalisten, dass Pilsen bisher als Bierstadt bekannt sei, aber dies werde sich mit dieser Wahl ändern. Aus „wichtigen europäischen Zeitungen wie der ‚Times' in England, der deutschsprachigen ‚Prager Zeitung' oder der französischen ‚Le Monde'" hätten Leser erfahren, dass Pilsen in der Vorbereitung großen Wert auf die Kultur legen wird, merkt das tschechische Blatt an.

Im August 2016 beleuchtet *BR24* die Rolle des bayerischen AfD-Chefs, der in Tschechien gegen Flüchtlinge argumentiere und die „Furcht vor deutschen Großmachtgelüste" nähre. Dazu zitiert das Online-Portal des Bayerischen Rundfunks den Journalisten Erik Tabery. In der „Prager Zeitung" hatte der Chefredakteur des Wochenmagazins „Respekt" geäußert, dass auch die tschechischen Spitzenpolitiker Václav Klaus und Miloš Zeman „Meister dieser

Disziplin" seien und damit „unauffällige Anspielungen auf das ‚Reich' zurück ins Spiel kehren" würden. Sie sollten rechtfertigen, dass „fast alles abgelehnt wird, was in Deutschland passiert."

Bei *prag aktuell* schildert Peter Pragal einen Besuch beim Lokalderby zwischen Slavia Prag und den Bohemians. Der Einfall dazu kam ihm, als „ich im Sportteil der ‚Prager Zeitung' das Programm für den 22. Spieltag der ersten tschechischen Fußballliga sah." Zwar gehe er in Berlin nur selten ins Stadion, erzählt der langjährige Auslandskorrespondent großer deutscher Medien, aber in Prag „hatte die Idee einen besonderen Reiz." Nicht zuletzt, weil ein Ticket für einen Sitzplatz in Tschechiens höchster Klasse nur umgerechnet knapp zehn Euro kostet.

„Europa ist anderswo, bilanzierte die ‚Prager Zeitung' die niedrige Wahlbeteiligung bei der Europawahl in den neuen Beitrittsstaaten 2014", schreibt Markéta Špiritová in dem Buch „Neuer Nationalismus im östlichen Europa" aus dem *transcript Verlag*. In Tschechien hatten nicht einmal 20 Prozent der Wahlberechtigten ihre Stimme abgegeben, in der Slowakei gar nur 13 Prozent. Gerade im östlichen Europa lasse sich eine wachsende Abwehrhaltung gegenüber den Europäischen Union erkennen, meint die Autorin. Und parallel dazu entwickele sich dort ein „vermehrter Rückgriff auf nationale Narrative." In seinem Reiseführer zu Prag gibt der *Baedeker* einen Überblick über die Medien der Stadt, über tschechische Tageszeitungen und fremdsprachige Zeitungen. Darin erläutert er, dass „von der deutschsprachigen Presse nur noch die ‚Prager Zeitung' erscheint." Alle anderen deutschsprachigen Blätter „sind inzwischen sanft entschlafen."

Zugleich ist die PZ eine der meistgelesenen deutschsprachigen Zeitungen im Ausland. Ein Handbuch fasst die „erstaunlich bunte" Vielfalt solcher Medien zusammen, wie der *Tagesspiegel* Anfang Dezember 2012 berichtet. Ihre Zielgruppen seien eine deutsche Minderheit, deutsche Touristen oder deutschsprachige Geschäftsleute, wird in dem Bericht wieder einmal konstatiert. Allerdings gebe es auch „Blätter für Aussteiger" in deutscher Sprache, speziell auf spanischen Inseln. Manche erscheinen nur alle paar Monate oder auch nur einmal im Jahr.

Der Autor des Handbuchs verfolge damit „so etwas wie eine Mission", erläutert die Zeitung aus Berlin. Er sei „über Praktika zum Thema gekommen", so auch bei der „Prager Zeitung", und habe inzwischen das Netzwerk „Internationale Medienhilfe" gegründet. Dessen Ziel sei, eine Zusammenarbeit zwischen den Redaktionen herzustellen. Und gewünscht werde ein dauerhafter Ansprechpartner innerhalb der deutschen Regierung für die deutschsprachigen Auslandsmedien, wie schon in Österreich. Auch um die deutsche Sprache besser zu fördern. Dafür gab es laut Berliner Blatt jedoch unverzüglich einen Dämpfer. Staatliche Beratung oder Steuerung schaffe keine Leserschaft, sei dem Autor aus Regierungskreisen erklärt worden.

Zwischen deutschsprachigen Zeitungen im Ausland kommt es zuweilen zu einer Zusammenarbeit. So bedient sich die *Moskauer Deutsche Zeitung* eines Berichts in der PZ über Oleg Worotnikow, den Kopf der russischen Kunstgruppe „Wojna." Russland wirft ihm vor, Beamte beleidigt und attackiert zu haben und erwirkte deshalb einen internationalen Haftbefehl. Weil dem Künstler zehn Jahre Arbeitslager drohen, ist er geflüchtet und in Prag vorläufig festgenommen worden, wo ihn Mitarbeiter der PZ trafen.

Im Mai 2014 interviewt *ESA (Entdecken Sie Algarve)*, eine deutschsprachige Zeitschrift in Portugal, den deutschen Botschafter und befragt ihn auch zur Bedeutung der deutschsprachigen Auslandspresse. Bereits in Prag habe er mit solchen einem Medium, „in Form der deutschsprachigen ‚Prager Zeitung'" zu tun gehabt, erinnert sich Helmut Elfenkämper und stellt heraus, dass diese Medien „eine wichtige und nützliche Aufgabe" erfüllen. Für den Diplomaten sind sie Informationsorgan für eine im Ausland lebende Sprachgemeinschaft mit „praktischen Hinweisen, die das Leben erleichtern", etwa neuen Verwaltungsregeln und Infos über das Gastland, von Innenpolitik bis zu Kultur und Geschichte. Und ebenso für Touristen. „Wenn eine solche Publikation außerdem das Interesse ihrer Leser an einem tiefer gehenden Einstieg in das Gastland weckt, vielleicht sogar einen Anstoß zum Erlernen der Landessprache bietet, ist dies umso besser", urteilt Elfenkämpfer - möglicherweise in Erinnerung an die PZ, deren Seiten in den frühen Jahren auch einen Sprachkurs in Tschechisch enthielten.

Schon seit Jahren ist die „Prager Zeitung" ein fester Teil eines deutsch-tschechischen Netzwerkes. Zu ihm gehört ebenfalls *ahoj.info*. Beredter Ausdruck der engen Verbundenheit: Das deutsch-tschechische Jugendportal von Tandem, dem Koordinierungszentrum für den deutsch-tschechischen Jugendaustausch, offeriert fortwährend Praktikumsplätze bei der PZ. Das *Centrum Bavaria Bohemia* erwähnt den Nachruf in der PZ, als es im Februar 2013 den Tod des tschechischen Schriftstellers und Diplomaten Jiří Gruša beklagt. „Hommageartig" habe die PZ darauf verwiesen, dass Gruša ein „hoch geschätzter Botschafter" in Deutschland und Österreich gewesen sei. Das Slavische Institut der *Universität Heidelberg* führt mehrfach Rezensionen der PZ über Publikationen an. So im Mai 2010 über ein Buch von Pavel Kohout und im März 2013 über Band 2 der Gesammelten Werke von Vladimír Holan, eine laut PZ „ehrgeizige Unternehmung“ mit „hoher herausgeberischer Sorgfalt.“

Die *Österreicher-Bibliotheken im Ausland*, getragen von Ministerium für Europa und Äußeres, weisen in ihrem Bestand den Beitrag „Zwischen Ruhm und Tragödie“ aus der PZ von Dezember 2015 aus. Darin wird das schicksalsreiche Leben des Schauspielers Maxi Böhm ausführlich beschrieben, der aus Böhmen stammte. Das Ost-West-Wissenschaftszentrum der *Universität Kassel* informiert schon im Januar 2006 über die Gründung der Václav-Havel-Bibliothek und nutzt dafür einen Artikel in der PZ vom 13. Januar 2005 mit dem Titel „Damit sich Politik wieder ihrer Grundlagen erinnert.“ Diese Bibliothek soll das Lebenswerk von Havel archivieren und öffentlich zugänglich machen. Als erste in Europa, die sich der amerikanischen Tradition von Präsidenten-Bibliotheken verpflichtet fühlt.

Oft informieren Studenten - auch im Internet - über ihre Erfahrungen in Prag. Einer, der im Wintersemester 2013/14 an einem Direktaustausch der *Karls-Universität* teilnahm, empfiehlt für einen Aufenthalt die PZ: „Damit fühlt man sich gleich viel informierter.“ Zudem dient die „Prager Zeitung“ weiterhin oft für den Erwerb von akademischen Titeln. In einer Diplomarbeit an der *Universität Brünn* zum Thema „Stilistische Figuren in den Massenmedien“ werden im Jahr 2012 Online-Artikel aus der „Frankfurter Allgemeinen Zeitung (FAZ)“ und der „Prager Zeitung (PZ)“ verglichen. Dabei sollen Unterschiede zwischen Textsorten aufgezeigt und verdeutlicht werden, wie häufig ein Autor Metaphern und Fremdwörter verwendet.

Ergebnis: In Kommentaren nutzten beide Zeitungen viele Metaphern und nur wenige Fremdwörter. In Interviews dominierten in der PZ wiederum Metaphern, in der FAZ dagegen Fremdwörter. Bei Reportagen setzte die FAZ auf mehr Metaphern, während sich in der PZ Metaphern und Fremdwörter die Waage hielten. Was die Wissenschaftlerin zu der Erkenntnis bringt, dass Metaphern „in jedem Fall die wichtigste und häufigste Figur“ sind und „ohne Zweifel in jeder Textsorte und in jeder Zeitung“ vorkommen. Im Gegensatz dazu wurden „Hyperbel, Neologismen und Onomatopöie“ deutlich weniger berücksichtigt. Solche Stilfiguren dienen nach ihrem Urteil dazu, einen Text „viel interessanter und dynamischer zu machen.“ Je nach Umfang ihrer Verwendung ermöglichen sie gar, einen Autor und seinen Stil zu erkennen.

Eine Bachelorarbeit an der *Westböhmischen Universität Pilsen* beschäftigt sich ebenfalls 2012 mit „Phraseologismen in der deutschen Wirtschaftspresse.“ Als eine Primärquelle wird dafür der Wirtschaftsteil der „Prager Zeitung“ zwischen Januar und August 2011 herangezogen. Beispielhaft wird aus der PZ vom 6. Januar 2011 u.a. wissenschaftlich eingeordnet: „Kursschwankung“ (Kategorie: Wirtschaftsspezifischer Einwortphraseologismus) oder „auf dem Markt aktiv“ (Kategorie: Verbaler Phraseologismus). Eine Masterarbeit untersucht 2013 an der *Universität Olmütz* die „Kulturraumentwicklung Europas aus historischer Perspektive“ anhand von Beispielregionen in Österreich und Tschechien. Darin wird auch auf Debatten in Reichstagen früherer Jahre und den Widerhall in Medien zurückgeblickt. Ein Ergebnis der Autorin: „Die nach wie vor bestehende ‚Prager Zeitung‘ hat bereits damals auf hohem Niveau über die Diskussion in den Parlamenten berichtet.“

Und an der *Uni Brünn* analysiert eine Tschechin im Jahr 2015 „Prager Zeitung“ und „Landesecho“ in einer Magisterarbeit „textstilistisch“ und im „kontrastiven Vergleich“, ebenso Geschichte und Struktur der Zeitungen. „Man kann sagen, dass die ‚Prager Zeitung‘ wesentlich zu den deutsch-tschechischen Beziehungen beiträgt“, so die Autorin. Da Universitäten wie Unternehmen und Organisationen die PZ abonniert hätten, werde „die deutsche Sprache viel unterstützt.“

Bei der Preisvergabe an die „Prager Zeitung“ im Mai 2012 lobte die Jury nicht zuletzt deren „Einsatz moderner Kommunikationswege.“ Die PZ plane noch im gleichen Jahr, ihre Inhalte in einer App aufzubereiten, erwähnte der *Tagesspiegel* damals. Umgekehrt wird die „Prager Zeitung“ bereits von zahlreichen Internet-Medien zitiert. *Die Ärzte Bootlegs* verarbeitet im Juni 2013 ein PZ-Interview mit Sänger Farin Urlaub, Gründungsmitglied der Rockband „Die Ärzte.“ Darin äußerte er sich „über Konzerte, Prag und einen möglichen Abschied von den Bühnen der Welt.“ Zugleich betonte er, dass dieser „ganze Mitmachquatsch im Ausland wegfällt.“ *Tageskarte*, ein Informationsportal für Hoteliers und Gastronomen mit bis zu 180.000 Visits im Monat, zeigt sich besorgt über die aktuelle Situation in Prag. „Wie die ‚Prager Zeitung‘ berichtet, sind zahlreiche Top-Hotels der Stadt nicht mehr in der Lage, die geforderte Miete zu bezahlen“, steht dort im Juli 2013, „mehrere Vier- und Fünf-Sterne-Hotels stünden deshalb zum Verkauf.“

Busliniensuche ist eine Fernbus-Suchmaschine für Europa und informiert ihre Nutzer darüber, dass der tschechische Fernbus-Anbieter „Student Agency“ nun auch „laut ‚Prager Zeitung‘ die Lizenz für den innerdeutschen Betrieb“ von Fernbuslinien erhalten hat. Für einen Städtetrip nach Prag und sinnvolle 24 Stunden an der Moldau rät der Blog *lastminute.de* dazu, „die ‚Prager Zeitung‘ zu lesen, um zu wissen“, wo etwa am Abend Jazz-Livekonzerte stattfinden.

Im November 2016 stellt die *Deutsche Briefmarken-Zeitung* online, dass das staatliche Postunternehmen Slovenská Pošta zu Ehren des ersten Staatsoberhaupts der Slowakei einen Sonderstempel herausgibt. Der kurz zuvor verstorbene Michal Kovác litt „laut ‚Prager Zeitung' in den letzten Lebensjahren an der Parkinson-Krankheit" und sei 86-Jährig an Herzversagen verstorben. Der Stempel liege „vier bis sechs Wochen" lang in Bratislava aus und könne unter Angabe einer Stempelnummer bezogen werden. *AtomkraftwerkePlag* will nach eigenen Angaben Risiken der Atomkraft argumentativ und sachlich herausstellen und im Internet verstreute Informationen zur Atomenergie bündeln, wobei die Plattform parteiunabhängig sei und nur „auf seriöse Quellen" zurückgreife. Von der „Prager Zeitung" übernimmt sie im April 2014, dass der tschechische Premierminister Bohuslav Sobotka eine längere Laufzeit für die Reaktoren am Standort in Dukovany bis 2035 (bisher 2025) befürworte, und ebenso den Bau eines fünften Blocks.

Für den Entschluss von PZ und *jádu*, gemeinsam eine Porträtreihe über junge Hoffnungsträger in der Politik zu veröffentlichen, gibt es gleich zwei Gründe: Politiker genießen in Tschechien ein geringeres Ansehen als Putzfrauen - zu diesem Ergebnis kamen Meinungsforscher. Und Parteien bedauern umgekehrt einen eklatanten Mangel an geeigneten Nachwuchspolitikern.

Diese Kooperation mit dem deutsch-tschechischen Onlinemagazin des Goethe-Instituts Prag ist nur einer von vielen Kontakten, den die „Prager Zeitung" unterhält und pflegt. Zudem empfehlen zahlreiche deutsche Einrichtungen von sich aus die PZ. „Lesen in der ‚Prager Zeitung'", rät etwa die *Deutsch-Tschechische Gesellschaft Augsburg und Schwaben* und gibt auf ihrer Seite den Link zu Veröffentlichungen der PZ weiter. Die Gesellschaft erklärt ihren Mitgliedern ergänzend, dass die Zeitung etwa 3.500 Abonnenten in Deutschland habe. Die *Alte Salzstraße Halle-Prag e. V.* macht auf ihrer Homepage im Juli 2015 auf die PZ-Reportage „Mit zwei PS nach Prag" aufmerksam, in der eine Fahrt auf eben jenem Weg mit einem Fuhrwerk nacherzählt wurde. Auf diese Weise bewältigten die beiden Reisenden fünf Kilometer pro Stunde zwischen dem sächsischen Lößnitz und der tschechischen Hauptstadt.

Im Sommer 2015 beleuchtet die *Deutsche Presse-Agentur* in einer Serie „deutschsprachige Medien im Ausland." Teil 3 dreht sich um Prag. Weit mehr als eineinhalb Millionen deutschsprachige Touristen besuchen jedes Jahr das Land - und „viele von ihnen greifen zur ‚Prager Zeitung', um mehr über Kulturveranstaltungen und das Leben im Land zu erfahren", vermerkt die Agentur. Die Redaktionsräume liegen „etwas versteckt" in einem ruhigen Prager Wohnviertel, „in dem sich sozialistischen Plattenbauten und Altbauhäuser abwechseln.“ Gegenüber dem Autor erläutert Marcus Hundt, Nachfolger von Uwe Müller als Chefredakteur, die aktuelle Arbeit der PZ. Er stammt aus Eisleben in Sachsen-Anhalt und studierte in Karlsruhe Journalismus, bevor er im Mai 2006 zur Zeitung kam. Mittlerweile produzieren dort fünf feste Mitarbeiter wöchentlich 16 Seiten.

Die Agentur erwähnt die große Themenvielfalt der PZ, von der aktuellen Flüchtlingspolitik über die Pfadfindertradition in Tschechien bis zum Fußball. Marcus Hundt habe selbst „mit Regierungschefs, Spitzensportlern und allerlei Prominenten“ gesprochen, Karel Gott sagte allerdings im letzten Moment ein verabredetes Interview ab. Nach Meinung der Agentur hat Uwe Müller „als Herausgeber für die Zeitung gelebt.“ Nach seinem frühen Tod stand die Zukunft der Zeitung kurzzeitig auf dem Spiel, so der neue Redaktionsleiter. Dann fand sich jedoch ein neuer Investor. Die meisten Abonnenten habe die PZ in Bayern und Sachsen, einen Leser sogar in Japan.

kress pro, ein Magazin „für Führungskräfte bei Medien“, geht auf diesen Bericht ein und erläutert seinen Lesern Anfang September 2015 ebenfalls, dass die PZ „mitten in der Aufbruchszeit nach der demokratischen ‚Samtrevolution‘ und dem Ende des Sozialismus“ gestartet wurde. „Nach einem finanziellen Auf und Ab“ habe sie heute wieder „mehrere Tausend Leser.“ Noch ein Jahr später bezieht sich auch der *Südkurier* auf die Agenturinformationen zur PZ, als er deutschsprachige Medien im Ausland thematisiert. Das Blatt aus Konstanz erwähnt dabei, dass die PZ im Dezember 2016 ihr 25-Jähriges Jubiläum feiern kann.

Kurz davor, Ende September 2016, begann ein Student der *Uni Bremen* dort ein Praktikum. Im Internet beschreibt er sehr anschaulich den Mikrokosmos „Prager Zeitung“ aus seinen Beobachtungen. Er erfuhr eingangs, dass die PZ mit etwa 50.000 Lesern in Tschechien, Deutschland und Österreich rechne. Wie andere tschechische Verlage, die unabhängig von der Zahl der Abonnenten davon ausgehen, dass sich mehrere Leser stets eine Zeitung teilen.

Der Praktikant aus der Hansestadt arbeitete zunächst in der Vertriebs- und Anzeigenabteilung und half bei Texten von Auftraggebern, zu denen die „Bäckerei aus der Nachbarschaft“ ebenso zählte wie VW oder das Prager Nationaltheater. Er sammelte Adressen von Hotels oder Pensionen mit hauptsächlich deutschsprachigen Kunden, weil sie auch potenzielle Kunden der PZ waren. Und er notierte wichtige Termine für die PZ, wie die Deutsch-Tschechischen Kulturtage in Dresden und Freiburg oder die Büchermessen in Leipzig und Prag. Außerdem von Wirtschaftsmessen in Tschechien,

Deutschland und der Schweiz, die für die Automobil-, Elektro- oder Pharmaindustrie veranstaltet wurden. Zuweilen waren Mitarbeiter der „Prager Zeitung“ vor Ort, um neue Kunden zu werben. Neue Leser und Abonnenten suchte die PZ nach seiner Einschätzung vor allem mit Gewinnspielen. Dafür wurden Konzertkarten für Prager Theater, Zeitungsabonnements oder Merchandise-Produkte als Preise ausgelobt.

In der Mitte seiner Praktikumszeit wechselte der Student in die Redaktion und trug zunächst Termine von Konzerten in eine Internetmaske für die Kulturseite der Zeitung und die Website ein - etwa „10 bis 20 Konzerte oder Veranstaltungen pro Tag, von Jazz bis Theater.“ Durch die Arbeit für die PZ kam er an Orte, „zu denen ich selbstständig wahrscheinlich nie gegangen wäre.“ Ihm gefiel, dass er sich selbst Themen für Beiträge suchen durfte. „Sofern ich eine gute Idee hatte, durfte ich sie auch umsetzen.“ Und ihn überraschte, dass er zuweilen „so viel Platz für meinen Text eingeräumt bekam.“

Am Ende freute er sich darüber, in der PZ ein „sehr abwechslungsreiches Praktikum“ absolviert und Erfahrungen sowohl in Marketing und Administration wie im Journalismus gesammelt zu haben. Zudem begleitete er PZ-Mitarbeiter auf offizielle Veranstaltungen und lernte die Arbeit in einem „Großraumbüro“ kennen. Er sei „sehr froh, dass ich mich für die PZ entschieden habe“ und würde sie „auf jeden Fall als Praktikumsstelle empfehlen.“ Denn er durfte „schnell eigenständig arbeiten“ und nicht nur „langweilige Aufgaben“ wie Scannen, Kopieren und Kaffee kochen übernehmen.

Trotzdem beschlich ihn zwischendurch das Gefühl, dass man ihm „ruhig ein bisschen mehr erklären“ könnte. Der Student hätte sich gerne „ein paar Kniffs und Tipps von den PZ-Journalisten“ für eine weitere berufliche Laufbahn gewünscht. Doch Ende November 2016 erfuhr er plötzlich, dass die PZ zum 1. Januar 2017 aufgelöst wird. „Zu diesem Zeitpunkt erschien mir einiges klarer“, vermerkt er. Als der Bremer sein Praktikum bei der PZ begann, sei dies noch nicht offen kommuniziert worden. Zwar wurde ihm mitgeteilt, „dass es gerade eine schwierige Situation sei“, doch wegen des generellen Zeitungssterbens habe er dieser Aussage keine größere Bedeutung beigemessen.

Allerdings fiel ihm auf, dass Angestellte und Redakteure „oft wenig Zeit“ hatten, was er jedoch auf die finanziellen Rahmenbedingungen der PZ zurückführte. Schon seit Jahren fuhr sie „einen harten Sparkurs“ und hatte daher nur wenig Personal für viele Aufgaben. In seinem Bericht macht er nun das „noch größere Probleme“ dafür verantwortlich, nämlich das komplette Ende der Zeitung. „Deshalb waren viele PZ-Mitarbeiter ständig damit beschäftigt, neue Finanziers zu finden, die den Fortbestand der PZ ermöglichen würden“, fasst er zusammen. Im Nachhinein bringt er großes Verständnis für deren Verhalten auf.

Der Bremer Student erlebte zufällig die letzten Wochen der „Prager Zeitung“ mit. Denn es kommt zum „Ende einer Legende“, wie die *Freie Presse Chemnitz* Anfang Januar 2017 über die PZ schreibt. Sie erschien am 5. Dezember 2016 genau im 25. Jahr und blickte in einer Beilage kurz vor Weihnachten 2016 noch auf Anfänge und Höhepunkte ihrer Geschichte zurück. Die Ausgabe vom 22. Dezember 2016 war zugleich die letzte. Obwohl „eine so eingehende Berichterstattung über das Nachbarland der ‚Prager Zeitung‘ vorbehalten“ war, wie Autor Steffen Neumann würdigt.

Zwar habe es eine starke Personalfluktuation gegeben. Und häufig sei das Blatt wegen des von Gründer Uwe Müller geäußerten Anspruchs, man wolle „Die Zeit“ von Mitteleuropa werden, mitleidig belächelt worden. Wer sich nun jedoch die Liste mit ehemaligen Mitarbeitern näher betrachte, der treffe „auf Redakteure, die inzwischen bei Medien arbeiten, die den Vergleich mit der ‚Zeit‘ nicht scheuen müssen“, erkennt Neumann an, „und bei der ‚Prager Zeitung‘ machten sie nicht selten ihre ersten Schritte.“

Diese Redakteure waren meist für ein geringes Gehalt tätig. „Am Blatt hielt sie die Liebe zur Stadt und ihre Überzeugung, ein einmaliges Projekt zu unterstützen“, so der Autor. Zumal das Umfeld für die PZ immer schwierig gewesen sei. Die Leser der Zeitung lebten zur Hälfte nicht in dem Land, aus dem sie schrieb. „Abgesehen von hohen Kosten für den Versand war das ein Wettbewerbsnachteil auf dem tschechischen Anzeigenmarkt“, erklärt Neumann. „Und das brach ihr trotz leicht steigender Abo-Zahlen am Ende das Genick.“

Schon 2009 musste Chefredakteur Müller froh darüber sein, dass sich mit Ulrich Schwingenstein, dem Sohn eines Gründers der „Süddeutschen Zeitung“, einen Retter fand. „Ein gutes Geschäft war die ‚Prager Zeitung‘ für Schwingenstein nie, eher Überzeugungstat“, bilanziert Steffen Neumann. Und schon damals sei wohl klar gewesen, dass „die Zeit der PZ spätestens abgelaufen ist, wenn ihr Retter Schwingenstein nicht mehr willens sein wird, ihre jährlichen Verluste auszugleichen.“

Die Meldung von *dpa* im Dezember 2016, wonach die „Prager Zeitung“ schließe, übernehmen Medien europaweit. „Aus zum Jubiläum“, verkündet die *Kronen Zeitung*, die auflagenstärkste Tageszeitung in Österreich. *BRF*, die öffentlich-rechtliche Rundfunkanstalt der deutschsprachigen Gemeinschaft in Ost-Belgien, wundert sich darüber, dass „die Schließung mit den Feierlichkeiten zum 25-Jährigen Bestehen der Zeitung" zusammenfällt. Und der *Standard* aus Wien meldet, dass sich die PZ „schnell als wichtiger Mittler zwischen Deutschen und Tschechen etabliert hatte." Selbst *Eurocomm,* zuständig für die Auslandskommunikation der Stadt Wien, kommentiert das Ende der PZ, die „ein bekanntes Medium in der deutsch-tschechischen Gemeinschaft" sei.

„Abschied von der ‚Prager Zeitung'", nimmt auch die *Sudetenpost.* Für einen Vergleich mit der „Zeit" in Hamburg habe „das finanzielle Polster trotz eines potenten bayerischen Verlagsunternehmers als Mehrheitsgesellschafter" gefehlt, befindet Gernot Facius. Und für ein Revival als „Tagblatt" sah zumindest er nicht genügend „wirtschaftliches wie intellektuelles Potential." Trotzdem habe es „nie an Lob für das Blatt mit seiner - in guten Zeiten - Auflage von 25.000 Exemplaren gefehlt." Zwar habe sich die PZ für sudetendeutsche Positionen „nicht in die Bresche" geworfen, jedoch „Offenheit für die Probleme der deutschen Minderheit in der Tschechischen Republik bewahrt." Daher besteht für Facius bei „aller Kritik im Einzelnen" kein Zweifel daran, dass die PZ „ein Vierteljahrhundert lang ein besonderes Stück nachrevolutionärer tschechischer Geschichte" war.

In seinem Beitrag für die sächsische Zeitung kam Steffen Neumann zu dem Urteil: „Das Wochenblatt hat journalistische Qualität geliefert. Gerade zuletzt." Genau dies wird der PZ kurz nach Ende ihrer Print-Ausgaben bestätigt. Die *Deutsche Presse-Agentur* meldet, dass eine Autorin der „Prager Zeitung" den erstmals vergebenen deutsch-tschechischen Journalistenpreis erhält. Corinna Anton wird für ihren Beitrag „Die Brücke am Pöhlbach" über die sächsische Gemeinde Bärenstein und ihre nordböhmische Nachbarstadt Vejprty (Weipert) in der Kategorie für den besten deutschsprachigen Text ausgezeichnet.

„Während sich tschechische Journalisten hauptsächlich auf das Thema Migration und den Umgang Deutschlands mit dem Flüchtlingszustrom konzentrierten, interessierten sich die deutschen Beiträge meist für Themen, die normalerweise außerhalb des Hauptinteresses der deutschen Medien liegen", kommentiert *Mladá fronta Dnes* die Preisvergabe. Die jeweils mit 2.000 Euro dotierten Auszeichnungen schreibt der Deutsch-Tschechische Zukunftsfonds - gemeinsam mit dem Deutschen Journalisten-Verband und dem Journalistensyndikat in Prag - nun aus, um einer „beschleunigten, abgeflachten Berichterstattung" entgegen zu wirken, wie der Direktor des Fonds erläutert.

Ende Dezember 2016 beschreibt *Blesk* die Geschichte der berühmtesten Prager Hauptstraßen Národní třída und Na Příkopě, in deren Nähe auch das

„Prager Tagblatt“ residierte. Dass die „Prager Zeitung“ ihre Tradition seit 1991 fortsetzte, ist dem großen tschechischen Boulevardblatt noch einmal eine Erwähnung wert. Die „Prager Zeitung“ war „eine Relaisstelle politischer, wirtschaftlicher und kultureller Informationen“, wird 2017 auch in Band 2 der *Zugänge zur literatur- und kulturwissenschaftlichen Bohemistik* ausgeführt. Zugleich geben die Autoren an, dass die Zeitung eingestellt wurde - vorerst.

Tatsächlich deutete Marcus Hundt bereits im Bericht der Zeitung aus Chemnitz im Januar 2017 an, dass er weitermachen will. „In irgendeiner Form wird es die PZ auch in Zukunft geben“, blickte der Chefredakteur mit Zuversicht voraus.

Lob und Trauer

In Ausgabe 51/52 vom 22. Dezember 2016 zog die „Prager Zeitung“ eine Bilanz ihrer 25-Jährigen Geschichte. Dafür hatte die Redaktion in den Wochen zuvor extra ein Magazin erstellt, das dieser Nummer beigelegt wurde. Auf der Titelseite der gleichen Ausgabe erläuterte das Blatt ausführlich, dass es im Jahr 2017 keine PZ mehr geben wird und was die Gründe dafür sind. Mehr Ambivalenz ist kaum denkbar.

Als die Redaktion ihre Jubiläumsbeilage gestaltete, stand bereits fest, dass weitere Ausgaben im folgenden Jahr nicht mehr erscheinen werden. Trotzdem machte dieses Sonderheft in doppelter Hinsicht Sinn: Zum einen gaben große Unternehmen dafür Farbanzeigen in Auftrag, die noch einmal Geld in die Kassen des Verlags spülten. Zum anderen wurden diese 40 Seiten zu einem Zeitdokument, in dem Bedeutung und Stellenwert der Zeitung über ein Vierteljahrhundert - vor allem durch zahlreiche Gruß- und Lobesworte von Tschechen und Deutschen aus Politik, Kultur und Wirtschaft - unterstrichen wurden.

In seinem Editorial betonte Chefredakteur Marcus Hundt die Notwendigkeit einer ausführlichen Berichterstattung über Tschechien, weil das Land ein direkter Nachbar zu Deutschland und Österreich ist und mit beiden sehr enge Beziehungen unterhält. Nachdem er bei der PZ im Mai 2006 begonnen hatte, sei ihm bewusst geworden, dass Tschechien für deutsche Medien nur „ein Fleck auf der Landkarte ist oder von ihnen stiefmütterlich behandelt“ wird.

In Deutschland oder Österreich werde über Tschechien vor allem negativ und unausgewogen berichtet, so Hundts Erkenntnis. Dagegen zeichnete die „Prager Zeitung“ über 25 Jahre ein vielfältiges Bild des Landes und wollte stets „das Fremde vertraut machen.“ In jeder einzelnen von mehr als 1.200 Ausgaben „konnten wir unser Ziel erfüllen“, resümierte Marcus Hundt. Die vielen Glückwünsche zum 25. Jubiläum wertete er als Bestätigung dafür.

Zwar reifte auch bei ihm persönlich die Einsicht, in der PZ an einem „besonderen und vor allem wichtigen Projekt“ mitzuarbeiten. Gleichwohl sei es eine Herausforderung gewesen, ein Vierteljahrhundert „gegen den Strom zu schwimmen“ und jede Woche eine Zeitung heraus zu bringen, die „sowohl in Tschechien als auch in den deutschsprachigen Ländern als fremd empfunden“ wurde.

Zudem musste das Blatt der allgemeinen Zeitungskrise trotzen. Daher war es laut Hundt ein dauerhafter Kampf für die PZ, so lange „guten Journalismus in einem schwierigen Umfeld zu betreiben“ und stets „unabhängig zu bleiben.“ Diese Aufgabe zu erfüllen, hätte laut Marcus Hundt in wesentlichem Maße Heribert Wühr möglich gemacht, der die Zeitung seit 1992 unterstützte. Und vor allem Ulrich Schwingenstein, der den Verlag 2009 in schwieriger Zeit übernahm. Der Chefredakteur vergaß nicht, auch allen anderen zu danken, die sich „für dieses großartige Projekt eingesetzt“ haben.

Zu den vielen Gratulanten zählte in der Jubiläumsbeilage Arndt Freytag von Loringhoven, bis kurz zuvor deutscher Botschafter in Prag und anschließend Geheimdienstchef der NATO. Für ihn füllte die PZ „im deutschsprachigen Raum die leider festzustellende Informationslücke über einen kleinen, aber wichtigen Nachbarn." Jan Sechter, der tschechische Botschafter in Wien, bescheinigte der PZ mit ihrer „von Begeisterung getragenen Arbeit einen bedeutenden Anteil" dafür zu leisten, dass die Beziehungen Tschechiens zu Deutschland, Österreich, der Schweiz und Liechtenstein so gut wie nie in der neueren Geschichte seien.

Bundeslandwirtschaftsminister Christian Schmidt, zugleich Co-Vorsitzender des deutsch-tschechischen Gesprächsforums, würdigte die journalistische Kompetenz der PZ, ihre Nähe zu den Lesern und die „genaue Kenntnis dessen, worüber sie berichtet." Sie trage dazu bei, das gegenseitige Verständnis in Europa zu fördern, und sei ein wichtiger Brückenbauer zwischen Deutschland und Tschechien. Der tschechische Botschafter in Berlin, Tomáš Jan Podivínský, stellte besonders heraus, dass die PZ „die ruhmreiche Tradition des Prager deutschsprachigen Journalismus vertrauenswürdig" fortführe.

Über das plötzliche Ende hatte die PZ ihre Leser bereits in der Ausgabe vom 8. Dezember 2016 informiert. „‚Prager Zeitung' wird eingestellt", teilte sie kurz und knapp auf Seite 2 mit. In einem Kasten wurde ausgeführt, dass die Auflösung des Verlags „Prago Media" in der Woche zuvor beschlossen worden war. „Ab 1. Januar 2017 wird sich die Gesellschaft in der Liquidation befinden", so die Notiz, „nach 25 Jahren verschwindet damit auch die ‚Prager Zeitung' vom Markt." Die Redaktion erinnerte daran, dass die PZ „für ihren wertvollen Beitrag zur Völkerverständigung" im Jahr 2012 ausgezeichnet wurde und das meistgelesene fremdsprachige Medium in Tschechien war. Abonnenten „werden im Januar kontaktiert und bekommen für nicht erhaltene Ausgaben ihr Geld zurück", versprach die Verlagsleitung, nicht frei von Wehmut.

Auf dieses unerwartete Aus reagierten viele Leser enttäuscht. „In den vergangenen Tagen hat uns so viel Leserpost erreicht wie selten in der 25-Jährigen Geschichte der ‚Prager Zeitung'", verkündete die Redaktion und veröffentlichte zahlreiche Schreiben in der letzten Ausgabe Ende 2016 auf Seite 2. „Wie, die PZ wird eingestellt?", zeigte sich ein Abo-Bezieher irritiert, „das darf doch nicht wahr sein!" Ein Leser hatte sich „jeden Donnerstag auf die Lektüre über die vielfältigen Aspekte meiner Wahlheimat Tschechien" gefreut und konnte sich nur schwer vorstellen, bald darauf verzichten zu müssen. „Nicht nur, da ich der tschechischen Sprache nicht genügend mächtig bin, um tschechische Zeitungen lesen zu können, sondern primär deshalb, weil mir ihre politischen, kulturellen und touristischen Informationen sehr zugesagt haben, bin ich stets ein großer Fan ihres Produktes gewesen", ergänzte er.

Mit der PZ „versiegt für mich eine geschätzte Quelle der Information. Unterhaltung und Meinungsbildung", schrieb eine Leserin, die Nachricht vom Ende sei „eine sehr, sehr traurige." Ein früherer Mitarbeiter von „Radio Free Europe" bedauerte ebenfalls, dass „diese Qualitätszeitung nicht mehr erscheinen wird" und fühlte zugleich mit den Mitarbeitern der PZ. Er hatte selbst erlebt, dass seine Abteilung, für die er 31 Jahre lang gearbeitet hatte, ein paar Jahre vorher „praktisch über Nacht aufgelöst wurde." Sehr schmerzlich nannte ein Priester das PZ-Aus. Auch wenn er nicht immer der gleichen Meinung wie die Zeitungsleute war, sei er doch überzeugt davon, dass eine regelmäßige deutschsprachige Zeitung in Prag „aus historischen, kulturellen, gesellschaftlichen und nicht zuletzt touristischen Gründen" unbedingt gebraucht werde.

„Es tut uns sehr leid, dass Ihre Zeitung, die wir oft gekauft haben, nicht mehr erscheinen soll", merkte ein Leser an. Nun werde er mit 67 Jahren eben noch Tschechisch lernen müssen. Das Ende der PZ „reißt zweifellos eine Lücke in das ohnehin nur kleine Informationsspektrum über und aus Tschechien", urteilte ein weiterer Leser. Und er fragte sich, warum nicht der Deutsch-Tschechische Zukunftsfonds oder das tschechische Kulturministerium der PZ zur Seite sprang und half...

Große Überraschung auch in den sozialen Medien. „Warum so plötzlich?" wollten viele wissen. „Großer Verlust!", lautete der allgemeine Tenor. „Darf man noch auf ein Wunder hoffen?" wurde innerhalb der PZ-Gemeinde öfters gefragt. Ein Leser aus Österreich ließ die PZ per E-Mail wissen, dass er mit seinen tschechischen Freunden nur deshalb über die Politik in deren Heimatland diskutieren könne, weil er regelmäßig die „Prager Zeitung" lese. Sehr oft kam die Frage auf, ob „man die ‚Prager Zeitung' noch irgendwie unterstützen kann?" Beredter Ausdruck für eine ungewöhnlich enge Bindung, die zwischen der PZ und ihren Lesern immer bestand. Weshalb auch viele „dem ganzen Redaktionsteam einen herzlichen Dank" für die geleistete Arbeit in den letzten Jahren und Jahrzehnten aussprachen.

Die Redaktion erreichte eine Welle der Solidarität und Hilfsbereitschaft. „Schade, dass nur ganz klein und kurz erwähnt wurde, dass ihr den Betrieb einstellt. Außerdem so spät und ohne Chance, der Zeitung noch zu helfen", vermerkte ein Abonnent. Er verzichtete - wie zahlreiche Leser - auf die Rückgabe seines Geldes für das Abonnement. Andere schickten Spenden, damit die PZ ihre Arbeit fortsetzen könne. Ein Nachbar teilte mit, seine alte Mutter sei „tieftraurig", weil es „ihre PZ" nicht mehr gebe. Und viele drückten die gleiche Hoffnung aus: „Wird es einen Online-Nachfolger geben? Die Notwendigkeit für solche Infos, wie in der PZ berichtet, besteht weiter!"

Sehr ausführlich äußerte sich ein langjähriger Abonnent in einem offenen Brief, den er auch ins Internet stellte. „Offenbar war es ein sehr schneller Entschluss, bei dem Sie Ihre Kunden nicht mehr einbeziehen konnten oder wollten", beklagte er, „sonst hätten wir vielleicht ja noch Aktionen zur wirtschaftlichen Rettung starten können." Nach seinen Beobachtungen war die „Prager Zeitung" von Anfang an eine sehr wichtige und unverzichtbare Hilfe, um das Land Tschechien, seine Geschichte und Gegenwart zu verstehen. Er begrüßte, dass so viele Politiker gegenüber der PZ so viele „salbungsvolle Lobesworte" fanden und damit die Bedeutung der PZ für Tschechien gegenüber seinen deutschsprachigen Nachbarn „und für ganz Europa" verdeutlichten. Im gleichen Atemzug fragte er jedoch: „Warum konnte die PZ dann aber nicht gerettet werden? Wo blieben die Fördermittel aus Europa, Deutschland, Tschechien?" Seine Antwort: „Vermutlich hatte die PZ einfach keine Lobby wie andere (oft landsmannschaftlich organisierte) Institutionen."

Dabei könne diese Zeitung „so viel mehr bewirken, weil sie tausende wichtige und engagierte Kulturinteressierte anspricht, die wenig im landsmannschaftlichen Dunstkreis lesen." Für diese Aufmerksamkeit hätten die hohe Qualität der Beiträge ebenso wie ein kompetentes Team gesorgt. „Ich fürchte, die Mitarbeiter Ihrer Redaktion haben tausende Überstunden angesammelt und Ihre Zuarbeiter haben mit viel Idealismus für einen Minilohn gearbeitet", fügte er an. In ihm loderte trotz des verkündeten Endes noch ein Funken Hoffnung: „Vielleicht gibt es neben dem Lob der Politiker bald echte Einsicht, dass die PZ nicht sterben darf und mit einer neuen Förderpraxis wieder auferstehen kann."

Die Ära der (gedruckten) „Prager Zeitung" klang mit einem weiteren Hinweis „in eigener Sache" aus. Darin erläuterte die Redaktion, dass der im September 2015 in der PZ erschienene Artikel „Die Brücke am Pöhlbach" von Redakteurin Corinna Anton für den deutsch-tschechischen Journalistenpreis nominiert wurde. Die Jury mit Journalisten aus beiden Ländern konnte aus insgesamt 94 eingereichten Beiträgen auswählen. Als Veranstalter des erstmals ausgeschriebenen Preises betonte der Deutsch-Tschechische Zukunftsfonds, dass speziell die deutschen Bewerbungen überwiegend „Themen jenseits der Mainstream-Berichterstattung" aufgegriffen hätten.

Vor der Nominerung gab es eine Shortlist. „Insgesamt standen fünf Artikel aus der ‚Prager Zeitung' in dieser engeren Auswahl der Jury für den besten deutschsprachigen Text", erläuterte die Redaktion. Diese Shortlist umfasste acht Beiträge - womit also mehr als die Hälfte aus der PZ stammte. Eine Ironie mehr zum Ende der „Prager Zeitung."

Bitte nicht springen: Letzte Türme und Worte zum Abschied Seiten 2,3,9&12

Prager Zeitung

Die Wochenzeitung aus der Mitte Europas

AUS DEM INHALT

GESELLSCHAFT

WIRTSCHAFT

PRAG

GRENZENLOS

PULVERTURM

SCHLUSSSTRICH

CZ LINGUA

CUKRÁRNA

Prager Zeitung

Klaus Hanisch
Chefreporter

Prago-Media, spol. s r.o.
Jeseniova 51, CZ-130 00 Praha 3
Mobil +49 157 73350877
klaus.hanisch@pragerzeitung.cz
www.pragerzeitung.cz

Betrifft: „Prager Zeitung“

Für mich war die „Prager Zeitung“ immer eine wesentliche Triebfeder für die deutsch-tschechischen Beziehungen. Und mit dieser Einsicht stand ich sicher nicht allein. Möglicherweise erläuterte mir Bayerns Ministerpräsident Horst Seehofer im März 2015 deshalb so ausführlich für die PZ, warum er eine politische Kehrtwende in seinem Bundesland und in seiner Partei gegenüber der Tschechischen Republik eingeleitet hatte. „Mein Ziel ist, dass eben nicht mehr gefragt wird, warum ich Tschechien als guten Nachbarn anspreche“, sagte der Regierungschef in einem Exklusiv-Interview, „sondern dass dies - wie mit Österreich und der Schweiz - als völlig normal empfunden wird.“

Seehofer äußerte sich in der „Prager Zeitung“ zu vielen Themen sehr deutlich. Ganz besonders jedoch über den kurz zuvor verkündeten Verzicht der Sudetendeutschen auf Rückgabe ihres Eigentums, weshalb sie den Begriff „Wiedergewinnung“ der Heimat aus ihrer Satzung streichen wollten. Seine Aussagen führten zu einem Sturm der Entrüstung. Kurz darauf traf in der PZ-Redaktion der Brief eines Rechtsanwalts ein. Darin teilte er mit, dass er von Seehofer eine Unterlassungserklärung fordert.

Nur wenig später berichtete die *Süddeutsche Zeitung*, dass der Streit um die politische Neuausrichtung der Landsmannschaft die bayerische Landespolitik erreicht habe. „Hintergrund ist ein Interview Seehofers mit der deutschsprachigen ‚Prager Zeitung‘, in der er das jüngste Votum einer Mehrheit der Sudetendeutschen als wahrhaft historisch und einen großen Schritt in Richtung Zukunft würdigte“, so das Münchner Blatt. Eine Gruppierung innerhalb des Vertriebenenverbandes habe Seehofer nach dessen Aussagen in der PZ-Titelgeschichte zu dieser Unterlassungserklärung aufgefordert. Die Staatskanzlei bestätigte den Eingang des anwaltlichen Schreibens und bemerkte knapp und kühl, dass es „geprüft und beantwortet" werde.

Dass Horst Seehofer die Änderung im PZ-Interview „schon feierte", könnte verfrüht sein, meinte ein paar Tage später die *Sudetenpost*. Das Organ der Sudetendeutschen Landsmannschaft in Österreich wies auf eine „Klage beim Landgericht München 1" hin. In Vertretung eines Sudetendeutschen habe ein Anwalt Seehofer aufgefordert, „die in der ‚Prager Zeitung' getätigten Aussagen zu widerrufen." Der bayerische Ministerpräsident, traditionell Schirmherr der Sudetendeutschen, habe in dem PZ-Interview „alle Register seiner Propaganda-Orgel" gezogen, urteilte die Zeitung. In einem ergänzenden Kommentar wird auch Seehofers Einschätzung in der „Prager Zeitung" kritisiert, wonach der Verzicht der Sudetendeutschen auf Restitution und Entschädigung sehr gute Voraussetzungen für den Ausbau eines freundschaftlichen Dialogs mit der tschechischen Regierung biete.

In der Regel berichten Journalisten zu einem bestimmten Anlass über ein relevantes Thema. So hätte es auch diesmal sein sollen. Die Staatskanzlei in München wünschte, dass das Interview erst später geführt wird. Geeignet wäre dafür sein nächster Besuch in Prag, wurde mir mitgeteilt. Ich kannte Seehofers Pressesprecherin, sie war eine frühere Kollegin beim Bayerischen Rundfunk, und konnte meinen Zeitplan bei ihr durchsetzen. Und Seehofer wollte das Interview in der PZ offensichtlich dafür nutzen, seine Beurteilung über die aktuelle Entwicklung bei den Sudetendeutschen zu kommentieren. Zumindest legte die Staatskanzlei diesmal besonders viel Wert auf eine genaue Wiedergabe seiner Äußerungen.

Die große Resonanz auf das Interview mit Seehofer zeigte mir einmal mehr, dass es gerade für Beiträge in der relativ kleinen „Prager Zeitung" Sinn macht, antizyklisch zu berichten. Also möglichst oft eigene Themen zu setzen, um durch exklusive Berichterstattung zitiert und diskutiert zu werden.

Doch prinzipiell betrieb die PZ als Nischenprodukt keinen „Abdeck-Journalismus", wie der große Reporter Dagobert Lindlau immer als Credo empfahl, berichtete also nicht immer nur über die gleichen Themen wie alle Medien. Stattdessen widmete sie sich ihrem speziellen Gebiet - Tschechien und den deutsch-tschechischen Beziehungen - stets tiefer, genauer und vielschichtiger als andere.

Wobei für die „Prager Zeitung" zu schreiben, immer auch eine internationale Aufgabe war. Nicht nur, weil sie als deutschsprachiges Medium im Ausland existiert. Ihre Artikel sollen Leser in mehreren Ländern interessieren, also Deutsche wie Österreicher und auch Tschechen und Schweizer. In diesen Ländern wurde sie vor allem von Medien zitiert. Oft fiel mir auf, dass Gesprächspartner in Deutschland für die PZ offener antworteten als gegenüber heimischen Berichterstattern. Schließlich wurde mein Artikel ja im Ausland veröffentlicht, da wollte man höflich sein und Erwartungen nicht enttäuschen. Nicht unwahrscheinlich, dass sich der eine oder andere auch in dem Irrglauben befand, seine Aussagen würden nicht so genau beachtet, wenn sie im Ausland gedruckt werden - womit er die vernetzte Medienwelt völlig unterschätzte.

Manch einer war regelrecht erfreut darüber, von einem Medium aus Tschechien befragt zu werden. Zum Beispiel der Chef eines mittelständischen Unternehmens, der Teile seiner Produktion dorthin verlagern wollte und dafür in Deutschland als „Arbeitsplatzkiller" beschimpft wurde. Ich wollte hingegen von ihm wissen, welche Erwartungen er mit seinen Plänen verbindet - und wie viele neue Stellen mit der Filiale in der Tschechischen Republik entstehen.

Auch tschechische Gesprächspartner reagierten häufig sehr verbindlich. Schließlich sollte ihre Meinung ja im großen Deutschland oder Österreich gelesen und verstanden werden. Ein anderer Grund war das oft gespannte Verhältnis zu ihren heimischen Medien. Deutsche bzw. deutschsprachige Blätter hielten viele von ihnen für vertrauenswürdiger und sogar für kompetenter, wie mir tschechische Kollegen bestätigten. Und mancher Tscheche war zuweilen einfach froh darüber, sich mit einem Deutschen unterhalten zu können. Wie jener Kellner, der mir weit nach Mitternacht in einem großen Prager Bierlokal erklärte, warum er deutsche Gäste fortwährend betrügt bzw. betrügen muss. Er klagte auf Deutsch über seine Nöte, ohne auf jedes (tschechische) Wort achten und fürchten zu müssen, dass seine Kollegen ihn umgehend beim Chef anschwärzen. Seit einem Job in Westfalen beherrschte er die deutsche Sprache ganz gut.

Dass Artikel zuweilen sogar von Lesern aus mehreren Kontinenten rezipiert werden, wurde mir eines Tages im Prager Café „Savoy" bewusst, als sich an einem Nebentisch drei junge Frauen um eine Ausgabe der dort ausgelegten PZ scharrten. Sie studierten einen „Pulverturm" und waren augenscheinlich verschiedener Nationalität. Ich fragte, ob ich helfen könne, denn ich sei der Autor des Beitrags. Die Frauen dankten, nein, nicht nötig, sie hätten sich nur über ein Wort unterhalten, das in dem Text verwendet wurde. Wie sich herausstellte, kamen sie aus Mexiko, Südkorea und den USA, absolvierten gemeinsam ein Germanistik-Semester in Nürnberg und waren zu einem Wochenend-Trip nach Prag gekommen.

Diese internationalen Anforderungen empfand ich nie als Randeffekt, sondern immer als besondere Herausforderung. Deshalb sicherte ich Marcus Hundt meine weitere Mitarbeit auch unter den veränderten Bedingungen zu. Nichts anderes habe er erwartet, antwortete der neue Chefredakteur. Im umgekehrten Fall wäre er „einigermaßen schockiert" gewesen, weil der Zeitung sonst „eine tragende Säule" wegbrechen würde.

Bei der Weihnachtsfeier 2010 nach dem Tod von Uwe Müller saß ich zufällig neben den Verlegern. Der Mehrheitseigner wies mich darauf hin, dass er sich um meine ausstehenden Honorare bemüht habe. Tatsächlich zahlte mir Petr Hlaváč, der die Verlagsleitung übernommen hatte, den Rest für die Jahre 2007 und 2008 nicht in vier Raten aus, wie noch zu Jahresbeginn vorgeschlagen, sondern in einer Summe. Insgesamt fast 30.000 Kronen, einiges mehr als 1.000 Euro. Für mich ein Fingerzeig dafür, dass die Finanzen der PZ konsolidiert wurden. Insgesamt verordnete die neue Führung der PZ jedoch einen weitgehenden Sparzwang, auch wenn sie sukzessive wieder ihre Seitenzahl erhöhte.

Dies wurde schon bei der Besetzung der Redaktion augenfällig. Zu Uwe Müllers Zeiten wies das Impressum - etwa im Sommer 2004 - sieben Redaktionsmitglieder aus. Neben Müller als Geschäftsführendem Chefredakteur und Till Janzer als Chef vom Dienst gab es fünf weitere Redakteure für die Ressorts Politik, Wirtschaft, Kultur, Stadtmagazin sowie PR und Tourismus. Dazu fünf Korrespondenten in Deutschland, der Slowakei und Polen. Sowie einen Anzeigenleiter und einen Verwalter für die Abonnements. Zudem einen Übersetzer, zwei Angestellte in der Grafik und zwei weitere für Marketing. Den Online-Dienst besorgte ein freier Mitarbeiter. Daneben gab es noch eine Reihe von weiteren freien Mitarbeitern für Anzeigen und in der Redaktion.

Im Jahr 2010 standen dort nur noch drei Namen. Wir trafen uns zuweilen im „Press-Café 1911" in der Velehradská, gleich hinter der Redaktion. Anfangs saß ich dort allein. Später entdeckten auch Kollegen aus der PZ das schlichte, aber nicht ungemütliche Lokal, möglicherweise wegen seines passenden Namens. Zwei der drei Redakteure verließen das Blatt allerdings kurz darauf. Einer von ihnen, der besonders gut zu lesende Artikel verfasste, schrieb mir zum Abschied: „Keine Ahnung, wie es mit der ‚Prager Zeitung' weitergeht." Für ihn sei sie nach dem Relaunch „nicht mehr meine Zeitung."

Ich sah diese Veränderungen nicht so skeptisch. Vielmehr steuerte ich mit der PZ-Titelgeschichte über „Piraten auf der Autobahn" eine weitere exklusive Story bei. Auf dem Weg nach Prag hatte mich Ende März 2010 plötzlich ein Fahrzeug mit hohem Tempo verfolgt und überholt, teilweise sogar auf der Standspur. Wie in einem amerikanischen Gangsterfilm forderten mich die Insassen mit heftigen Lichtzeichen auf, sofort anzuhalten. Es stellte sich heraus, dass sie eine neue Form von Organisiertem Verbrechen praktizierten. Dabei handelte es sich um Banden aus Rumänien, die arglos Reisende stoppten und gefälschten Schmuck zum Kauf anboten. Oder sie raubten Fahrer und Mitfahrer gleich aus.

Polizeibehörden in Pilsen und Regensburg bestätigten die PZ-Recherchen - und reagierten überrascht auf die Anfrage. Ihnen waren diese Fälle selbst erst seit ein paar Tagen bekannt. Daher hatten sie noch keine Pressemeldung dazu herausgegeben. Auf unseren Bericht folgten zahlreiche Reaktionen von Lesern. Mancher hatte schon ähnliches erlebt. Die meisten zeigten sich entsetzt über meine Schilderungen. Die tschechische Nachrichtenagentur *ČTK* nahm meine Recherchen auf und verbreitete die Fakten der PZ.

Ebenfalls 2010 fanden Verhandlungen für eine neue tschechische Regierung statt. Doch das Büro von Fürst Karl von Schwarzenberg, der mit seiner neuen Partei TOP 09 Mitglied dieser Regierung werden sollte, blockte jede Interview-Anfrage kategorisch ab. Auch ein PZ-Redakteur hatte mehrfach in seinem Büro nachgefragt, war aber jedes Mal im Vorzimmer abgewiesen worden. Ich bekam einen Tipp. Schwarzenberg sei zu einem bestimmten Zeitpunkt im Café „Savoy" anzutreffen, ließ man mich wissen. Tatsächlich traf der Fürst dort zur genannten Zeit ein. Ich suchte das Gespräch mit ihm. Schwarzenberg bat mich an seinen Tisch, wir unterhielten uns sehr kurzweilig, auch mit historischen Reminiszenzen, denn der Stammsitz seiner Familie liegt in Franken nahe meiner Geburtsstadt.

Am Ende stellte ich ihm ein paar politische Fragen. Erstaunlicherweise gab er mir Antworten darauf. Mehr noch, er teilte mir sogar seine private Handy-Nummer mit. Ich nutzte sie am nächsten Tag und fragte ein offizielles Interview bei ihm an. Dies verweigerte er, doch Schwarzenberg ließ zu, dass ich seine Äußerungen im Café veröffentlichen konnte - was mich nicht wenig überraschte.

Schwarzenberg redete sie als „Geschwätz" klein, tatsächlich gab er eine präzise Einschätzung der aktuellen politischen Stimmung in Tschechien ab. Zudem ließen seine Angaben Rückschlüsse auf den Stand der Koalitionsverhandlungen zu. Um den Informanten zu schützen, umschrieb ich seine Angaben in meinem Bericht für die PZ mit dem Hinweis, dass ich sie „aus sehr gut unterrichteten Kreisen" erhalten habe...

An Ideen für Beiträge mangelte es mir nie. In den drei Jahrzehnten meiner Arbeit für die PZ erhielt ich nur eine Handvoll Aufträge aus der Redaktion. Alle anderen Themen besorgte ich mir selbst. Daraus resultierten zuweilen mehr als 100 Beiträge im Jahr. Umgekehrt schlug ich öfters Themen vor, die von anderen Autoren realisiert wurden. Etwa über die in Prag geborene Alice Sommer-Herz, die sogenannte „Pianistin von Theresienstadt", die das KZ überlebte und dort angeblich über 100 Konzerte gab. Oder zum Tod des Satirikers Ephraim Kishon, den einiges mit Prag verband.

Sogar sehr viel mit Prag zu tun hatte der Übersetzer der Kishon-Werke ins Deutsche, der Schriftsteller Friedrich Torberg. Er entstammte einer deutsch-jüdischen Prager Familie, besuchte in Smíchov das Deutschen Realgymnasium und arbeitete für das „Prager Tagblatt", wobei er maßgeblich von Max Brod gefördert wurde und Egon Erwin Kisch, Joseph Roth und andere bekannte Autoren kennenlernte. Torberg war ein erfolgreicher Wasserballer in Prag und erhielt zudem die tschechoslowakische Staatsbürgerschaft. Auf all dies machte ich das „Prager Literaturhaus deutschsprachiger Autoren" aufmerksam. Von dort erhielt ich anschließend eine Einladung, über Torberg zu lesen und zu referieren.

Wie das gehe, immer neue Themen zu finden, wollten (meist junge) Kollegen öfters wissen. Das sei nicht allzu schwierig, antwortete ich: Einfach immer alle „Antennen" für deutsch-tschechische Belange offenhalten - auch bei Themen, die nicht unmittelbar mit Tschechien zu tun haben. Als Beispiel nannte ich gerne meinen Bericht für das Bayerische Fernsehen über eine alte deutsche Autobahn aus der Vorkriegszeit. Ich klopfte das Thema auf einen tschechischen Bezug ab. Es stellte sich heraus, dass ein deutscher Arbeitskreis dafür eng mit tschechischen Partnern kooperierte. Ein Tscheche war verantwortlich für die heutigen Autobahnen in seinem Land. Weiterer Beleg für die mittlerweile enge Verbundenheit von Tschechen und Deutschen, selbst in Nischenbereichen. Fiel irgendwann ein Name oder wurde ein Aspekt erwähnt, überprüfte ich im Internet, ob es irgendeinen Hinweis auf Tschechien geben könnte. Erstaunlich oft war dies der Fall, auch bei Prominenten.

Über die regulären wöchentlichen Ausgaben hinaus lieferte ich auch für PZ-Beilagen wie das Magazin „Prager Geschichten", das zum Jahresende Beiträge aus der Zeitung zusammenfasste. In der Ausgabe von 2014 befand sich darin mein Artikel über Milena Jesenská und ihre Beschreibung des März-Tages 1939, an dem die Wehrmacht in Prag einmarschierte. „Weder Furcht

noch Verzweiflung“ hatte Jesenská bei ihren Mitbürgern ausgemacht, die eine großartige Journalistin war und völlig zu Unrecht oft nur als Freundin von Franz Kafka wahrgenommen wird.

Für das Magazin „Wirtschaft“ bat mich Petr Hlaváč im Oktober 2014 um einen Artikel über das rasante Wachstum der VW-Tochter Seat, die zehn Prozent mehr Neuzulassungen gegenüber dem ersten Halbjahr verzeichnete. Mittlerweile bezogen die Mitarbeiter der PZ wieder eine neue Unterkunft, in der Jeseniova. Noch ein Stück weiter weg vom Zentrum, aber für erheblich weniger Miete, wie mir Hlaváč vorrechnete. Von dort fragten Redakteure mehr denn je Beiträge bei mir an. In einer Gastro-Serie gab die PZ Tipps für je ein Restaurant, Café und Kneipe in den einzelnen Prager Stadtteilen. „Da sich niemand von uns so richtig in Smíchov auskennt, das aber keinesfalls fehlen sollte, dachte ich an dich“, schlug Marcus Hundt vor. Tatsächlich wohnten alle PZ-Redakteure im Osten oder Norden Prags, nur ich lebte auf der linken Seite der Moldau. Und das seit mehr als einem Jahrzehnt, weshalb ich den gewünschten Artikel mit gastronomischen Ratschlägen auch als PR-Aktion für „meinen“ Stadtteil bewertete.

Wenn „große Namen“ in der PZ Auskunft gaben, half dies dem Renommee des Blattes. Wie bei Friedrich von Thun, der wunderbar die Welt zwischen Tschechien und seinen deutschsprachigen Nachbarn repräsentiert. Er wurde in Schloss Kwassitz (heute Kvasice) geboren und siedelte nach dem Zweiten Weltkrieg mit seiner Familie zwangsweise von Mähren nach Österreich über.

In Deutschland ist er trotz seines fortgeschrittenen Alters noch immer einer der meistbeschäftigten Schauspieler. Daher könne es ein paar Monate dauern, bis von Thun für ein Interview zur Verfügung stehe, ließ mich seine Agentur wissen. Doch schon zwei Tage später rief er mich an. „Ah, Sie sitzen gerade im Auto", sagte er mit seiner sonoren Stimme, „dann machen wir einfach einen Termin aus."

Unser Gespräch fand bereits am nächsten Tag statt. Sein Adelsgeschlecht besaß und verlor tolle Paläste in Prag, trotzdem beteuerte von Thun gegenüber der PZ nachdrücklich, dass er sich dem Land weiterhin sehr verbunden fühlt. Und deshalb nahm er auch an der Einweihung eines Altenheimes teil, das in „seinem" Schloss Kvasice eröffnet wurde.

In den meisten Fällen waren Gespräche mit Prominenten eine Bereicherung für die Leser. Sie für ein Interview zu gewinnen, war jedoch oft mühsam. Mario Adorf lief ich ein ganzes Jahr lang hinterher, weil meine Anfragen bei ihm regelmäßig als Spam ankamen und sofort gelöscht wurden. Für die „Prager Zeitung" befragt man bekannte Menschen anders als andere Medien. Daher wollte ich von dem großen Schauspieler mehr über seine Beziehungen zur tschechischen Literatur und seinen Lesungen wissen - was der (auch) studierte Germanist erkennbar zu schätzen wusste. Fragen über seine Filmrollen hatte Adorf schon mehr als genug beantwortet.

Frank Elstner, den Kindheitserinnerungen mit Brünn verbinden, ließ sich erst Arbeitsproben von mir schicken, bevor er antwortete. Seine Replik war dann sehr witzig, er erinnerte sich noch an sein tschechisches Kindermädchen, das ihn im Alter von drei Jahren aus Versehen mit Wodka abgefüllt hatte. Doch nicht immer gelang es, einen Wunschpartner zu sprechen. Der renommierte Talkmaster Alfred Biolek verbrachte seine Kindheit in Freistadt (Fryštát) in Mährisch-Schlesien, ließ sich auf Anfrage zu seinem 84. Geburtstag aber höflich entschuldigen, weil er seinen Ruhestand genießen wollte. Dafür dachte Lutz Jahoda, einst „Fernseh-Liebling" in der DDR, auch mit 88 Jahren in der „Prager Zeitung" gerne an seine Kinder- und Jugendjahre in Brünn und die dauerhafte Beziehung zu seiner Heimatstadt zurück.

Der frühere Nationalspieler und FC Bayern-Vorstand Matthias Sammer hatte selbst nach fünf Anfragen keine Lust, ein paar Fragen zum Champions League-Spiel von Viktoria Pilsen gegen Bayern München zu beantworten. Sammers stete Absagen wurden schließlich selbst der Pressestelle des FC Bayern peinlich, weshalb sie mich am Ende explizit zu einer Pressekonferenz des Klubs vor der Partie in Pilsen einlud. Dafür berichteten die Welt- und Europameister Jürgen Klinsmann, Felix Magath und Stefan Reuter in der PZ gerne über ihre Erfahrungen mit tschechischen Mannschaften und Spielern.

Weltmeister Bernd Hölzenbein gab eigentlich keine Interviews mehr und gewährte selbst zu seinem 70. Geburtstag im März 2016 nur ganz wenigen Medien ein Gespräch, wie das deutsche Fachblatt „kicker-sportmagazin“ hervorhob. In der „Prager Zeitung“ erinnerte sich der Frankfurter jedoch freimütig an das legendäre EM-Finale 1976 zwischen Deutschland und der Tschechoslowakei, sein wichtiges Tor zum 2:2-Ausgleich, den legendären Strafstoß von Antonín Panenka und den verschossenen von Uli Hoeneß. „Panenkas Elfmeter war eine Frechheit“, erboste sich der Frankfurter noch 40 Jahre später.

Wie Karl von Schwarzenberg lieferten politische Stimmen immer wieder exklusiv in der „Prager Zeitung“ wesentliche Beiträge zum laufenden Diskurs. Zu ihnen zählte auch Hamburgs Erster Bürgermeister Olaf Scholz, der im Juni 2015 ausführlich auf 25 Jahre Partnerschaft seiner Stadt mit Prag zurückblickte, über die weitere Nutzung des Moldauhafens in Hamburg sprach und auf Unterstützung aus Prag bei der Bewerbung für die Olympischen Spiele 2024 in der Hansestadt hoffte.

Auf meine Nachfrage bekräftigte das gerade wiedergewählte Stadtoberhaupt, keine Ambitionen auf eine Kanzlerkandidatur 2017 zu haben. „In Hamburg weiß man, dass ich zu dem stehe, was ich gesagt habe“, sagte der SPD-Politiker in der PZ, „ich möchte die nächsten fünf Jahre weiterhin als Bürgermeister arbeiten, damit die Hamburgerinnen und Hamburger mir bei der nächsten Wahl 2020 wieder ihr Vertrauen schenken.“ Schon im März 2018 teilte er diesen Bürgern jedoch mit, sein Amt niederzulegen und in die neue Bundesregierung einzutreten. Im Dezember 2021 wurde er Bundeskanzler.

Bei einem Gespräch mit Schwarzenberg stimmten wir überein, dass nicht Politiker darüber entscheiden können, wie stabil die Basis zwischen Deutschland und Tschechien ist - sondern letztlich die Bürger. Aus diesem Grund berichtete ich genauso oft und gerne über Privatpersonen und Organisationen, die mit ihren Initiativen eben jenes Fundament bilden. Ein wunderbares Beispiel waren die Mitglieder einer Bürgerinitiative im kleinen Bärnau, nur ein paar Kilometer von der Grenze nach Böhmen entfernt. Die Oberpfälzer unterstützten seit Jahren Waisenhäuser und Kinderheime in Tschechien. Mehr oder weniger „im Untergrund“, wie eine Sprecherin anmerkte. Kein deutscher oder tschechischer Politiker hatte ihnen je dafür gedankt. Was ihrem Eifer jedoch keinen Abbruch tat, sie halfen einfach immer weiter. „Herzlichen Dank, dass Sie auf uns aufmerksam gemacht haben", schrieben mir die Bärnauer nach meinem Bericht.

Der wöchentliche „Pulverturm" machte die Hälfte meiner etwa 100 Beiträge pro Jahr aus. Weiterhin spießte ich die vielen kleinen und großen Begebenheiten im Alltag und in den deutsch-tschechischen Beziehungen ironisch auf. Politische und gesellschaftliche Aspekte kamen darin ebenso vor wie kulturelle und sportliche. Um speziell den tschechischen Charakter darzustellen, erschuf ich eine fiktive Figur: Meinen „Freund Novák." So heißen viele Tschechen und mit seiner Hilfe verarbeitete ich vieles, was mir tschechische Freunde über die Besonderheiten ihrer Landsleute - mehr oder weniger spöttisch - erzählten. Der „Turm" füllte nur eine Spalte und war dennoch aufwändig, um gut zu sein. Zuweilen recherchierte ich dafür sogar in Rom und Paris, wenn auch nur telefonisch.

Ich schrieb diese Glosse knapp 15 Jahre lang ohne Unterbrechung, auch bei Krankheit oder im Urlaub. Im diesem Fall gönnte ich mir für zwei oder drei Wochen im Jahr nicht ganz so aktuelle Themen und schickte diese „Türme" von unterwegs nach Prag. Dann war ich glücklich, wenn ich selbst in der tiefen ungarischen Puszta ein Internet-Café fand. Oder einen Internet-Anschluss in einem Hotel in Madeira, auch wenn die Verbindung ins Netz erst nach vielen Minuten gelang und immer wieder unterbrochen wurde. „Dass Ihnen jede Woche dafür etwas einfällt, ist erstaunlich", bemerkte einmal ein älterer PZ-Mitarbeiter.

Als große Anerkennung empfand ich stets die Leserbriefe zu diesen Glossen. Nachdem ich im Januar 2010 über das „Heilkraut Koffein" referiert und zu möglichst viel Koffeingenuss „geraten" hatte, urteilte ein Leser: „Ein hervorragender Artikel, ich habe ihn auch meinen Freunden gezeigt und wir hatten sehr viel Freude damit." Er wünsche sich, dass die PZ „in Zukunft weiter solch gute Beiträge veröffentlicht", so der Schreiber. Auch dem Botschafter Österreichs in Prag gefiel der „Pulverturm." Er begleite ihn jede Woche „durch die Prager Kneipenwelt und die kafkaesken Seiten des Lebens in Prag und anderswo", vermerkte Alexander Grubmayr in der Beilage zum 25-Jährigen Jubiläum der PZ.

In Umfragen bezeichneten Leser den „Turm" immer wieder als einen wichtigen Bestandteil der PZ. Das war durchaus erstaunlich, denn über Glossen kann man nicht diskutieren. Wer ein Gespür für Ironie hat, der stuft solche Texte als Weltklasse ein, und wer nicht, für den sind sie bestenfalls Kreisklasse. Geteilte Meinungen gab es darüber nicht zuletzt innerhalb der PZ-Redaktion selbst. Im „Prager Literaturhaus deutscher Autoren" fragte mich eine Besucherin, ob ich der Mensch sei, der so gerne in Kneipen und Cafés sitze. Erst allmählich dämmerte mir, dass sie mich auf meinen „Pulverturm" in der allerletzten Print-Ausgabe der PZ ansprach. Darin hatte ich geschrieben, dass ich nun leider nicht mehr so oft in Lokalen sitzen dürfe, um Themen zu finden, sondern künftig wieder richtig arbeiten müsse...

Mit einem „Pulverturm" verbindet sich auch eine von jenen Anekdoten, die es in jeder Zeitung gibt und ewig leben. Seine Länge war exakt vorgegeben und damit die Zahl der Buchstaben. Einmal missachtete ich beim Schreiben die Leerzeichen, deshalb war er deutlich zu lang. Da ich an diesen speziellen Texten immer sehr ausgiebig feilte und sie von Anfang bis Ende quasi „durchkomponierte", reagierte ich allergisch darauf, wenn jemand sie redigieren wollte. Deshalb verkniff sich Marcus Hundt trotz Überlänge auch diesmal einen Eingriff. Beim nächsten Treffen rügte mich der Verleger schon an der Tür. „Ihr ‚Pulverturm' sprengt die Titelseite!", warf er mir ohne jeden Gruß an den Kopf. Ich konterte damit, dass eine ganze Spalte für ihn Sinn mache, wenn er schon auf Seite 1 platziert werde - wie dies auch andere Medien bei Glossen praktizieren.

Dieses Argument hatte ich schon mehrfach vorgetragen, weshalb der Verleger nun möglicherweise Sabotage durch die Redaktion vermutete. Daher machte er mich nachdrücklich darauf aufmerksam, dass er die Zeitung verkaufen müsse. Und deshalb dürfe ein „Turm" keinesfalls die Inhaltsangabe von Seite 1 verdrängen, wie diesmal geschehen. „Ich wäre dir dankbar, wenn du deinen nächsten und die kommenden Pulvertürme wieder in der gewohnten Länge schicken würdest", bat Chefredakteur Hundt kurze Zeit später. Ihm blieb wohl ebenfalls ein Donnerwetter durch die Verlagsleitung nicht erspart.

In ihrer Magisterarbeit über „Prager Zeitung" und „Landesecho" an der *Uni Brünn* wies die Autorin im Jahr 2015 auch auf die Struktur der PZ hin. Typisch dafür sei „die blaue Überschrift" auf dem Titel. Und am linken Rand auf der ersten Seite der sogenannte „Pulverturm", der ein aktuelles Geschehen „mit Ironie, humorvoll, mit rhetorischen Fragen, manchmal übertreibend und in Ich-Form schildert." Dabei handelt es sich nach Meinung der Wissenschaftlerin um eine Kolumne und „der Autor heißt Klaus Hanisch, der in der Zeitung immer unter der Chiffre ‚khan' schreibt."

Schon zwei Jahre vorher wurde ein weiterer Artikel von mir für eine akademische Arbeit genutzt. In einer „Bakalárská Práce" an der *Universität Budweis* ging es um die „Problematik tschechischer Spieler im deutschen Profifußball." Der Titel lautete „Von Votava zu Jiráček", zitiert wurde darin u.a. aus meinem PZ-Interview mit Dieter Hecking von März 2012. Der Trainer des 1. FC Nürnberg hob in dem ausführlichen Gespräch im Vereinsheim die positiven Erfahrungen des Vereins mit tschechischen Spielern hervor. „Tschechen sind lernwillig, sie fragen und versuchen, Sachen umzusetzen", lobte Hecking.

Dass ausgerechnet Fußball selbst für Erörterungen an einer Universität diente, war kein Zufall. Vor allem in der ersten Hälfte der 2010er Jahre stießen meine Exklusiv-Interviews mit Fußball-Prominenz auf große Resonanz. So ließ die Prager Tageszeitung *Sport* ihre Leser im Oktober 2012 wissen, dass sich Stürmerstar Tomáš Pekhart in der „Prager Zeitung" für einen größeren Offensivgeist der Nationalelf seines Landes ausgesprochen hatte. Er wünschte sich, dass der Nationaltrainer deshalb künftig mehr Angreifer einsetzt, die ihn im Sturm unterstützen.

Anfang Oktober 2013 berichtete die *Nürnberger Zeitung* über die Rückkehr von Club-Profi Adam Hloušek, der nach langer schwerer Verletzung in seinen ersten Spielen eine unerwartet starke Leistung zeigte. Das Blatt aus Nürnberg konstatierte, dass „die ‚Prager Zeitung' ihn jüngst zum Comebacker des Jahres kürte." Jan Polák erläuterte im Sommer 2014 in der PZ ausführlich, warum er lieber beim 1.FC Nürnberg in der zweiten Bundesliga als in Tschechiens höchster Klasse spielt. „Als Spieler, der von außen zurückkehrt, muss man sich wieder beweisen, zitiert die ‚Prager Zeitung' den Brünner", so *Sport* in Prag.

Dort arbeiteten mittlerweile drei Redakteure, die ich aus ihrer früheren Tätigkeit für „Hattrick" kannte, dem größten Sportmagazin in Tschechien. Die Verbindung zu den Kollegen blieb auch nach ihrem Wechsel zur Tageszeitung bestehen. Mein Freund Michal Petrák griff regelmäßig meine Interviews mit tschechischen Spielern und Trainern in der Bundesliga auf, stets mit dem Hinweis auf die Quelle „Prager Zeitung." Nicht zuletzt deshalb, weil einige Spieler den tschechischen Medien misstrauten und Gespräche mit ihnen zuweilen verweigerten, wie er mehrfach beteuerte.

Umgekehrt profitierte ich öfters von seinen Insider-Kenntnissen, denn Michal Petrák ist einer der renommiertesten Sportjournalisten im Land und begleitete die tschechische Nationalelf und Klubs zu Spielen auf allen Kontinenten. Im Winter 2013 informierte ich ihn darüber, dass David Jarolím seine Karriere nach vielen Jahren in Hamburg bei einem tschechischen Verein fortsetzen will. Diese überraschende Nachricht hatte er mir bei der Absprache für ein Interview in der PZ mitgeteilt. Die Kollegen von *Sport* erstellten daraufhin umgehend einen eigenen Artikel. Damit wurden sie anschließend vom „Hamburger Abendblatt" zitiert.

Viel Diskussionsstoff lieferte mein Interview mit Filip Trojan, einst gefeierter Fußball-Profi, dann plötzlich ohne Vertrag. Der Tscheche sprach freimütig darüber, dass er wie jeder Arbeitslose in Deutschland zu einem Arbeitsamt geht und dort sein „Stempelgeld" abholt. Unser Gespräch verbreitete sich schnell, speziell die Anhänger seines früheren Klubs Dynamo Dresden trugen es über soziale Kanäle weiter. So griff die *Bild-Zeitung* im Oktober 2014 den Beitrag auf. „Sein Erklärungsversuch im Interview mit der ‚Prager Zeitung': Bei den Vereinen hat eine Art Jugendwahn eingesetzt, jung und günstig mussten die Spieler sein. Das ist nicht mehr normal", nahm das deutsche Boulevardblatt Aussagen von Trojan auf.

Gleich zweimal bezog sich die *Berliner Zeitung* auf mein Interview mit Vladimír Darida. Zunächst am 17. Juli 2015 zum Vergleich mit Pavel Nedvěd, einst „Europas Fußballer des Jahres." Das sei übertrieben, so Darida, „unsere Karrieren lassen sich bis jetzt nicht vergleichen." Und am 30. Januar 2016 führte das Blatt aus: „Der ‚Prager Zeitung' erzählte er, dass ihm die Europacup-Abende fehlen." Der Tscheche nannte es in der PZ „einfach schön, im Herbst noch ein paar Spiele mit dieser besonderen Atmosphäre bestreiten zu können."

Zum Tod des einstigen DDR-Nationalspieler Reinhard Häfner im Oktober 2016 führte das Portugiesisch sprachige Portal *UOL futebol* mehrere Zitate aus der „Prager Zeitung" an. Häfner hatte mir eines seiner letzten Interviews überhaupt gegeben. Er sprach darin auch über das gespannte Verhältnis seines Klubs Dynamo Dresden mit dem von Stasi-Minister Mielke geförderten BFC Dynamo Berlin. „Alle Mannschaften der DDR-Oberliga haben gespürt, dass nicht alles mit rechten Dingen zuging. Aus meiner Sicht hätte der BFC vielleicht sieben Titel unter regulären Bedingungen gewonnen, drei hatte er den Schiedsrichtern zu verdanken", entnahmen die Portugiesen aus dem PZ-Gespräch im Januar 2016.

Ende November 2016 stellte *Sport* Davie Selke auf die Titelseite seiner „Euro futbol"-Ausgabe. Ich hatte in der PZ zuvor auf dessen Beziehung zu Tschechien aufmerksam gemacht. Und dass der junge Stürmer von RB Leipzig seine Karriere nach eigenen Angaben zu einem großen Teil seinem Großvater aus Lanškroun verdankt. Das tschechische Fachblatt hob hervor, dass der Olympia-Silbermedaillengewinner von Rio „fast alles auf Tschechisch" verstehe, wie er der „Prager Zeitung" mitteilte.

Auf dieses Interview ging *Mladá fronta Dnes* im Februar 2019 noch einmal ein. „Als er vor mehr als zwei Jahren mit der ‚Prager Zeitung' sprach, dachte er nicht daran, die Tschechische Republik zu vertreten", so die große tschechische Tageszeitung, „doch die Situation könnte sich jetzt ändern.“ Auslöser dafür war, dass Nationaltrainer Jaroslav Šilhavý den schlaksigen Mittelstürmer in einer Fernsehsendung lobte und verriet, dass Selke einen tschechischen Pass in Betracht ziehe.

Damit könne er noch für Tschechiens Nationalelf auflaufen, obwohl er alle deutschen Jugendkader durchlief und bei Olympia 2016 mit Deutschland die Medaille gewann, wie zeitgleich das Nachrichtenmagazin *Týden* aufzeigte. Im Gespräch mit der PZ erzählte Selke, dass ihn sein tschechischer Großvater oft zu Turnieren mitnahm und mit ihm auf dem Platz kickte, wie die beiden tschechischen Zeitungen in Erinnerung riefen.

Im Sommer 2015 erhielt ich von der Uefa, dem Europäischen Fußballverband, eine Akkreditierung für die U21-EM in Tschechien. Sie ermöglichte, das Turnier zwei Wochen lang zu begleiten und darüber exklusiv für die PZ zu berichten. Dafür sorgten auch Gespräche mit Marc-André Ter Stegen, der als frischgebackener Champions-League-Sieger in die Tschechische Republik gereist war, in Prag aber nach dem Triumph mit dem FC Barcelona weniger Interesse an der Stadt und mehr an ausgiebigem Schlaf in seinem Hotelbett hatte. Sowie mit Matthias Ginter, einem Weltmeister von 2014, der sich in Olmütz bitter darüber beklagte, dass die deutsche Elf ohne ersichtliche Gegenwehr im Halbfinale von Portugal mit 5:0 besiegt wurde.

Ebenso berichtete ich vor und nach dem Turnier über Kicker des Gastgebers. Denn diese Europameisterschaft war das größte Sport-Event in der Tschechischen Republik seit der Staatsgründung 1993. Zum Abschluss der Vorrunde trafen die Deutschen in einer packenden Begegnung auf die heimische Mannschaft. Bester Spieler auf dem Platz war Ondřej Petrák, der für den 1. FC Nürnberg spielte und mit dem ich später mehrere Interviews führte.

Wie schnell das Fundament der deutsch-tschechischen Beziehungen jedoch bröckeln kann, erwies sich im Präsidentschafts-Wahlkampf 2013, als anti-deutsche Äußerungen dem Kandidaten Miloš Zeman zum Sieg über den honorigen Karl von Schwarzenberg verhalfen. Und erneut 2015, als immer mehr Flüchtlinge vor dem Krieg in Syrien flohen und Europa erreichten. Nach einem EU-Beschluss sollte Tschechien etwa 2.700 Flüchtlinge aufnehmen, tatsächlich kamen nur vier. Für eine PZ-Titelstory befragte ich einen Risikoforscher, ob die Tschechen deshalb risikoärmer lebten. Er antwortete, dass Alkohol gefährlicher sei als Terror - was bei bier- und schnapsseligen Tschechen sicher weniger gut ankam.

Auch der *ORF* hinterfragte, warum Tschechien so wenige Menschen in Not aufnahm. Dafür zitierte der öffentlich-rechtliche Rundfunksender aus Wien mehrfach aus meinem PZ-Interview mit einem Migrationsforscher von Februar 2016. Nach dessen Meinung wirke sich die Flüchtlingskrise stark auf das soziale Gefüge in Tschechien aus. Zudem seien die politisch Verantwortlichen „in eher fortgeschrittenem Alter" und geprägt von der langen Isolation des Landes im Kommunismus, auch gegenüber Fremden. Junge Menschen hätten dagegen Erfahrungen durch Tourismus, Auslands- und Studienaufenthalte gesammelt und könnten wenig mit Vorstellungen von eng geschlossenen Gemeinschaften anfangen. Nach diesem Interview erreichte die PZ unter anderen ein Schreiben aus Berlin, in dem ihr ein Leser „politische Korrektheit" vorwarf. In der aufgeheizten Atmosphäre des Jahres 2016 setzte er die PZ mit deutschen Medien gleich und bezeichnete sie als „Lügenpresse." Womit er - absichtlich oder aus Unwissenheit - einen alten Nazi-Begriff verwendete.

Eine *ORF*-Mitarbeiterin griff auch eine Idee auf, die mir 2014 nach einem Anruf eines deutschen Journalisten kam. Er wollte für seinen Sohn einen Aufenthalt in Prag arrangieren und bat um Vorschläge für eine Führung. Spontan schlug ich ihm einen Rundgang zu den Stätten von Václav Havel vor, statt wie immer zu den Klassikern Mozart oder Kafka. Gleich nach dem Telefonat stellte ich fest, dass es solch einen Rundgang in Prag überhaupt nicht gab. Dies teilte ich Zuzana Manová mit, einer Prager Reiseführerin, mit der mich eine lange Freundschaft verbindet. Sie arbeitete unverzüglich eine Route aus, die ich mit einem ganzzeitigen Artikel in der PZ vorstellte: „Typisch Havel." Die Kollegin aus Österreich war eine von vielen, die mit Zuzana seitdem Havels Spuren folgten.

Durch die Arbeit für die PZ blieb ich über viele Jahre in engem Kontakt mit der Evangelischen Kirche (EKBB) in Tschechien. Noch bevor der Staat nach jahrelangen Verhandlungen endlich Kircheneigentum zurückgab, drückte Joel Ruml als oberster Repräsentant der EKBB in der „Prager Zeitung" seine tiefe Sorge darüber aus, wie seine Kirche ihre Arbeit künftig finanzieren könne. Er hoffte dringend auf Unterstützung durch deutsche Institutionen. Vor Ruml war Mahulena Čejková dort in leitender Funktion tätig, sie erinnerte sich in der PZ an den 17. November 1989 zurück, an dem in Prag die Revolution begann. Die Ärztin half damals in der Nationalstraße den von Polizisten niedergeprügelten Studenten und engagierte sich später am Aufbau einer Zivilgesellschaft. „Wir haben die neuen Normen für den demokratischen Staat geschaffen", bekräftigte sie in unserem Bericht.

Der Filmemacher David Vondráček schilderte in einem PZ-Interview ausführlich, warum er die tschechische Geschichte nach 1945 aufarbeitet, diesen „dunklen Fleck in unserer Historie." Dies verschaffte ihm viel Respekt. Ein paar Wochen später verliehen ihm deutsche Heimatvertriebene in Frankfurt den „Franz Werfel-Menschenrechtspreis." Vondráček war sich nicht sicher, ob er diese Auszeichnung entgegennehmen sollte und holte zuvor meine Meinung ein. Angesichts vieler unbescholtener Preisträger vor ihm bestärkte ich ihn darin und berichtete für das Bayerische Fernsehen auch über die Preisvergabe in der Frankfurter Paulskirche.

Dass bei der „Prager Zeitung" deutsche und tschechische Journalisten Hand in Hand arbeiteten, war mehrfach von Vorteil. Etwa, als sich ein deutscher Spitzenpolitiker und späterer Minister auf seinen akademischen Titel an der Karls-Universität in Prag berief. Tatsächlich wurde dieser Titel in Deutschland nur von wenigen Bundesländern anerkannt. Bei der Aufklärung der „NSU"-Mordserie in Deutschland wurde bald deutlich, dass eine tschechische Waffe eine Schlüsselrolle spielte. Gemeinsam mit einem tschechischen Kollegen fasste ich die Erkenntnisse in beiden Ländern zusammen. Das Bundeskriminalamt in Wiesbaden bestätigte auf unsere Anfrage, dass tschechische Waffen öfters bei Straftaten in Deutschland verwendet werden. Der tschechische Produzent der Waffe unterstrich, dass es für den Export seiner Produkte strengste Auflagen gebe. Deren Weiterverkauf unterliege indes den gesetzlichen Vorgaben des jeweiligen Ziellandes, deshalb könnten sie zu seinem „größten Bedauern" auch „in falsche Hände" geraten.

Stets stand die „Prager Zeitung" Lesern aus beiden Ländern zur Seite. Einmal behauptete eine Tschechin, von deutschen Polizisten wie ein Sträfling behandelt worden zu sein, als sie einen Bus nach Deutschland nutzte. Umgekehrt beschwerten sich deutsche Touristen darüber, dass sie in einer Wechselstube in Prag beim Umtausch kräftig übers Ohr gehauen wurden. Ich ging den Klagen nach. Die deutsche Polizeibehörde rechtfertigte ausgiebig ihr Vorgehen und widersprach - erwartungsgemäß - den Vorwürfen. Nach meinem Bericht über den Betrug in einer Prager Wechselstube tauchte die Betreiberin plötzlich in der PZ-Redaktion auf und beschwerte sich darüber, dass immer mehr Kunden wegblieben…

Leser erwarten von der „Prager Zeitung" auch Überraschendes. Deshalb schlug ich mir ein Jahr lang die Nächte um die Ohren und lebte fast ausschließlich von 22 Uhr bis 7 Uhr. In einer Kneipe traf ich morgens um vier zufällig einen einst gefeierten tschechischen Fußball-Star, der sogar gegen den großen Diego Maradona gespielt hatte - nun aber von Sozialhilfe leben musste. Und in einer anderen erklärte mir ein Experte bis Sonnenaufgang in allen Details, warum das tschechische Bier das beste der Welt ist und welches Lokal für welche Sorte zu empfehlen sei. Ich erfuhr so viel Spannendes über das Nachtleben in der Hauptstadt, dass daraus am Ende ein Buch „In Prager Nächten" entstand. Später wurde es unter dem Titel „Prager Nachtschwärmer" nachgedruckt. Artikel in der PZ bildeten die Basis dafür.

Zu meiner Enttäuschung wurde es von „meiner" PZ jedoch nicht besprochen, obwohl mir Kollegen immer wieder Mails mit Dank für meine Beiträge schickten. Ihr Argument, man solle Bücher von Kollegen nicht im eigenen Blatt berücksichtigen, sehen viele deutsche Medien anders und weisen stattdessen mit Stolz auf Werke eigener Leute hin. Zu meiner Überraschung schloss sich der Chefredakteur dieser Meinung an, statt hierarchisch pro Buchpräsentation zu entscheiden. Denn mein erstes Buch „Echt Prag" hatte die PZ rezensiert. Mehr noch, sie hatte es als Gewinn für ihre Aktion „Leser werben Leser" und ebenso für ein Sommer-Preisausschreiben ausgesetzt. Gewinner war ein Leser in St. Gallen. Ich stellte gerne Freiexemplare zur Verfügung.

Mangelnde journalistische Ausbildung bzw. Berufserfahrung wies manch junger Kollege auch beim Redigieren von Texten nach. Zuweilen erwartete ich neue PZ-Ausgaben am Donnerstag bzw. ihre Online-Präsentation vorab mit Magenschmerzen, weil ich fürchtete, dass Text-Passagen von mir verdreht und damit ihres Sinnes beraubt worden sein könnten. Anders war dies, wenn Ivan Dramlitsch oder Marcus Hundt meine Texte bearbeiteten. Vor allem Hundt checkte Fakten und Stil vorab sehr gründlich und erfüllte den Zweck des Redigierens, indem er Texte dadurch besser und verständlicher machte. Als mir Fußballstar Reinhard Häfner erzählte, dass er irgendwann gegen Bohemians spielte, war ich überzeugt davon, er meinte den Klub aus dem Prager Stadtteil Vršovice. Hundt fand jedoch heraus, dass der Gegner viele Jahrzehnte zuvor Bohemians Dublin war. Damit hatte er endgültig mein Vertrauen gewonnen.

Regelmäßig beklagte ich in langen Erörterungen, dass fiktive Filme im deutschen Fernsehen negative Meinungen über Tschechen verbreiten. Niemand erschwert die Arbeit der „Prager Zeitung" mehr als Drehbuchschreiber, die Vorurteile aufgreifen, gedankenlos aufwärmen und damit alte Ressentiments einfach weiter transportieren. Eine rühmliche Ausnahme bildet die vielfach ausgezeichnete Laila Stieler, in deren Komödie „Ein verlockendes Angebot" von 2007 die Protagonistin selbst skeptische Gäste vom tschechischen Nationalgericht Svíčková überzeugt, dem bekannten Lendenbraten.

Deshalb schrieb ich Laila Stieler und würdigte nachdrücklich ihre Arbeit. Sie freute sich darüber und bestätigte, dass sie ihr Drehbuch mit großer Sorgfalt und hohem Rechercheaufwand verfasst habe. Stieler beschäftigte sogar eine Fachberaterin vor Ort, um die tschechische Küche authentisch wiederzugeben. Aus gutem Grund bescheinigen ihr Kritiker eine „am Realismus orientierte Erzählweise", in der es darum gehe, „glaubwürdige Geschichten zu erzählen, kein künstliches Drama zu erzeugen, sondern die Menschen so zu zeigen, wie sie sind."

Leider macht es kaum einer wie sie. Nachdem ich mich wieder einmal maßlos über einen Krimi im deutschen Fernsehen geärgert hatte, verfasste ich eine Polemik über das scheinbar nicht auszurottende schlechte Image der Tschechen in Deutschland. In dem Film gehörte ein Tscheche wie so oft zum Kreis der möglichen Täter, während eine Tschechin in deutschen Filmen oft das Opfer und noch häufiger eine Prostituierte ist. „Zwischen Ignoranz und Imageschaden", lautete mein Titel. Daraufhin gab es eine wahre Flut an Reaktionen. In den nächsten Wochen druckte die PZ Zuschriften auf mehr als einer kompletten Zeitungsseite ab. „Du scheinst bei unseren Lesern einen Nerv getroffen zu haben", freute sich Chefredakteur Hundt über die unverhofft große Resonanz.

Leser schätzen zudem Beiträge besonders, in denen persönlichen Erfahrungen dargestellt werden. Daher berichtete ich über die vielfältigen Tricks und Methoden von Taschendieben und gab Tipps zur Vorsorge. Außerdem schilderte ich meine Erlebnisse als Notfall-Patient im Universitätsklinikum Motol, das eine Abteilung für Ausländer unterhielt. Und ich erläuterte, warum Schwarzfahren in den öffentlichen Verkehrsmitteln von Prag so verbreitet ist. Allerdings vorab mit dem ausdrücklichen Hinweis, damit keinesfalls zu einer Straftat auffordern oder anleiten zu wollen.

Wie anderen Redaktionen brachen auch der PZ immer wieder Texte weg, zuweilen noch kurz vor Redaktionsschluss. „Danke, Feuerwehrmann Hanisch", merkte Marcus Hundt eines Tages an, weil ich ihm schon am Montag abend einen Beitrag geschickt hatte, der eigentlich erst eine Woche später im Blatt erscheinen sollte. „Gerade ist ein Interview zurückgezogen worden, das fest zugesagt war und eine Dreiviertel Seite füllen sollte." Hundt zog stattdessen meinen Text vor. Wobei sich bezahlt machte, dass ich in den meisten Fällen zu ausführlichen Manuskripten neigte und damit half, diesen „Flächenbrand" zu löschen.

Manchmal war es auch umgekehrt. Als Tschechien im Oktober 2016 in der WM-Qualifikation gegen Deutschland antrat, bat ich Nationalelf-Manager Oliver Bierhoff darum, die Chancen beider Teams für die PZ einzuschätzen - und um einen Rückblick auf das denkwürdige EM-Finale zwischen beiden Ländern genau 20 Jahre zuvor, als seine beiden Treffer die Partie in London zugunsten Deutschlands entschieden. Doch seine Antworten kamen einfach nicht zurück. Ich telefonierte mehrmals mit der DFB-Zentrale in Frankfurt, um das Gespräch termingerecht in die Ausgabe bringen zu können. Dienstag mittag gab ich die Hoffnung auf. Wenige Minuten vor Redaktionsschluss traf Bierhoffs autorisiertes Interview dann doch noch in Prag ein. Marcus Hundt platzierte es auf Seite eins, und einen Teil davon aus Platzgründen in der Online-Ausgabe der PZ.

Trotz aller positiven Resonanz zeichnete sich während des Jahres 2016 der Rückzug des Hauptgesellschafters Ulrich Schwingenstein aus der PZ ab. Er und Chefredakteur Hundt läuteten schon seit geraumer Zeit an den Türen staatlicher Institutionen, um Möglichkeiten einer finanziellen Unterstützung auszuloten. Doch immer wurden sie abgewiesen, obwohl die publizistische Leistung der PZ stets betont wurde. So wurden verschiedene interne Nachfolgeregelungen diskutiert, auch sie scheiterten allesamt. Der Beschluss über das endgültige Aus für die „Prager Zeitung“ im Herbst 2016 kam dennoch quasi über Nacht. Denn ein Fest zum 25-Jährigen Bestehen der Zeitung war schon weitgehend vorbereitet. Es sollte an einem geschichtsträchtigen Ort stattfinden, nämlich in der deutschen Botschaft in Prag. Die Feier wurde kurzfristig abgesagt.

Ich verfolgte die Tätigkeit von Schwingenstein stets mit viel Respekt. Im Sinn der Redaktion hielt ich ihn lange für einen Glücksfall, denn nach meinen Informationen investierte er sein Geld in die PZ, ohne von Deutschland aus allzu großen Einfluss auf ihre Inhalte zu nehmen. Nachdem sich ein obskures Magazin im Fichtelgebirge nicht entblödet hatte, meinen PZ-Artikel „Zwischen Ignoranz und Imageschaden“ ohne Angabe der Quelle zu stehlen und sogar noch die folgenden Leserbriefe an die „Prager Zeitung“ abzudrucken, schlug ich ihm ein juristisches Vorgehen vor. Tatsächlich folgte er meiner Empfehlung, ein Rechtsanwalt schickte diesem seltsamen Unternehmen in Oberfranken kurz darauf in seinem Auftrag eine Unterlassungserklärung.

Einen genauen Blick warf er in den letzten Jahren auf die Finanzen, was sein gutes Recht war. Ich vermutete, dass die „Prager Zeitung“ für Schwingenstein wie auch für seinen Verleger-Kollegen Heribert Wühr in erster Linie ein Abschreibungsobjekt war, um Steuern zu sparen. Doch dies bestritten beide immer, zumindest gegenüber mir. Sehr wahrscheinlich wäre die Zeitung ohne ihre finanzielle Hilfe schon in der Wirtschaftskrise 2009 eingestellt worden. Und möglicherweise trug die Auszeichnung für die PZ im Jahr 2012, zu deren Vergabe Schwingenstein extra nach Berlin reiste, nicht unwesentlich dazu bei, dass er ihre Existenz bis zum 25-Jährigen Jubiläum verlängerte.

In Schreiben an Prominenten, die ich für Interviews gewinnen wollte, fehlte nicht der Hinweis, dass der Hauptgesellschafter einer Familie angehört, die Eigentümer der „Süddeutschen Zeitung" war. Trotzdem hätte Ulrich Schwingenstein dem Blatt in meinen Augen mehr Zeit einräumen müssen, um eine neue Basis für die Zukunft schaffen zu können. Stimmen, die nach dem Aus für die PZ verschiedentlich anmerkten, dass er mit seinem Investment in Prag für seine Verhältnisse nicht wirklich Geld verloren habe, hielt ich für unanständig und zynisch. Sein vager Hinweis, „nicht auf Dauer Sponsor der Zeitung" bleiben zu wollen, reichte mir allerdings als Begründung für das unerwartet schnelle Ende der Zeitung nicht aus.

Im Oktober 2016 rückte diese Entscheidung immer näher. Ich traf mich mehrfach mit Marcus Hundt in Prager Bierlokalen, um eine Lösung zu finden. Fast immer bis morgens um zwei Uhr oder länger. Zuweilen kamen aktuelle und ehemalige langjährige Mitarbeiter dazu und steuerten ihre Meinung bei. Die Stimmung wurde von Nacht zu Nacht melancholischer. Plötzlich sollte es ganz kurzfristig zu einem endgültigen Abschluss kommen. Hundt bat mich am Abend zuvor gegen 21 Uhr um eine schnelle Zusammenkunft. Eine Stunde später saßen wir in einer Kneipe in der Prager Innenstadt. Bevor wir uns um 4 Uhr am Morgen trennten, schlug ich vor, mit dem Hauptgesellschafter zumindest eine Fristverlängerung auszuhandeln.

Am nächsten Tag hielten wir lange eine Standleitung zwischen der Redaktion in Žižkov und einem Café im Stadteil Smíchov aufrecht, in dem ich jeden Tag saß. Es trug den treffenden Namen „Home Office." Tatsächlich gelang es Marcus Hundt, die sofortige Stilllegung zu verhindern und einen Aufschub bis Anfang Dezember für Gespräche mit möglichen Interessenten heraus zu schlagen. Ich formulierte umgehend ein Schreiben an Fürst Schwarzenberg und gab Hundt seine Telefonnummer und die Adresse seiner Kanzlei in Wien. Er war vor seiner politischen Karriere als Verleger in Tschechien tätig und für uns deshalb der größte Hoffnungsträger.

Zudem nutzte ich Kontakte in Prags Partnerstadt Hamburg und in andere deutsche Großstädte, um einen neuen Investor zu finden. Doch all meine Bitten und Anfragen blieben ohne Ergebnis. Viel zu knapp war die Zeit. Mehrere Geschäftsleute erklärten mir, dass ihre Etats für das folgende Jahr bereits ausgereizt waren. Generell stuften sie eine längerfristige Investition in eine Zeitung nicht mehr als lohnendes Engagement ein, sondern nur noch als hohes Risiko. Speziell die PZ versprach ihnen bei aller Tradition und 25 Jahren Existenz kaum finanziellen Gewinn. Auch die Bemühungen von Marcus Hundt um neue Geldgeber hatten keinen Erfolg.

Das baldige Ende bedrückte mich, nachdem ich schon seit knapp einem Vierteljahrhundert für die PZ schrieb. Anfang November 2016 traf ich in einer Kneipe zufällig einen jungen Amerikaner, der in den USA immer genau so viel Geld verdiente, dass er wieder für ein paar Wochen in Prag leben konnte. Der US-Boy versuchte, mich aufzumuntern. Was ihm auch gelang. Noch in der gleichen Nacht verfasste ich einen „Pulverturm intern", sozusagen einen persönlichen Rettungsversuch in letzter Minute. Wörtlich schrieb ich:

„In Vino Veritas? Nicht in Tschechien. Diese Woche kam ich in einer Prager Bierstube mit einem jungen Amerikaner ins Gespräch. Dabei blickte er auf meine sorgenvolle Miene. Er bestellte noch ein Bier und wollte wissen, welches Problem mich beschwere. Ein Zeitproblem, antwortete ich und bestellte auch ein Bier. Eine Firma, der ich mich schon lange verbunden fühle, stehe vor einer ungewissen Zukunft. Das gebe es heutzutage leider häufig, meinte er.

Schon wahr, sagte ich, aber hier sei nicht nur eine wirtschaftliche Komponente im Spiel, sondern auch eine emotionale. Davon dürfe man sich nicht treiben lassen, entgegnete der US-Boy. Schon richtig, stimmte ich zu, doch diese Firma existiere seit einem Vierteljahrhundert. Das sei in der Tat recht lange, auch wenn er als Amerikaner mit Traditionen nicht viel anfangen könne. Wir bestellten jeweils ein Bier.

Schade sei vor allem, dass der Boss immer ein Idealist war, der nicht nur Geld, sondern auch Zeit und vor allem viel Herzblut in dieses Unternehmen steckte. Herzblut musste ich dem kapitalistischen Ami etwas näher erklären. Und warum investiere er jetzt nicht mehr, fragte er, bis sein nächstes Bier kam. Möglicherweise habe er sei Herz woanders hin vergeben, suchte ich nach einer Antwort.

Wie viel Zeit denn bleibe, um einen neuen Idealisten zu finden, wollte er wissen. Nur fünf Wochen, erwiderte ich. Nicht gerade viel, nickte er und wir orderten noch ein Bier. Besser wäre natürlich ein Jahr. Aber, erklärte der Ami: Fünf Wochen sind in jedem Fall mehr als fünf Tage! Vielleicht entdecke der Boss in genau diesen Wochen seine Ideale neu - und investiere noch einmal Herzblut in diese Firma. Oder wie auch immer das im Deutschen heiße. Darauf tranken wir einen ganz besonders kräftigen Schluck. In Pivo Veritas."

Der „Turm" verfehlte seine Wirkung nicht. Allerdings anders als von mir erhofft. Meine Absicht war, den Verleger zu bewegen, seine grundlegende Entscheidung noch einmal zu überdenken, zumindest aber der „Prager Zeitung" eine längerfristige Chance zu geben, um ihre weitere Existenz zu sichern. Dies tat ich ironisch, beinahe schwermütig, aber nach meinem Empfinden weder despektierlich noch verletzend. Doch mir wurde zugetragen, dass der Adressat „vor Wut schäumt." Er wolle mich keinesfalls auf der Weihnachtsfeier der Zeitung sehen, teilte mir der Chefredakteur mit.

Ich antwortete Marcus Hundt, Manns genug zu sein und trotzdem zu kommen. Außerdem konnte ich mir beim besten Willen nicht vorstellen, dass der Gesellschafter daran teilnimmt und in betretene Gesichter blicken will, die er kurz zuvor allesamt in die Arbeitslosigkeit schickte. Nach neuerlicher Rücksprache mit Hundt blieb ich dennoch der Zusammenkunft fern und versäumte daher die letzte große Feier der PZ-Mitarbeiter, die mir immer sehr wertvoll war.

Erwartungsgemäß kamen beide Verleger nicht. Von mehreren Seiten wurde mir hinterher versichert, dass es trotzdem eine ziemlich triste Veranstaltung gewesen sei.

CHINA
EUROPEAN WEE
DIE ZEIT
DIE MEDIEN:
DIE
Verstrahlt, aber glückl
Frankfurte
Jetzt spricht
Russische Bomber
provozieren
Amerikaner
DRESDEN
BCE:
colère des énar
«LES PORTES
DU NÉANT»,
SAMAR YAZBEK
DANS L'ENFER
SYRIEN

Prager Zeitung
• Jede Woche
• Aktuelles aus Tschechien
• auf Deutsch
www.pragerzeitung.cz
Prager Zeitung
Prager Zeitung
Prager Zeitung
Prager Zeitung
Prager Zeitung

Prager Zeitung
www.pragerzeitung.cz

OTEVŘENO
OPEN
EUROPATRON
OBJEKT STŘEŽEN
241 097 211
www.europatron.cz
Mr. Grico
nabídka lahůdek a salátů
...svěží chuť po celý rok...
lahůdky
bagety
dezerty
zeleninové saláty
masné lahůdky
Předplacená Vodafone karta s kreditem 200 Kč
vodafone
KAMELOT:
STÍRACÍ LOSY
ZDE V PRODEJI
ONE BOOK ON RELIGION THAT EVERYONE SHOULD READ
KEEPING ALIVE AN ARTIST'S WORK FOREVER
WEEKEND
A PEEK AT HOW THE FED BRACED FOR DISASTER
WARMS THOSE FROSTY NIGHTS IN REYKJAVIK
ARMSTRONG SAYS A LOT BUT NOT 'I'M SORRY'
Herald Tribune
FT
JANUARY 18 - 20, 2013
A huge win for Oprah
USA TODAY WEEKEND EDITION
A GANNETT COMPANY
NEWSLINE
OBAMA'S PLAN Guide to his gun proposal, point by point, 2A
THAT NRA AD White House calls ad 'cowardly.' Story at usatoday.com.
COVER STORY
GUNS WANTED
Kometenhafter Aufstieg: Die
AUS DEM INHALT
GESELLSCHAFT
KULTUR
WIRTSCHAFT
GRENZENLOS

Boží slovo
pro tebe!
Prager Zeitung

Les Echos
the guardian
Prager Zeitung
FINANCIAL TIMES
Unsafe offshore
Frankfurter Allgemeine
ZEITUNG FÜR DEUTSCHLAND

the guardian weekly
Desperation at Europe's gates
Le Monde
Prager Zeitung

FRAU
DRESDEN
Forbes
80 Kč
EXPLOZE
SVĚŽÍ CHUTI
VICEROY
MINISTERSTVO ZDRAVOTNICTVÍ VARUJE:
KOUŘENÍ ZPŮSOBUJE RAKOVINU.
The Economist
Beautiful minds, wasted
Kč
kalendáře
dárky

PRAGER
ZEITUNG

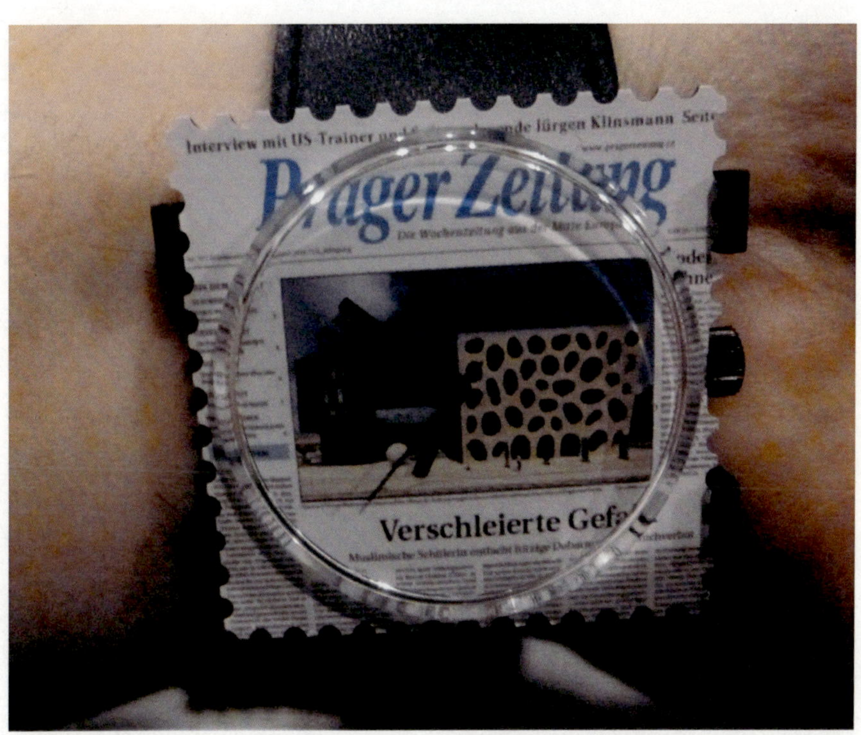
Prager Zeitung
Verschleierte Gefa

theguardian
10 Jahre Südstadt: Ein Besuch in der Plattenbausiedlung Seite 9
Prager Zeitung
Die Wochenzeitung aus der Mitte Europas
Sarah & Pietro Lombardi
Mit wie viel Gerüchten müsst ihr euch rumschlagen?
Fremdgeh-SMS aufgetaucht!
la Repubblica
The New York Times
Inside her race to the finish
On border, 'the wall' is a fantasy
Yemen sees U.S. strikes as proof of role in war

Prager Zeitung
» jede Woche
» Aktuelles aus Tschechien
» auf Deutsch
www.pragerzeitung.cz
Prager Zeitung
Prager Zeitung
Prager Zeitung
Prager Zeitung

1169
ŽIŽKOV
PRAHA 3
omnimedia
Manager CS
Prago Media, spol. s r.o. | 1. patro
Prager Zeitung
AN Consulting
ADVOKÁTI
Mgr. Monika Šmejkalová
Mgr. Tomáš Bělohlávek

Fränkischer Tag
Verrückt nach Jaromír: Ein WM-Abend mit Eishockey-Fans Seite 16
Prager Zeitung
LEIPZIGER
80 000 FEIERN AC/DC
Kita-Streik wird ausgeweitet, heute Demo in Leipzig
MAIN POST
WÜRZBURGER NEUESTE NACHRICHTEN
Senioren im Heim: Das System Pflege-TÜV ist gescheitert
Germany's next Topmodel: Jana Beller backt heute kleinere Brötchen
MÜNCHNER ZEITUNG
Muckenthaler
Fair liegt im Trend
Bremer SPD sucht Bürgermeister
NZZ · INTERNATIONALE AUSGABE

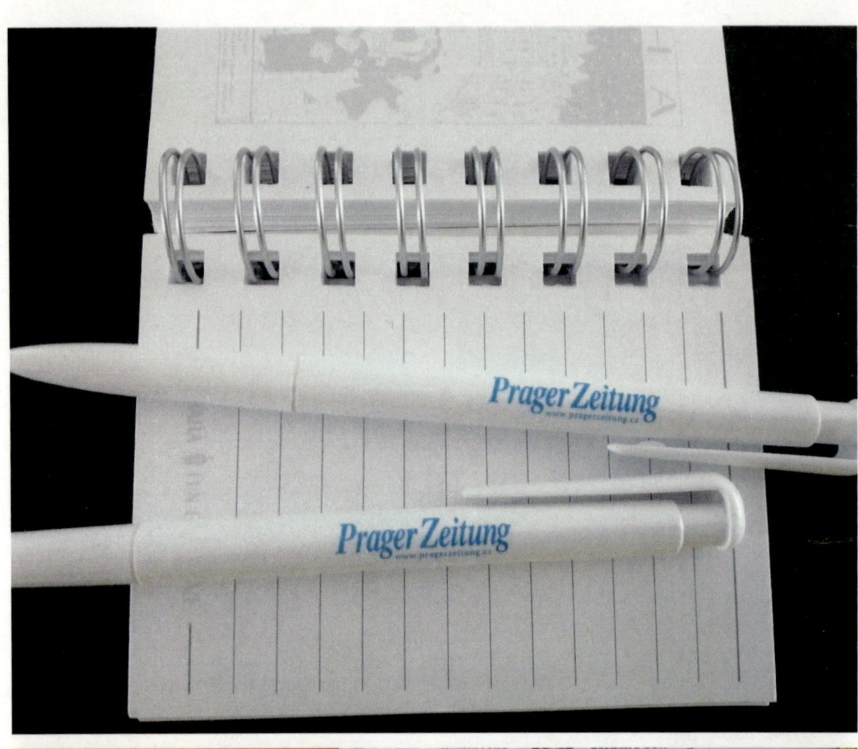
Prager Zeitung
Prager Zeitung

Four women on choosing surgery to prevent cancer
A triumph for comic actor turned TV host
theguardian
The 8-minute descent to death
150 killed as plane crashes into French Alps
BVB träumt wieder von
SPORT EXTRA
SCHLAND UNTER SCHO
150 Tote
Airbus-
bsturz in
en Alpen
Raus aus Prag: Spaziergänge am Stadtrand Seite 13
Prager Zeitung
Die Wochenzeitung aus der Mitte Europas
AUS DEM INHALT
GESELLSCHAFT
KULTUR
WIRTSCHAFT
PRAG
REGIONEN
PULVERTURM
„Flüchtlinge gerechter verteilen
Bayerns Ministerpräsident Horst Seehofer im Exklusiv-Interview

Prager Tagblatt
Prager Zeitung
Wochenblatt für Politik · Wirtschaft · Kultur · Sport
PM

BUNTE
stern
FOCUS
Großes Ski-Extra
Das Auge des Apothekers
Süddeutsche Zeitung
Frankfurter Allgemeine
DIE WELT
DIE ZEIT
Neue Zürcher Zeitung
Wirtschafts Woche
Prager Zeitung
Zoff ums Erbe

ternational New York Times
Fishermen in England weigh future outside E.U.
Europe votes to share data about airline passengers
Im ewigen Dunkel – Bilder aus dem verstrahlten
Süddeutsche
NEUESTE NACHRICHTEN AUS POLITIK, KULTUR, W
ZEITUNG FÜR DEUTSCHLA
Das Streiflicht
RIVOLUZIONE MOU
La Gazzetta dell
Lavoro, si cambia
la Rep

Süddeutsche Zeitung — THEMEN DES TAGES — Montag, 14. August 2017

Außenansicht — München Seite 2

AUSSENANSICHT

Der vergessene Nachbar

Viele deutsch-tschechische Institutionen sind am Ende. Das schadet den Beziehungen beider Länder immens. *Von Klaus Hanisch*

Die Prager Zeitung galt einmal als Leuchtturm einer freien und offenen Gesellschaft

der Freitag — Die Wochenzeitung

Politik — Wirtschaft — Kultur — Alltag

Zum Preis von einem Škoda

Medien Die „Prager Zeitung" gibt es nicht mehr. Mit ihr verliert der europäische Dialog eine weitere Stimme, meint ihr ehemaliger Chefredakteur

Marcus Hundt | Ausgabe 05/2017

→ Reiner-Kunze-Preis 2007 – 2017. Oelsnitz/Erzgeb. 2017.

→ Interview mit Reiner Kunze von Klaus Hanisch. Prager Zeitung Online 13.10.2017. www.pragerzeitung.cz

Kapitel 8: 2017

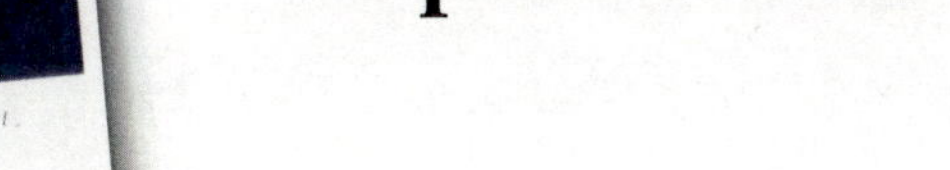

DOSB

AKTUELLES IM INTERNET

SPORTJOURNALISTEN

Prager Zeitung - Chef wollte ich nie sein. Fritz von Thurn und Taxis

EU-Pilot vom 24.11.2017

Tschechien: „Der Populismus gibt keine Antworten" Das Deutsch-Tschechische

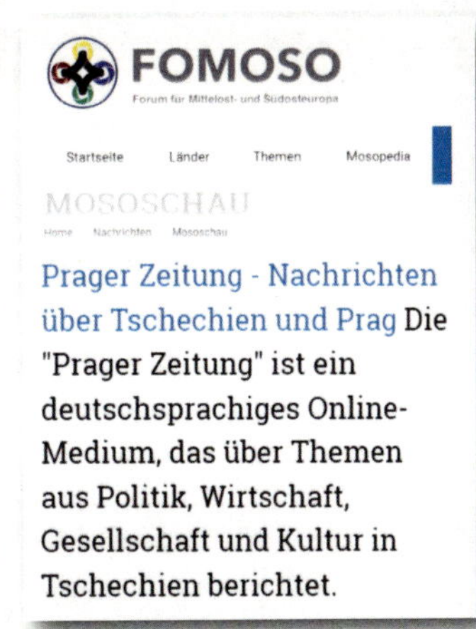

Prager Zeitung - Nachrichten über Tschechien und Prag Die "Prager Zeitung" ist ein deutschsprachiges Online-Medium, das über Themen aus Politik, Wirtschaft, Gesellschaft und Kultur in Tschechien berichtet.

Der nächste Start

Obwohl die „Prager Zeitung“ seit Ende 2016 nicht mehr gedruckt wird, lebt ihr Name auch im Jahr 2017 weiter. Im Sommer beklage ich in der *Süddeutschen Zeitung* wortreich deren Aus. Das renommierte Blatt gibt Gastautoren in seiner „Außenansicht“ auf Seite 2 die Gelegenheit, ihre Meinung zu äußern und Stellung zu beziehen. Meist sind dies Menschen in wichtigen Funktionen, zuweilen Nobelpreisträger wie Robert J. Shiller, nicht selten der frühere Bundesaußenminister Joschka Fischer. Es bedarf daher einiger Anstrengung, um Anmerkungen zum Ende der „Prager Zeitung“ auf diesem exponierten Platz veröffentlichen zu können. Sie erscheinen schließlich am 14. August 2017.

In meinem Beitrag führe ich aus, dass die PZ 25 Jahre lang ein Gradmesser für den Zustand der deutsch-tschechischen Beziehungen war. Denn als wohl wichtigstes deutschsprachiges Medium im Ausland beleuchtete sie alle wesentlichen Aspekte dieser Nachbarschaft, hohe Politik ebenso wie kleine Bürgerinitiativen. In diesem Zusammenhang zitiere ich Kulturminister Daniel Hermann, der die „Prager Zeitung“ in Tschechien als „Leuchtturm der freien und offenen Gesellschaft“ bezeichnete.

Meine Erläuterungen sind eingebettet in eine Gesamtbetrachtung über das komplexe und komplizierte Verhältnis zwischen beiden Ländern, das nach meiner Einschätzung auf deutscher Seite nicht mehr genügend Beachtung und Aufmerksamkeit findet. Deshalb steht der Beitrag unter dem Titel „Der vergessene Nachbar.“ Beredter Ausdruck dieser Geringschätzung ist für mich der fortschreitende Niedergang von Institutionen und Kulturträgern, die für das bilaterale Verhältnis unverzichtbar sind.

Vor meinen Notizen fiel mir Uwe Müllers langjähriger Wunsch ein, dass eines Tages alle Einrichtungen in Prag mit Bezug zu Deutschland unter einem Dach residieren sollten: Die „Prager Zeitung“, die Stiftung „Brücke/Most“, das „Literaturhaus für deutschsprachige Autoren“, eventuell auch der Deutsch-Tschechische Zukunftsfonds. Doch im Jahr 2017 ist genau das Gegenteil der Fall: Viele Institutionen zerbröseln oder laufen Gefahr, ihre Zukunft zu verlieren.

Als Beispiele nenne ich neben der PZ das seit Jahren geschlossene Tschechische Zentrum in Dresden und das ebenfalls 2016 insolvente „Festival Mitte Europa.“ Vor allem aber die „Brücke/Most“-Stiftung, die mit ihren gemeinsamen Kulturtagen und besonders mit ihrer permanenten Schülerarbeit einen wichtigen Beitrag zur Verständigung zwischen Deutschen und Tschechen leistete. Auch diese Einrichtung musste, wie die PZ, ihre Tätigkeit ausgerechnet zu einem runden Jubiläum einstellen, in ihrem Fall zum 20. Jahrestag.

Die „Außenansicht" sei ein „viel gelesenes, lose erscheinendes Format", teilte mir ein Redakteur aus München vorab mit. Tatsächlich stößt mein Kommentar dort auf breite Resonanz. In Briefen und Rückmeldungen gehen Leser besonders häufig auf einen Satz ein: „Vermutlich funktionierten ‚Brücke/Most' und ‚Prager Zeitung' zu selbstverständlich, um von Politik und Wirtschaft noch als außergewöhnlich wahrgenommen zu werden", schrieb ich, „und zu lange, um ihre finanziellen Nöte noch zu erkennen."

Auch in Berlin wird die PZ zum Thema. In der Wochenzeitung *Freitag* erläutert Marcus Hundt in Ausgabe 5 ausführlich, warum es die PZ nicht mehr gibt. Zwar sei „das Interesse an ihren Inhalten gestiegen, auch bei jüngeren Menschen." Zudem konnte sich die Zeitung auf viele treue Leser stützen, denen „Geschichten aus Tschechien abseits des Mainstreams offenbar etwas wert" waren. Zum Problem wurde für die PZ jedoch ihr wirtschaftliches Umfeld. „Nur wenige Unternehmen sind bereit, Anzeigen in einer Zeitung zu schalten, deren Leser in mehreren Ländern leben", räsoniert Hundt.

Als weiterer Nachteil habe sich erwiesen, dass die PZ gegenüber tschechischen Medien eine geringere Auflage hatte. Auch eine uneinheitliche Zielgruppe, die Studenten und Geschäftsleute ebenso umfasste wie Ministerialbeamte und Expats, Touristen und Heimatvertriebene, „schreckte viele ab." Wesentlich für das Aus waren nach Angabe von Hundt schließlich sinkende Einnahmen durch Anzeigen und hohe Vertriebskosten, speziell für den Versand der Zeitung ins Ausland.

Trotzdem hätte man mit einem Betrag „zum Preis eines Škoda der oberen Mittelklasse die Verluste bereits ausgleichen und den knapp 5.000 Lesern für ein weiteres Jahr die gewohnte Zeitungslektüre bieten können", vergleicht Marcus Hundt. Er erinnert an die vielen Lobeshymnen, gerade von Politikern, zum 25. Jubiläum der Zeitung sowie an deren Aussagen, dass die PZ das gegenseitige Verständnis in Europa fördert und eine wichtige Brücke zwischen Deutschland und Tschechien sei. Dessen ungeachtet überließ die Politik die „Prager Zeitung" aber allein der freien Marktwirtschaft und unterstützte sie nicht mit öffentlichen Geldern wie andere grenzüberschreitende Projekte, etwa Musik-Festivals oder Buchübersetzungen.

Denn die PZ wurde laut Hundt als rein „gewinnorientiertes Medium" eingestuft. Sie wollte sich nicht ausschließlich den Angehörigen der deutschen

Minderheit in Tschechien widmen, sondern - als europäisch denkendes Blatt - auch Leser in Deutschland und Österreich informieren. Daher erhielt sie im Gegensatz zu anderen deutschsprachigen Auslandszeitungen keine staatliche Unterstützung. Hundt ruft den Ehrenpreis der „Stiftung Verbundenheit mit den Deutschen im Ausland“ ins Gedächtnis, den die „Prager Zeitung“ im Jahr 2012 erhielt - und bei dessen Verleihung Bundestagspräsident Norbert Lammert die Politik in seiner Laudatio dazu aufforderte, deutschsprachige Auslandsmedien besser zu unterstützen…

Ohne PZ verliert der vielzitierte und wackelige „europäische Dialog“ nach Meinung von Marcus Hundt eine wichtige Stimme. Dabei könnten gerade Medien wie sie einen wichtigen Beitrag dazu leisten, neue Gräben zwischen Ost und West zu schließen. „Wer weiß, dass selbst Presseagenturen und öffentlich-rechtliche Sendeanstalten ihren Korrespondenten vorschreiben, welche Beiträge sie liefern, und dass sie dabei vor allem publikumswirksame Klischees bedienen, der begreift vielleicht den Stellenwert der ‚Prager Zeitung‘“, so der PZ-Chefredakteur von 2010 bis 2016.

Auf der Homepage der „Prager Zeitung“ verweist Marcus Hundt am 18. September 2017 auf meinen Kommentar in der SZ und gibt den Link dazu weiter. Damit sendet die PZ ein erstes Zeichen, dass sie ihre Arbeit nach mehreren Monaten Pause fortsetzen wird. „Neuer Artikel“ steht schließlich Mitte Oktober 2017 vor einem Beitrag über einen der wichtigsten deutschen Lyriker der Gegenwart. „Interview von Reiner Kunze mit Klaus Hanisch. Prager Zeitung Online. 13.10.2017“, hält auch die *Internetseite Reiner Kunze* fest, die nach eigenen Angaben die „wichtigsten Informationen“ zu dem Schriftsteller archiviert.

Kunze rief für die PZ seine vielen Begegnungen mit tschechischen Schriftstellern in Erinnerung, die schon in den 1960er Jahren im Prager Café „Slavia“ begannen. Er bestritt aber für sich und seine tschechischen Freunde, dort jemals an eine Flucht in den Westen gedacht zu haben, wie zuweilen verbreitet wird. Der vielfach ausgezeichnete Intellektuelle wurde für seinen Beitrag zur Förderung des Ansehens der Tschechischen Republik im Ausland im Jahr 2014 auch durch das tschechische Außenministerium geehrt. Er machte die schweren Schicksale von tschechischen Autoren zwischen 1948 und 1990 öffentlich, unter ihnen Závis Kalandra, Konstantin Biebl, Ivan Blatný, Jan Zahradníček, Bohuslav Reynek oder Jan Skácel.

Ausführlich begründete Reiner Kunze in der PZ seine große Hingabe an Werke von tschechischen Lyrikern und Prosa-Autoren. Von der Staatssicherheit bespitzelt und isoliert, lebte Kunze selbst lange unter schwierigen Bedingungen in der DDR. Er wurde 1977, genau 40 Jahre vor dem PZ-Interview, zur Ausreise in die Bundesrepublik Deutschland gezwungen und veröffentlichte 1990 seine Stasi-Akte mit dem Decknamen „Lyrik.“ Darin entlarvte er den späteren SPD-Spitzenpolitiker Ibrahim Böhme als Spitzel. Er habe manches im Leben zu bereuen, meinte Kunze gegenüber der PZ, „nicht aber, daß ich für meine Gedichte den Kopf hingehalten habe.“

Planet Lyrik, seit 2009 im Netz, bemüht sich darum, Rezensionen und Buchtipps aus der internationalen Lyrik zu vermitteln. Die Seite empfiehlt im Mai 2022 ein Buch mit einem längeren Zitat Kunzes aus dem PZ-Interview. Es steht im Vorwort der zweisprachigen Anthologie *VERSschmuggel - Překladiště*. „Reiner Kunze sagte seinen Lesern in der ‚Prager Zeitung‘: In der tschechischen Literatur bricht sich einzigartig europäisches Licht in slawischem Empfinden. Der Winkel, in dem das Licht an der Oberfläche der tschechischen Poesie und Prosa austritt, wird bestimmt von einer langen anerlittenen Wehmut, einem feinen fatalistischen Lächeln, einem Zorn, der seine Stunde abwartet, und selbsterlösendem Humor“, so die Herausgeber.

Dieser Band mit Poesie aus Tschechien und Deutschland entstand als Ergebnis einer „Übersetzungswerkstatt“ beim „poesiefestival berlin“ im Sommer 2018, zu der sich tschechische und deutsche Dichter trafen und paarweise ihre Texte vortrugen. Verlage in beiden Ländern veröffentlichten die Texte.

Eine Auswahl von Artikeln über Europa und die EU aus verschiedenen Ländern und Perspektiven veröffentlicht regelmäßig die Internet-Plattform *Europa-blog*. Dafür wertet sie deutsche und deutschsprachige Medien aus und bringt mitunter auch Beiträge in englischer und französischer Sprache. Für Tschechien geht sie in ihrer Rubrik „EU-Pilot“ am 24. November 2017 auf das PZ-Interview mit Dr. Stefan Meister über Populismus ein, auch Thema des deutsch-tschechischen Gesprächsforums in diesem Jahr.

In dem Interview nannte der Wissenschaftler, der in der Deutschen Gesellschaft für Auswärtige Politik für Mittel- und Osteuropa zuständig ist, die aktuellen populistischen Strömungen in Tschechien und Deutschland „eine grundlegende Herausforderung.“ Denn sie wenden sich „oftmals gegen das System, gegen Medien, gegen das Establishment, also gegen bestehende Eliten.“ Letztlich könnten sie die Demokratie gefährden, „weil es um Grundprinzipien geht“, nämlich die pluralistische Gesellschaft und ihre Werte. Meisters Fazit: „Der Populismus gibt keine Antworten.“

Den neuen tschechischen Regierungschef Andrej Babiš bezeichnete er als „Pragmatiker, der erkannt hat, mit welchen Themen er erfolgreich sein kann.“

Babiš betone einerseits das Schutzbedürfnis des Nationalstaates und trete andererseits als Modernisierer auf. „Er wird große Probleme haben, diese beiden Elemente zusammenzubringen und sich für eine Richtung entscheiden müssen", blickte Meister voraus. Dabei stelle sich „vor allem die Frage, wie er es mit der EU hält."

Für Deutschland sei von Vorteil, dass der Premier zuvor enge wirtschaftliche Beziehungen pflegte und dort seine besten Geschäfte machte. Dies sah Meister als Chance für die Bundesregierung, weshalb sie ihn nicht stigmatisieren sollte. Ratsamer sei vielmehr ein Austausch über Sachthemen. „Natürlich muss man ihm auch Grenzen aufzeigen, doch wenn sich die deutsche Politik um ihn bemüht, dann sehe ich gute Chancen für die deutsch-tschechischen Beziehungen", fasste der Wissenschaftler zusammen. Auch der deutsche Botschafter in Prag greift das Interview mit Stefan Meister auf. „Einschätzung der deu-cze Beziehungen, der ich mich gerne anschließe", gibt Christoph Israng per *Twitter* weiter, samt Hinweis auf den Text in der „Prager Zeitung."

Die Web-Artikel der PZ werden im Internet weiter verbreitet. Ein paar Tage später, Ende November 2017, zitiert das *Forum für Mittelost- und Südosteuropa (Fomoso)* eine PZ-Analyse über den tschechischen Fußballer Tomáš Rosický, der in seiner Heimat wie in Deutschland viele Spuren hinterließ. Diese Organisation mit Sitz in der Schweiz versteht sich als unabhängig, überparteilich und gemeinnützig und bezeichnet als Ziel, das Interesse an gesellschaftlichen, kulturellen und politischen Prozessen in Mittelost- und Südosteuropa und die Meinungsbildung darüber im deutschsprachigen Raum und in Europa zu fördern. In Zusammenhang mit diesem Beitrag erläutert sie, dass die PZ „ein deutschsprachiges Online-Medium ist, das über Themen aus Politik, Wirtschaft, Gesellschaft und Kultur in Tschechien berichtet."

„Rätsel Rosický", überschrieb die „Prager Zeitung" ihre kritische Betrachtung über den Star im Frühwinter seiner Karriere. Kurz zuvor wurde Tomáš Rosický 37 Jahre alt. „Und er spielt immer noch. Das heißt, eigentlich spielt er kaum noch. Stellt sich die Frage: Warum spielt er überhaupt noch?", lautete das Kernthema des Artikels.

Schon vor 15 Jahren hatte Rosický bei Borussia Dortmund im Zenit seines Könnens gestanden, nun schleppte er sich fast bemitleidenswert bei Sparta Prag durch die Saison. Angesichts seiner ellenlangen Krankenakte riet ihm die PZ, über ein baldiges Ende seiner Laufbahn nachzudenken: „Man würde Tschechiens Fußballer der Jahre 2001, 2002 und 2006 wünschen, den Absprung noch rechtzeitig zu schaffen, damit er tatsächlich als Idol in die Annalen eingeht und nicht als ein Spieler, der früher Tomáš Rosický war." Tatsächlich beendete der Ausnahme-Fußballer seine aktive Zeit nur vier Wochen später, kurz vor Weihnachten 2017.

Zu diesem Zeitpunkt veröffentlichte die PZ gerade ein Interview mit Fritz von Thurn und Taxis, dessen Familie die böhmische Linie der 500 Jahre alten Dynastie repräsentiert. Er feierte als Sport-Reporter große berufliche Erfolge. In seinem Newsletter nach dem Jahreswechsel 2017/18 führt der *Deutsche Olympische Sportbund (DOSB)*, die Dach-Organisation des deutschen Sports, dieses Gespräch in seiner Rubrik „Sportjournalisten" auf. Thurn und Taxis erwähnte darin, dass es für Zuschauer gewöhnungsbedürftig war, einen Vertreter des Hochadels im Fernsehen als Sport-Kommentator zu erleben. Dagegen hatte seine adelige Verwandtschaft keine Probleme damit, dass er sich dem lange so genannten „Proleten-Sport" Fußball widmete. Sie war vielmehr davon angetan, einen von ihnen im Fernsehen zu erleben.

Fritz von Thurn und Taxis bestätigte in dem Gespräch, dass ihn wirtschaftliche Umstände dazu zwangen, zu arbeiten und Geld zu verdienen. Denn der böhmische Zweig von Thurn und Taxis war früher wirtschaftlich potent, verlor aber nach dem Krieg alle Besitztümer. Und er bekam sie auch nach dem Fall des „Eisernen Vorhangs" nicht zurück. Restituiert wurde allerdings Lobkowicz, eine der wichtigsten böhmischen Familien, aus der seine Mutter stammte. Thurn und Taxis wollte deshalb nicht seinen Job aufgeben und verzichtete auf seine Anteile. Die alten Besitztümer zu restaurieren sei eine Herkulesaufgabe, stellte er während eines Telefonats fest.

Auch Titel lehnte er ab, obwohl sich der Adelige gegenüber der PZ stolz auf die große Tradition seiner Familie zeigte. „Chef wollte ich nie sein" bekräftigte Fritz von Thurn und Taxis nachdrücklich, weder in einer Sport-Redaktion noch in einem Fürstenhaus. Deshalb bestand er auch nicht darauf, mit „Durchlaucht" angesprochen zu werden - obwohl sein Titel offiziell „Prinz" lautet. „Damit bin ich natürlich nicht aufgetreten, das wäre ja doch zu blöde gewesen", lachte er zum Abschluss, „von Thurn und Taxis hat schon gereicht."

Der Übergang

Irgendwann prägte Marcus Hundt spätabends in einer verrauchten Kneipe im Prager Bezirk Žižkov ein Bonmot. „Du schreibst vermutlich noch für die ‚Prager Zeitung‘, wenn es sie schon nicht mehr gibt“, schmunzelte er. Eine Prophezeiung, die sich erfüllen sollte. Obwohl die Print-Ausgaben der PZ im Dezember 2016 endeten, verfasste ich Anfang 2017 einen „Pulverturm“, wie viele Jahre lang praktiziert. „Ich sehe überhaupt nicht ein, dass eine Tradition nur deshalb enden soll, weil es eine Zeitung nicht mehr gibt“, schrieb ich dazu - reichlich trotzig - an Hundt.

Er verbreitete den Text über die Facebook-Seite der Zeitung. Und fügte an: „Am Donnerstag hätte die erste PZ des neuen Jahres erscheinen sollen.

Doch leider wird unser Verlag derzeit aufgelöst, die ‚Prager Zeitung' weder an Kiosken noch in Briefkästen landen. Unser Kolumnist ließ sich von dieser traurigen Wahrheit allerdings nicht beirren und schickte wie jeden Sonntag seinen ‚Pulverturm' für Seite 1."

Ein Feedback ließ nicht lange auf sich warten. „So gut, Juhu", schrieb einer, „ein kleines Stück PZ im neuen Jahr!" Ein anderer antwortete: „Super. Spricht mir aus der Seele. Danke!" Und noch einer: „Macht weiter!" Ein paar Leser reagierten erstaunt: „Ja, was denn nun - ich denke, die ‚Prager Zeitung' hat am 22.12.2016 ihren Betrieb eingestellt. Erstaunlicher- und erfreulicherweise gibt es nach wie vor neue Geschichten auf Facebook. Bleibt die PZ als digitales Medium erhalten?"

Das war zu Jahresbeginn 2017 völlig offen. Stattdessen geisterte die Idee von einem (gedruckten) „Nachfolgeprojekt" durch die Redaktion. Gespräche mit Verlagen und möglichen Investoren aus dem In- und Ausland wurden geführt. Nicht immer schien deren Interesse seriös. Angesichts der großen Probleme von Medienhäusern mit ihren eigenen Zeitungen warnte ich vor allzu großen Hoffnungen. Mir fiel ein Zitat des ehemaligen Außenministers Joschka Fischer ein, das er am Ende der rot-grünen Regierungskoalition 2005 an seine Parteifreunde richtete. „Macht euch los, es ist vorbei", rief ich den Kollegen in Redaktion und Verwaltung zu.

Kaum einer wollte mir so richtig glauben. Zu interessant und zu schön war für die meisten aktuellen und auch früheren Mitarbeiter die Zeit bei der PZ, oft verbunden mit einem unkonventionellen Leben in Prag. Und im wunderbaren Ambiente der Stadt, in der sich nach Redaktionsschluss bei Lust und Laune immer eine stimmungsvolle Kneipe oder ein Café finden ließ, um den Feierabend noch zu einem Feier-Abend zu machen. Einige Mitarbeiter der PZ erfüllten die Kriterien einer „Bohème in Böhmen": Sie verdienten nicht viel Geld und mussten mit relativ geringem Einkommen über den Monat kommen, mancher wohnte daher in einer WG, doch alle fanden in der Zeitung einen kreativen und erfüllenden Job, den die meisten nur ungern wieder aufgaben.

Mit meiner Prognose behielt ich leider Recht. Konkrete Angebote für die Zeitung blieben aus. Der Verlag wurde während des Jahres 2017 abgewickelt. Als Liquidator kündigte Petr Hlaváč die Räume, verkaufte Computer und Möbel, machte zu Geld, was noch Wert hatte und zahlte, was noch gezahlt werden musste. Ich wollte mir das Elend halbleerer Büros, in denen bis vor kurzem mit großer Leidenschaft und vielen Ideen eine beliebte Zeitung gestaltet wurde, nicht antun und traf mich deshalb mit Hlaváč im

Frühjahr 2017 mehrfach in einer italienischen Gaststätte unweit der Verlagsräume.

Bei der Gelegenheit erkundigte ich mich, was er mit den PZ-Jahrgängen von 1991 bis 2016 plane, die säuberlich gebunden noch immer in Regalen standen. Zu meiner großen Überraschung zeigte niemand Interesse daran, diese gedruckte und in Reportagen, Interviews, Berichten oder Kommentaren festgehaltene Zeitgeschichte vollständig zu erhalten. Nur einzelne Bände wurden verschickt oder abgeholt. Petr Hlaváč freute sich über meine Anfrage und wollte mir den kompletten Satz angesichts meiner langjährigen Tätigkeit für die PZ schenken, doch ich bestand auf einem Vertrag und kaufte ihm die Jahrgänge ab.

Den für 2006 ließ er neu binden, bei zwei Taxi-Fahrten schaffte ich die vielen „Prager Zeitung(en)" nach Smíchov und lud die beiden vermeintlich schwersten Bände in der Eckkneipe nahe meiner Wohnung ab. Ich war mir unsicher über das Gesamtgewicht. Der Kneipier schleppte die Jahrgänge in seine Küche und dort auf seine Haushaltswaage, dann rechneten wir hoch und kamen zu dem Ergebnis: Nein, keine Gefahr für meinen kleinen Toyota bei deren Transport nach Deutschland. Nun liegen alle Zeugnisse der Print-PZ geschützt in einem Schrank auf meinem Dachboden. Den kompletten Bestand besitzt - soweit mir bekannt - ansonsten nur noch die tschechische Nationalbibliothek.

Während der Phase der Liquidation publizierte die „Prager Zeitung" nicht mehr. Angeblich war dies aus juristischen Gründen untersagt. Marcus Hundt und ich begannen jedoch einige Monate später einen Gedankenaustausch darüber, ob es sinnvoll und geboten war, die PZ auch unter neuen und deutlich schwierigeren Umständen fortzuführen. Zu wichtig erschienen mir ihre Ziele, um sie von heute auf morgen einfach auf den Müllhaufen der Medien zu werfen. Und ich gestehe offen ein: Ich wollte auch nicht akzeptieren, dass die Geschichte einer guten und wichtigen Zeitung nur deshalb endet, weil ein einzelner Mann nach 25 Jahren den Daumen senkt und alles aufgibt, was sich über Jahrzehnte einen festen Platz in der Medienlandschaft Tschechiens erobert hatte. Und sogar in Europa, denn immer wieder wurde die PZ in Listen über europäische Zeitungen aufgeführt, etwa vom *Standard* in Österreich.

Gleichwohl war sinnvoll, eine Bilanz nach 25 Jahren PZ zu ziehen, über die Gründe für das Aus nachzudenken und selbstkritisch zu fragen, in welcher Form eine „Prager Zeitung" in Zukunft gewollt und notwendig ist. Die PZ war immer ein special-interest-Produkt. Wer sich für Frankreich oder die Vereinigten Staaten von Amerika begeistert, las sie kaum. Wer jedoch mehr über Prag und die Tschechische Republik erfahren wollte, lag bei ihr genau richtig. Dies galt nicht nur für aktuelle oder historische Vorgänge, die Tschechien bewegten. „Es ist auch spannend zu lesen, wie man dort über Themen spricht und denkt, die in Deutschland diskutiert werden", erzählte mir einmal ein Abonnent aus Zittau.

Damit begab sich die PZ jedoch auf eine Gratwanderung. Sie wollte stets mehr und tiefgründiger über Tschechien berichten als nur über Bier und Karel Gott. Und sie wollte öfters und regelmäßiger über Land und Leute informieren als andere Medien. Mit ihrer Arbeit schuf sie sich einen festen Leserkreis, der immer wieder seine Freude über die Beiträge in der PZ artikulierte. Doch dieser Kreis war zu klein, um der „Prager Zeitung" auf Dauer ein Überleben zu sichern. Und weil die Reichweite begrenzt war, wurde es immer schwerer, Anzeigenkunden in ausreichender Zahl zu gewinnen. Sicherlich war dies auch ein entscheidender Grund, warum Uwe Müller darüber sinnierte, die PZ zu einem Fachblatt für Mittelosteuropa zu erweitern.

Ihre Existenz wurde in ihren Anfangsjahren wesentlich von der großen Neugier auf die fremden Länder im Osten nach den Revolutionen von 1989 gesichert. Vor allem in Deutschland und Österreich wollte man damals wissen, wer diese tschechischen Nachbarn sind, die nach dem legendären „Prager Frühling" von 1968 so lange abgeschottet waren. Und wie sie sich nach der kommunistischen Zwangsherrschaft hinter dem „Eisernen Vorhang" politisch und gesellschaftlich neu aufstellen. Das Interesse speziell an Tschechien verstärkten charismatische Politiker und Persönlichkeiten wie Václav Havel oder Jiří Dienstbier.

Großen Erfolg hatte das Blatt rund um die EU-Erweiterung im Jahr 2004. In dieser Zeit stieg das Interesse an der Tschechischen Republik erneut deutlich an. Im Westen brauchte man dringend mehr Informationen über den Beitrittskandidaten, vor allem über die wirtschaftliche Entwicklung und den Stand der Transformation von der Plan- zur Marktwirtschaft. Am besten aus dem Land selbst. Und am besten von einer deutschsprachigen Zeitung, da in den westeuropäischen Ländern nur eine sehr kleine Minderheit die tschechische Sprache beherrscht. Davon profitierte die PZ mit ihrer Berichterstattung wesentlich.

Danach nahm das Interesse an Tschechien wieder ab - und damit auch an der „Prager Zeitung." Das Land wurde zu einem normalen Partner in der EU und der NATO. Und Prag zu einer gewöhnlichen Hauptstadt in Mitteleuropa, kaum anders als Wien. Allenfalls trieb den Westen noch die Frage um, ob und wann die Tschechen den Euro als Zahlungsmittel akzeptieren. Die Auflage der „Prager Zeitung“ pendelte sich ein.

Die globale Finanz- und Wirtschaftskrise ab 2008 brachte auch die PZ in Existenznot, wie so viele Unternehmen weltweit. Verschärft wurde ihre schwierige Lage durch den Tod ihres Gründers Uwe Müller im Sommer 2010. Seine tückische Krankheit habe „den gesamten Fortbestand der Zeitung“ beeinflusst, merkte Petr Hlaváč im Sonderheft zum 25-Jährigen Bestehen der PZ an. Erst mit dem neuen Herausgeber und nach dem Relaunch hätten die Mitarbeiter „wieder aufatmen“ können.

Dennoch kam das Aus für die gedruckte Zeitung Ende 2016, ausgelöst durch den Rückzug des Hauptgesellschafters. Der Markt war zu klein, um sich weiterhin wirtschaftlich behaupten zu können. Anzeigenerlöse und Verkaufszahlen trugen die PZ nicht mehr. Sie hatte zu wenige Abonnenten, setzte zu wenige Zeitungen an den Kiosken ab, gewann nicht mehr ausreichend viele Inserenten, um mit ihrem Konzept längerfristig überleben zu können. Zumal in einer Epoche, in der alle Zeitungen und Medien generell stark unter Auflagenverlusten und dem Konkurrenzdruck durch die sogenannten sozialen Medien leiden.

Doch die „Prager Zeitung“ entwickelte sich über all die Jahre zu mehr als einem reinen Medienprodukt. Sie wurde selbst als wichtiger „Player“ innerhalb der deutsch-tschechischen Beziehungen wahrgenommen, vergleichbar mit dem Deutsch-Tschechischen Zukunftsfonds. Denn sie war eine wesentliche, für mich sogar die entscheidende und damit unverzichtbare Stimme der bilateralen Verbindungen. Warum sonst wurde die PZ in den letzten 30 Jahren von so vielen überregionalen Zeitungen so häufig beachtet und so oft zitiert, nicht selten gar selbst zum Inhalt von Berichten? Ihr Ende bedeutete daher auch einen großen Verlust für ein deutsch-tschechisches Netzwerk, das nach 1989 über beide Landesgrenzen hinweg entstand. Mit Recht bedauerte der Gründer der Stiftung „Brücke/Most“, dass dieses Netzwerk immer stärker seine Basis verlor, als auch er noch seine Einrichtung aufgeben musste.

Während ihrer gesamten Existenz stellte sich für die Macher der PZ eine entscheidende Frage: Wer sind Leser und Nutzer eines Nischenproduktes wie der „Prager Zeitung“? Umfragen ergaben, dass ihre Abonnenten sehr gebildet und ausgebildet waren. Zwei von drei verfügten über einen Hochschulabschluss. Die PZ entdeckte frühzeitig Touristen und deutschsprachige Geschäftsleute als Zielgruppe. Auch dafür wurde sie im Jahr 2012 in Berlin ausgezeichnet. Speziell wegen der Millionen von Deutschen, die Prag Jahr für Jahr besuchten, hoben die Blattgestalter ihre Service-Seiten über kulturelle

Veranstaltungen oder Gastronomie-Tipps ins Blatt. Im Zuge der starken Expansion von deutschen Unternehmen nach Osten und vor allem nach Tschechen kamen viele Fach- oder Führungskraft ins Land und nach Prag, um eine Zeitlang in den tschechischen Filialen zu arbeiten. Sie sprach die PZ ganz gezielt an.

Im Zeitalter des Internet konnte ich mir allerdings nur noch schwer vorstellen, dass Lust auf eine Zeitungslektüre hat, wer ein Wochenende oder gar nur ein paar Stunden in der Hauptstadt verbringt. Und das war die Regel. Zudem waren viele Tipps nun im Netz verfügbar. Expats, die ich kannte, teilten mir mit, dass sie mittlerweile vor allem Quellen nutzen, die viele oder gar ausschließlich Infos aus dem Wirtschaftsleben bieten. Deutsche, die in Prag und Tschechien leben, wollten ebenfalls kein Geld mehr für eine PZ ausgeben, weil sie oft tschechische Zeitungen lasen und sich von ihnen ausreichend informiert fühlten, wie mir einige erzählten.

Daher traf nun wohl mehr denn je zu, was und wen mir der langjährige Chefredakteur Uwe Müller in einem längeren Gespräch einst als seinen „idealen Leser" definierte: Ein PZ-Käufer, der im Ausland lebt, sich stark für Prag und Tschechien interessiert, oft zu Besuch ins Land oder in die Stadt kommt, vielleicht sogar freundschaftliche Verbindungen dorthin hat, daher vieles aus eigener Anschauung kennt, jedoch nicht oder nicht besonders gut Tschechisch spricht und sich von deutschen Medien nur unzureichend bzw. punktuell bzw. sensationsheischend über Tschechien informiert fühlt. Außerdem nannte Müller Tschechen, die Deutsch verstehen und einen anderen Blickwinkel auf ihre Heimat wünschen, als ihnen von tschechischen Medien vermittelt wird. Und die mehr Informationen über das deutsch-tschechische Miteinander wollen.

Tschechen beherrschen oft die deutsche Sprache oder haben zumindest ansatzweise Kenntnisse. In jedem Fall achten sie stark auf das, was sich im Nachbarland abspielt. Wie wichtig dies für sie ist, bekommt schnell mit, wer am Abend in Lokalen auf Gespräche an den Nebentischen hört. Immer wieder fällt dort der Name „Německo", also Deutschland. Sehr viele Deutsche muss man dagegen erst für den kleinen Nachbarn im Osten interessieren. Gemeinsam bilden sie jedoch eine Zielgruppe von einigen tausend Menschen, für die es sich lohnt, eine PZ weiter zu betreiben.

Ihr Interesse kann für mich dadurch geweckt werden bzw. erhalten bleiben, dass Aspekte der Verbundenheit aufgezeigt und fortwährend betont werden. Die gedruckte „Prager Zeitung" lieferte im vorderen Teil in der Regel vor allem Informationen aus und über Tschechien, besonders über Politik und Gesellschaft. Erst im sogenannten zweiten „Buch" ging es um deutsch-tschechische

Themen und Belange, um Initiativen und Projekte, um Menschen mit Einsatz und Beziehungen zu beiden Ländern. Wäre ich in redaktioneller Verantwortung gestanden, hätte ich schon vor dem Ende der gedruckten PZ diese beiden „Bücher" getauscht: Wegen des stetig schwindenden Interesses an Tschechien hätte ich den ersten Teil mit rein tschechischer Berichterstattung nach hinten verlegt und den zweiten Teil vorgezogen, um zumindest das Interesse an den deutsch-tschechischen Beziehungen am Leben zu erhalten.

Damit stieß ich jedoch auf wenig Gegenliebe, wenn wir intern über das Blatt diskutierten. Zu sehr war in der Redaktion noch der Grundgedanke verankert, dass die PZ eine Fach-Zeitung aus und für Tschechien (bzw. den mittelosteuropäischen Raum) sein sollte, wie seit den Gründerjahren deklariert. Diese Prämisse hielt ich für überholt. Sicher schärfte mein Blick von außen mein Urteil. Da ich zwar regelmäßig in Prag lebte, nicht aber dauerhaft dort wohnte, konnte ich einfacher erkennen, dass in Deutschland spätestens in den 2010er Jahren kaum noch ein Mensch zum Beispiel auf eine Verwaltungsreform in Tschechien neugierig war, die von der gedruckten PZ prägnant thematisiert wurde.

Für mich war die PZ nie nur das entscheidende Medium für die deutsch-tschechischen Beziehungen, sondern selbst ein wichtiger „Brückenbauer" zwischen Deutschen und Tschechen bzw. für die deutsch-tschechische Verständigung. Dies begann schon innerhalb der eigenen Belegschaft. Als ein Dienstleister - wie alle Medien - hatte sie in meinen Augen daher vor allem aus einem Grund eine Existenzberechtigung: Sie musste einen wesentlichen Beitrag für diese bilateralen Beziehungen leisten. Diese Aufgabe galt weiter und mit dem Ende der gedruckten Ausgaben nach 2016 noch mehr für die „Prager Zeitung." Ich hielt es für geboten, gerade dies deutlicher zu betonen und heraus zu arbeiten - und auf diesem Weg auch wieder mehr Interesse für den Nachbarn Tschechien zu wecken!

Deshalb sollten nach meinem Urteil hauptsächlich Themen berücksichtigt werden, die beide Länder betreffen und sowohl Bezug zu Deutschland wie zu Tschechien haben. Ein Bericht etwa über einen neuen Fairtrade-Laden in Prag, so wichtig er auch sein mag, konnte daher nur noch ein Randthema für die PZ sein, weil er deutsche Leser einfach nicht mehr ausreichend anzieht. Und sie waren und bleiben die größte Zielgruppe. Untermauert wurde mein Ansatz durch eine Umfrage, die von der „Prager Zeitung" selbst im Jahr 2012 durchgeführt wurde. Zwar erklärten Leserinnen und Leser darin, dass sie Berichte über Prag am meisten schätzten. Doch für die Zukunft wünschten sie sich, dass die PZ den deutsch-tschechischen

Beziehungen deutlich mehr Aufmerksamkeit schenkt. 66 Prozent der Nutzer wollten mehr Beiträge zu diesem Themenbereich - eine deutliche Ansage!

Im Kern war ein anderer Ansatz von Uwe Müller aus den Gründertagen der PZ noch immer richtig: Man braucht auch bekanntes, um gelesen zu werden. Das musste allerdings nicht mehr das von Müller gerne genannte „Dreigestirn" Bier, Karel Gott und Václav Havel sein, das ohnehin von deutschen Medien immer wieder thematisiert wurde, sobald Tschechien in einem Beitrag eine Rolle spielte. Zudem hatte sich Bier irgendwann erschöpft und nach dem Präsidenten starb auch der Sänger im Jahr 2019.

Interesse für die deutsch-tschechischen Beziehungen und damit auch für die Tschechische Republik kann man nach meiner Einschätzung aber über andere Prominente gewinnen, die mit beiden Ländern zu tun haben. Was vielen oft jedoch nicht bekannt ist. Auch nicht vielen anderen Medien. Damit lassen sich Gemeinsamkeiten zwischen Deutschen und Tschechen herausfiltern und ein „Aha-Effekt" erzielen. „Für Prominente bist du zuständig", bemerkte Marcus Hundt schon zu Zeiten der gedruckten PZ, als ich immer mehr Interviews mit bekannten Namen ins Blatt einbrachte. Er sagte dies nicht ohne Süffisanz. Für mich wurden sie nun endgültig zu einem Eckpfeiler der neuen PZ.

Als Vorbild für ihre künftige Arbeit konnte der „Mitteldeutsche Rundfunk (MDR)" dienen. Mit großem Interesse verfolge ich seit Jahren seine Programm-Gestaltung. Nicht ohne Grund ist er immer wieder der beliebteste und meistgesehene Sender unter den Dritten Programmen innerhalb der ARD. Sein Erfolgsgeheimnis: Er schafft Identität unter seinen Zuschauer, baut Solidarität auf, kreiert für sie ein Heimat-Gefühl. Ein Aspekt, der für deutsche Lokalzeitungen schon immer existenziell war und der auch überregionalen Blättern durchaus bedenkenswert erscheint, wenngleich in anderer Hinsicht.

Die Beiträge des Senders sind aktuell und vielseitig. Seine Sendungen informieren über die Gegenwart in allen Facetten, vergessen darüber aber nicht die Vergangenheit, in seinem Fall die DDR-Geschichte. Auch die regelmäßigen historischen Seiten der PZ zur deutsch-tschechischen Geschichte waren notwendig und wurden von vielen Lesern beachtet und geschätzt. Wobei sie sich auf alle Epochen der Vergangenheit bezogen. Und: Der Sender beschränkt sich auf einen bestimmten geographischen Raum, nämlich die südlichen neuen Bundesländer. Er schärft das Bewusstsein dafür.

Was für die PZ bedeutet: Sie sollte ein Anwalt für die deutsch-tschechischen Beziehungen sein, Gemeinsamkeiten aufzeigen und betonen und ihre Vielfalt darstellen. Wie dies der MDR für die ostdeutschen Bürger tut. Viele Deutsche verbinden mit Tschechien pur und den Tschechen noch immer das Fremde und Unverständliche. In den deutsch-tschechischen Beziehungen können sie Vertrautes entdecken, z.B. durch ihnen liebgewordene und schon lange bekannte Schauspieler oder andere Prominente, die Verbindungen zu beiden Ländern haben. Und damit Vertrauen zum Nachbarn aufbauen - in einem vereinten Europa.

Nach längerer Beobachtung des deutschen Medienmarktes mit all seinen Tages- und Wochenzeitungen, Privatradios und Fernsehsendern bekräftigte ich gegenüber Marcus Hundt erneut meine Einschätzung, dass sich eine PZ als Zeitung allein durch Verkauf im Jahr 2017 nicht mehr finanzieren lässt. Daher machte eine Suche nach einem neuen Investor für eine Print-PZ keinen Sinn mehr. Bei der Vergabe des ersten deutsch-tschechischen Journalistenpreises 2016 bedauerte die Jury jedoch, dass nur wenige qualitativ hochwertige Beiträge von deutschsprachigen Printmedien eingereicht worden seien. Die Zusendungen bewiesen, dass viele Medien stattdessen weiterhin nur Stereotypen bedienten. Auf der Shortlist dieses Preises standen acht Beiträge, fünf von ihnen stammten aus der „Prager Zeitung" - ein weiteres Argument für den Wert einer PZ auch in Zukunft.

In einer Nachricht im Spätsommer 2017, fast neun Monate nach dem Aus für die PZ, stimmte Marcus Hundt meinen Überlegungen weitgehend zu. Er sah ebenso die Notwendigkeit, mit einem Medium weiter für die deutsch-tschechische Verständigung zu wirken. Als erstes Ziel gab er aus, die Internet-Seite der PZ neu zu gestalten. Zuvor wollte er sie bereits mit neuen Artikeln füllen, um Lebenszeichen nach außen zu senden. Auch wenn dort nun weniger Beiträge veröffentlicht würden als einst in der PZ. „Klein anfangen, allmählich größer werden", gab er als sein Motto aus.

Die Arbeitsplätze konnten wir nicht mehr retten, Titel und Tradition der „Prager Zeitung" aber schon. Damit blieb auch allein uns vorbehalten, ob und wann die Tradition der neuen PZ nach 1991 zu Ende gehen sollte. Unklar war für Hundt allerdings, ob daraus ein Geschäftsmodell mit Zukunft werden könnte. Man müsse abwarten, ob das Projekt genügen Geld abwerfe, um über die Runden zu kommen und Mitarbeiter auf mittlere oder längere Sicht zu entlohnen. Er arbeite bereits an einer Liste mit möglichen Geldgebern, meist Anzeigenkunden der gedruckten PZ, und wolle bei ihnen nun „Klinken putzen", schrieb Marcus Hundt. Schon jetzt könne ich ihm jedoch neue Beiträge schicken, falls es mich „in den Fingern juckt."

Tatsächlich konnte ich einige Themen, die ich gerne noch in der „Prager Zeitung" veröffentlichen wollte, nicht mehr realisieren. Vor allem ein Interview mit Reiner Kunze. Während des Jahres 2017 und bevor klar war, ob es jemals einen Neustart der PZ geben würde, überlegte ich lange, wo ich dieses Gespräch platzieren könnte. Doch wenn man Kunzes innige Verbindungen zu Tschechien aufzeigen wollte, gab es einfach kein besseres und geeigneteres Medium als die PZ.

Reiner Kunze, bereits über 80, erklärte mir am Telefon, dass er keine Interviews mehr führen könne. Ich war enttäuscht und ärgerlich darüber, mit meiner Anfrage zu lange gewartet zu haben. Aber er könne noch einige Fragen schriftlich beantworten, schob der Lyriker nach. Das machte er dann auch. Kunze schickte spannende Antworten zurück. Ich möge nicht erschrecken, dass ich „nun so viel lesen" müsse, fügte er an, aber das habe er mir ja schon zuvor am Telefon angekündigt.

Meine Frage, was von ihm bleiben werde, beantwortete der 84-Jährige Kunze mit seinem Gedicht aus dem Jahr 2012: „Wer bist du, dichter, daß du wähnst, die welt sei geschaffen als deiner stimme hallraum? Zwei saiten hast du in der kehle, weniger als eine geige Hast du der welt an welt hinzugetan? Und was an welt? Die antwort ist's, die einst das urteil über deiner stimme nachhall fällt."

Als sich der Start der „neuen PZ" verzögerte, wurde Kunze unruhig. Er sandte mir ein Einschreiben mit der dringlichen Frage, wo denn sein Interview bleibe. Nachdem der Text online stand, schickte er umgehend einen weiteren Brief an mich. „Ich danke Ihnen für die Interview-Initiative und der ‚Prager Zeitung' für die gewissenhafte und ehrende Wiedergabe des Textes", lobte der Literat, der in seinem Leben schon unzählige Interviews gegeben hatte.

Marcus Hundt hatte seine Antworten unverändert wiedergegeben und am Ende des Textes angemerkt: „Auf ausdrücklichen Wunsch von Reiner Kunze ist das Interview nach den vor der Rechtschreibreform von 1996 gebräuchlichen Regeln verfasst. Kunze gehörte zu den Erstunterzeichnern des sogenannten ‚Frankfurter Appells' im Jahre 2004, mit dem Schriftsteller, Verleger, Übersetzer, Wissenschaftler und Künstler gegen die neue Rechtschreibung protestierten. 2001 kritisierte er in seiner Denkschrift ‚Die Aura der Wörter' die amtliche Rechtschreibung."

Dieser Hinweis gefiel Kunze offensichtlich. Der erste Beitrag der PZ nach der Pause verzeichnete gleich mehrere tausend Klicks, wie es in der neuen Medienwelt heißt. Vermutlich hatte er im Internet sogar mehr Leser als zuvor in der Print-PZ möglich gewesen wäre.

Auch ein anderer Zeitzeuge lag mir am Herzen, nämlich der frühere deutsche Fußball-Nationalspieler Siggi Held. Er wurde in Freudenthal geboren, dem heutigen Bruntál, und deshalb bei Borussia Dortmund damit aufgezogen, der „erste Ausländer" des Vereins zu sein. Ich hatte ihn bereits Mitte der 1980er Jahre in Brasilien getroffen, als deutsche Alt-Internationale dort ein Benefiz-Turnier austrugen. Also lange bevor ein Gespräch mit ihm in einer „Prager Zeitung" verwenden werden konnte. Schon damals fiel mir auf, dass er kein Mann großer Worte war.

Zwar bezeichnet ihn „Wikipedia" noch heute als einen wichtigen Sohn der Stadt, er selbst hatte jedoch fast keine Erinnerungen mehr an seine Zeit dort. Bei der Vertreibung mit seinen Eltern war er erst drei Jahre alt, über diesen Lebensabschnitt wurde in der Familie kaum gesprochen. Daher war eine Partie gegen Dukla Prag viele Jahre später für ihn ein ganz normales Fußballspiel. „Es hat sich nur um Fußball gedreht und sonst um nichts", so Siggi Held.

Seine Nummer ließ sich einfach im Telefonbuch finden. So problemlos, dass ich ihn anfangs fragte, ob ich tatsächlich mit dem berühmten Fußballer verbunden sei. „Dem früher berühmten Fußballer", erwiderte er sofort. Held machte nicht viel Aufhebens um seine Person. Dabei kann er eine außergewöhnliche Karriere vorweisen. Zwar stand er nie im Rampenlicht wie seine weltberühmten Mitspieler Franz Beckenbauer, Günter Netzer oder Gerd Müller. Doch er wirkte im unvergesslichen „Jahrhundertspiel" der Nationalmannschaft gegen Italien bei der WM in Mexiko 1970 ebenso mit wie beim nicht weniger legendären Sieg in Wembley 1972 oder beim Triumph von Borussia Dortmund 1966, der ersten deutschen Mannschaft, die einen Europacup gewann.

Somit stand er in allen großen Partien deutscher Fußball-Mannschaften in den 1960er und frühen 70er Jahren auf dem Platz. Ob ihn nicht nerve, immer wieder und jetzt auch noch von mir auf diese außergewöhnlichen Spiele angesprochen zu werden, wollte ich wissen. Nein, nerve ihn nicht, sagte Held. „Wenn jemand Spaß daran hat und heute noch darüber reden will, dann habe auch ich Freude daran."

Nicht ganz so einfach war es mit Fritz von Thurn und Taxis. Vor vielen Jahren hatte ich in einer Fernsehzeitung seine Aussage gelesen, dass er trotz seines großen Namens und als Spross aus einer der reichsten Familien Europas selbst noch Geld verdienen müsse. Das wollte ich von ihm bestätigt wissen - was er auch tat. Ein Kollege aus dem Sport des Bayerischen Rundfunks, für den Thurn und Taxis viele Jahre gearbeitet hatte, verriet mir seine Handynummer. Der Adelige zierte sich anfangs. Er hatte gerade seine letzten Spiele kommentiert, war nun im Ruhestand. Und er habe schon andere Anfragen zugesagt, um über seine Erfahrungen zu berichten, teilte er mir mit. Außerdem sei über ihn schon alles geschrieben worden.

Ich ließ nicht locker und hielt dagegen, dass meine Fragen sicher noch keiner gestellt habe. Schließlich gab er nach. Der Kontakt zu ihm verlief anschließend aufwändiger als zu manch prominentem Künstler oder Politiker - oder zu einem Fußballstar. Fritz von Thurn und Taxis bestand auf einem ausführlichen Vorgespräch, um Themen und Bedingungen für das Interview festzuklopfen. Umgekehrt bat ich als Nachtmensch darum, Gespräche nicht vor zwölf Uhr mittags zu führen, gerne aber zu einem Zeitpunkt bis drei Uhr morgens - was ihn sichtlich amüsierte. Daraufhin legte er Termine am Abend fest, an denen er sich zuverlässig und pünktlich meldete. Doch immer bestand er darauf, dass nur er anrief. Am Ende verabschiedete er sich stets mit einem „Habe die Ehre."

Exklusive Interviews mit Kunze, Held, von Thurn und Taxis - die ersten Prominenten im neuen Konzept der PZ. Dazu ein Gespräch mit Dr. Stefan Meister von der Deutschen Gesellschaft für Auswärtige Politik, einem anerkannten Experten für Mittel- und Osteuropa, über den tschechischen Regierungschef Andrej Babiš und den aufkommenden politischen Populismus sowohl in Tschechien wie in Deutschland - wichtige Aspekte auch für die deutsch-tschechischen Beziehungen (wie die Resonanz auf das Interview bewies).

Zudem zu Weihnachten 2017 ein Test von trendigen Bars rund um den Jungmann-Platz in der Prager City für Touristen unter den PZ-Leser und ein Bericht über Trdelník, den Baumstriezel nach böhmischem Rezept, der zunehmend auf deutschen Märkten angeboten wurde - Themen, die in erster Linie Tschechien betrafen, mit denen aber auch viele Deutsche etwas anfangen konnten. Mit diesen und weiteren Online-Beiträgen nahm die „Prager Zeitung" zwischen Oktober und Dezember 2017 wieder Fahrt auf.

Auf Facebook meldeten sich Leser von einst (und jetzt). „Ein neuer Text vom 13.10.2017, schön, ich sehe, es geht weiter. Können wir wieder mit regulären Ausgaben rechnen (Print oder Online)?", schrieb einer. „Erscheint unsere liebe PZ wieder?", fragte ein anderer. „Ich vermisse Euch", fügte jemand an. Ein kreativer Kopf unterbreitete einen Vorschlag: „Wie wär's mit regelmäßigen Aktionen für Unterstützer-Abos wie bei anderen deutschen Zeitungen?"

Das Tschechische Zentrum in München machte diesbezüglich einen Anfang. „Unterstützen Sie die ‚Prager Zeitung'!", baten die Verantwortlichen um Spenden. Der Wunsch vieler Leser nach einer weiteren PZ habe sich „lautstark bemerkbar" gemacht, weshalb im Oktober 2017 die Online-Ausgabe der Zeitung entstand. Deren Fortbestand sei jedoch nur mit größeren finanziellen Mitteln möglich, fügte das Zentrum an. Eine Initiative, die Marcus Hundt und mich ebenso überraschte wie erfreute. Auch bei der Feier zum österreichischen Nationalfeiertag wurde Hundt von vielen Teilnehmern auf die neuen Artikel auf der PZ-Seite angesprochen. Die große Resonanz wertete Hundt als deutlichen Beweis dafür, dass die Neubelebung der Zeitung sehr wohl registriert werde.

Trotzdem bestand die Kernfrage auch mit dem Internet-Auftritt der PZ weiter: Wer will eine „Prager Zeitung" (noch) lesen, wer schätzt sie, wem nutzt sie? Zudem warf Marcus Hundt die nicht unberechtigte Frage auf, ob Leser heutzutage überhaupt noch Informationen durch Zeitungen wünschen, nachdem deren Auflagen so drastisch einbrechen. Oder ob sich viele und gerade jüngere Menschen mehr oder weniger komplett den sogenannten sozialen Medien zuwenden. Und lieber auf Infos und den Einfluss von sogenannten Influencern vertrauen, die mit (bzw. trotz) vollkommen banalen und subjektiven Inhalten manchmal mehr als eine Million Follower haben.

Mit dem Aufstieg der sozialen Medien hat der Journalismus seine Informationshoheit zu einem beträchtlichen Teil verloren. Mittlerweile gibt fast jeder Mensch dort Informationen weiter, so wichtig oder unwichtig sie auch sein mögen. Noch krasser erscheint, dass Influencer oder Blogger dem Journalismus nicht selten in der Wirkung ebenbürtig sein können, selbst wenn ihre „Nachrichten" schlecht oder überhaupt nicht recherchiert sind und ihre „Informationen" oft kaum etwas anderes als Meinungen darstellen.

Doch dies scheint Leser bzw. Nutzer nicht weiter zu stören. Der eine oder andere mag auch zu naiv sein, um zwischen Information und Meinung unterscheiden zu können. Vielleicht wollen es viele aber auch einfach nicht mehr genauer wissen und sind damit zufrieden, dass sie an einer Kommunikation teilhaben können. Mehr oder weniger aktiv, mehr oder weniger (des-)informiert.

Für den Journalismus bedeutet dies, dass es für ihn in einer aufgeheizten gesellschaftlichen Stimmung zunehmend schwieriger wird, mit seinen Informationen für Aufklärung zu sorgen und zu objektiver Meinungsbildung beizutragen. Er muss in immer komplexeren Welt einen Durchblick eröffnen, auch Lösungen anbieten, mithin einen Nutzwert besitzen. Und verstärkt über seine eigene Arbeit und die Quellen seiner Informationen berichten, um Verschwörungstheoretikern keine Angriffsfläche zu offerieren.

Das Internet wird immer mehr zu einem Kampfplatz, in dem es um die Meinungshoheit, nicht weniger aber auch um Ideologie und Geschäfte geht. Voran in den sogenannten sozialen Kanälen. Trotz unzähliger „Beiträge", deren Autoren zu feige sind, ihre Namen zu nennen und stattdessen oft nur Hassbotschaften verbreiten. Und trotz aller Fehl- und Desinformationen, unzulänglicher Recherchen und gesteuerter Nachrichten. Nach unserer Ansicht sprach all dies jedoch gerade für eine weitere „Prager Zeitung."

Überlegungen gab es zudem darüber, in welcher Form die PZ künftig erscheinen sollte. Ich machte Marcus Hundt auf ein interessantes Medium aus meiner fränkischen Heimat aufmerksam. In diesem begrenzten Verbreitungs- und Absatzgebiet gibt es schon seit einigen Jahren das „franken magazin", für das ich unregelmäßig Beiträge beisteuere. Dieses Hochglanzprodukt wird von lediglich zwei Blattmachern alle zwei Monate erstellt, zugleich erfüllen sie alle wesentlichen Verlagsaufgaben selbst. Damit können diese beiden Idealisten die Existenz ihres Magazins im dicht besiedelten deutschen Medienmarkt - und damit ihren eigenen Lebensunterhalt - sicherstellen. Inhalt ist für sie, was Franken ausmacht: Kultur, Umwelt, Geschichte. Wesentlich für den Erfolg: Der Umfang des Magazins richtet sich nach der Zahl der Anzeigen. Und die ziehen sie ebenfalls selbst an Land.

Damit bleibt dieses Magazin in erster Linie ein Wirtschaftsprodukt, obwohl sich seine Macher - wie jene der PZ - eher als Kulturträger sehen. Doch nur über eine ausreichende Zahl an Inseraten kann die PZ vermutlich neu auf- und dauerhaft überleben. Schon die PZ des Jahres 2004 zeigte: Viele Anzeigen, welche die Arbeit der Redaktion fast an die Wand drückten. Im Gegensatz zu 2009: Wunderbare Artikel, aber kaum noch Anzeigen. Und damit fast das Todesurteil.

Aus Jux und Tollerei presste ich die neuen und bereits online veröffentlichten PZ-Artikel in einen Dummy, also eine Art Nullnummer für solch ein Magazin. Ich gab ihm den Arbeitstitel „PragA", geplant für Deutsche und Tschechen. Prag sollte in jedem Fall im Titel bleiben, denn die Stadt besitzt

bei Deutschen hohes Ansehen. Mit Tschechien verbinden viele dagegen eher zwiespältige oder undefinierbare Gefühle. Das Magazin sah gut aus, man könnte es jeden Monat oder wie das fränkische Pendant sechsmal im Jahr verkaufen. Sicher würde es Leser und Abonnenten finden, doch es war ebenfalls nicht abzusehen, ob sich dafür genügend Inserenten finden, um ein Überleben zu sichern. Wenn auch nur noch für zwei oder drei Mitarbeiter und nicht für rund ein Dutzend, wie früher in der PZ.

Man hätte dieses neue Medium auch „Prager Magazin" nennen können. Ein Ziel würde mit ihm erreicht, nämlich weiterhin deutsch-tschechische Informationen zu transportieren. Ein anderes aber nicht: Den traditionsreichen Namen „Prager Zeitung" zu erhalten. Er bleibt nur, wenn die Geschichte des Blattes im Internet weitergeführt wird, nachdem die gedruckte PZ (wohl) keine Zukunft mehr hat.

Stefan Aust, der langjährige Chefredakteur des „Spiegel", betonte in seiner Autobiografie „Zeitreise" die wachsende Bedeutung des Online-Journalismus, die selbst das renommierte Nachrichtenmagazin zu spüren bekam. Weil es nur einmal pro Woche erscheint, habe der Verlag sein Produkt „Spiegel online" massiv ausgebaut, um nicht von tagesaktuellen Medien ausgebootet zu werden. Denn seit Einführung des privaten Fernsehens und der Online-Medien habe sich „die Darstellung der Aktualität sehr verändert", so Aust.

Tatsächlich erscheint absehbar, dass die Zukunft des Journalismus mittelfristig im Netz liegt - was man begrüßen kann oder nicht. Für die PZ war diese Lösung auch deshalb naheliegend, weil sich Marcus Hundt zum Glück frühzeitig die Rechte an der Domain der PZ gesichert hatte, bevor sie stillgelegt wurde oder durch Verkauf in falsche Hände geriet.

Dort wollten wir die Geschichte der PZ weiterschreiben, auch wenn ein wirtschaftlicher Erfolg für die Zukunft nicht kalkulierbar war. Unsere Hoffnungen blieben realistisch. Man müsse abwarten, ob sich das Projekt finanziell trage, bemerkte Hundt. Er war aber durchaus zuversichtlich. „Wo sonst sollen frühere Inserenten der PZ werben als weiterhin in der Online-PZ, um ihre Kunden zu erreichen?", stellte er in den Raum.

Optimistisch stimmte ihn zudem der Kontakt zu vielen ehemaligen PZ-Abonnenten. Und das waren oft sehr treue Leser. Ihre Adressen waren ein kleiner Schatz, Hundt wollte sie regelmäßig mit einem Newsletter bedienen, um auf die aktuellen Beiträge der PZ aufmerksam zu machen. So unterstrich auch er, dass die Fortsetzung der PZ für ihn „alles andere als ein hoffnungsloses Projekt" sei. Eine „rosarote Brille" hielt er gleichwohl für falsch.

Zu klären war allein noch die Frage, ob das Medium den alten Namen behalten oder neuzeitlich „Prager Zeitung online" heißen sollte. Marcus Hundt plädierte für den geschichtsträchtigen Namen. Er hegte kurzzeitig den Plan, nur noch Themen aus und über Prag auf die PZ-Seite zu stellen, verwarf ihn aber alsbald. Auch er setzte auf Kontinuität. „Exklusivität, Hintergründe, gut recherchierte Artikel, die in dieser Art woanders kaum oder gar nicht auftauchen", dies blieb das Credo für die PZ. Tagesaktuelle Meldungen oder oberflächliche Texte, die auf vielen Kanälen laufen, sollten nicht in der „Prager Zeitung“ auftauchen.

Hundt wollte ein Geschäftsmodell dafür entwickeln, wie er mir mitteilte. Listen mit früheren Abonnenten, Geschäftskontakte, Konten bei Facebook und anderen sozialen Medien - die Basis war vorhanden. Entscheidend blieb aber, welche Reaktionen und (Anzeigen-)Erlöse wir mit PZ online ernten würden.

O MÉDIÍCH A PRÁCI V NICH. OBRAZOVKA DO SVĚTA MÉDIÍ...

AKTUALITY PTÁME SE REPORT | KALENDÁRIUM | SLOVNÍČEK | PRÁCE |

Marcus Hundt: Se zmizením tištěných Prager Zeitung se objevila mezera na trhu

Publikováno 02/02/2018 od Filip Horák

Buzzard

NAH DRAN

Testpflicht, Kontrollen, Kündigungen: So ist der Alltag im deutsch-tschechischen...

06.02.2021

PRAGER ZEITUNG

Klaus Hanisch

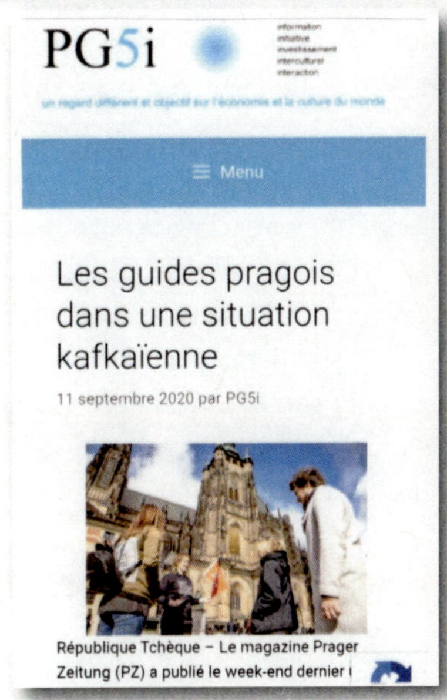
PG5i

Menu

Les guides pragois dans une situation kafkaïenne

11 septembre 2020 par PG5i

République Tchèque – Le magazine Prager Zeitung (PZ) a publié le week-end dernier

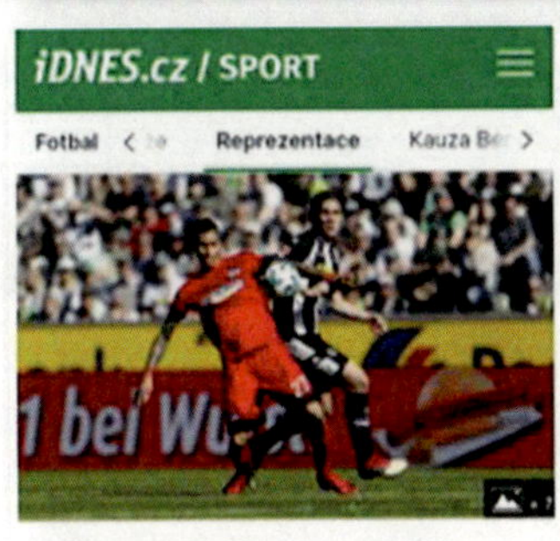
iDNES.cz / SPORT

Fotbal Reprezentace

Němec Selke by mohl hrát za Česko. Je opravdu dobrý, řekl kouč Šilhavý

pondělí 18. února 2019 224

kopával si se mnou na hřišti, hodně mě podporoval," líčil Selke v rozhovoru pro Prager Zeitung. Zatímco před

Kapitel 9: 2018 - 2022

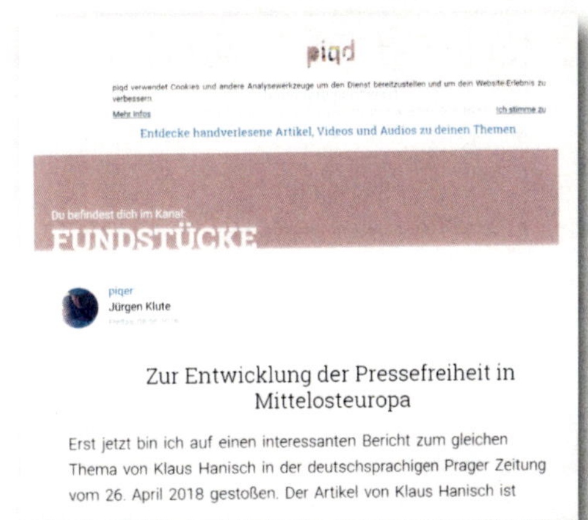
piqd

Entdecke handverlesene Artikel, Videos und Audios zu deinen Themen

Du befindest dich im Kanal:

FUNDSTÜCKE

piqer
Jürgen Klute

Zur Entwicklung der Pressefreiheit in Mittelosteuropa

Erst jetzt bin ich auf einen interessanten Bericht zum gleichen Thema von Klaus Hanisch in der deutschsprachigen Prager Zeitung vom 26. April 2018 gestoßen. Der Artikel von Klaus Hanisch ist

In der neuen Medienwelt

Ausführlich erläutert Marcus Hundt in einem Interview mit dem tschechischen Portal *Mediator 1* Anfang 2018 seine Vorstellungen für die künftige Arbeit der „Prager Zeitung." Das Ende der gedruckten PZ hat für ihn „eine Lücke in der tschechischen Medienlandschaft" hinterlassen, die niemand schließen konnte. Daher bleibe es wichtig, dass ein deutschsprachiges Medium weiterhin „und nicht nur in kurzen täglichen updates von Nachrichten" über die Tschechische Republik informiere.

Als mögliche Themen nennt Hundt die europäische Integration, grenzüberschreitende Projekte, kulturelle und wirtschaftliche Kontakte zwischen der Tschechischen Republik und den deutschsprachigen Ländern sowie die gemeinsame Geschichte. Ziel der PZ sei weiterhin, „Hintergrundberichte mit gut recherchierten Beiträgen zur Verfügung zu stellen und keine Oberflächenberichte", so Marcus Hundt. „Qualität statt Quantität" laute unverändert das Motto. Die Inhalte will er kostenlos und weiter öffentlich zugänglich machen. Hundt hofft darauf, dass sie sich durch Werbung und Sponsoren aus der Wirtschaft finanzieren lassen.

Autor Filip Horák bezeichnet die PZ als „letzten Träger der Tradition des deutschen kritischen Journalismus in der Tschechischen Republik." Zeitungen in deutscher Sprache nehmen nach seiner Meinung seit Jahrhunderten eine Sonderstellung unter den fremdsprachigen Medien in der Tschechischen Republik ein. Deren Form wie auch die Art und Zahl ihrer Kunden habe sich radikal verändert. Doch die PZ, „eine Zeitung der tschechischen Medienszene seit 1991", publiziere noch immer im Internet.

Leser sind für Hundt dort „hauptsächlich Deutsche, die in Deutschland leben", sich aber „aus verschiedenen Gründen" für Tschechien interessieren. Und ebenso Tschechen, die immer wieder ein Auge auf die PZ werfen, weshalb die Zeitung weiterhin „ein breites Themenspektrum" bieten und politische Entwicklungen ebenso wie kulturelle Ereignisse oder Freizeitmöglichkeiten aufzeigen will.

Mit tschechischen Medien habe es von Beginn an eine Zusammenarbeit und keinen Wettbewerb gegeben, betont Marcus Hundt. „Das, was wir anboten, war im Grunde immer einzigartig, weil wir auf Deutsch geschrieben haben und weil wir immer ausführliche Berichte zu Themen veröffentlichten, mit denen wir uns als einzige auf Deutsch befassten."

Auch nach dem Umzug ins Netz zitieren klassische Zeitungen weiterhin regelmäßig die PZ. Zu den Olympischen Spielen 2018 greift der *Donaukurier* ein Gespräch mit Eduard Uvíra auf, der bei Olympia 1984 mit der Tschechoslowakei die Silbermedaille gewann. Wegen der ewigen Fehde mit der UdSSR „musste man schon über Silber froh sein", so der frühere Verteidiger, „dies war wie ein Sieg für uns." Denn selbst in Freundschaftsspielen gab es regelrechte Kämpfe untereinander. „Wir haben uns nicht gehasst, doch es war eine riesige Rivalität", erzählte Uvíra der „Prager Zeitung", wie das Blatt aus Ingolstadt hervorhebt. Immerhin glückte 1985 die Revanche mit dem Triumph der Tschechoslowaken bei der WM in Prag.

Kurz vor Weihnachten 2018 werten zahlreiche Zeitungen in der Slowakei ein Interview der „Prager Zeitung" mit Fußballer Marek Mintál aus, der in seiner Heimat Legendenstatus genießt. *Nový Čas*, die meistgelesene Tageszeitung des Landes, setzt seine Ambitionen auf den Job des Nationaltrainers auf den Titel. Darauf geht auch *Šport.sk* ein, was in Leserbriefen zu längeren Diskussionen führt. Ebenso Mintáls Aussage, dass er sich eher als Tschechoslowake denn als Slowake fühle und für ihn kein Unterschied zwischen beiden Ländern bestehe. Dies gibt ebenso *SME* weiter. „Ich sage oft, dass ich Tschechoslowake bin und dass es mir gut geht, wenn mich jemand Tscheche nennt", erklärte der Jugendtrainer beim 1. FC Nürnberg gegenüber der PZ.

Über den Protest von Hunderttausenden in Prag gegen Ministerpräsident Andrej Babiš berichtet im Juni 2019 die *Welt*. Der Schreiber eines Leserbriefs macht in der Zeitung auf das große Interview der „Prager Zeitung" mit Benjamin Roll aufmerksam, einem der Organisatoren der Demonstration.

Zur Eishockey-WM 2021 informiert die *Süddeutsche Zeitung* über ein PZ-Gespräch mit dem früheren Nationalspieler Martin Reichel, der im böhmischen Most geboren und in die „Hall of Fame" des deutschen Eishockeys aufgenommen wurde. Sein Sohn Lukas will bald in die beste Liga der Welt nach Übersee wechseln. „Ob er es in der NHL schafft, entscheidet nur er. Lukas weiß, was er kann und wo er vielleicht noch besser werden muss", befand Reichel Senior in der „Prager Zeitung", wie das Blatt aus München mitteilt.

Im Oktober 2022 stirbt Jürgen Sundermann, deshalb wiederholt *Sport* einige Passagen aus einem PZ-Gespräch mit ihm im März 2015. „In einem heute in der ‚Prager Zeitung' veröffentlichten Interview erinnerte er sich an seine Arbeit in Prag", so die tschechische Zeitung damals. Sundermann war der erste deutsche Trainer in Tschechien und arbeitete ab 1994 bei Sparta Prag. Vor allem die mangelnde Disziplin beim tschechischen

Vorzeigeklub blieb ihm im Gedächtnis. Dessen Spieler „tranken schon morgens Bier, das war unglaublich", regte sich Sundermann 20 Jahre noch später immer auf. Was das Fachblatt in beiden Veröffentlichungen hervorhob.

Auf dieses Interview der „Prager Zeitung" weist auch *msn* hin, ein Unternehmen von Microsoft, das verschiedene Informationsdienste anbietet und laut Wikipedia zu den größten und meistgenutzten Web-Portalen weltweit zählt. *Sports24.cz* übernimmt aus dem PZ-Gespräch mit Sundermann gleichfalls mehrere Passagen. So seine Aussage, dass er das Angebot aus Prag nicht wegen des Geldes annahm, sondern weil er dort eine neue Kultur und Mentalität kennenlernen konnte, was als Tourist nicht möglich sei. Zwar stabilisierte er das Team, löste aber vorzeitig seinen Vertrag auf, weil ihn der Präsident unter Druck setzte und seinen Vertrag nur erfüllen wollte, wenn er tschechischer Meister wird.

Bereits zwei Monate vor Sundermanns Tod nimmt *FocusOn.cz* den Deutschen im Sommer 2022 als Beispiel dafür, dass ein Job im tschechischen Fußball für ausländische Trainer „kein Zuckerschlecken" sei. „Jürgen Sundermann erinnerte sich in einem Interview mit der ‚Prager Zeitung' daran, dass er jeden Montag einen Alkoholtest durchführte", erläutert die Nachrichten-Website. Denn trotz Stars wie Pavel Nedvěd und Jan Koller sei die Mannschaft in einem „sehr unordentlichen Zustand" gewesen. Zwar verließ der Deutsche Sparta schon nach einem halben Jahr, trotzdem wurde der Klub Meister „und in Letná auch dank Sundermann gefeiert."

Immer wieder informieren überregionale Medien über die neue Erscheinungsweise der PZ. Die *Nordwest-Zeitung* in Oldenburg erinnert daran, dass Prag und Budapest einst „Zentren der deutschsprachigen Presse" waren. Dies habe der Zweite Weltkrieg „fundamental" verändert. Nach 1989 entstanden dort jedoch wieder Medien-Projekte. Wie die „Prager Zeitung", die zwar „ihre Druckausgabe im Dezember 2016 einstellen musste, heute aber noch im Internet erscheint."

Die *Süddeutsche Zeitung* widmet sich im September 2019 der Internet-Zukunft von „Der Nordschleswiger", dem größten deutschsprachigen Blatt in Skandinavien. Ein Strukturwandel treibe die gesamte Medienbranche um, bilanziert die Münchner Zeitung. Daher bleibe das Geschäftsmodell „eine Mission" - nicht nur im hohen Norden, sondern auch „bei deutschsprachigen Zeitungen in anderen Ländern wie der ‚Prager Zeitung', die nur noch online erscheint."

Viele Medien und Organisationen verweisen direkt auf die Internetseite der „Prager Zeitung“, darunter die deutsche Botschaft in Prag, die „taz“ in Berlin oder die „Deutsch-Tschechische Gesellschaft“ in Augsburg. Das *Bundesinstituts für Kultur und Geschichte der Deutschen im östlichen Europa (BKGE)* berät die Bundesregierung in allen Fragen, die der Erforschung und Weiterentwicklung von Kultur und Geschichte der Deutschen in diesem Raum dienen. Auf der Website informiert diese Einrichtung mittlerweile unter Periodika: „Prager Zeitung“, 1991 bis 2016 als Print-Ausgabe, seither Online - mit folgendem Link. Das Institut ist Teil der *Universität Oldenburg* und dort in die universitäre Lehre eingebunden, deshalb kommt man auch darüber auf die Homepage der PZ.

„In kaum einem anderen Land, jenseits der deutschsprachigen Staaten, gab und gibt es eine so große deutschsprachige Medienszene wie im relativ kleinen Tschechien“, gibt *M - Menschen Machen Medien* weiter. Die medienpolitische Zeitschrift der Gewerkschaft ver.di blickt auf die „Wurzeln der deutschsprachigen Presse“ bis in die österreichisch-ungarische Epoche zurück, in der Prag ein „bedeutendes Kommunikationszentrum der Monarchie“ war. Auch nach dem Ersten Weltkrieg seien noch Zeitungen für mehr als drei Millionen deutschsprachige Bewohner in der Tschechoslowakei gemacht worden.

Nach der „Samtenen Revolution“ 1989 konnten sich Bürger des Landes ebenso wie Touristen wieder aus Medien in deutscher Sprache über Entwicklungen in der Republik informieren, so Autor Danilo Höpfner. Denn eine ganze Reihe von Wochen- und Monatsblättern hofften dort auf einen kommerziellen Markt. Auch altbekannte Namen, wie „das ‚Prager Tagblatt‘ als Beilage der ‚Prager Zeitung‘ kehrten zurück“, erläutert Höpfner im Juni 2018. Doch mittlerweile seien fast alle Titel wieder verschwunden. Dieser „Niedergang“ von deutschsprachigen Medien in Tschechien ist für ihn „kein gesellschaftlicher Bedeutungsverlust der deutschen Sprache.“ Denn auch englischsprachige Titel, wie das Wochenblatt „Prague Post“, mussten aufgeben, tschechische Tages- und Wochenzeitungen kämpfen gleichfalls ums Überleben.

Die „Prager Zeitung“, das „mit Abstand größte und bekannteste Blatt“ in deutscher Sprache, wies um die Jahrtausendwende eine Auflage von 15.000 Exemplaren und im Dezember 2016 noch 5.000 aus, bevor die Print-Ausgabe eingestellt wurde. Doch „Bewegung gibt es jetzt online“, meldet Danilo Höpfner. Nachdem die bayerischen Gesellschafter bei der PZ „nach Jahren der Verluste, aber ohne Vorankündigung, den Stecker zogen“, wird „das

Online-Portal derzeit wiederbelebt." Ein neuer Investor werde gesucht, der Übergang erfolge „mit recherchierten Reportagen und Berichten, die auf anderen kommerziellen Portalen inzwischen eher selten sind", lobt Höpfner.

Dies registrieren auch Internet-Medien. Zum PZ-Bericht über die Entwicklung der Pressefreiheit in Mittelosteuropa schreibt *piqd*, dessen KuratorInnen „nur wirklich beachtenswerte Inhalte aus dem Netz" filtern und „relevanten Beiträgen zu einem größeren Publikum" verhelfen wollen, im Juni 2018: „Der Artikel von Klaus Hanisch ist eine gute Ergänzung zu dem Bericht von ‚Reporter ohne Grenzen', denn Hanisch skizziert die konkreten Hintergründe und Prozesse in Tschechien. Er blickt aber auch in die Nachbarländer Slowakei, Polen und Ungarn. Gerade weil sich in einigen mittelosteuropäischen Ländern die Pressefreiheit dramatisch zum Schlechten entwickelt, lohnt die Lektüre dieses Artikels."

Europa-blog achtet weiterhin auf PZ-Beiträge und nimmt ebenfalls den Artikel zur Pressefreiheit in ihren „EU-Pilot" am 11. Juni 2018 auf. Unter dem Titel „Absteiger des Jahres" wird darin erklärt, dass und warum die Tschechische Republik zu jenen Ländern gehört, die in der „Reporter"-Liste innerhalb des letzten Jahres am weitesten abgerutscht sind.

RHCI, ein in Leipzig gegründeter Radio-Hörer-Club-International, sammelt nach eigenen Aussagen Infos aus aller Welt und verbreitet Anfang Mai 2019 online das PZ-Interview mit dem früheren EU-Kommissar Günter Verheugen. Er trug maßgeblich dazu bei, dass Tschechien 15 Jahre zuvor EU-Mitglied wurde, machte sich in der „Prager Zeitung" aber große Sorgen um die Zukunft Europas. Die Plattform *Noovell* fasst gleichfalls Nachrichten weltweit zusammen, nach eigenen Angaben aus mehr als 12.000 Quellen und aus einem breiten politischen Spektrum, um „ein vollständigeres Bild der Ereignisse zu bieten, die sich rund um den Globus abspielen." Wer dort das Stichwort „Prager Zeitung" eingibt, wird auf eine Vielzahl von Online-Artikeln der PZ verwiesen.

Weil die Saison in der Handball-Bundesliga wegen Corona abgebrochen werden musste, wurde der THW Kiel zum deutschen Meister 2020 erklärt. „Pavel Horák freut sich über die Ehrung, wie er in der ‚Prager Zeitung' betont", so *handball-world.news* Mitte Mai 2020. Schließlich habe sein Klub schwere Spiele gemeistert und sei zum Ende der unvollendeten Saison Tabellenführer, betonte der tschechische Nationalspieler. Schon eine Woche zuvor zitiert das Fach-Portal aus dem PZ-Interview und erklärt, dass Horáks Vertrag ausläuft und er nicht wisse, ob er noch einmal nach Kiel zurückkehrt.

Im Sommer 2020 verarbeitet *SPOX* ausführlich ein PZ-Interview mit Till Schumacher. Er wurde mit der Jugend von Borussia Dortmund deutscher Meister und ist nun der einzige deutsche Profi in Tschechiens höchster Spielklasse. „Auf dem Papier klingt es in der Tat erst einmal fragwürdig, gab Schumacher bei der ‚Prager Zeitung' zu", wie die Sport-Website unter anderem aus der PZ übernimmt. Denn der Verteidiger trainierte schon als 16-Jähriger unter Jürgen Klopp. Er hoffte auf einen freien Platz in der Elf des BVB, doch Klopps Nachfolger Thomas Tuchel konnte nichts mit ihm anfangen. So wechselte er zunächst zum FC Vysočina Jihlava in die erste tschechische Liga und anschließend zu Bohemians Prag.

Aus täglich mehr als 1.800 Zeitungen und Blogs bündelt *Buzzard* Stimmen und Meinungen in einer App. Darunter ist im Februar 2021 der PZ-Bericht über den Alltag im deutsch-tschechischen Grenzgebiet unter Corona-Bedingungen. „Mehr als 20.000 Tschech:innen arbeiten allein in Bayern, schreibt Klaus Hanisch in der ‚Prager Zeitung'", wie das Portal weitergibt. Trotz deutlicher Einschränkungen beim Grenzübertritt zwischen beiden Staaten sei zuletzt noch immer die Hälfte von ihnen gependelt - eine „erhebliche Herausforderung für Pendler wie für Arbeitgeber." Denn die zahlreichen Tests seien „anfangs sehr problematisch gewesen", mit dem Ergebnis: „Viele Pendler kamen zu spät, Schichten fielen aus."

PGi5, eine französische Website, übersetzt für ihre Leser regelmäßig Berichte aus unabhängigen Medien in Mitteleuropa. Immer wieder auch aus der PZ. Schon im August 2018, genau 50 Jahre nach dem Ende des „Prager Frühling", erinnern die Franzosen an ein Interview, das die „Prager Zeitung" bereits im November 2002 mit Lenka Reinerová führte. Die Schriftstellerin nannte den Aufbruch in der damaligen Tschechoslowakei eine Zeit der Hoffnung. „Wenn wir nicht den ‚Prager Frühling' gehabt hätten, dann wäre Gorbatschow nie ans Ruder gekommen - und dann wäre die Berliner Mauer vermutlich noch lange gestanden", davon war die Schriftstellerin fest überzeugt. Was die Franzosen noch einmal herausfiltern.

Knapp zwei Jahre später, Ende April 2020, greifen sie das PZ-Interview mit der Schauspielerin Katharina Matz auf. Wohl auch deshalb, weil sie darin dem französischen Staatspräsidenten vehement widerspricht. Emmanuel Macron setzte die um sich greifende Pandemie mit Krieg gleich. „Nein, das Corona-Virus ist nicht wie Krieg!", hielt die 90-Jährige aus eigener Erfahrung und leidenschaftlich dagegen.

Im September 2020 informiert die Website: „Le magazine ‚Prager Zeitung' (PZ) a publié le week-end dernier long article sur la situation des guides touristiques…" Durch die andauernde Corona-Krise spitzte sich auch die Lage für die Prager Stadtführer immer mehr zu. Da kaum noch Touristen in ihre Stadt kamen, gerieten sie in finanzielle Schwierigkeiten, einige von ihnen saßen bereits an den Kassen von Supermärkten. Deshalb organisierten sie erstmals eine Demo und forderten mehr Unterstützung für ihre Branche. Und im Dezember 2021 verweisen die Franzosen auf den PZ-Artikel über die erfolgreiche slowakische Opernsängerin Jana Kurucová. Sie verhilft nebenbei Long-Covid-Patienten in Hamburg mit einem speziellen Atemtraining dazu, wieder besser Luft zu bekommen.

Zoek Me Nu Sociaal, ein Online-Informationsdienst und soziales Netzwerk, weist im August 2021 auf das PZ-Interview mit dem U21-Europameister Niklas Dorsch hin. Er ist der erste Absolvent der deutsch-tschechischen Fußballschule, dem der Sprung in die Bundesliga glückte. Diese ungewöhnliche Einrichtung habe ihn durch „den Austausch mit tschechischen Spielern und die Möglichkeit, damals schon Turniere auf Top-Niveau" zu spielen, in seiner Karriere ein großes Stück vorangebracht, sagte er im Rückblick.

Zu Beginn des Ukraine-Krieges übernehmen die Niederländer das Interview der „Prager Zeitung" mit dem Osteuropa-Experte Professor Jan Kusber. Darin definierte er als Putins Ziel, alle ostslawischen Gebiete des russischen Imperiums wiederzuvereinigen und an die Zeit des russischen Imperiums vor 1917 anknüpfen zu wollen. Ebenfalls im März 2021 gibt die Plattform die PZ-Erläuterungen über den ukrainischen Schriftsteller Serhij Zhadan weiter, mit dem die „Prager Zeitung" schon zehn Jahre zuvor ein Interview führte und der in seiner Heimat nun alles tut, um die Moral seiner Landsleute zu stärken.

Sehr aufmerksam wird zudem beobachtet, was die PZ neben ihren Artikeln über ihre sozialen Kanäle verbreitet. *Oberlausitz TV* verkündet mitten in der Corona-Krise 2020, in der plötzlich wieder die Grenzen zwischen beiden Ländern geschlossen wurden, in einer Eil-Meldung: „Nach Informationen der ‚Prager Zeitung' will Tschechien bis Mitte Juni die Grenzen zu allen Nachbarstaaten öffnen." Auch die *Dresdner Neueste Nachrichten* nehmen diese Nachricht am 18. Mai 2020 auf: „Das teilt die ‚Prager Zeitung' über den Nachrichtendienst Twitter mit."

Einen Tag später geht der in Südwestsachsen verbreitete *WochenENDspiegel* darauf ein: „Öffnet Tschechien seine Grenzen schneller als gedacht? Jedenfalls schreibt das die ‚Prager Zeitung' auf Twitter." Ein örtlicher Bundestagsabgeordneter, der sich laut diesem Blatt „intensiv für diese Grenzöffnung einsetzt", widerspricht der PZ-Meldung: „Aus meiner Sicht ist die Grundinformation nicht richtig." Doch gleich darauf, am 19. Mai 2020, schreibt *BR24*, das Online-Portal des Bayerischen Rundfunks, dass Tschechien eine Grenzöffnung Mitte Juni in Aussicht stellt. Dies habe ein Gespräch des bayerischen Innenministers mit seinem tschechischen Amtskollegen ergeben.

Informationen per Twitter nutzen speziell in den Corona-Monaten auch andere Medien. Ende Februar 2021 meldete die PZ, dass die Tschechische Republik rund 15.000 Impfdosen aus Sachsen, Bayern und Thüringen erhält. Sie sollen in den „laut ‚Prager Zeitung' am stärksten betroffenen Regionen Cheb, Sokolov und Karlovy Vary direkt an der deutschen Grenze" verteilt werden, teilt daraufhin die *Ostthüringer Zeitung* ihren Lesern mit.

Ende April 2021 transportiert *sna* weiter, dass etwa 10.000 Menschen in Prag gegen Präsident Zeman protestierten. Dabei bezieht sich das Portal auf eine Twitter-Meldung der PZ, wonach neben der Großdemonstration auf dem Wenzelsplatz auch in anderen tschechischen Städten Tausende auf die Straße gingen. Zu diesen Protestaktionen gibt das internationale Nachrichten-Portal den Vorwürfen des Demo-Organisators Benjamin Roll Raum, wonach das tschechische Staatsoberhaupt „dieselben Märchen wie russische Desinformationsseiten und die russische Propaganda" anführe. Und ebenso der Erwiderung von Zeman, dass es keine Beweise über eine Beteiligung von russischen Agenten an der Explosion eines Munitionslagers in der Ortschaft Vrbětice im Jahr 2014 gebe. Ebenso wird erwähnt, dass die Beziehungen zwischen Tschechien und Russland derzeit äußerst angespannt sind und beide Länder gegenseitig etliche Diplomaten auswiesen.

Laut „Wikipedia" ist dieses Portal jedoch ein Ableger von „Sputnik", gehört dem staatlichen russischen Medienunternehmen „Rossija Sewodnja" und dient als „Werkzeug der russischen Regierung, um eigene Propaganda in anderen Ländern zu verbreiten." Deshalb sei es in den Fokus der Europäischen Union geraten. Tatsächlich wird der russische Überfall auf die Ukraine dort, wie in Russland üblich, als „russische Spezialoperation" und nicht als Krieg bezeichnet. Zudem werden nur Meinungen und Siegesmeldungen des russischen Militärs weitergegeben.

Wie lange sich Falschmeldungen in der neuen Medienwelt halten können, erlebt auch die „Prager Zeitung" leidvoll. Mitte April 2021 weist *iDNES.cz* darauf hin, dass ein im Internet verbreiteter Bericht reine Desinformation ist. Darin wird behauptet, dass Tschechien die Wähler des amerikanischen Präsidenten Joe Biden für Dummköpfe halte und dass sie eine Bedrohung für die USA seien. Wann und wo der Beitrag zum ersten Mal erschien, sei unklar, und ebenso, warum ausgerechnet die Tschechische Republik als Quelle präsentiert werde. Tatsächlich habe kein offizieller tschechischer Vertreter solch eine Aussage getroffen, teilt die Online-Ausgabe von „Mladá fronta Dnes" mit - und auch nicht die PZ.

Die Tageszeitung bezieht sich dabei auf einen Faktencheck von *USA Today*. Die amerikanische Zeitung lässt ihre Leser wissen, dass ein „oft recyceltes Fake-Zitat, angeblich aus Tschechien" einmal mehr die Runde in den sozialen Medien macht. „Diesmal wurde Joe Bidens Name eingefügt" und ein entsprechender Facebook-Post vom 10. März schon 283.000 Mal geteilt. Der Mann, der den Beitrag veröffentlichte, sei um eine Stellungnahme gebeten worden, habe aber nicht geantwortet.

„Gleiche Behauptung, neuer Schuldiger", so die Zeitung knapp und bündig. Der Name von Biden sei einfach an die Stelle von Barack Obama und Donald Trump gesetzt worden. Und diese Art von Rufschädigung sei nicht auf amerikanische Politiker beschränkt, sondern werde auf der ganzen Welt verwendet, so auch schon gegen die ehemaligen Präsidenten Jacob Zuma in Südafrika und Benigno Aquino auf den Philippinen sowie die Premierminister John Key in Neuseeland und Justin Trudeau in Kanada. Das Zitat werde „manchmal einem Artikel in der deutschsprachigen ‚Prager Zeitung' zugeschrieben", manchmal einem Professor für Wirtschaftswissenschaften in der Tschechischen Republik. Zuweilen sogar dem ehemaligen tschechischen Präsidenten Václav Klaus, der es angeblich in einer E-Mail verschickt haben soll.

„Nichts davon ist nach unseren Recherchen wahr", fasst das Blatt zusammen. „Es gibt keine Beweise dafür, dass der ehemalige tschechische Präsident solche Worte über einen der Politiker geäußert hat, die in den verschiedenen Varianten des Zitats genannt sind. Und es gibt auch keine Anhaltspunkte dafür, dass ein Wirtschaftsprofessor oder eine tschechische Zeitung diese Aussage gemacht hat." Dies sei schon mehr als einem Jahrzehnt bekannt. So lange werde diese falsche Behauptung im Internet immer wieder „aufgefrischt." Das gleiche Ergebnis habe eine Recherche von *PolitiFact* aus dem Jahr 2014 erbracht, einem Projekt in den USA, das Fakten überprüft.

Schon zwei Jahre vorher verfolgt auch *Snopes* die Spur - laut „Deutschlandfunk" das „älteste Online-Angebot der USA, um Falschmeldungen zu entlarven." Kurz nach der Wiederwahl Obamas als US-Präsident wurde im Internet verbreitet, eine Prager Zeitung habe in einem Artikel geschrieben, dass weniger Obama eine Gefahr für die USA sei, sondern vielmehr jene Bürger, die ihn gewählt hätten. Später wurde daraus die „Prager Zeitung" und neue Versionen unterstellten, dass gar Ex-Präsident Václav Klaus diesen Leitartikel verfasst habe.

„Niemand hat seither dokumentiert, dass so etwas in der Print- oder Online-Version der ‚Prager Zeitung' veröffentlicht wurde", so das Urteil. Zudem gibt es keine Beweise, dass Klaus solch einen Artikel geschrieben hat. Dies sei auch deshalb „äußerst unwahrscheinlich", da der tschechische und der US-Präsident während ihrer Amtszeit ein gutes Arbeitsverhältnis pflegten und Klaus nie als Kritiker von Obama auffiel. Daher auch hier das Ergebnis: „Diese Behauptung ist falsch!"

Trotzdem veröffentlicht *Reuters* Ende 2020 erneut, dass Benutzer in sozialen Medien einen Text teilen, der angeblich ein Auszug aus einem Artikel „in einer tschechischen Zeitung" sei und behaupte, die USA seien durch Personen gefährdet, die Biden zum Präsidenten wählten. Eine Suche auf der PZ-Website ergab 15 Artikel, in denen Obama erwähnt wurde, doch frühestens ab März 2012. Und: „Keiner hat dort eine Aussage getroffen, die dieser Behauptung entsprechen würde."

Zuweilen wurde angegeben, die „Prager Zeitung" habe genau am 28. April 2010 einen Artikel mit dem Zitat veröffentlicht. Die Agentur befragte Marcus Hundt. Der frühere Chefredakteur beteuerte, dass die PZ „noch nie einen solchen Artikel veröffentlicht hat. Weder über Joe Biden noch über Barack Obama." Und er ergänzte, dass die Zeitung „hauptsächlich über Ereignisse in der Tschechischen Republik und in Europa" berichtet, nicht aber „über innere Angelegenheiten in anderen Ländern." Das Faktencheck-Team kommt zum gleichen Schluss wie immer: „Reuters fand keine Beweise dafür, dass eine Nachrichtenorganisation aus der Tschechischen Republik oder anderswo solch einen Text über Joe Biden geschrieben hat. Eine ähnliche Version für Barack Obama ist seit mindestens 2010 in Umlauf." Woher das Zitat stammt, sei unklar. Teile davon sollen bereits 2005 verwendet worden sein.

Mit echten Artikeln bleibt die „Prager Zeitung" auch als Online-Magazin ein Faktor in der internationalen Medienwelt. „The Messi Show", titelt die Nachrichten- und Medienseite *World Today News* im November 2021 in Anlehnung an die Überschrift in der PZ, die einen legendären Auftritt von Lionel Messi in Prag zehn Jahr zuvor in Erinnerung rief. Der Argentinier hatte in einem Champions League-Spiel seines FC Barcelona mit großer Spielkunst und drei Toren bewiesen, warum er zu jener Zeit der beste Fußballer der Welt war.

Das PZ-Gespräch mit der deutschen Torwart-Legende Sepp Maier zur Fußball-EM im Sommer 2021 nimmt *Sport.cz* auf. Maier stand genau 45 Jahre vorher, am 20. Juni 1976, selbst im EM-Finale, das Deutschland gegen die ČSSR verlor. Was ihn bis heute ebenso ärgert wie der entscheidende Elfmeter, den die Tschechoslowaken gegen ihn verwandelten. „Damals hatte man nicht so viele Informationen über einen Gegner wie heute. Deshalb wusste ich nicht, dass Panenka seine Elfmeter auf diese Art schießt", erläutert die tschechische Fachzeitung mit Bezug auf die „Prager Zeitung."

Veröffentlichungen der gedruckten PZ „leben" nach wie vor in Büchern weiter. So in einem Werk über „Prag in der Zeit der Luxemburger Dynastie", das 2018 im *transcript Verlag* erscheint. Darin werden Zitate aus der PZ über eine „praktisch zwölf Monate dauernde Geburtstagsfeier" in Tschechien zum 700. Geburtstag von Kaiser Karl IV. aufgenommen, dem laut einer Umfrage „größten Tschechen" aller Zeiten. Auch in dem ebenfalls 2018 veröffentlichten Buch „Beherzte Freiheit" aus dem *Herder-Verlag*, einem Plädoyer für mehr Offenheit in der Kultur und weniger Einschränkungen durch Politik und Justiz, wird die PZ namentlich erwähnt. Über ein Handbuch unter dem Titel „Schweres Unterfangen" schrieb die „Prager Zeitung" selbst eine Rezension, worauf das *Deutsche Kulturforum Östliches Europa* im Januar 2018 hinweist. Das Werk gibt einen Überblick über die deutsche Literatur Prags und der Böhmischen Länder sowie ihre Entwicklung in den letzten Jahrhunderten. Die PZ würdigte die Texte, ging aber davon aus, dass sie aufgrund von Preis und Konzept weniger eine breite Leserschaft ansprechen werden als vielmehr germanistische Seminare.

In den Einzelnachweisen bezieht sich *Wikipedia* mittlerweile noch öfters auf PZ-Artikel als schon zuvor. Bei Erläuterungen über Andrej Babiš verweist die Enzyklopädie auf den Bericht „Beginn der Götterdämmerung?" von Juni 2019, wonach ein Prüfbericht der EU den damaligen Ministerpräsidenten weiter unter Druck setzte. Und über die Handballerin Markéta Jeřábková auf den Beitrag „Die Nähe zur Heimat ist mir wichtig" von Oktober 2020, in dem die Spielerin aus Pilsen in der PZ ihren Wechsel von einem ungarischen Verein nach Thüringen begründete. Ebenso zum „Modeinstitut der DDR", das der im böhmischen Lovosice geborene Filmemacher Klaus Ehrlich erwähnte, als er im Juni 2018 gegenüber der PZ bekundete: „Ich hatte den schönsten Beruf überhaupt."

Gleich an erster Stelle steht in diesen Einzelnachweisen die PZ-Rezension über die tschechische TV-Serie „Bez vědomí", die in „Arte" im Sommer 2021 unter dem Titel „Die Schläfer" zu sehen war. In dem Beitrag „Geheimes oder

Geheimnistuerei?“ zeigte die „Prager Zeitung“ auffällig viele Parallelen zwischen dem Film und einem Roman von John Le Carré aus dem Jahr 1974 auf. In den vielen Nachweisen zu Franz Fühmann fehlt nicht den PZ-Artikel „Grundthema: Heimkehr“ von Januar 2022. Zum 100. Geburtstag des Schriftstellers, der aus Rokytnice nad Jizerou im Riesengebirge stammte, stellte die PZ heraus, dass ihn seine böhmische Heimat zeitlebens beschäftigte.

Dass die „Prager Zeitung“ den „Sprung ins kalte Wasser der Marktwirtschaft“ zwar nicht überlebt habe, „aber den eiskalten Wellen ein ganzes Vierteljahrhundert standhielt“, erwähnt das deutsch-tschechische Magazin *N&N* noch einmal im Mai 2021. Mit ihrem Verschwinden „entstand in der tschechischen Medienwelt eine Lücke“ und noch ist „niemandem gelungen, sie zu füllen“, urteilt Autor Jakub Mašek. Immerhin habe die PZ „wenigstens ein Online-Leben“, so Mašek, der sogleich auf ihren Link hinweist. Der Tscheche findet es „interessant“, dass ihre Leser „hauptsächlich Deutsche und Österreicher im Ausland sind, die sich aus verschiedenen Gründen für das Geschehen in Tschechien interessieren.“

„Online-Medien sind Pioniere"

Die Zukunft des Journalismus und eine Medienlandschaft im Umbruch - darüber führte die „Prager Zeitung" im Februar 2021 ein Gespräch mit dem Medienexperten Christoph Neuberger. Anlass war das 30-Jährige Jubiläum der PZ im gleichen Jahr. Neuberger lehrte als Professor für Publizistik- und Kommunikationswissenschaft an der FU Berlin mit dem Schwerpunkt Digitalisierung und Partizipation. Zugleich war er Direktor am Weizenbaum-Institut für die vernetzte Gesellschaft. Schwerpunkt seiner Arbeit: Der digitale Wandel von Medien, Öffentlichkeit und Journalismus.

Die „Prager Zeitung" feiert in diesem Jahr ihren 30. Geburtstag, seit vier Jahren erscheint sie ausschließlich im Internet. In immer mehr Medienhäusern gilt die Devise - und zuletzt noch verstärkt: „Online first." Ist Online die Zukunft des Journalismus?

Wir beobachten seit vielen Jahren, dass sich die Nachrichtennutzung von den klassischen Medien ins Internet verlagert. Das lässt sich international nachweisen. In Deutschland passiert dies etwas langsamer als in anderen Ländern. Bei den Hauptnachrichten liegt das Internet im Medienvergleich derzeit bei etwas mehr als einem Drittel. Deshalb verlagern auch die klassischen Qualitätsmedien ihre Aktivitäten immer mehr ins Internet, obwohl sie immer noch große Probleme haben, damit Geld zu verdienen. Doch die Nutzung hängt stark vom Alter der User ab. Für die 18- bis 24-Jährigen ist das Internet jetzt schon die Hauptnachrichtenquelle. Und für etwas mehr als ein Viertel dieser Altersgruppe sind wiederum die sozialen Medien die hauptsächliche Quelle für Nachrichten.

Im Corona-Jahr 2020 erzielten die Online-Seiten enorme Zuwächse, auch die „Prager Zeitung" wurde so häufig aufgerufen wie nie zuvor. War das lediglich dem

Wissensdurst zu Corona bzw. mehr Freizeit in dieser außergewöhnlichen Phase geschuldet oder hat sich der Wandel in der Mediennutzung hin zu Online endgültig manifestiert?

Neue Studien zeigen, dass es im vergangenen Jahr in der Tat eine Verlagerung ins Internet gab. Das war vor allem zu Beginn der Pandemie so, weil der Informationsbedarf enorm groß war. Dabei vertrauten viele ganz besonders den Qualitätsmedien, auch im Internet. Wie in anderen Krisensituationen gingen die Leser davon aus, dass sie dort die seriösesten Informationen erhielten. Das ließ im Verlauf des Jahres 2020 wieder nach. Daher sollte man mit schnellen Schlussfolgerungen noch vorsichtig sein.

Im Kontrast zur steigenden Nachfrage steht, dass Verlage während der Pandemie gleichzeitig weniger Einnahmen durch Anzeigen für ihre gedruckten Zeitungen erzielen und deshalb Journalisten in Kurzarbeit schicken müssen. Verlage finanzieren jedoch immer noch ihre Online-Aktivitäten hauptsächlich durch Verkäufe bei Print. Wie könnte ein Bezahlmodell für Online aussehen - und wann setzt es sich durch?

Jedes Jahr wird die Nachrichten-Nutzung im Internet in mittlerweile 40 Ländern nachgefragt. Dabei wird auch eruiert, wie groß die Bereitschaft ist, für Artikel im Internet zu zahlen. Stets sind die Deutschen unter den letzten. Erklärt wird dies mit einem Geburtsfehler: Anfangs glaubten deutsche Medien, ihre Nachrichten im Internet quasi verschenken zu können. Davon wieder wegzukommen, ist sehr schwer. Schon in den späten 1990er Jahren haben Medien versucht, dies zurückzunehmen, aber es schlug fehl. Mittlerweile haben die meisten Zeitungen Zahlungsmodelle in irgendeiner Form entwickelt, etwa für Abos oder einzelne Artikel. Alles jedoch ohne durchschlagenden Erfolg. So haben im Jahr 2019 lediglich sechs Prozent der Deutschen regelmäßig für Nachrichten im Internet bezahlt. In Norwegen waren es dagegen 26 Prozent, in Schweden 22 Prozent - und das ist schon seit Jahren so.

Was könnte eine Lösung sein?

Ökonomen sagen, dass es nur als gemeinsamer Schritt vieler Online-Nachrichtenangebote funktionieren kann. Also nur, wenn ein Leser mit einmaliger Zahlung eines Abos Zugriff auf viele verschiedene Titel und Artikel bekommt. Das würde sich am ehesten rechnen und damit wären auch Schlupflöcher verbaut. Wichtig ist zudem, das Qualitätsbewusstsein der User zu schärfen. Etwa, dass es Exklusivität nicht mehr kostenlos geben kann. Oder dass es einen Unterschied macht, ob ich eine Information auf Twitter aufschnappe oder auf der Website eines seriösen Mediums erhalte.

Befragungen zeigen jedoch, dass manchen völlig egal ist, auf welcher Website sie mit Hilfe von Suchmaschinen landen und von wem sie Informationen beziehen. Medien in der Schweiz und in Deutschland haben versucht, mit hohem Aufwand sehr gute Artikel ausschließlich im Internet zu publizieren. Doch es hat sich herausgestellt, dass man damit allenfalls kleine Nischen besetzen kann.

Wie die PZ aus eigener Erfahrung weiß, lassen sich Online-Artikel oft am besten über soziale Medien verbreiten. Wie sehr kann und muss sich Online-Journalismus von Facebook, Twitter & Co. abgrenzen bzw. auf deren Hilfe bauen?

Das ist eine ambivalente Angelegenheit. Auf der einen Seite nutzen Redaktionen mittlerweile ganz intensiv die verschiedenen sozialen Medien, nicht nur zur Steigerung der Reichweiten, sondern auch zur Interaktion mit dem Publikum oder für Recherchen. Unternehmen wie Google und Facebook haben Förderprogramme aufgelegt und geben Medien Geld für Innovationsprojekte. Namhafte deutsche Qualitätsmedien machen dabei mit. Wer sich darauf einlässt, kann natürlich kaum noch unabhängig über solche Plattformen berichten. Auf der anderen Seite stellt sich die Frage, ob man darauf verzichten kann. Schließlich brauchen Medien Daten und Reichweiten, und über soziale Medien oder Google (News) erreicht man viele Menschen. Es gibt im Medienbereich einfach noch keine anderen Plattformen, auf denen sich so viele Menschen treffen und Empfehlungen austauschen können wie auf Facebook.

Soziale Medien sind kein Journalismus mit Redaktionen und Recherchen. Gerade der abgewählte US-Präsident Trump hat gelehrt, wie stark und wie schnell sich darüber Fake News verbreiten lassen. Warum glauben dennoch so viele den sozialen Medien und achten dabei so wenig auf seriöse Quellen?

Das möchte ich relativieren. Studien zum Vertrauen in den Journalismus und im Vergleich zu sogenannten alternativen Medien haben gezeigt, dass Nutzer durchaus Unterschiede machen. So vertrauen etwa 67 Prozent dem öffentlich-rechtlichen Fernsehen, aber nur zehn Prozent den sozialen Netzwerken. Das sind trotzdem noch erstaunlich viele. Zu ihnen gehören neben den Jüngeren vor allem Menschen, die klassische Medien wie auch die Politik skeptisch betrachten - und das sind etwa 20 Prozent der Bevölkerung.

Die PZ setzt auf exklusive Interviews, Features, Reportagen, Hintergründe. Oft steht Online-Journalismus heutzutage aber für größtmögliche Aktualität, vielen Medien geht es darum, vor allem die Ersten zu sein. Nach dem Motto „Hauptsache schnell" statt „gut und zuverlässig." Hat Online ein Qualitätsproblem?

Mit Sicherheit, auch im professionellen Journalismus. Das resultiert zum einen aus dem ökonomischen Problem, die Online-Aktivitäten zu refinanzieren. Zum anderen fehlt in vielen Redaktionen ein systematisches Innovationsmanagement. Vieles wird in der digitalen Gesellschaft durch Hypes vorangetrieben. Beobachtbar ist auch eine Beschleunigung: „Kurz und schnell" lautet die Devise. Davon lässt sich auch der Journalismus mitreißen. Medien glauben oft, dieses Wettrennen gewinnen zu müssen.

Unternehmen und Einzelpersonen verbreiten immer öfter eigene Inhalte über ihre Social-Media-Kanäle oder TV-Kanäle und werden dadurch selbst zu Quellen für große Zeitungen und Magazine. Wie viele Medien hat auch die „Prager Zeitung" die Erfahrung gemacht, dass Kontakte mit solchen Unternehmen und Einzelpersonen dadurch schwieriger geworden sind. Ist das eine Gefahr, mittelfristig gar das Ende von kritischem Journalismus?

Gerade im Sport haben Spieler und Vereine Sorge, sich ihren Ruf durch Kritik von unabhängigen Medien beschädigen zu lassen. Deshalb machen sie es lieber selbst. Im Sport ist es zudem lukrativ, wenn man die exklusiven Informationen selbst weitergibt und damit hohe Reichweiten erzielt. Auch viele Politiker haben ihren eigenen Twitter-Kanal, mit dem sie zwar nicht die Masse der Bürger erreichen, aber dafür Multiplikatoren und Medien. In der Sport- und Politik-Berichterstattung ergeben Investigativ-Recherchen Sinn, um der journalistischen Kritik- und Kontrollaufgabe gerecht zu werden. Aber den Aufwand dafür kann sich nicht jede Redaktion leisten.

Die meisten Medien setzen im Internet auf größtmögliche Reichweite und dementsprechend suchmaschinenoptimierte Texte. Aus wirtschaftlichen Gründen wollen sie, dass so viele Leser wie möglich einen Artikel aufrufen, egal welchen Inhalts. Das widerspricht allerdings journalistischen Prinzipien.

In der Tat. Journalismus - und gerade die Tageszeitung - hat die Aufgabe, über alle wichtigen Themen zu berichten. Das ist eine für die Demokratie wichtige Aufgabe, damit der Überblick erhalten bleibt und Menschen sich selbst eine Meinung bilden und mitsprechen können. Durch selektiven Zugriff oder Filterblasen droht die Gefahr, dass unser Horizont verengt wird und wir vieles nicht mehr mitbekommen. Dies ist jedenfalls eine verbreitete Sorge. Gleichwohl sind in der wissenschaftlichen Forschung die Auswirkungen von Algorithmen umstritten. Wir werden deshalb nicht vereinsamen und auch nicht völlig den Überblick verlieren. Manche Studie besagt sogar, dass soziale Netzwerke dazu beitragen, den Horizont zu erweitern, weil wir auf Themen stoßen, die uns überraschen und vorher nicht interessiert haben und die auch nicht in Tageszeitungen zu finden sind.

Immer wieder erhält die „Prager Zeitung" Kommentare und Anfragen zu vor mehreren Jahren veröffentlichten Artikeln. Ein deutlicher Beleg dafür, dass Artikel im Internet extrem lange „aktuell" sind. Daher ist Glaubwürdigkeit eine entscheidende Währung, wie prinzipiell für den Journalismus. Wie groß ist die Gefahr, dass Online-Journalismus aufgrund seines „Schnelligkeit-Prinzips" mit Fake News gleichgesetzt wird?

Ich glaube nicht, dass solche Zweifel generell berechtigt sind. Das Vertrauen in den professionellen Journalismus ist ungebrochen hoch. Ausnahmen sind Krisensituationen, also Terroranschläge, Amokläufe oder Kriege, in denen Berichterstatter stark unter Druck stehen und die Sogwirkung des Internets enorm wird. Da wird permanent und sofort vom Ort des Geschehens berichtet, ohne dass Kollegen diese Informationen noch einmal überprüfen konnten. Dadurch schlägt der Journalismus sich selbst, und dann ist auch in Einzelfällen Kritik berechtigt. Allerdings hat der Online-Journalismus im zurückliegenden Vierteljahrhundert auch gelernt, mit solchen Drucksituationen umzugehen. Fehler werden später korrigiert, oder es wird unterschieden in das, was bekannt und gesichert, und in das, was noch offen und unklar ist.

Wie kann seriöses Arbeiten im Alltag gelingen?

Dabei ist ganz wichtig, dass erklärt wird, weshalb ein Medium die besseren Nachrichten liefert. Dass zum Beispiel offengelegt wird, wie man arbeitet, dass Transparenz hergestellt wird, dass es einen Blog gibt, in dem sich die Redaktion auch kritischen Fragen stellt. Und dass man auch ein Bewusstsein dafür schafft, was Objektivität bedeutet und wie sie durch bestimmte Praktiken erreicht wird. Konkret: Wie werden Aussagen gegengeprüft, wie wählt man Quellen aus usw.

Unternehmen, die in Online-Anzeigen investieren, geben ihr Geld meist nicht direkt an Verlage oder Online-Medien, sondern an Vermittler, die hohe Provisionen einstreichen und Aufträge weitgehend an große Medien vergeben. Ist damit die Zukunft kleinerer Medien, die für Berichterstattung in der Fläche und für Meinungsvielfalt sorgen und auch spezielle Interessengebiete („special interest") abbilden, massiv gefährdet?

Das hängt davon ab, welche Zielgruppen erreicht werden sollen. Ob also Anzeigenkunden die breite Masse oder nur spezielle Gruppen ansprechen wollen. Sicher wird nicht jede Minderheit so viel Interesse bei Werbekunden wecken, dass sich damit eine Redaktion finanzieren lässt. Darunter kann sicher die Vielfalt an Medien leiden. Denn die Konsumstärke bestimmter Zielgruppen reicht nicht aus für genügend Anzeigenkunden, weshalb diese Medien möglicherweise auf der Strecke bleiben.

Seit Beginn der Corona-Pandemie haben auch Medien über das Kurzarbeiter-Geld für ihre Mitarbeiter hinaus finanzielle Hilfen vom Staat angemahnt, bekamen jedoch zur Antwort, dass sie in erster Linie Wirtschaftsunternehmen seien - was bei der Förderung etwa der Lufthansa durch staatliche Hilfen freilich keine Rolle spielte. Wie passt das zur Aussage der Politik, dass Medien in der Corona-Zeit systemrelevant und wesentliche Stützen der Demokratie seien?

In Deutschland gibt es seit vorigem Jahr einen Beschluss, dass es eine Presseförderung geben soll, mit einem stattlichen dreistelligen Millionenbetrag. Das ist für Deutschland ganz neu, so intensiv in die Presseförderung einzusteigen, wie sie in anderen Ländern wie Österreich, Frankreich oder Italien längst gang und gäbe ist. Nun wird darüber diskutiert, wie diese Summe verteilt und was genau gefördert werden soll. Dabei geht es vor allem um Digitalisierung. Doch reine Internet-Anbieter klagen jetzt schon, dass sie nicht in diese Förderung aufgenommen wurden, aber eigentlich die Zukunft seien.

Ihre Einschätzung: Werden diese beträchtlichen Mittel richtig eingesetzt oder doch nur an die Großen gehen?

Ich bin mir nicht sicher, dass trotzdem alle Printmedien überleben werden, denn in Deutschland gibt es noch immer sehr viele kleine Zeitungen und Zeitschriften. Wobei allerdings sehr viele Titel schon seit Jahren durch Kooperationen überleben, weil ihnen Mantelseiten zugeliefert werden und frühere Konkurrenten heute Lokalseiten austauschen. Es doppelt sich schon so viel, dass man Sorge um die Vielfalt haben muss.

Sollten damit gerade Online-Medien gefördert werden oder sind sie noch zu klein für staatliche Hilfen?

Darüber kann man trefflich streiten. Man kann sagen: Online-Medien sind zwar klein, aber die Zukunft und deshalb brauchen sie staatliche Hilfe quasi als Start-up-Förderung. Zumal sie Pioniere sind und gerade die Möglichkeiten ausloten, was machbar ist und wie guter Online-Journalismus aussehen könnte. Oft wird ja behauptet, dass die alten Medien - diese großen Dinosaurier - gar nicht in der Lage sind, sich die neuen Möglichkeiten agil zu erschließen. Und dass es deshalb kleine Angebote braucht, die sich eines Tages durchsetzen werden. Sinn hat für mich ein Mischverhältnis: Wer für die Demokratie wichtig ist, sollte gestärkt und gestützt werden. Und ebenso jene, die die neuen Möglichkeiten erproben.

Abschließend noch eine persönliche Frage: Sie lehren in Berlin, haben aber verwandtschaftliche Beziehungen zu Tschechien. Welche sind das?

Die Familie meiner Mutter stammt aus Alt Moletein (Starý Maletín). Und der Vater meiner Ehefrau ist im nahe gelegenen Mariakron (Koruna) aufgewachsen. Wir sind also mit dem Schönhengstgau verbunden.

Prager Zeitung

1991 - 2016

Prager Zeitung online

seit 2017

In der „Prager Zeitung“

Wikipedia erklärt es so: „Die ‚Prager Zeitung‘ (PZ) ist eine deutschsprachige Onlinezeitung. Thematisch beschäftigt sich die PZ mit Politik, Wirtschaft, Kultur und Tourismus - insbesondere mit den Beziehungen der Tschechischen Republik zu ihren deutschsprachigen Nachbarländern. Die letzte Ausgabe der gedruckten ‚Prager Zeitung‘ erschien am 22. Dezember 2016. Seitdem wird sie von Chefredakteur Marcus Hundt und langjährigen Autoren als Website fortgeführt.“

Das galt jedoch nur für die Anfangsmonate. In einer Mail von 2017 äußerte Marcus Hundt noch seine Hoffnung, dass sich auch andere Mitarbeiter von einst für die Online-PZ begeistern und Beiträge beisteuern würden - ohne dafür ein Honorar zu erwarten. Doch nur wenige schlossen sich uns an. Und deren „Begeisterung“ hielt auch nicht allzu lange. Zudem lieferten sie nicht viele und unregelmäßig Beiträge. So war ich eines Tages der einzige Texter. Daher schrieb mir Hundt: „Ohne dich wäre das Projekt längst gescheitert.“ Auch Leser und Kollegen merkten an, dass die PZ-Seite „ohne deine Beiträge tot“ wäre.

Das mag nicht falsch sein. Wahr ist aber auch, dass Marcus Hundt ebenfalls einen wesentlichen Beitrag dafür leistete. Nicht nur, weil er die PZ-Homepage weiter betrieb. Wir fanden eine sinnvolle Aufgabenverteilung: Ich suchte als Reporter passende Themen, stellte Kontakte her, führte viele Gespräche, schrieb Interviews, Reportagen und Features. Hundt ergänzte als Redakteur diese Texte mit passenden Fotos und Videos, stellte das fertige Produkt online und verbreitete die Beiträge über die sozialen Netzwerke der PZ. Zudem platzierte er auf der Homepage, was er für die Zeitung über Twitter verschickte. So entstand ein kleiner und regelmäßiger Nachrichtenticker mit aktuellen Informationen.

Gleichwohl ist die „Prager Zeitung" nun eine andere als in ihren gedruckten Jahren. Sie erscheint nicht mehr wöchentlich neu und liegt nicht mehr regelmäßig ab Donnerstag im Briefkasten oder am Kiosk. Stattdessen werden neue Beiträge auf ihre Seite gestellt, sobald sie geschrieben und fertig sind. Das ist ein grundsätzlicher Vorteil von Online: Artikel können dort sofort veröffentlicht werden, Print frühestens morgen.

Für die Online-PZ ist Schnelligkeit allerdings kein vorrangiges Ziel. Stattdessen gilt für ihre Texte: Genauigkeit zuerst. „Die PZ erklärt relevante Sachverhalte", erläuterte Hundt auf der PZ-Homepage, „wir konzentrieren uns auf das Wesentliche." Denn ein wichtiger Grundsatz für die Online-Arbeit lautet: Das Internet vergisst nicht! Texte bleiben dort lange, sehr lange erhalten. Nicht selten schreiben uns Leser noch Jahre später zu einem Beitrag. Auch die anscheinend unendliche Fake News-Geschichte aus den USA um einen vermeintlichen PZ-Bericht über US-Präsidenten bestätigt dies unheilvoll.

Dies trifft gleichermaßen auf Fehler zu. Weil Medien ihre Themen und Text möglichst rasch „auf den Markt" bringen wollen, arbeiten sie oft nicht fehlerfrei. Und weil es meist vor allem um „inhaltlich berichtet" und weniger um „kunst- und stilvoll berichtet" geht, sind die Texte oft auch sprachlich nicht mehr so anspruchsvoll wie früher. Zwar können Fehler online rasch korrigiert werden, anders als bei Print, wo am nächsten Tag ein peinliches „So ist's richtig" abgedruckt werden muss. Doch in der Hektik des Tagesbetriebes übersehen Medien immer wieder Fehlleistungen.

Schon während der gedruckten PZ-Jahre überprüfte Marcus Hundt jeden Artikel nicht nur auf sachliche Korrektheit. Er achtete auch penibel darauf, dass Akzente richtig gesetzt waren. Darüber mokierten sich Kollegen zuweilen. Die PZ habe zu wenig Personal, um so exakt arbeiten zu können, argumentierten sie nach langen Dienstagen, in denen die neue Ausgabe bis in die frühen Morgenstunden erstellt wurde. Ich hielt Hundts Gründlichkeit schon immer für gerechtfertigt. Schließlich kennt das tschechische Alphabet 42 Buchstaben, das deutsche hingegen nur 30. Und eine deutschsprachige Zeitung sollte sich sprachliche Fehler nicht leisten, wenn sie über tschechische bzw. deutsch-tschechische Themen schreibt.

Auch wenn die Online-PZ in der Regel auf „schnelle" Beiträge verzichtete, blieb sie dennoch aktuell. Nach seinen tollen Auftritten bei Olympia 2018 entschloss sich der neue Eishockeystar Dominik Kahun zu einem Wechsel in die NHL, die beste Liga der Welt. Geboren wurde er im tschechischen Planá bei Marienbad. Schon wenige Stunden, nachdem sein Wechsel bekannt wurde, ließen wir seine Karriere zwischen tschechischen und deutschen Eisstadien Revue passieren. Damit stand unser Bericht in einer Reihe mit zahlreichen namhaften deutschen und tschechischen Medien und sogar noch vor den Online-Texten der größten deutschen Zeitungen.

Im Frühjahr 2022 bat mich Csaba Földes, Professor an der Universität Erfurt, genauer zu erläutern, was sich für Journalisten objektiv und subjektiv ändert, wenn sie für Online-Zeitungen bzw. Online-Versionen von Druckzeitungen schreiben. Der Wissenschaftler untersucht seit ein paar Jahren mit einem internationalen Team in einem von der Bundesregierung geförderten Projekt die Sprache von deutschen Medien im Ausland.

Ich habe einige Zeit mit Online „gefremdelt", nachdem ich beim Einstieg in den Journalismus vor mehr als 40 Jahren sozusagen „Print-sozialisiert" wurde. Noch heute besuche ich ab und zu eine seit mehr als 100 Jahren bestehende kleine Zeitung, um den (sicher nicht gesunden) Geruch von Druckerschwärze einzuatmen. Doch ich verschließe nicht die Augen davor, dass Online die Zukunft der Medien ist. Und für einen Schreiber ist es im Prinzip egal, ob seine Texte auf Zeitungspapier oder im Computer zu lesen sind. Hauptsache, sie werden veröffentlicht - und gelesen.

Allerdings hat er neue Anforderungen beim Verfassen von Texten zu erfüllen. Online schiebt anstelle von Print eine Reihe von formalen Einschränkungen beiseite, nicht nur die zeitliche Begrenzung. Auch der Umfang ist nicht mehr genau vorgeschrieben. Für die gedruckte Ausgabe musste ein Text exakt auf Spalten oder Seiten zugeschnitten sein. Die Homepage nimmt einfach auf, was und wieviel geliefert wird. Tatsächlich sind PZ-Beiträge oft sehr ausführlich und haben nicht selten mehr als 10.000 Zeichen.

Zu beachten ist freilich, dass sich das Leseverhalten geändert hat. Wer liest, liest heutzutage oft weniger und schneller. Aus diesem Grund schreibt manch großes Medium an den Anfang seines Beitrages, wie viel Zeit ein Leser dafür benötigt. Dies lässt den Schluss zu, dass ein Text nicht zu umfänglich sein sollte, damit er überhaupt noch gelesen wird. Die PZ will jedoch weiter reichhaltigen Lesestoff bieten, in Reportagen wie Interviews, Kommentaren und zuweilen immer noch Glossen. Auch wenn dafür nur noch minimale personelle und finanzielle Ressourcen zur Verfügung stehen.

Denn weil weniger Texte als früher veröffentlicht werden, dürfen und sollen sie nach meiner Einschätzung auch ausführlich sein. Zudem sind diese Beiträge in der Online-PZ nun eben ein Gesamtpaket mit Texten, Fotos, Videos, Ausschnitten aus sozialen Medien. Doch es gilt noch immer das alte journalistische Prinzip: Das wichtigste an den Beginn eines Artikels. So können Leser jederzeit die Lektüre beenden, wenn sie nicht mehr am Thema interessiert sind. Ich erwähnte gegenüber Professor Földes auch Hinweise, die mir ein versierter Kollege gegeben hatte, der sich schon lange mit Online-Journalismus beschäftigt. Er riet zu einer „Suchmaschinenoptimierung", also zur Verwendung von speziellen Wörtern, die von Suchwörtern aufgegriffen werden. Durch sie können neue Leser über Google gewonnen werden, was signifikant die Reichweite von Artikeln und die Klickzahlen erhöhen kann - und um die geht es auch bei Online, nicht anders als bei der Druckauflage einer Zeitung.

Ebenso müsse auf Link-Verknüpfungen geachtet werden, damit Beiträge nicht nur über eigene soziale Kanäle weitergeben werden, sondern auch über andere. Und Texte müssen im Computer schneller erfassbar sein als in einer Zeitung, also sollten Autoren kurze Sätze, möglichst keine Fremdwörter und einen logischen Aufbau verwenden. Was allerdings längst auch für Printtexte gilt. Prinzipiell sah der Kollege gute Chancen für die „Prager Zeitung." Als special-interest-Angebot könne sie weiterhin einen Bedarf „wie kein anderes Online-Medium bedienen." Dies nannte er „ein schönes Alleinstellungsmerkmal" für die PZ.

Wenn ein Feature oder eine Reportage interessant geschrieben ist, dann fesselt dies trotzdem Leser bis zur letzten Zeile. Auch längere Texte. Davon bin ich weiterhin fest überzeugt. Und damit liegt die PZ nicht falsch, wie insbesondere der Beitrag über „Sadová" bewies. Anfang März 2020 erklärte ich detailliert die Geschichte des Sportparks in Berlin, der nach einem Dorf in Tschechien benannt wurde. Dort fand einst die berühmte Schlacht von 1866 zwischen Preußen und Österreichern statt. Heute trägt der 1.FC Union in dem Berliner Areal seine Heimspiele in der Fußball-Bundesliga aus. Nach einem Telefonat mit Verantwortlichen von Union notierte ich am Ende des Textes: Bis vor wenigen Wochen trug das Stadion auf dem Dach über der Tribüne den Schriftzug: „1920 eigener Sportpark Sadowa." Seit Jahresbeginn steht dort - weniger kriegsbelastet - einfach „100 Jahre Fußball in der Wuhlheide."

Genau diese beiden Sätze, zum Abschluss von langen 12.000 Zeichen, lösten eine hitzige Debatte aus. Union-Fans nutzten die von der „Prager Zeitung" eingerichtete Möglichkeit zu Kommentaren nach jedem Artikel und wunderten sich über diese Änderung in ihrem Stadion. Vielen war sie noch überhaupt noch nicht aufgefallen, einige fragten nach, wer sie veranlasst habe und aus welchem Grund und mit welcher Befugnis. So wurde die Homepage der PZ in Prag zur Plattform für eine Diskussionsrunde der Unioner in Berlin.

Damit erreichte die PZ ein wesentliches Ziel. „Mit der Kommentarfunktion wollen wir unsere Leser stärker einbinden", formulierte Hundt in der Rubrik „Über uns" auf der eigenen Website. Zugleich gab er ein Versprechen: „Die PZ bleibt kritisch, frei und unabhängig." Schon die gedruckte „Prager Zeitung" durfte sich auf eine äußerst treue Leserschaft stützen. Dies zeigte die große Solidarität zu ihrem Ende im Jahr 2016. In den sozialen Kanälen hatte die PZ mit sogenannten „Hatern", die manch versierten Reporter bis in den Schlaf verfolgen, kaum etwas zu tun. Dafür kann sie auf Leser bauen, die zwar auch kritisieren, sich aber ebenso melden, wenn sie loben und vorschlagen wollen. Dies setzte sich ab 2017 fort. Ein Architekt aus Erkrath teilte der PZ mit, dass er sich „über die Online-Ausgabe freue" und die „Artikel von Klaus Hanisch weiter den Nagel auf den Kopf" treffen. Wie er versprach auch ein Ehepaar finanzielle Unterstützung - aus Begeisterung über die „wunderbar gestaltete und inhaltlich sehr interessante" neue ‚Prager Zeitung', wie sie anfügten.

Das große Feedback war für uns ein entscheidender Grund, kein Bezahlsystem einzurichten. Oft und lange haben wir darüber diskutiert, ob wir unsere Artikel einzeln oder im Abonnement nur noch für einen Geldbetrag zur Verfügung stellen, wie mittlerweile viele Medien. Stets haben wir uns entschieden, die Beiträge nicht zu verschlüsseln, sondern weiter offen ins Netz zu stellen. Auch weil sich abzeichnete, dass die Online-PZ zu Beginn und möglicherweise für längere Zeit kein Geschäftsmodell werden würde, von dem man leben kann. Hätten wir sie hinter einer „Paywall" versteckt, wäre der traditionsreiche Titel möglicherweise aus dem Gedächtnis verschwunden.

Zudem entgingen wir damit der Verpflichtung, regelmäßig eine gewisse Zahl von Artikeln liefern zu müssen. Es blieb unsere freie Entscheidung, wann wir - je nach zeitlichen Möglichkeiten - weiterhin schreiben und produzieren. Aber auch unsere Verpflichtung, immer neue Idee zu entwickeln, damit das Projekt nicht einschläft. Weiterer Vorteil: Unsere Artikel waren weiter für andere Medien einsehbar. Deshalb wurden und werden sie immer wieder zitiert.

Die meisten Leser (bzw. User) besuchen die PZ-Seite wahrscheinlich nicht mehr regelmäßig, sondern nur ab und zu. Dafür werden sie nun oft auf anderen Wegen auf unsere Artikel aufmerksam. Zum Beispiel, wenn sie im Netz nach bestimmten Themen oder Personen suchen oder Beiträge über andere soziale Kanäle entdecken. Speziell von Personen oder Organisationen, über die die PZ berichtete. Besonders augenfällig wurde dies, als die „Prager Zeitung“ ausführlich auf das Thema Blasmusik einging. Sowohl mit dem Bericht über die Hergolshäuser Musikanten im Januar 2019, die in Franken zu Hause sind, jedoch dreimal Europameister der böhmisch-mährischen Blasmusik wurden. Und mehr noch mit dem über Ernst Mosch, der traditionelle böhmische Musik mit dem modernen Sound der Nachkriegszeit verband und wie kein anderer bis heute ein Vorbild für Blasmusiker ist.

Sein Todestag jährte sich im November 2019 zum 20. Mal. Mit dem Gedenken an ihn setzte die Online-PZ zugleich eine Reihe fort: Im November erinnerten wir immer an einen Verstorbenen. Vor Mosch bereits an Peter Hofmann, einst ein berühmter deutscher Opernsänger und Rockstar, der in Marienbad geboren wurde. Danach an den tschechischen Kinderbuchautor Josef Holub, der in seinem Geburtsort Neuern, heute Nýrsko, im Böhmerwald unvergessen ist, auch wenn er später in Grab, einem kleinen Ort bei Schwäbisch Hall, starb.

Eine weitere Serie beschäftigte sich mit dem „Europatag“ im Mai. In exklusiven Interviews sprachen wir 2019 mit dem früheren EU-Kommissar Günter Verheugen über die politische Lage auf dem Kontinent und ein Jahr später mit dem Politologen Kai-Olaf Lang von der „Stiftung Wissenschaft und Politik“ über die Folgen der Corona-Pandemie für die Europäischen Union. Im Jahr 2021 beklagte Timm Beichelt, Professor für Europa-Studien an der Europa-Universität „Viadrina“, dass Tschechien politische Eliten fehlen und das Land deshalb „unterdurchschnittlich“ regiert werde.

„Hohe Anerkennung für die sehr interessanten und gut recherchierten politischen Analysen“, schrieb uns ein deutscher Professor, der oft in Südböhmen zu Gast ist, „man merkt, dass Sie unabhängig berichten und bemüht sind, der Realität möglichst nahe zu kommen. Ihre Zeitung ist für mich und sicher auch viele andere sehr notwendig und ein wichtiger Bestandteil objektiver Meinungsbildung.“

Weiterhin war von Vorteil, dass ich sehr oft in Prag lebe, im Gegensatz zu Hundt aber nicht permanent dort bin. Daraus ergaben sich zuweilen verschiedene und für Leser durchaus spannende Blickwinkel. Dies bewies zum Beispiel das Interview mit Benjamin Roll, einem Anführer der Protestbewegung „Milion chvilek pro demokracii“ („Eine Million Augenblicke für Demokratie“) gegen Regierungschef Babiš. Ich sprach mit Roll im Juni 2019 unmittelbar vor der größten Demonstration seit der Revolution im Herbst 89, an der ein paar Tage später rund eine Viertelmillion Tschechen auf der Letná-Ebene teilnahmen. Als Bürger Prags wusste Marcus Hundt fast alles über die Protest-Organisation aus tschechischen Medien, dagegen wusste ich fast nichts über sie und schon gar nicht über ihre Protagonisten, denn in Deutschland wurde so gut wie nichts darüber publiziert, geschweige denn erklärt. Deshalb traf ich Roll in einem abseits gelegenen alternativen Café nahe des Prager Nationaltheaters, um für die Leser der PZ - also hauptsächlich Deutsche - Person und Bewegung verständlich zu machen.

Unterschiedliche Meinungen vertraten wir anschließend bei einem Kommentar. Darin fragte ich „Wer kommt, wenn Babiš gehen sollte?" und erörterte, dass der Premier zwar bei vielen Mitbürgern diskreditiert sei, sein Rücktritt die politische Lage angesichts fehlender geeigneter Nachfolger allerdings noch verschärfen könnte. Dies hatten mir auch Tschechen bestätigt, mit denen ich mich zuvor in Prag unterhielt. In diesen Gesprächen äußerten sie ihre tiefe Sorge über die Zukunft ihres Landes. Marcus Hundt teilte meine Einschätzungen nicht, akzeptierte sie aber dennoch.

Spezielle Kompetenz wurde der „Prager Zeitung" auch weiterhin für Themen rund um den Fußball zuerkannt. Wie früher erklärten sich tschechische und deutsche Stars immer wieder zu exklusiven Gesprächen bereit. Im Januar 2018 äußerte sich Jan Morávek, einst als größtes Talent im tschechischen Fußball gepriesen, zuversichtlich über seine Zukunft beim FC Augsburg, nachdem er unendlich viele Verletzungen überwinden musste. Im Herbst 2018 zeigte sich Ondřej Petrák vom 1. FC Nürnberg in der PZ erstaunt darüber, dass er erstmals in den Kader der tschechischen Nationalelf berufen wurde. Fast genauso wichtig waren ihm seine vielen Tätowierungen.

Zur EM 2021 sprach ich mit Martin Hašek über die Aussichten der Tschechen und Deutschen. Er trägt einen großen Namen im tschechischen Sport, denn Onkel Dominik ist spätestens seit dem Olympiasieg 1998 ein Eishockey-Idol und Vater Martin war Fußball-Nationalspieler. Auch deshalb wollte der junge Hašek nicht mehr in Tschechien bleiben und schloss sich lieber den Würzburger Kickers in der Zweiten Bundesliga an. Für ein Urteil über die neue Spielzeit in Tschechiens Eliteklasse stand uns drei Wochen zuvor bereits Pavel Krmaš zur Verfügung. „Unsere Liga wird unterschätzt", urteilte der frühere Abwehrmann, der als Profi in seiner Heimat und in Freiburg spielte, eigentlich aber studierter Mathematiker ist.

Diese vielen Beiträge machten die PZ auch für ausländische Fachkollegen zu einer interessanten Anlaufstelle. Ein Reporter von „Sport-Bild" aus Hamburg bat uns um einen Kontakt zu einem tschechischen Spieler von Sparta

Prag. Später suchte ein Journalist aus der italienischen Hauptstadt vor dem Champions League-Spiel der AS Rom gegen Viktoria Pilsen mit PZ-Hilfe nach einem Experten für den tschechischen Meister.

Vor der WM 2018 stand uns Mirko Votava, eine Fußball-Ikone bei Werder Bremen, Rede und Antwort. Er gab auch Auskunft über seine Arbeit in einer Zeche, die er neben dem Fußball leistete und sprach ausführlich über die Flucht seiner Familie aus der Tschechoslowakei 50 Jahre zuvor. Anschließend strich er jedoch fast alle Details über die genauen Umstände aus dem Interview. Kein Einzelfall, schon zu Zeiten der gedruckten PZ nahmen Gesprächspartner größere und kleinere Korrekturen vor der Veröffentlichung vor.

Sogar ein „Spiegel"-Redakteur, der ein Buch über die oft im Osten Europas gastierende Band „Tote Hosen" geschrieben hatte und darin auch auf deren Konzerte in der Tschechoslowakei zurückblickte, änderte zu meinem Erstaunen etliche Formulierungen. Ob dies sein Ernst sei, fragte ich ihn. „Sie glauben ja nicht, welche Texte ich zurückbekomme", antwortete er, „oft gibt es darin so viele Streichungen, dass man das Interview eigentlich kaum noch verwenden kann."

Mit seinen Änderungen konnte ich allerdings leben, sie waren zweckdienlich und nicht launisch, wie bei manchem Prominenten. Eine löbliche Ausnahme bildete Fürst Karl von Schwarzenberg: Er wünschte lediglich, dass in einem Interview-Text ein Komma anders gesetzt wurde…

Von 2017 bis 2022 veröffentlichte die „Prager Zeitung" mehrere hundert Artikel. In meinen Beiträgen realisierte ich weitgehend jene Ziele, die ich mir in der Umbruchphase von 2017 vorgenommen hatte. Durch Beispiele wollte ich konkret machen, was die Beziehungen zwischen Deutschen und Tschechen tatsächlich kennzeichnet:

1. Ich wollte *Gemeinsamkeiten betonen* zwischen beiden Ländern und stellte dafür besonders gesellschaftliche Verknüpfungen heraus. Wie den „Freundeskreis Nürnberg-Prag", der seit 1999 die Partnerschaft zwischen beiden Städten weiter vertieft. Da er regelmäßig Menschen aus beiden Ländern zusammenbringt, die nicht immer nur Mitglieder des Kreises sind, setzt er sich prinzipiell für ein besseres gegenseitiges Verständnis ein.

Daneben beleuchtete ich die Arbeit von institutionellen Einrichtungen. 2018 erläuterte die PZ den tieferen Sinn des Deutsch-Tschechischen Jugendforums, das bilaterale Projekte fördert, um die Beziehungen im Bewusstsein junger Menschen zu verankern. Wer in diesem Jugendforum mitarbeitet, ist später meist selbst ein Multiplikator dafür.

Im gleichen Jahr hinterfragte ich auch die aktuelle Tätigkeit des Deutsch-Tschechischen Zukunftsfonds, der nach wie vor viele Millionen Euro aus staatlicher Förderung in Projekte stecken kann und damit der finanzstärkste Akteur innerhalb der bilateralen Beziehungen ist. In einem ausführlichen Gespräch verdeutlichte der tschechische Geschäftsführer, dass sich seine Einrichtung verstärkt um allgemeine globale oder zumindest europäische Fragen kümmert. Denn es gebe nicht mehr nur Trennlinien zwischen den Ländern, sondern nun vor allem innerhalb der Gesellschaften.

2. Durch deutsche Prominente mit tschechischen Wurzeln wollte ich mehr *Interesse wecken* für Tschechien und die deutsch-tschechischen Beziehungen. Journalisten wissen, dass sich Menschen besonders für Menschen interessieren. Und diese alte journalistische Weisheit wird immer wieder bestätigt. „Ach, auch der…", schrieb ein Leser auf Facebook, nachdem ich gemeinsam mit dem deutschen Ski-Idol Christian Neureuther das Leben seiner großbürgerlichen Familie in Prag Revue passieren ließ. Der erhoffte „Aha"-Effekt blieb tatsächlich nicht aus.

Rund sechs Millionen Zuschauer saßen vor dem Fernseher, wenn Natalia Wörner in der ARD-Fernsehserie „Die Diplomatin" als deutsche Botschafterin in der tschechischen Hauptstadt auftrat. Diese Sendungen verzichteten wohltuend auf übliche Klischees und gewohnte Schauplätze in Prag. Im PZ-Interview versicherte die Schauspielerin, der Kapitale auch ohne Dreharbeiten treu zu bleiben und privat zurück zu kommen.

3. Zudem wollte ich das *Bewusstsein schärfen* für die große Vielfalt der gemeinsamen Beziehungen. Ein Beispiel von vielen war der „Germany Shop" im Prager Stadtteil Vršovice, den ich zufällig in der Tolstého-Straße entdeckte. Er verkaufte die gleichen Produkte wie Läden in Deutschland, hauptsächlich Nahrungsmittel, und kam damit vor allem bei Prager Familien sehr gut an. Auch Interviews mit tschechischen Nationalspielerinnen in den höchsten deutschen Ligen dienten dafür: Markéta Jeřábková, die beste Handballerin Tschechiens, spielte ab der Saison 2020/21 für den Thüringer HC, lange Zeit einer der besten Klubs in Europa. Ein halbes Jahr später sprach ich mit Michaela Mlejnková, die beim deutschen Spitzenteam Allianz MTV Stuttgart den Boom des Frauen-Volleyballs in Deutschland miterlebte und gestaltete.

4. Ich wollte *Verknüpfungen herstellen*, auch und gerade mit überraschenden Beispielen. Dies galt weniger für das große Interview mit dem Literatur-Professor Hans-Dieter Zimmermann, der sich seit Jahrzehnten um ein besseres Image der Tschechen bemüht. Trotzdem empfahl das Institut für Germanistik der Universität Ostrava dieses Gespräch im Herbst 2018 seinen Studenten als

„Pflichtlektüre zum Semesteranfang." Es traf aber sicher auf unseren Ratschlag zu, dass sich die Fußball-Vorstände des Prager Fünftligisten ABC Braník und des TSV 1860 München unbedingt einmal treffen sollten, weil sie nicht nur die Trikotfarben ihrer Mannschaften verbinden. Und ganz sicher galt es für unseren Rückblick auf die bewegte Zeit von Jorge González, die schillerndste Figur in der deutschen Fernsehunterhaltung. Denn kaum jemand weiß, dass sein großer Erfolg in Prag und der Tschechoslowakei begann, nachdem er wegen seiner Homosexualität aus seiner Heimat Kuba fliehen musste.

5. Unbedingt wollte ich *Erinnerungskultur pflegen* und weiter ausbauen. Von „sehr schwierigen Dreharbeiten" erzählte Jitka Molavcová, als sie einst für die Fernsehserie „Sachsens Glanz und Preußens Gloria" vor der Kamera stand. „Nach einer anspruchsvollen Theateraufführung in Prag" reiste die tschechische Schauspielerin und Sängerin, die in ihrer Heimat auch durch Kindersendungen im Fernsehen sehr populär wurde, nachts nach Deutschland und musste „schon um 6 Uhr morgens im Schminkraum sein." Lohn ihrer Mühe: Die teuerste Produktion des DDR-Fernsehens wird noch 35 Jahre nach ihrer Fertigstellung regelmäßig wiederholt.

Anfang Februar 2021 wäre Jiří Raška 80 Jahre alt geworden. An Leistungen und Verdienste des tschechischen Skispringers dachte die PZ zurück, indem ich seinen Rivalen Horst Queck zu Wort kommen ließ. Dem Thüringer fielen spannende Duelle bei der Vierschanzen-Tournee mit dem ehrgeizigen Mann aus Mähren ein, der die erste olympische Goldmedaille im Winter für die Tschechoslowakei gewann. Große Aufmerksamkeit fand im November 2020 meine Rückschau auf „ein Leben zwischen Extremen" von Roland Wabra, wofür seine Witwe und ein Sohn behilflich waren. Der Torhüter erlebte vor dem Krieg in Böhmen und später in Franken zunächst äußerst entbehrungsreiche Jahre, bevor er in den 1960er Jahren beim 1. FC Nürnberg mit Meisterschaft und Pokalsieg zur Legende wurde. Dann beendete ein Geisterfahrer sein Leben mit erst 58 Jahren. Fans des fränkischen Traditionsklubs verbreiteten unseren Beitrag vielfach weiter.

Ein verlorenes Match gegen eine Deutsche machte Jana Novotná weltberühmt. Im Juli 1993 unterlag sie im Finale von Wimbledon, dem wichtigsten Tennis-Turnier der Welt, ihrer deutschen Konkurrentin Steffi Graf, obwohl sie im dritten und entscheidenden Satz deutlich in Führung lag. Dann verlor die Tschechin völlig die Nerven und Millionen von TV-Zuschauern litten mit, als sie bei der Siegerehrung regelrecht zusammenbrach. Der Bericht erschien zu ihrem 50. Geburtstag im Jahr 2018, schon ein Jahr zuvor verstarb sie.

Tschechische Freunde erzählten, die PZ sei das einzige Medium gewesen, das ihren runden Geburtstag ausführlich würdigte.

6. Dies bedeutete für mich zugleich: *Geschichte bewahren* und erklären. Im Januar 2019 erläuterte mir die Palach-Expertin Sabine Stach in Warschau, wie schwierig der Tod von Jan Palach zu bewerten sei. Er hatte sich genau 50 Jahre zuvor aus Protest gegen den Einmarsch von Soldaten des Warschauer Pakts auf dem Prager Wenzelsplatz öffentlich verbrannt. Seine extreme Tat bewerten Tschechen heute als wichtiges moralisches Signal, andere jedoch als ein unnötiges Opfer.

Im September 2019 nahm die PZ das Datum „200 Jahre Karlsbader Beschlüsse" auf. Diese politischen Entscheidungen leiteten eine Phase der politischen und geistigen Repression im Deutschen Bund ein und bewirkten besonders Einschränkungen für die Presse. Medien-Professor Jürgen Wilke sah im Gespräch mit der PZ Meinungs- und Pressefreiheit grundsätzlich immer bedroht, was „Reporter ohne Grenzen" jedes Jahr vor Augen führe. „Markenzeichen: unerschrocken", umschrieb die PZ daher ihr Sommer-Special 2019, einen Zweiteiler über die Historie der Zeitschrift „Weltbühne." Sie gilt bis heute als ein journalistisches Vorbild, wie Professor Hermann Haarmann von der FU Berlin bestätigte. In der „Weimarer Republik" war sie pazifistisch und radikaldemokratisch. Ihre Autoren, voran Carl von Ossietzky und Kurt Tucholsky, analysierten tiefsinnig und scheuten keine Konflikte. Zwischen 1934 und 1938 wurden die Hefte in der Tschechoslowakei geschrieben, hier fanden ihre Mitarbeiter und Redakteure Zuflucht auf Zeit vor der Nazi-Herrschaft.

7. In diesem Zusammenhang standen auch *Zeitzeugen-Gespräche*. Etwa mit Horst Teltschik, dem wichtigsten außenpolitischen Berater von Bundeskanzler Helmut Kohl. Er stammt aus Klantendorf (heute Kujavy) und beeinflusste den Wandel 1989 wesentlich mit. In der PZ sprach sich der „Mann aus Telč", wie er sich mit Bezug auf seinen Namen selbst bezeichnete, am 9. November 2020 dafür aus, Mitteleuropa eine eigene Identität zu geben. Als Instrument der Emanzipation von der Sowjetunion sollten diese Länder mit und innerhalb der Europäischen Union enger zusammenarbeiten.

„Wir brauchen Zusammenhalt in Europa", forderte auch Dietrich Mattausch im März 2018 in einem sehr ausführlichen Gespräch mit der „Prager Zeitung." Er bezeichnete die „Abkapselung von Polen und von den entscheidenden Politikern in Tschechien" als heikel und forderte gute Kompromisse. Mattausch zählt zu den profiliertesten deutschen Schauspielern und wurde im April 1940 in Leitmeritz (heute Litoměřice) geboren.

Das kleine Dorf Wichstadtl (heute Mladkov) im Adlergebirge war Heimatort von Gudrun Pausewang. Ihr Leben hatte viele Stationen: Zunächst gefangen in der Propaganda der Nationalsozialisten, mit 17 Jahren aus der Heimat vertrieben, danach Lehrerin aus Leidenschaft und Schriftstellerin mit Millionenauflage, Ikone der Friedens- und Umweltbewegung - und rastlose Versöhnerin zwischen Deutschen und Tschechen. „Das tschechische Volk ist genau so freundlich und unfreundlich wie das deutsche", schrieb sie der PZ kurz und bündig. Für ein Interview fühlte sich die 90-Jährige nicht mehr fit genug. Aber sie beantwortete meine Fragen schriftlich, so klar und deutlich, dass ihre Ausführungen mit Fug und Recht als Vermächtnis einer lebensklugen alten Dame bezeichnet werden konnten. „Versucht im Kleinen als auch im Großen so miteinander umzugehen, dass kein sozialer Unfrieden entsteht. Denn er ist einer der Gründe, die im Ergebnis zu Kriegen führen", war ihr Rat an nachfolgende Generationen.

8. Auch weiterhin wollte die PZ *Service bieten.* Neue Cannabis-Produkte, die in tschechischen Geschäften ganz legal gekauft werden konnten, nutzte ich im Juli 2020, um die Diskussion um die Hanfpflanze neu zu entfachen. Diese „technischen Produkte" wurden in einfachen Gläsern mit Schraubverschluss angeboten, trugen unverfänglich wirkende Namen wie „Fruit Cake", enthielten Cannabisblüten - und verstießen gegen das deutsche Betäubungsmittelgesetz.

In Deutschland verboten waren auch Plagiate aus Tschechien. Ein aktueller Fall zeigte, dass Ärger mit deutscher Polizei und Gerichten bekam, wer sich mit gefälschter Ware jenseits der Grenze eindeckte. Diesen Hinweis gab die PZ gezielt kurz vor Weihnachten 2018. Und gemeinsam mit dem Europäischen Verbraucherzentrum klärte sie im Juli 2021 auf, wie Deutsche mit hohen Rechnungen für angeblichen Telefonsex umgehen sollten. Wobei diese Rechnungen - und hinterher auch Mahnungen - von vermeintlichen Firmen in Tschechien verschickt wurden.

Tipps gab die PZ zugleich für zahlreiche Kulturveranstaltungen. Nicht als knapper Programm-Hinweis, sondern in ausführlichen Darstellung. So über das Tanztheaterstück „Bernarda Albas Haus" vor seiner Premiere am 12. Januar 2019 am Tyl-Theater in Pilsen, das von der Deutschen Anna Vita inszeniert wurde. Oder über das Jazz-Festival im mittelfränkischen Burgthann, einem Ort mit nur wenigen tausend Einwohnern, in dem trotzdem sehr bekannte Jazz-Musiker aus Prag, wie František Uhlíř oder Karel Růžička, auftraten. Dank persönlicher Kontakte, die bereits in kommunistischen Jahren geknüpft wurden und aus denen sich dauerhafte Freundschaften zwischen Veranstalter und Stars entwickelten. Ebenso über das Gastspiel der „Bamberger Symphoniker", die im Mai 2019 mit Smetanas berühmtem Zyklus „Mein Vaterland" den musikalischen „Prager Frühling" eröffneten. Im PZ-Gespräch betonte ihr tschechischer Dirigent Jakub Hrůša, dass es für ihn keinen wichtigeren Anlass für einen gemeinsamen Auftritt in Prag geben könnte.

9. Die PZ wollte auch mit *Beiträgen unterhalten*. Vor allem gelang dies mit Anmerkungen zu „Das Ende vom Gulasch?" Ich erklärte, dass und warum das traditionelle Gericht immer öfters von Prager Speisekarten verschwindet. Auf den Bericht folgten Leserbriefe wie auf kaum ein anderes Thema, mit Hinweisen auf Lokale und mit Kochrezepten. Diese Frage verband ich mit dem ironischen Hinweis, ob am Ende gar Umwelt-Aktivistin Greta Thunberg schuld daran sein könnte. Auch wenn ich keine „Pulvertürme" mehr veröffentlichte, wollte ich auf Glossen trotzdem nicht ganz verzichten.

10. Thema war für mich nicht zuletzt, was die deutsch-tschechischen *Beziehungen belastet* oder zur Last werden könnte. Im Sommer 2021 sprach ich mit Dr. Eva Hahn, einer tschechischen Wissenschaftlerin, die schon lange Stereotype untersucht. Sie seien gerade groß in Mode, berichtete sie. Zwar seien die deutsch-tschechischen Beziehungen dank der relativ unproblematischen politischen Beziehungen davon weniger betroffen. Trotzdem halten sich Redewendungen wie „böhmische Dörfer" hartnäckig, was „etwas Unverständliches" charakterisiert und kaum Lust darauf mache, sich um Verständigung mit Tschechen zu bemühen.

Deutliche Kritik äußerte ich am Spielfilm eines deutschen Regisseurs, der den deutsch-tschechischen Beziehungen einen Bärendienst erwies, weil er das Thema Drogen unvollständig darstellte. Er arbeitete auch am Drehbuch mit und bestätigte einmal mehr, wie wenig sich diese Schreiber mit den Beziehungen zwischen beiden Ländern beschäftigten und wie oft sie Klischees einfach weiter transportieren. Dafür erhielt er sogar einen „Oscar." Zwar nur einen für Filmstudenten, trotzdem jedoch in den USA. Am Ende eines offenen und langen Gesprächs räumte der Regisseur selbstkritisch ein, „nicht gut genug gearbeitet" zu haben.

11. Die PZ gab zudem Themen einen Raum, die *speziell Tschechien* und die Tschechen betrafen. Im März 2018 erläuterte ich die krisenhafte Lage von „Pietro Filipi", einem tschechischen Modeunternehmen, das von vielen irrtümlich für eine italienische Marke gehalten wurde. Das Haus war damals genau 25 Jahre auf dem Markt, hatte trotz eines neuen Eigentümers jedoch keinen Anlass für Feiern. Denn es hatte Trends verschlafen und ein Qualitäts-

problem, woran auch eine Kollektion mit dem tschechischen Topmodel Simona Krainová nichts änderte.

Außergewöhnlich waren Aleš Pospíšil und Radek Nožička. Die beiden Tschechen, 32 und 26 Jahre alt, beschäftigten sich beinahe rund um die Uhr mit Kaffee. Dafür reisten sie durch alle Herren Länder. Zum Zeitpunkt unseres Treffens Anfang 2019 hatten sie bereits mehr als 400 Kaffeeröster und fast 1.500 Cafés besucht. Ihre Erkenntnisse gaben diese „Kaffee-Forscher" auf sozialen Kanälen und vor allem bei „European Coffee Trip" weiter, einer Website und zugleich einem Führer durch die große Kaffee-Welt. Dort veröffentlichten sie Artikel, Interviews und Bilder - obwohl beide keine Ausbildung im Kaffee-Business oder im Journalismus hatten.

Ich wurde auf sie aufmerksam, weil Pospíšil und Nožička einen Dokumentarfilm über eine Kaffeemaschine auf einem kleinen deutschen Filmfestival präsentierten. Die Tschechen filmten in der Werkstatt des Erfinders in Kalifornien und bei Weltmeisterschaften, bei denen diese Maschine im Einsatz war. Der Streifen wurde passenderweise in einem Café aufgeführt. Dort machte sich Aleš Pospíšil ausnahmsweise keine Notizen, sondern bereitete stattdessen selbst Kaffee hinter der Theke zu: „Sweet Victory" aus Kenia, 60 Gramm auf einen Liter Wasser. Für ihn genau das richtige Quantum. Kostproben reichte er lauwarm in kleinen Gläsern an interessierte Besucher weiter.

Im Januar 2020 wollte ich von Antonín Navrátil-Rapolli wissen, was er sich vom neuen Jahr erwarte. Der tschechische Artist plante, von März bis Dezember für Auftritte quer durch Europa zu reisen. Damals ahnte noch niemand, dass alsbald eine Pandemie das Leben weltweit zum Erliegen bringen wird. Ab März 2020 informierte die „Prager Zeitung" ihre Leser per Twitter fortlaufend über den aktuellen Stand der Corona-Entwicklung in Tschechien, über Probleme und Entscheidungen.

Schon bald verfolgte ich jedoch ebenso konsequent, was Medienwissenschaftler in der Krise empfahlen: Nicht immer nur täglich auf Krankheitsbilder starren und Inzidenzzahlen weitergeben, sondern Menschen in den Mittelpunkt rücken, die unter der Pandemie zu leiden haben - und beschreiben, wie sie damit umgehen und welche Auswirkungen dies auf ihr Leben hat! Dies betraf nicht nur Kranke und medizinisches Personal, sondern auch Sportler und Künstler, die von einem Tag auf den anderen nicht mehr ihren Beruf ausüben konnten und nicht selten plötzlich ohne Einkommen waren.

Für viele von ihnen stellte die PZ eine Öffentlichkeit her. Schon am 12. März sprach ich mit Tomáš Pöpperle, der mit den „Fischtown Pinguins" im

Viertelfinale der Playoffs stand, als die Deutsche Eishockey-Liga (DEL) abrupt die Saison beendete. Ein deutscher Meister wurde in diesem Jahr nicht mehr ermittelt. „Wir hätten Großes erreichen können", bedauerte der tschechische Torhüter, bei allem Verständnis für die Entscheidung der Liga angesichts der steigenden Zahl an Infizierten.

Wenige Tage später führte ich ein Interview mit dem Beethoven-Biografen Jan Caeyers. Noch zu Jahresbeginn 2020 hatten in Prag Beethoven-Kompositionen sowohl bei der Eröffnung der renovierten Staatsoper wie bei Konzerten der Prager Symphoniker FOK auf dem Programm gestanden. „Beethoven gibt uns Trost", bekräftigte der Belgier, gerade seine oft zitierte „Ode an die Freude" bringe ein wenig Licht in diese düsteren Wochen. Das Gespräch erschien in der PZ genau zu jener Stunde, als diese Komposition von vielen Deutschen auf Balkonen gespielt wurde.

Die Schauspielerin Katharina Matz berichtete im April, dass sie noch als 90-Jährige und selbst unter Corona-Bedingungen arbeitete. Sie wurde im böhmischen Haindorf geboren, kurz nach unserer Veröffentlichung traf eine Nachricht aus Hejnice ein. So heißt Haindorf heute, ein Leser von dort ließ seine einstige Mitbürgerin herzlich grüßen. Das Interview wurde auch in andere Sprachen übersetzt. Über ihre Agentur ließ ich Katharina Matz alle Informationen an ihren Wohnort Berlin zukommen. Stets rief sie zehn Minuten später zurück, bedankte sich für meine weiteren Nachrichten und war hörbar erfreut darüber.

Während er in Tschechien in Corona-Quarantäne saß, erfuhr Pavel Horák, dass der THW Kiel und damit erstmals auch er deutscher Handball-Meister wurde. Denn die 36 deutschen Erst- und Zweitligisten hatten mit großer Mehrheit das vorzeitige Saison-Ende beschlossen. „Der größte Erfolg in meiner Karriere", freute sich der Tscheche. Trotz allem.

Jaromír Konečný ist Schriftsteller, Naturwissenschaftler, Poetry Slamer und verdient normalerweise von März bis Mai das meiste Geld im Jahr. Wegen Corona konnte er 40 Veranstaltungen im Frühjahr 2020 nicht durchführen. „Deutschlands lustigster Tscheche" sorgte sich um seine Zukunft. „Fremde überweisen mir bereits Geld", erklärte er gegenüber der PZ.

Der Tänzer Petr Hastík zeigte sich entsetzt darüber, dass eine für März geplante Aufführung ausgesetzt wurde und erst Ende November stattfinden sollte. „Damals beschlich mich zum ersten Mal dieses Gefühl der Unsicherheit, das ich bis heute nicht losgeworden bin", gestand der Tscheche im Juni 2020 freimütig in der „Prager Zeitung." Er vermisste nicht nur die Atmosphäre von Theater und Performance, sondern auch, dass er in Düsseldorf lebte und nicht zu seiner Familie nach Tschechien fahren konnte.

Drei Jahre wurde die deutsch-tschechische Theater-Produktion „What Lies Beside the Hate“ vorbereitet, die der Frage auf den Grund gehen wollte, wie eine persönliche Beziehung zu Hass entsteht. Nach Probeläufen in Tschechien und in Partnerschaft mit Theatern in Leipzig und Prag sollte sie 2020 endlich auf die Bühne kommen. Dann hieß es jedoch: „Auf unbestimmte Zeit verschoben.“

Anfang November 2020 wurde der Proben- und Spielbetrieb an den Bühnen Halle in Sachsen-Anhalt wegen Corona ausgesetzt. Da die Premiere ausfallen musste, brachte Ballett-Direktor Michal Sedláček, in Brünn geboren, sein Ballettspektakel kurzerhand per Live-Stream direkt zu seinen Zuschauern nach Hause.

Auch Hotels und Gaststätten erlitten in der Pandemie hohe Einbrüche. Eine böhmische Wirtin, die ein Restaurant in der fränkischen Provinz betrieb, erzählte in der PZ im Sommer 2020 über ihren schwierigen Start nach der zwangsbedingten Corona-Pause. Das Virus spielte ebenfalls eine Rolle im Gespräch mit Markus Meckel, dem letzten Außenminister der DDR, der vor und nach der Revolution 1989 zahlreiche Kontakte in die ČSSR unterhielt. Meckel, selbst von einer Covid-Erkrankung betroffen, glaubte nicht an nachhaltige gesellschaftliche Veränderungen durch die Pandemie. In dem Interview kurz vor den Weihnachtstagen 2020 machte der Theologe jedoch deutlich, dass „die Friedensbotschaft von Weihnachten nicht an äußere Bedingungen gebunden“ ist.

In „Leben mit Corona“ stellte ich meine eigenen Erfahrungen mit Deutschen und Tschechen während der Anfangsmonate von Corona vor und begründete, warum ich Fußball in der Pandemie nicht vermisste, obwohl er seit Jahrzehnten mein Leben wesentlich bestimmt. Und Ende des Jahres fragte ich noch einmal bei dem Jongleur Antonín Navrátil-Rapolli nach, was aus seinen Plänen zum Jahresauftakt wurde, nachdem viele europäische Länder schon im März einen Lockdown verhängten. Durch ein Engagement bei einem Zirkus in Dänemark kam er zumindest gut über den Sommer.

Mit diesen vielen „Corona-Beiträgen“ traf die „Prager Zeitung“ bei ihren Usern einen Nerv. Der Zugriff auf ihre Homepage stieg rasant, sie wurde laut Google vieltausendfach aufgerufen. Auch bei Twitter erhöhte sich die Zahl der Follower kontinuierlich von ein paar hundert auf mehrere Tausend.

Die PZ beleuchtete viele Aspekte, griff mit eigenen Themen, Meinungen und exklusiven Interviews in den Diskurs ein und blieb damit eine wichtige Stimme innerhalb der deutsch-tschechischen Beziehungen. Sie wollte durchaus kritisch sein, sah aber nicht immer nur in „bad news" auch „good news", wie andere Medien. Stattdessen zählte für uns: Auch Positives kann eine gute Nachricht sein, wenn es den deutsch-tschechischen Beziehungen dient. Dass mehrere tausend Schüler Prag und Hamburg durch eine „Lesebrücke" verbanden, weil Corona gegenseitige Besuche und Veranstaltungen zur 30-Jährigen Partnerschaft zwischen beiden Städten verhinderte, und dafür an 30 Schulen drei Millionen Buchseiten lasen, war der PZ sehr wohl einen Bericht Wert. Solche Nischenthemen nahm sie immer zwangsläufig und aus ihrem Selbstverständnis heraus auf.

Nicht wenige, über die auf der PZ-Seite ein Artikel erschien, übersetzten diesen Text anschließend ins Tschechische, um eigene tschechische Leser darüber zu informieren. Schon 2011 nutzte die „Evangelische Kirche der Böhmischen Brüder (EKBB)" die Erinnerungen von Mahulena Čejková in der „Prager Zeitung" und machte sie in ihrem „Bulletin 23" zum Hauptartikel. Die Ärztin, Parlamentsabgeordnete und einstige Synodalkuratorin der EKBB dachte darin an den 17. November 1989 zurück. Der Tag, an dem die Revolution in Prag begann und der auch ihr eigenes Leben folgenreich veränderte.

Ende Oktober 2020 berichtete die PZ, dass Fans die mehr als 90 Jahre alte tschechoslowakische Automarke „Aero" in enger deutsch-tschechischer Kooperation vor dem Vergessen retten. Zudem gibt es seit 40 Jahren eine Aero-Interessengemeinschaft International mit 160 Mitgliedern in ganz Europa und den USA, die alle noch existierenden Fahrzeuge erfassen, originalgetreu restaurieren und bei Veranstaltungen im Fahrbetrieb demonstrieren. Diesen Beitrag nahm der Fan-Klub in seine Zeitschrift „Aerovkář" auf, die viermal im Jahr erstellt wird.

Im Spätsommer 2020 war Corona an tschechischen Schulen noch immer das beherrschende Thema. Die PZ schilderte die Lage an der Fachmittelschule Jarov (SOŠ Jarov) im Prager Stadtteil Žižkov, wo das Virus auch im neuen Schuljahr Einschränkungen und Veränderungen für den Lehrbetrieb vorschrieb. „Der 11. März 2020 wird ein Tag bleiben, den wir uns alle lange merken werden", blickte Pavel Noha für die PZ zurück, „denn durch die Schließung aller Schulen wegen Corona hat unser Schulwesen ein- für allemal sein Gesicht verändert und damit auch seine Konzeption, Auffassung und Auswirkung." Noha, Lehrer für Englisch und Deutsch an der Schule und in den 1980er Jahren ein gefeierter Popstar in der Tschechoslowakei, übertrug den PZ-Text anschließend für „skolajarov.cz", die Website der Schule, in die tschechische Sprache. Umgekehrt bat das deutsch-tschechische Polizeizentrum in Schwandorf darum, einen PZ-Artikel über das eigene Intranet verbreiten zu können. Die „Prager Zeitung" hatte ausführlich berichtet, was dort genau geleistet wird. Und wie sich Corona auf die Arbeit auswirkte.

Vor einiger Zeit verkündete ein deutsches Medienunternehmen die eigentümliche Weisheit, dass Journalismus sinnlos sei, sobald er „harmlos" werde. Daraus lässt sich schließen, dass nur wer investigativ arbeite, wichtigen und richtigen Journalismus betreibe, weil er erst dann Veränderungen bewirke. Diese Definition verfehlt mediale Arbeit für die deutsch-tschechischen Beziehungen komplett. Um sie zu verbessern, braucht es eine beharrliche und kontinuierliche Berichterstattung. Dabei werden auch anscheinend „harmlose" Dinge wie deutsch-tschechische Initiativen relevant. Erst dann bewirkt sie etwas, nämlich Bewusstsein für diese Nachbarschaft zu entwickeln und am Leben zu halten. Und zwar auf Dauer.

Genau dies erreicht die PZ. Sie arbeitet nicht fortlaufend investigativ, sondern leistet journalistische Basisarbeit. Ihr Thema, die deutsch-tschechischen Beziehungen, wirkt nur auf den ersten Blick harmlos. Denn auch noch nach 70 Jahren sind die Ereignisse rund um den Zweiten Weltkrieg nicht vergessen und damit auch nicht überwunden. Deshalb ist jeder Beitrag sinnvoll, um diese bilateralen Beziehungen zu verbessern, weil er zu mehr Nähe und gegenseitigem Verständnis führt. Leser erwarten von der PZ keine sensationellen Meldungen, sondern fundierte sachliche Informationen. Auch damit kann die „Prager Zeitung" überraschen - und dann wird sie, wie so oft, wieder von anderen Medien zitiert.

Die PZ pflegte stets eine enge Bindung zu ihren Lesern, beantwortete gerne Anfragen, half auch in den letzten Jahren weiter, zum Beispiel bei der Bitte um Auszüge aus alten Artikeln über die Theater-Geschichte Prags. Mehr Nähe suchte sie zusätzlich durch einen PZ-Shop, nicht zuletzt um dem vermeintlichen Ende der „Prager Zeitung" zu begegnen und den Übergang vom Print- zum Online-Medium zu begleiten. „Durststrecke überwunden" stand auf Tassen, „Solltest du wieder auf dem Zettel haben" auf Blocks oder „Totgesagte schreiben länger" auf T-Shirts, die in diesem Shop angeboten wurden.

Da die Online-PZ jedoch nur noch als Zwei-Mann-Betrieb fortbestand, waren Kontakte zu Lesern nicht mehr ununterbrochen möglich, konnten nicht mehr alle Anschreiben erledigt werden, wenn aufwändige Recherchen dafür notwendig waren. Dass die PZ weiter existierte, erkannten allerdings

auch Veranstalter. Mehrfach wurde sie eingeladen, Medienpartner zu sein. So bei einem Event des neuen Modesports Darts in Prag und beim deutsch-tschechischen Theaterfestival, weshalb die Zeitung Gewinne bei einem Preisausschreiben an Leser verteilten konnte.

Die „Prager Zeitung“ kam finanziell noch halbwegs durch die Corona-Monate ab 2020. Doch kurz nach Beginn des Ukraine-Krieges meldeten der „Spiegel“ und „Radio Prag“, dass Prag mehrfach zum Ziel eines Hacker-Angriffs wurde. Im März und April 2022 hatten es die Netz-Gangster auch auf Webseiten von Medien abgesehen, wie „futurezone“ berichtete, ein Internetportal für Computer und Netzwelt aus Österreich. Davon war anscheinend auch die Homepage der „Prager Zeitung“ betroffen. Denn ab diesem Zeitpunkt war es nicht mehr möglich, neue Beiträge zu veröffentlichen. Man hätte einen teuren Experten engagieren müssen, um die Seite weiter betreiben zu können.

Dieses Ereignis war Auslöser dafür, erneut die Lage der PZ zu überdenken. Seitdem sie nur noch online erschien, erfuhr die Zeitung mehr Resonanz als jemals zuvor. Doch sie warf nicht genug Ertrag ab. Weder Marcus Hundt noch ich konnten damit unseren Lebensunterhalt bestreiten. Zugleich wurden Arbeit und Zeitaufwand so groß, dass dies nebenbei kaum noch zu bewältigen war. Selbst nicht mit größtem Idealismus. Deshalb auch der Verzicht auf eine tägliche Berichterstattung.

Marcus Hundt war anfangs optimistisch, viele von denen auf die Online-Plattform ziehen zu können, die zuvor schon in der PZ geworben hatten. Für deutsch-tschechische Unternehmen und Kulturveranstaltungen gebe es weiterhin kein geeigneteres Medium, glaubte er in den Anfangsmonaten. Doch

Inserenten blieben reserviert. Einige Kunden erwarteten gar, dass ihre Anzeigen sowohl online wie in einer gedruckten Zeitung auftauchten, obwohl das Ende der gedruckten PZ längst kein Geheimnis mehr war.

Noch immer haben viele nicht verstanden, dass das Medienzeitalter komplett im Umbruch ist. Rühmliche Ausnahme war die große Immobilienfirma Engel &Völkers, die schon früher in der PZ Anzeigen geschaltet hatte und ihr zumindest ein weiteres Jahr treu blieb. Ebenso ein paar Reiseveranstalter. Nur wenige neue kamen hinzu, wie der TV-Sender „RTL", der auch in der Online-PZ Kandidaten für seine Sendung „Bauer sucht Frau" suchte. Ich überließ Marcus Hundt gerne die knappen Erlöse, wie auch Spenden und andere Einnahmen.

Die Suche nach neuen Investoren blieb erfolglos. Dabei bietet Online einem Verleger enorme wirtschaftliche Vorteile. Er spart Papier, Druck- und Vertriebskosten und damit erheblich Personal. Ebenso Gebäude und technische Einrichtungen. Umgekehrt eröffnen sich - bei überschaubaren Investitionen - neue Wege für Werbeeinnahmen. Auf Online-Seiten können auch Bewegt-Bilder veröffentlicht werden. Zu deutlich höheren Preisen als herkömmliche Zeitungsanzeigen.

Aus der Arbeit für die PZ entwickelten sich in den letzten Jahren Fulltime-Jobs: Immer neue Artikel, Pflege der Homepage, Betreuung der sozialen Kanäle, Antworten auf unzählige Mails, Kontakte mit Lesern/Nutzern und Anzeigenkunden, Akquise von neuen Inserenten, Arbeit im Backoffice, Klärung von Foto-Rechten, ein sehr heikle Frage... All diese Anforderungen und Aufgaben lassen sich nur erfüllen, wenn auch Geldgeber den Wert der „Prager Zeitung" erkennen. Sie ist heute noch genauso sinnvoll und notwendig wie in früheren Jahren. Es braucht allerdings, Stand: September 2023, erst noch eine Institution oder Person, die ebenso an die PZ glaubt wie Marcus Hundt und ich - und bereit ist, mit dieser Überzeugung in das Medium zu investieren.

Extro: Warum „Prager Zeitung"?

„Warum machen Sie das für die ‚Prager Zeitung'?", fragte Markus Lüpertz, nachdem ich ihn im Dezember 2021 im Staatstheater in Meiningen über seine Beziehungen zu Böhmen und seiner Heimatstadt Reichenberg, heute Liberec, befragt hatte. Er wünschte hinterher ein paar Kürzungen in dem Interview. Ich wies ihn darauf hin, dass der Text schon jetzt nicht allzu umfangreich sei. „Fürchten Sie um Ihr Zeilenhonorar?", merkte Lüpertz an. Ich antwortete, dass ich mit diesem und allen anderen Beiträgen für die PZ schon lange keinen einzigen Cent (mehr) verdiene.

„Warum also?", hakte der berühmte Maler nach. „Und warum sogar umsonst?" Ich schlug ihm vor, er könne dies Idealismus nennen. Oder auch Dummheit. In jedem Fall aber Überzeugung, für eine wichtige Sache zu arbeiten. Seit Jahrzehnten verstehe ich mich als ein Lobbyist für die deutsch-tschechischen Beziehungen. Nach kurzem Zögern zeigte Markus Lüpertz großes Verständnis. „Gut so", antwortete er, „ich verstehe das. Sie glauben ja nicht, wie viel ich in meinem nun schon 80-Jährigen Leben umsonst und aus Idealismus gemacht habe."

Ab Oktober 2017 erschien die PZ nur noch online, in den folgenden viereinhalb Jahren habe ich mehr als 150 Artikel mit insgesamt rund 1,6 Millionen Zeichen für sie geschrieben. Ohne einen Verdienst dafür zu erwarten. Das hat bei nicht wenigen - und anders als bei Marcus Lüpertz - heftiges Kopfschütteln ausgelöst. Auch unter Kollegen. Doch manchen Journalisten befeuert zusätzlich zu seiner originären Arbeit oft ein Mitteilungsdrang: Er „brennt" für eine Arbeit oder ein Thema. In meinem Fall ist es die selbstgestellte Aufgabe, die deutsch-tschechischen Beziehungen mit Leben zu erfüllen und zu stärken. Für mich war und ist es eine Art von „Glaubensbekenntnis", sie mit allen Mitteln zu unterstützen, die einem Journalisten zur Verfügung stehen - und mögen sie auch bescheiden sein.

„Klaus Hanisch kam Anfang der 1970er-Jahre erstmals nach Prag und war begeistert vom Lebensstil der Menschen, ihrem Sinn für Ironie, das Wohlige der Kneipen", schrieb Karl-Heinz Körblein im Januar 2012 in der *Main-Post*, „er beobachtete nach der Revolution von 1989/90, wie sich die Stadt und die Menschen veränderten und ihm gefällt nicht, wie Tschechien heute im Westen wahrgenommen und auf Bier, Karel Gott und ‚du wirst beklaut' reduziert wird." Themen für die journalistische Arbeit „lagen auf der Straße, und Hanisch hat sie aufgesammelt", so Körblein weiter.

Dieses Anliegen verband ich vor allem und zuerst mit meiner Arbeit für die „Prager Zeitung." Konsequent und über drei Jahrzehnte. Länger als für jedes andere Medium. Auch wenn ich Chancen nutzte, zuweilen noch Beiträge über deutsch-tschechische Themen für das Bayerische Fernsehen oder für deutsche Zeitungen wie „Rheinischer Merkur" und „Süddeutsche Zeitung" zu machen. Oder für Magazine wie „11freunde" und das tschechische Sportmagazin „Hattrick." Weil mir Tschechien und die deutsch-tschechischen Beziehungen am Herzen liegen, arbeitete ich auch im ARD-Studio in Prag und informierte gemeinsam mit zwei Tschechinnen in einer Vortragsreise durch bayerische Städte über die Nachbarländer, unterstützt vom Deutsch-Tschechischen Zukunftsfonds. Doch Vorrang hatte für mich immer die „Prager Zeitung"!

Artikel in der PZ gaben auch die Vorlage für drei Bücher: „Echt Prag" (2011) sowie „In Prager Nächten" (2014) (bzw. „Prager Nachtschwärmer" als Nachdruck 2016) und „Deutsche und Tschechen heute" (2015). Auf einer Weihnachtsfeier der PZ Mitte der Nullerjahre sagte mir ein einstmals leitender Redakteur: „An das Projekt ‚Prager Zeitung' muss man einfach glauben." Der Mitarbeiter blieb der PZ nicht treu. Seine Aussage verlor für mich trotzdem nicht ihre Gültigkeit.

Wobei die PZ in Tschechien bekannter ist als in Deutschland. Dies bewies u.a. die Reaktion von vier Tschechen, die sich während der U21-EM im mährischen Olmütz als Fans der deutschen Mannschaft zu erkennen gaben. Alle vier wussten sofort, für wen ich arbeite, als ich sie für einen Bericht in der PZ um Auskünfte bat, warum sie Deutschland und nicht ihr Heimatland im Fußball unterstützen. „Ah, Prager Zeitung", bemerkte ebenso der Bürgermeister der Stadt Trutnov im nördlichen Böhmen erfreut, als ich ihn in Würzburg ansprach und um Informationen über die Partnerschaft zwischen beiden Kommunen bat. Sie ist ein schönes Vorbild für solche Verbindungen und entstand, weil viele Vertriebene aus dem ehemaligen Trautenau nach dem Zweiten Weltkrieg eine neue Heimat in der Mainstadt fanden.

Die Schrecken dieses Krieges erlebte auch meine Familie. Vater und Großeltern mussten im Jahr 1946 Karlsthal, heute Karlovice, in Mährisch-Schlesien verlassen. Mein Vater lamentierte nicht über sein persönliches Schicksal und reihte sich nicht in den Kreis derer ein, die unentwegt die Vertreibung anprangerten. Stattdessen ging er einen doppelten Weg: Er erinnerte sich mit anderen, die ebenfalls ihre Heimat verlassen mussten, an früher. Und zugleich ließ er Verbindungen dorthin nicht abreißen, sondern suchte bald und hielt anschließend ständig Kontakt zur Verwaltung und den Menschen dort, um zu helfen, wo er konnte.

Mich trieb immer eine Vision an: Seit der Revolution von 1989 hoffe ich darauf, dass Tschechien in Deutschland eines Tages so populär wird wie Frankreich ab den 1970er Jahren. Dieses Land hatte ebenfalls unter deutscher Besatzung zu leiden, gemeinsam gelang es, die furchtbare Zeit des Krieges zu überwinden. Mit entsprechenden Auswirkungen auf die gemeinsamen Beziehungen. Allein zwischen Unterfranken, einem von sieben bayerischen Regierungsbezirken, und französischen Kommunen bestehen mehr als 90 Partnerschaften - zwischen dem gesamten Bayern und Tschechien dagegen kaum mehr als 80.

Ich wollte über all die Jahre mit meinen Informationen und meiner Aufklärungsarbeit zu mehr gegenseitigem Wissen und Verständnis beitragen. „Richtig informieren heißt auch schon verändern", schrieb einst der „Spiegel"-Gründer Rudolf Augstein, und ich teile seine Einsicht. Dies mag man einen „missionarischen Eifer" nennen. Und er ist hoffentlich nicht nur Journalisten „alter Schule" eigen. Für die schwierigen deutsch-tschechischen Beziehungen erscheint er mir auf alle Fälle angebracht.

Immer wieder hatten PZ-Kollegen ihre Artikel über außergewöhnliche Themen auch großen deutschen Zeitungen angeboten und sich damit oft ein

Zubrot verdient. „Ich denke, dass du auch in Deutschland gute Chancen hast, diesen Text zu verkaufen", schrieb mir Hundt nach meiner Story über die „Piraten auf der Autobahn" im März 2010 (wie im Kapitel „Betrifft: Prager Zeitung" beschrieben). Dies kam für mich jedoch nur in absoluten Ausnahmefällen - wie bei Bischof Malý - in Frage. „Für die PZ nur das beste", lautete mein Motto. Ich freute mich darüber, wenn meine Beiträge dort von anderen Medien zitiert wurden - was häufig genug passierte. Nicht zuletzt wegen ihrer Entwicklung über Jahrzehnte und unter den schwierigen personellen und finanziellen Umständen, unter denen sie produziert werden musste, hatte die „Prager Zeitung" für mich stets ein Anrecht auf hochklassige Beiträge.

Tschechen fühlen sich häufig von Deutschen und in deutschen Medien zu wenig beachtet, geschweige denn geschätzt. Ihre Klagen wies manch deutscher Korrespondent in Prag zurück. Sie mögen sich nicht aufregen, sagte mir einmal einer von ihnen. Schließlich sei das Land nur einer von neun Nachbarn für die Deutschen und habe infolgedessen nicht mehr Rechte als etwa Belgier oder Dänen. Mein Argument, dass Deutschland jedoch mit keinem eine längere Grenze habe als mit Tschechien - mehr als 800 Kilometer lang - stach bei ihm nicht. Nur die Grenze mit Österreich hat ähnliche Ausmaße.

Nicht einmal der Hinweis auf die extreme Geschichte, die das Verhältnis zwischen beiden Ländern bis heute belastet, überzeugte ihn. Für mich in Summe ein Beweis dafür, dass er Tschechien, seine Menschen und die sehr schwierigen deutsch-tschechischen Beziehungen nicht verstanden hatte. Was aber nicht verwundern konnte, schließlich war eine Korrespondenten-Stelle in Prag für altgediente Journalisten in den letzten Jahrzehnten nicht selten nur die letzte Station vor ihrer Pensionierung.

Politiker beider Länder bemühen oft die Formel, dass zwischen beiden Ländern „die besten Beziehungen aller Zeiten" bestehen würden. So oft, dass sie zu einer hohlen Phrase geworden ist. Ich halte diese Verbindung nach wie vor für fragil, was ich bei passender Gelegenheit stets betonte. In einem Sonderheft zum „Schlüsselland Tschechien" im Jahr 2021 kam auch die Zeitschrift „Osteuropa" zu dem Urteil, dass die deutsch-tschechischen Beziehungen „weiter ein doppeltes Gesicht" hätten. Neue Entwicklungen könnten plötzlich und rasch eine Politisierung hervorrufen, in der „alte Konfliktkonstellationen wieder auftauchen", fürchtete Autor Vladimír Handl. In seiner Analyse kam er zu dem Schluss, dass in Krisenmomenten ein „nationaler Reflex weiter tief verankert" sei und verschiedene innenpolitische Konstellationen die bilateralen Beziehungen rasch trüben könnten. Handl konstatierte, dass die gesellschaftliche Verflechtung jenseits der staatlichen und halbstaatlichen Institutionen vergleichsweise schwach sei. Tschechen und Deutsche sind daher für ihn noch immer „vertraute Fremde."

Dies bestätigte eine Umfrage von Meinungsforschungsinstituten aus Prag und Berlin, die das Leben im Grenzgebiet und die deutsch-tschechische Nachbarschaft untersuchten. Demnach beschränken sich die Kontakte zum Nachbarland häufig auf den Arbeitsbereich und den Einkaufstourismus. Dagegen seien feste persönliche Bindungen und Freundschaften selten. „Auf beiden Seiten der Grenze haben die Menschen zwar viele ähnliche Interessen, aber es mangelt an Informationen darüber, wie sie sich ihnen gemeinsam widmen können", erläuterten die Verfasser der Studie, die der Deutsch-Tschechische Zukunftsfonds im Januar 2022 veröffentlichte. Gründe dafür seien vor allem fehlende Informationsquellen und die Sprachbarriere.

Auch die Meinungsforscher befanden, dass solch oberflächliche Kontakte die gegenseitigen Beziehungen „in Krisensituationen" schwächen könnten. Dies haben zuletzt die Corona-Pandemie bewiesen, als „überwunden geglaubte Stereotype erneut zum Vorschein kamen." Ausführliche Einzelgesprächen hätten zwar eine „positive, pragmatische Einstellung zum Nachbarland" ergeben. Hauptproblem sei, dass die Befragten „generell mehr persönliche Kontakte im Nachbarland knüpfen würden, aber nicht so recht wissen, wo und wie." Ob Interesse am Nachbarland bestehe, hänge entscheidend von der „Zahl deutscher oder tschechischer Bekannter" ab. Dies sei schon seit Jahren der wichtigste Faktor, erläuterte ein Mitarbeiter des tschechischen Instituts „Stem."

Fazit der Studie: Zu wenig Nachbarschaft unter den Nachbarn. Auf Grundlage dieser Ergebnisse startete der Zukunftsfonds alsbald ein neues Programm mit dem Titel „Ein Jahr an der Grenze." Dafür suchte er acht kreative und zweisprachige Deutsche und Tschechen, die sich ein Jahr lang und auf Honorarbasis einer Region entlang der deutsch-tschechischen Grenze widmen sollten, um sich ein Bild von den Wünschen der Menschen im Grenzgebiet zu machen und anschließend zusammen mit ihnen nach Wegen zu suchen, wie sie ihre Interessen durch gemeinsame Aktivitäten mit den Nachbarn besser verwirklichen können. Ziel sei, die Annäherung zwischen den Menschen auf beiden Seiten der Grenze „so weit wie möglich zu vereinfachen", wie der Fonds dazu schrieb.

In einer Diskussionsrunde aus Anlass des Ukraine-Krieges erörterten Journalisten und Historiker im April 2022 im deutschen Sender „phoenix" auch journalistische Arbeit, nämlich den Zusammenhang von Krieg und Medien, von Wahrheit und Propaganda. Dabei beklagte der Militärhistoriker Sönke Neitzel, dass Deutschland die Ängste der Länder in Ostmitteleuropa seit Jahren nicht ernst genug nehme und den Fokus seiner Berichterstattung zu sehr auf Russland gerichtet habe.

Von Kiew aus kritisierte ARD-Korrespondent Georg Restle in der Sendung, dass sich deutsche Medien in der Vergangenheit viel zu wenig um Osteuropa gekümmert hätten. Wer in Deutschland kenne schon die politischen Verhältnisse in jenen Staaten, fragte er. Dort werde sich nach seiner Einschätzung jedoch „die Zukunft Europas entscheiden." Und seit langem würden diese Länder mit großer Sorge in Richtung Moskau schauen, weil sie zu Recht fürchteten, dass der Griff Russlands weit über die Ukraine hinausreichen könnte. Dies habe man im Westen nicht zur Kenntnis genommen.

Ein anschauliches Beispiel lieferte der Streit um „North Stream." Bereits im Dezember 2015 berichtete die „Prager Zeitung" sehr ausführlich über die Bedenken vieler Staaten in Ostmitteleuropa gegenüber diesen Erdgas-Strängen. „Tschechien sieht den Ausbau der Ostsee-Pipeline skeptisch", so die PZ wörtlich auf Seite 1. Auch andere Länder fürchten, die Erweiterung der Transportwege im Norden „könnte vor allem die Ukraine schwächen", notierte die

www.pragerzeitung.cz

Prager Zeitung

Die Wochenzeitung aus der Mitte Europas

10. Dezember 2015 | 24. Jahrgang

Ein bisschen gegen Nord Stream

Tschechien sieht Ausbau der Ostsee-Pipeline skeptisch

„Prager Zeitung" in ihrem Aufmacher. Dieser Plan könne „die Ukraine destabilisieren", zitierte die PZ den damaligen tschechischen Premier Bohuslav Sobotka. Davor warnte er wenige Tage zuvor auf einer Konferenz in Prag zum Thema Rohstoffsicherheit.

Daraufhin ergriff die Slowakei die Initiative. Ihr Wirtschaftsminister verfasste einen Protestbrief, den er an den für Energie zuständigen Vizepräsidenten der EU-Kommission adressierte. Das Schreiben unterzeichneten alle Staaten des Baltikums sowie Polen, Ungarn und Rumänien. Die Tschechen fanden diesen Protest laut „Prager Zeitung" gar so scharf formuliert, dass sie mit ihrer Unterschrift zögerten.

Auf Seite 7 setzte die PZ die Berichterstattung zu diesem brisanten Thema fort und erinnerte daran, dass es einige Jahre zuvor schon Vorbehalte der östlichen Staaten gegenüber „North Stream" gegeben habe. Damals sorgte der Bau der ersten beiden Stränge ebenfalls für Streit. „Wie heute fürchteten die Staaten einen Nachteil für die Ukraine und weitere Transitländer", so die PZ. Doch das EU-Parlament und der Europäische Rat stuften die Pipeline als „Vorhaben von europäischem Interesse" ein…

Passenderweise mahnte der deutsche Investigativ-Journalist Georg Mascolo in der „phoenix"-Diskussionsrunde sieben Jahre später, dass Berichterstattung nicht erst beginnen dürfe, wenn eine Krise schon da und „etwas schiefgelaufen" sei. Er wünschte sich stattdessen „mehr Konstanz", guter Journalismus zeichnet sich für ihn dadurch aus, dass er weit vor einer Besorgnis erregenden Entwicklung einsetze - und bevor diese Entwicklung zur Krise werde.

In die gleiche Kerbe schlug der Nachrichtensender „n-tv", indem er in der deutschen Gesellschaft eine „Unwissenheit über das östliche Europa" feststellte, die für den Autor „fast schon rassistische Züge trägt." Diese weitgehende Ignoranz gegenüber Osteuropa sei genährt von „Überheblichkeit und auch von Vorurteilen gegenüber den Völkern" dort. Nicht ernst genommen würden deren Erfahrungen gerade mit Russland. Und prinzipiell werde osteuropäische Geschichte über mehrere Jahrhunderte oft vergessen. „Vielleicht interessiert dies hierzulande viele nicht, weil Ostmitteleuropa für sie nur ein schwarzer Fleck zwischen Russland und Deutschland ist und letztlich nicht mehr als Verhandlungsmasse", resümierte der Autor.

Auf weitreichendes Unverständnis traf im Westen auch die große Hilfsbereitschaft der Tschechen für Geflohene aus der Ukraine bereits ab dem Jahr 2014. Oft wurde nicht akzeptiert, dass sie schon nach dem Einmarsch der Russen in die Ost-Ukraine vor einem Krieg in ihrem Heimatland flohen, wie so viele Menschen aus Syrien oder dem Irak, und nicht erst nach dem Februar 2022. Stattdessen kritisierte der Europäische Gerichtshof, dass sich Tschechien wie Polen und Ungarn nicht an verbindliche Quoten zur Verteilung von Flüchtlingen aus Syrien oder dem Irak im Jahr 2015 hielt.

Politikwissenschaftler Kai-Olaf Lang von der „Stiftung Wissenschaft und Politik“ entgegnete bereits im Mai 2020 in einem großen PZ-Interview, dass die Tschechen mit ihrer Hilfe einen wesentlichen Beitrag zur Stabilisierung der Ukraine leisteten. „Generell sollten solche Sachverhalte in Deutschland und in Westeuropa besser zur Kenntnis genommen werden, so dass das Stereotyp der ‚sich abschottenden‘ Mitteleuropäer korrigiert wird“, sagte Lang in der „Prager Zeitung.“ Anfang Mai 2022 kündigte die EU-Kommission - unter dem Eindruck des Ukraine-Krieges - endlich an, mehr mit den Ländern in Ostmitteleuropa und weniger mit Russland zusammenarbeiten zu wollen.

Dessen ungeachtet wies Christoph von Marschall in der „phoenix-Runde“ am 23. März 2023 erneut darauf hin, dass Deutschland die wichtige Rolle der Staaten in Ostmitteleuropa, also zwischen Deutschland und Russland, weiterhin zu wenig beachte. „Sie haben ein Gewicht und sind mehr als Westeuropa angedockt an die USA“, bekräftigte der Diplomatische Korrespondent des „Tagesspiegel“, auch mit Blick auf eine Lösung des Ukraine-Konflikts. Nicht ohne Grund treffe sich der US-Präsident regelmäßig mit den osteuropäischen NATO-Verbündeten oder reise gerade in diese Staaten. Dagegen nehme Deutschland die östlichen Nachbarn weiterhin „nicht richtig für voll“, rügte er.

In seinem Aufsatz für die Zeitschrift „Osteuropa“ erklärte Vladimír Handl, dass in Berlin oft das Verständnis für tschechische Befindlichkeiten fehle. Und zwar dafür, dass die Tschechen die Vernichtung ihrer Staatlichkeit und die Bedrohung ihrer Nation „existentiell“ erfahren haben. Wegen dieses mangelnden Bewusstseins würden deutsche Politiker die Beziehungen zu Tschechien in einem „für bilaterale Vergangenheitsbewältigung vorgesehenen Nebenzimmer“ statt auf einer Hauptbühne behandeln.

Genau diese Bühne bereitete die „Prager Zeitung“, als wöchentliches Fachblatt für Tschechien und zum Teil auch für Ostmitteleuropa. Und deshalb wurde sie von Medien in Deutschland und Europa fortlaufend beachtet und häufig zitiert. Ihre Ansprüche in den Gründungstagen waren (zu) hoch, der Ehrgeiz sicher vor allem der Begeisterung für das Projekt und dem eigenen Idealismus geschuldet. Die PZ konnte nie eine „mitteleuropäische ‚Zeit‘“ sein, dazu unterlag sie stets zu großen finanziellen und personellen Zwängen. Und sie konnte auch kein neues „Prager Tagblatt“ werden, weil diese Zeitung vor der eigenen Haustür im damals auch deutschsprachigen Prag und Böhmen verkauft werden konnte, während die PZ vor allem im Ausland abgesetzt und gelesen wurde, besonders in Deutschland.

Die absurde und polemisch geäußerte Einschätzung, dass die PZ ein „Käseblatt“ sei, hatte der „Dumont“-Verlag deshalb in einem Reiseführer zur Jahrtausendwende exklusiv für sich. Das sah er auch ein. In einem Schreiben vom 8. Januar 2001 räumte der Verlag ein, dass er in seinem Buch selbst „einige Mängel feststellen“ musste. Zwar habe er diese Ausgabe „von einer in Prag lebenden Redakteurin“ überarbeiten und aktualisieren lassen - und trotzdem war wieder „einiges übersehen“ worden. Daher versprach der Kölner Verlag, meine Anmerkungen zur PZ und anderem in einer weiteren Neufassung zu berücksichtigen.

Der während des Ukraine-Krieges ab Februar 2022 mehrfach geäußerte Ruf nach deutlich größerem Interesse an Informationen aus und über Ostmitteleuropa und Tschechien erinnerte an die Jahre vor der EU-Erweiterung. Auch damals hielt man im Westen größeres Wissen über diese Länder für dringend geboten. Diese Aufgabe erfüllte die „Prager Zeitung“ seit 1991 gewissenhaft, deshalb verfolgen Autoren von anderen großen und kleinen Medien schon lange und regelmäßig ihre Seiten.

Und der Anspruch hat sich für ein Medium wie die PZ, die sich immer für dieses Land, diese Region und für deren Beziehungen zu Deutschland kompetent fühlte, weiterhin nicht verändert. Er ist eher noch gewachsen. Eine größere Basis für die PZ als Medium für Tschechien und Ostmitteleuropa und die deutsch-tschechischen Beziehungen erscheint unter den veränderten Rahmenbedingungen nicht mehr ausgeschlossen, sofern auch Geldgeber diese Einsicht gewinnen und bereit sind, zu investieren.

Nicht nur in der TV-Runde wurde beklagt, dass Korrespondenten nun oft von einem Sitz aus für eine gesamte Region berichten - aus Warschau auch für die Ukraine, aus Wien auch für Prag, zuweilen gar für acht Länder zugleich. Dass die meisten deutschen Medien schon vor Jahren eigene Berichterstatter aus der tschechischen Hauptstadt abgezogen haben, beschäftigte auch Autoren des Tschechien-Sonderheftes der „Osteuropa“-Zeitschrift. „Sie müssen sparen und streichen das, was sie für weniger wichtig halten“, befand Volker Weichsel.

Medien richten ihre dauerhafte Präsenz an einem Ort prinzipiell danach aus, ob Krisen und Konflikte zu erwarten sind oder das Land aus politischen, gesellschaftlichen oder wirtschaftlichen Gründen relevant ist. Tschechien sei jedoch vor allem „klein und stark nach innen gerichtet", habe kaum Kraft und Willen, die EU-Politik zu beeinflussen. Mithin „ein eher unspektakulärer Nachbar", so Kai-Olaf Lang in der Zeitschrift. Ohne innenpolitische Dauerkrise oder umstrittene Politiker, die wie in Ungarn oder Polen die Demokratie umbauen wollen, seien die Tschechen für westliche Medien daher weitaus weniger interessant.

Dennoch herrsche dort „nicht eitel Sonnenschein", fügte Lang an, weil „mächtige private Geschäftsinteressen" staatliches Handeln nachhaltig beeinflussen. Diese Akteure hätten „auf nationaler wie auf regionaler und lokaler Ebene Netzwerke etabliert, die dafür sorgen, dass ihre Interessen gewahrt werden", erläuterte er. Somit sei und bleibe das Land alles andere als langweilig.

Ich habe in mehr als 40 Berufsjahren für Fernsehsender in Paris und Moskau gedreht, für Zeitungen in den USA und Südafrika recherchiert, sowohl bei international bekannten wie regional verankerten Medien gearbeitet. Bei weitem nicht nur Marcus Lüpertz stellte mir deshalb die Frage, warum ich auch noch und ausgerechnet und schon so lange für die „Prager Zeitung" schreibe. „Gäbe es ein paar Leute mehr wie Sie, dann bräuchten wir keinen Deutsch-Tschechischen Zukunftsfonds mehr", sagte dessen Geschäftsführer Tomáš Jelínek, als ich ihn im November 2018 zur Zukunft seiner Institution befragte. Über seine Aussage freute ich mich, da der Fonds die deutsch-tschechischen Beziehungen wesentlich trägt.

Er verleiht seit 2016 auch deutsch-tschechische Journalistenpreise. Viermal innerhalb von sechs Jahren stand ein PZ-Beitrag von mir auf der Shortlist für diese Auszeichnung: 2016 ein Interview mit einem deutschen Unternehmer, der einen Großteil seiner Millionen für benachteiligte Kinder in Bayern und Tschechien ausgibt, 2019 der erste von drei Teilen einer Reportage über Nächte in Prager Kneipen, 2020 meine deutsch-tschechischen Erfahrungen in der Pandemie über „Leben mit Corona" und 2021 meine Kritik an einem deutschen Regisseur, der die Tschechen in ein schlechtes Licht rückte. Bekommen habe ich den Preis nicht. Ich war deshalb nicht enttäuscht. Denn für mich ist mindestens genauso wichtig, dass meine Beiträge von Lesern beachtet und von anderen Medien zitiert werden.

Anfang 2016 führte ich ein Interview mit Reinhard Häfner, einem der besten Fußballer der DDR, weil er 40 Jahre vorher mit der Nationalmannschaft die Goldmedaille bei den Olympischen Spielen in Montreal gewonnen hatte. Und weil er sich noch gut an seine Partien gegen den sozialistischen „Bruderstaat" ČSSR erinnern konnte. Schon ein Dreivierteljahr später, im Oktober 2016, verstarb Häfner. Im Oktober 2019 erreichte die PZ in Prag eine Mail seiner Tochter Romy. „Ich wollte gerne Herrn Klaus Hanisch danken, der Artikel, der im Januar 2016 verfasst wurde, ist sehr gut“, schrieb sie, „Heute sind’s drei Jahre, dass ich meinen Vati vermisse und nachzulesen, was Herr Hanisch geschrieben hat, tut mir sehr gut.“ Auch deshalb lohnt sich die Arbeit für die „Prager Zeitung.“